EL TEMA DE LARA

Palabras sobre cine en «Cartelera Turia»

FERNANDO LARA

EL TEMA DE LARA

PRÓLOGO
MANUEL GUTIÉRREZ ARAGÓN

VIAL BOOKS

El Tema de Lara

http//vialofdelicatessens.blogspot.com
vialofdelicatessens@hotmail.com
(twitter) @Vial_of_Deli

Dirección y coordinación editorial: Víctor Olid y Ferran Herranz
Diseño y maquetación: Javier Ureña

Primera edición: 2024
ISBN: 978-84-128051-4-7
Depósito Legal: B 18124-2024

Impreso en España / Printed in Spain

A Patricia Ferreira
In Memoriam.

A Vicente Vergara,
Director de «Turia»,
que me propuso publicar
«El Tema de Lara» en su revista.

Un hombre del cine

Fernando Lara lleva toda su vida haciéndola girar en torno al cine. O quizá sea el cine el que gira a su alrededor desde los principios. No se entiende a Fernando Lara sino en la transparencia de un fotograma contemplado al trasluz; ahí se recorta ese personaje serio, riguroso, pero a la vez amistoso y cercano que es nuestro amigo. Y, sin embargo, Fernando nunca ha hecho una película o escrito un guion. Su actividad, medida en duración, le ha llevado a estar más tiempo en el visionado de películas que el utilizado por muchos cineastas, en los que el trabajo sufre largas lagunas. Una vida, pues, cuyo sentido es aquel que tenga el cine mismo, tanto en lo vital y político como en lo artístico.

Al joven Fernando Lara le leímos –primer acercamiento al personaje– escribiendo en el semanario *Triunfo,* en el tardofranquismo. En aquella revista escribir de cine era como hacer política de oposición al régimen. Todo se aprovechaba, ya que la crítica política directa no era posible. Junto a las de su compañero Diego Galán, las reseñas cinematográficas de *Triunfo* eran un referente decisivo a la hora de emitir opinión sobre el estreno más reciente. Los comentarios, tanto de los espectadores como de los críticos, iban mucho más allá de lo que la propia película exhibía. Las películas eran símbolos de resistencia, y los críticos eran a menudo, no siempre, sus exégetas.

En realidad, la lectura de una crítica de cine por el lado del lector se parece un tanto a la actitud del espectador ante la película. Espera que la reseña crítica confirme sus sospechas. Cada uno llega al cine acompañado de un cortejo, una serie de ideas y creencias que van mucho más allá de la sola película. No hay espectador inocente, nadie deja en el vestíbulo los prejuicios y las valoraciones. Se entra con ellos a la sala como con un cubo de palomitas. De la misma manera, el curioso lector siente un gran placer cuando la opinión del crítico sobre el director o los actores coincide con su propia idea previa, «¡Ya lo decía

yo!». He oído varias veces al propio Fernando Lara contar esta anécdota: se trata de que cierto lector le dice que ha leído su crítica con
atención y provecho. Pero, al final, le pregunta, «Por cierto, ¿y qué tal es
la película?». Como se ve, es disociable texto y valoración, el discurso
mismo y su contenido.

La dedicación a la escritura se ve interrumpida en la vida de Fernando Lara por dos hechos cruciales relacionados con el cine. El primero, por su nombramiento como director de un gran evento anual.
Quizá no se ha hecho suficiente hincapié en que los criterios, y sobre
todo las exigencias, que muestra Fernando Lara respecto al cine cuando
escribe de él, se trasladaron también a su gestión como director de uno
de los certámenes cinematográficos más importantes del ámbito hispánico: el Festival de Cine de Valladolid. Fue su director desde 1984 a
2004, y su labor llevó al festival a ser considerado como una referencia
anual imprescindible. Si ibas a Valladolid, en una semana te ponías al
día del mejor cine, de aquellas películas que era necesario que vieras si
querías saber por dónde transcurría el séptimo arte.

Observo en Fernando una constante ininterrumpida entre esas
dos dedicaciones tan diversas, aunque no tan diferentes, como son la
crítica de cine y la dirección de un festival. Sirva de ejemplo la creación,
durante su cargo en Valladolid, de la sección «Tiempo de Historia», un
espacio eminentemente documental que tiene mucho que ver con el
hecho de que en sus columnas periodísticas ha mantenido siempre la
defensa de las películas documentales, y que les haya dedicado casi el
mismo espacio que a las de ficción.

Llegados a este punto, ya es hora de que digamos que en Fernando Lara la honradez intelectual es su característica más sobresaliente.
Tanto a la hora de escribir una crítica como a la hora de ejercer un
cargo público.

La pérdida de contacto con el lector se prolongó después de Valladolid en los años que van de 2005 a 2009, tiempo en el que Fernando
fue director general del Instituto de Cinematografía en el Ministerio
de Cultura. Pero, aunque un cuarto de siglo es mucho tiempo y el cine
había cambiado, la coherencia de Fernando Lara se mantiene intacta,
como comprobará el atento lector de este libro. La relación entre cine
y sociedad –más allá de la información que una reseña proporciona al
lector espectador– hace que en la lectura de estos breves textos advir-

tamos que se trata también de la consideración del espectador como ciudadano. No solo se dirige al lector en tanto que consumidor de cine, sino también como miembro activo de la comunidad.

En la recopilación de los textos publicados en la valenciana **Turia** aparecen de forma recurrente críticas y artículos que incluyen temas como los del cine hecho por mujeres, la relevancia de cinematografías no europeas o norteamericanas, la importancia social de los Festivales, la consideración del documental como película al nivel de las obras de ficción, la aparición de las plataformas televisivas, las facilidades que la digitalización brinda a la toma de imágenes y un etcétera tan largo como las cientos de películas reseñadas y artículos cinematográficos. Se trata, pues, de un conjunto de textos que van más allá de la opinión y más acá de un juicio cerrado o dogmático. «El Tema de Lara» es, como la inolvidable melodía de la que recibe el título, una historia de amor, en este caso entre el cine y Fernando Lara.

MANUEL GUTIÉRREZ ARAGÓN

Cuando las palabras traducen imágenes

Siempre decía Haro Tecglen que no había que hacer recopilaciones de artículos que se refirieran a la actualidad de cada momento, porque –por definición– eran efímeros, circunstanciales, perdían después gran parte de su sentido. Diego Galán y yo, que entonces trabajábamos con él en *Triunfo*, desoímos por hacerle caso la firme propuesta de un editor para publicar un volumen con nuestras críticas de cine en el semanario. Craso error que nos perseguiría durante tiempo, porque muchos lectores querían consultarlas y entonces, antes de la digitalización de la revista, no les resultaba nada fácil.

Así que decidí que si se presentaba una circunstancia similar, no dudaría en aceptarla, como llevo a cabo ahora con este libro, recogiendo una selección de mis textos en la querida **Turia,** de Valencia. Pretendí que Diego, con quien desde 2009 me alternaba cada quince días en la Cartelera, él con «Galán de Noche», yo con «El Tema de Lara», me siguiese en la idea, pero él continuaba fiel al criterio de Haro y, además, fue espaciando sus colaboraciones hasta su llorado fallecimiento en abril de 2019. Por lo que me lanzo en solitario a la aventura, en la confianza de que estos textos aún tienen sentido y con el respaldo de una editorial que también lo cree.

Textos que corresponden a dos etapas muy diferenciadas de «El Tema de Lara»: la primera, de 1982 a 1984, desde justo después de la desaparición del semanario *La Calle,* escisión de *Triunfo,* hasta ponerme al frente del Festival de Valladolid. La segunda, de 2009 a 2022, a partir de mi salida de la Dirección General de Cine tras casi cuatro años y medio, y terminando en el momento en que di por cerrada la sección. Dos periodos, por tanto, alejados en el tiempo nada menos que por un cuarto de siglo, pero cercanos en cuanto a la manera de pensar sobre el cine, y sobre el cine español en particular, pese a los muchos años transcurridos.

Es lo que me ha decidido a incluir ese periodo inicial, ya tan distante. Pero que, de alguna manera, viene a ser fundacional, con la victoria del PSOE en las elecciones de 1982, la elaboración y consecuencias de la mal llamada Ley Miró (en realidad, un Decreto) y la consolidación de un mercado cinematográfico dominado por las multinacionales norteamericanas, así como por el comienzo de la falta de asistencia a las salas y el rebrote de ciertas actitudes censoras en el seno de la industria. Aspectos que, entre otros, se recogen en los artículos de ese primer bloque, escritos quizá con un estilo más cortante y radical que los de aquellos que vendrían veinticinco años después. Sobre todo, porque por medio pasarían la experiencia de dos décadas en un certamen como Valladolid y la fuerte y apasionante práctica, totalmente nueva para mí, de ocupar un cargo público como máximo responsable del ICAA.

Ni de una ni de otra etapa se reproduce la totalidad de los textos que he publicado en **Turia,** ni mucho menos. Piénsese que una periodicidad quincenal a lo largo de dos fases tan prolongadas de tiempo dan origen a una enorme cantidad de páginas, bastantes de ellas desechables por su carácter contingente (*«no necesario»,* según diferenciaba bien José Luis Cuerda en *Amanece, que no es poco*) o excesivamente localista y puntual. De esta manera, y también para no abrumar al lector, he apartado casi un centenar de «Temas de Lara», 23 del primer período, 72 del segundo; para reproducir 257 artículos, 33 y 224, respectivamente. Una amplia y variada cosecha que hoy ofrezco de manera conjunta, con el vivo deseo de que siga siendo de interés, y sin modificar ni complementar dichos textos.

Si no lo entendiera así, no lo habría hecho. Pero, sinceramente, pienso que el conjunto de esta sección, que hoy se abre de nuevo a un lector también nuevo, alcanza un sentido de panorama general, de perspectiva que se va multiplicando hasta llegar a un «corpus» pleno de sentido, y que no siempre ni sólo habla de cine. Centrándome ya en el bloque 2009/2022 de los «Temas de Lara», ¿cómo no revivir con ellos la famosa Orden Ministerial de octubre de ese primer año, que motivó un movimiento de cineastas que incluso se asociaron en su contra?; ¿cómo no recordar el paso de determinados Ministros de Cultura y de Hacienda de los Gobiernos del PP?; ¿cómo no recuperar los incesantes altibajos de nuestro cine, y del cine independiente en general, dentro de un mercado cada vez más colonizado?; ¿cómo no añorar la presencia de personas muy queridas, cuya pérdida supuso el quebranto de tantas cosas?; ¿cómo no rememorar a través de la palabra el bloqueo que supuso la pandemia en el campo audiovisual?; ¿cómo olvidar los peligros que se han cernido y continúan haciéndolo sobre el cine de autor?; ¿cómo no incidir en la existencia de las plataformas digitales o los sustanciales cambios en los hábitos de consumo y su grave incidencia en las salas de exhibición? Y tantas y tantas cuestiones más que reviven ante nuestros ojos con esta sucesión de artículos.

He hablado de la importancia de la palabra en ese proceso, para el que se erige en auténtica protagonista. Porque este libro desea ser, ante todo, un homenaje a la palabra escrita, a la capacidad de diálogo, a su condición de fuente de conocimiento. Y, ¿por qué no?, a su valía como crítica y denuncia de situaciones injustas, de elogio de méritos reconocidos, de testimonio sobre realidades que merece la pena abordar. Dicho esto con la máxima humildad, con el convencimiento propio de que se trata de textos de folio y medio y de una página en su mayoría que no aspiran a formular profundas teorías. Pero que —esa es nuestra esperanza— de que todos juntos alcancen un significado global que puede enriquecer el acervo de los deseados y posibles lectores sobre etapas muy determinantes de la cultura española.

No puedo finalizar esta Introducción sin agradecer muy sinceramente a **Turia** la amable autorización para reproducir estos «Temas de Lara». Agradecimiento que personifico en Vicente Vergara, que me propuso escribir en su primera fase y siempre sostuvo la sección; en Antonio Lloréns, a quien debo la iniciativa de hacerla revivir cuando finalizó mi etapa como gestor público, y a Pau Vergara, que la ha conservado hasta hace bien poco y ha dado luz verde a esta iniciativa de la editorial Vial Books, vinculada a la intrépida distribuidora independiente La Aventura, de Barcelona, en la persona decisiva de Ferran Herranz. Como también a la Filmoteca de Castilla y León, con Maite Conesa al mando, por haber hecho posible la reproducción de los artículos de la primera etapa. Y, por supuesto, a Manuel Gutiérrez Aragón por escribir su estupendo y muy generoso Prólogo al libro; y a Javier Ureña por la cuidadosa y estética confección del volumen.

Renace ahora «El Tema de Lara». Que sea para bien.

FERNANDO LARA

Romy Schneider protagonizó una reivindicativa Rueda de Prensa en la Berlinale de 1982. *(Véase artículo «Lo importante es morir»).*

1982

El cine en sus manos

La anécdota es antigua: Cuentan que un magnate norteamericano ordena a su secretario que compre el periódico de la mañana: «¿Un ejemplar o la empresa?», le pregunta el eficiente empleado… Algo así ha debido de pasar cuando Roberto Goizueta, presidente de Coca-Cola, decidió hace unos días quedarse con la Columbia Pictures; 750 millones de dólares le cuesta la operación, una cifra que tampoco es nada del otro mundo para una firma que factura al año 6.000 millones de dólares en burbujas. ¿Se sustituirá la Estatua de la Libertad -con que la Columbia ha presentado siempre sus películas- por la refrescante botella del líquido que es «la chispa de la vida»? ¿Se incorporarán a los futuros títulos de la productora esos jovencitos publicitarios tan sanos y alegres gracias a la Coca-Cola? Goizueta no ha revelado todavía sus planes, pero entre ellos está sin duda incrementar el beneficio de 44,5 millones de dólares con que, sobre una venta de más de 700 millones, la Columbia cerró su último ejercicio en cuarto puesto de las «Majors» de Hollywood.

Realmente, esto de comprarse para uno solito todo un Estudio cinematográfico (y televisivo) parece estar de moda por tierras de California. Kirk Kerkorian lo hizo con la decrépita Metro-Goldwyn-Mayer, para comerse después de un bocado de 375 millones de dólares a una United Artists tambaleante tras el patinazo de *La puerta del cielo.* Para no quedarse atrás, un magnate de Denver, Marvin Davis, sacó de su bolsillo 800 millones de petrodólares y la 20th Century Fox cayó entre sus dedos como fruta madura. Sus «progresistas» decisiones no se hicieron esperar: nombró consejeros-directivos a Henry Kissinger y al Expresidente Gerald Ford, capaces de «aportaciones inestimables y valiosísimas a la compañía» (seguramente, la frase de cabecera de Kissinger en su nuevo despacho será aquella de Godard de que había que crear «Vietnams cinematográficos» en todos los centros dependientes de Hollywood…). Posteriormente, los gerifaltes de la Universal –productora y distribuidora nacional número uno en 1980–, la Paramount y la MGM-United Artists han decidido coaligarse para vender su material en el extranjero a través de la UIP, United International Productions, que sustituirá así a la actual y fortísima CIC.

¿Qué significa esta brutal concentración de poder? Desde mi perspectiva, dos cosas fundamentales: que Hollywood cogió miedo tras el grave bajón de taquilla sufrido en 1980, optando por un tipo de dictadura personalista en cuanto a las grandes decisiones económicas; y que todo está condicionado por el espectacular avance del vídeo, que revaloriza unos fondos de películas que vuelven a encontrar de esta forma rendimiento comercial. Las «Major Companies» han seguido un curioso camino de ida y vuelta: fundadas por hombres que vieron en el cine un negocio con porvenir, pasaron después a depender de grandes «trusts» de comunicaciones, juego y hostelería, para llegar ahora de nuevo al dominio de un propietario individual. Con la diferencia de que éste ya no es un «pionero» que invente fórmulas de producción a cada paso, como –para bien o para mal– sí hicieron los «boss» del pasado, sino que se atiene rigurosamente a previsiones de «marketing», análisis de mercado y planes de computadora. ●

(Febrero de 1982. Nº 939)

A vueltas con los mitos

Siempre estamos a vueltas con los mitos. Los amamos, los odiamos, los criticamos, los vilipendiamos, los necesitamos… Toda la vida, funcionando con unas imágenes que se agarran como lapas a nuestra memoria individual y colectiva. Por supuesto, más desde la llegada del cine, la gran fábrica de mitos en la historia de la humanidad. El estado de semivigilia con que se contempla la pantalla iluminada, la penumbra de una sala que agrupa a gentes accidentalmente unidas, el poder de fascinación de luces y sombras ante los ojos del espectador (todo lo que del cine maravillaba a los surrealistas), favorece la mitificación de quienes se proyectan desde el celuloide y en quienes proyectamos nuestros más íntimos deseos y frustraciones.

Marilyn, Bogart, Marlene, Greta Garbo, James Dean, Brando,… ¿por qué y para qué? Yo creo que deberíamos distinguir dos estados diferentes del mito, dos etapas que habría que valorar en forma muy distinta, aunque quizá la una no pueda existir sin la otra: primero, la capacidad de ciertos actores y actrices para condensar en sí mismos toda una serie de rasgos y características que antes andaban dispersas por el mundo; después, la potenciación interesada, la manipulación de esa imagen hasta convertirse en una especie de «superego» dominante y absurdo que acaba trayéndonos por la calle de la amargura. Contra este segundo nivel de mitificación hay que rebelarse, porque nos entrega a los favores de la dependencia y al infierno banal de la imitación.

Más allá de esas imágenes corporales con que se suele identificar a los mitos de la pantalla, creo que el cine nos ha aportado un par de ellos de mayor trascendencia: el mito de la rapidez con que suceden las cosas (una película nos muestra en hora y media o dos horas lo que en la vida real suele tardar años en producirse), capaz de habituarnos a una manera de experimentar el tiempo que en nada tiene que ver con la auténtica; y el mito del melodrama en que nos hemos empeñado en convertir nuestras relaciones personales, a imagen y semejanza de lo que ocurre en el noventa por ciento de los films. La cuestión no es tanto que queramos que nuestras mujeres o compañeras anden como Marilyn, miren como Marlene y posean el secreto misterio de la Garbo, o que nuestros amigos sepan salir de las situaciones difíciles igual que Bogart o vivan «tan peligrosamente» como Dean. No, el verdadero problema es que cada vez buscamos identificarnos con esa Audrey Hepburn que corría tras su gato en *Desayuno con diamantes,* con aquella Natalie Wood que nunca recuperaría a su amor perdido de *Esplendor en la hierba,* o con el Woody Allen que va dando tumbos por un *Manhattan* de sofisticación y máscaras… Así, nunca nos liberaremos de nuestra condición de perdedores en un mundo que se nos escapa, ni dejaremos de complacernos en un masoquismo adolescente que siempre espera la redención por un camino de fracaso y renuncia. Cuando quizá la única auténtica renuncia es ante esa dirección imposible, hacia la verdad y la belleza de inalcanzable utopía, que el Dirk Bogarde de *Muerte en Venecia* nos marcase entre churretones de maquillaje…

Los mitos nos hacen vivir y nos hacen morir. Elijamos entre las dos opciones. Pero teniendo cuidado de que la desmitificación no se nos convierta entre los dedos en un nuevo mito. ●

(Febrero de 1982. Nº 941)

¿Quién teme a un corto?

Ingenuo que es uno: todavía sigo pensando que el cine español debe hablar de lo que realmente pasa en este país, de las cosas que suceden a nuestro alrededor, de lo que afecta diariamente a cuarenta millones de personas. Y, llevado de tal ingenuidad, creí que en estos días del juicio a los golpistas del 23-F, en plena actualidad de un proceso que puede decidir nuestro futuro, los exhibidores se iban a pelear por el único trabajo cinematográfico que analiza el asalto al Parlamento: el cortometraje *Operación Miguelete,* de Juan Luis Morales y Juan Carlos Rivas.

Bueno, pues no; resulta que nadie o casi nadie se decide a programar este corto. Salvo el Capsa barcelonés y alguna sala bilbaína –que lo ofrecerán de aquí a algunas semanas–, ningún otro empresario se ha «interesado» por un film que seguramente creen «incómodo» y «peligroso». Mucho menos comprometido es, desde luego, dar la tabarra al personal con la lava de Lanzarote, el marisco gallego, las fuentes de Madrid o dibujitos de una pandilla de marcianos. Como en España el corto sólo sirve para llegar tarde al cine, fumarse un pitillo en el vestíbulo y justificar la publicidad y el «Servicio de Bar en el entresuelo», ¿para qué buscarse complicaciones? Nadie protesta ni pide un corto, porque ya se sabe que los parientes pobres, mejor calladitos y en la cocina.

Operación Miguelete ha sido incluido en la II Mostra de Cinema Mediterrani de Valencia, en las Jornadas de Cine Español de Poitiers, en la recién finalizada Semana de Benalmádena y en el Festival de Oberhausen. Da igual. Al Ministerio autocalificado de Cultura no le ha pa-

recido digno de figurar en la lista de «especial calidad» de 1981, sin que ni siquiera le haya sido concedida aún la protección estatal. Y los exhibidores ni se quieren dar por enterados de que, por una vez, un corto puede despertar la atención del público. Desde el mes de noviembre, José Esteban Alenda (distribuidor y coproductor al 50% de *Operación Miguelete*) tiene copia disponible. Pero hasta hoy el film sigue sin estrenarse en las pantallas comerciales de nuestro país. Edificante.

No voy a valorar críticamente *Operación Miguelete,* porque doctores tiene la Santa Madre **Turia** que lo harán en su momento (si es que llega). Pero me parece fuera de duda su interés, su seriedad al enfocar el tema del intervencionismo militar en España y el 23-F, e –insisto– su carácter de única película realizada sobre este hecho. Por otra parte, *Operación Miguelete* posee un peculiar origen: realizado originalmente en Super 8 mm., obtuvo un indiscutible primer premio en el Concurso de Cortometrajes en tal formato organizado el pasado año por la Universidad Complutense de Madrid. Animados por el éxito de su trabajo, los dos realizadores decidieron invertir sus ahorros y rodarlo de nuevo en 35 mm. y con una duración menor (de 19 minutos sobre 30), para que así el film pudiese llegar a miles de espectadores más… Ya se ve cuál ha sido el resultado, «gracias» a las prácticas de la exhibición española.

Una pregunta no menos ingenua que el principio: ¿habría reaccionado igual la inmensa mayoría de los empresarios si el corto fuese golpista? ●

(Marzo de 1982. Nº 945)

Francia, dulce Francia

Menos de un año después de su llegada al poder, el Gobierno socialista francés ha hecho pública su reforma del cine. Según Jack Lang, ministro de Cultura, cinco han sido las líneas de fuerza que orientan el cambio: «*La presencia del cine francés en el extranjero, la reconquista del público popular, los peligros de la concentración económica que paraliza las capacidades de creación y renovación, la debilidad económica del cine de autor y de investigación individual, y la necesidad de definir las relaciones entre el cine y las nuevas técnicas audiovisuales*». Al analizar las numerosas disposiciones que van a entrar en juego, puede deducirse que ha habido un equilibrio entre realismo e innovación, entre el respeto a los intereses de la industria y el entendimiento del cine como vehículo de cultura. No se ha producido, por tanto, el temido choque frontal del Gobierno con el poderosísimo «trust» Gaumount, al que sólo se le impide su actual acuerdo con Pathé para la programación de uno de los tres grandes circuitos de salas que existen en Francia (Gaumont-Pathé, U.G.C. y Parafrance).

Muy en síntesis, cabe agrupar las medidas de reforma en tres apartados:

● Plantar cara a la penetración del cine norteamericano. Se establece que Francia debe «promover un espacio cinematográfico europeo para compensar la influencia de la industria americana», mediante una especial colaboración con Alemania Occidental e Italia, sin olvidar otras naciones de lengua latina y del Tercer Mundo. Y, como signo de un tipo distinto de relaciones con Hollywood, se ha llegado al acuerdo de que los norteamericanos inviertan en la difusión del cine francés en el extranjero una suma proporcional a lo que recaudan en las salas galas.

● Sanear y potenciar el mercado interior. Además de la lucha contra los monopolios de exhibición, que hemos mencionado, el Gobierno va a apoyar decididamente a las pequeñas empresas del sector, cuya independencia suele suponer una garantía de calidad. Amenazados en su supervivencia durante los años pasados, estos exhibidores podrán contar con el material de unos distribuidores también independientes a los que se ayudará para lanzar adecuadamente sus películas. En cuanto a la producción, se crea un Instituto de financiamiento del cine –en el que interviene el Estado– y se aumenta la dotación del «Avance sur Recettes» (adelanto sobre la taquilla), cuya comisión está hoy presidida por por el actor-productor Jacques Perrin y que cuenta en 1982 con 48 millones de francos (unos 800 millones de pesetas). Ello se une a que los créditos cinematográficos se han triplicado este año, sin olvidar una «atención particular» hacia el cortometraje, el cine experimental, las salas de arte y ensayo, la modernización del equipamiento técnico y el desarrollo regional del cine.

● Dinamizar la cultura audiovisual. Destacan, en este sentido, la creación de una gran escuela de formación para el cine y restantes medios audiovisuales, la fundación de una biblioteca que reúna toda la producción editorial sobre temas fílmicos, el engrandecimiento del Museo Henri Langlois, la elaboración de un «banco de datos» a disposición de los profesionales y del público, la restauración de diez mil películas de cinemateca en cinco años, el estudio de los soportes electrónicos y sus consecuencias, el apoyo a los cineclubs y a entidades locales que se han distinguido por su trabajo creativo…

Mientras, en España, viéndolas pasar. ●

(Abril de 1982. Nº 951)

Hay que estar locos

Si repasamos la historia reciente del cine español, comprobaremos que buena parte de los títulos «memorables» nacieron de iniciativas presuntamente descabelladas, de ideas que parecían enloquecidas a la mayoría de la profesión. ¿Quién daría un duro por una sátira que mezclaba el espejismo norteamericano, el papanatismo patrio y las canciones de Lolita Sevilla, llamándose además *Bienvenido, Mister Marshall*? ¿Cómo prever que de un director primerizo, unas niñas triscando por los campos castellanos y el monstruo de Frankenstein iba a surgir *El espíritu de la colmena*? ¿Cuál era el valiente que, ya en fechas muy cercanas, apostaría por adelantado en favor de *El corazón del bosque, Arrebato* o *Función de noche*? De esas «locuras» ha surgido lo mejor de nuestro cine, precisamente porque se apartaban de las normas vigentes, del «éxito seguro», de las fórmulas consabidas.

Cuando tanto y tan machaconamente se habla sobre la necesidad de una industria «sólida», «estable», «potente», debo reconocer que los dedos se me hacen huéspedes. Desde luego, tal confort industrial le vendría de perlas a una profesión zarandeada –en todos sus sectores– por la inseguridad, el paro y un futuro más que negro. Pero dudo mucho de que de ahí surgiera otra cosa que una producción normalizada, «standard», mucho más atenta a las curvas del «marketing» que a los impulsos creadores o a las búsquedas expresivas. La tónica actual del cine, y no ya sólo en nuestro país, marca una peligrosísima inclinación hacia los contenidos neutros, a la ausencia de riesgos en cualquier sentido de la palabra. La protección estatal y las colaboraciones con las cadenas de televisión (que mantienen hoy el cine en Europa) pasan, se quiera o no, tarde o temprano, su elevada factura. Que se cifra en términos de sujeción a las reglas del juego, a lo que no perturbe ni disturbe desde ningún punto de vista. Mientras que, en realidad, cada obra auténticamente creativa respira libremente a partir de que el armazón económico se ponga a su servicio, se «invente» para ella, desde ella y quizá muera con ella.

Por todo lo dicho, quiero romper una lanza por una película que ustedes todavía no han visto porque parece que nadie se atreve a estrenarla: *Animación en la sala de espera,* largometraje documental de Carlos Rodríguez Sanz y Manuel Coronado. Se centra en el llamado «mundo de los locos», a través de la contemplación de los internados en un instituto psiquiátrico, de los rostros infinitamente a la espera de unas mujeres y unos hombres sumergidos entre cuatro paredes y un jardín. Un rodaje a lo largo de tres años, unos medios de producción al margen de cualquier apoyo (el Ministerio de Cultura le ha negado, por supuesto, el Premio a la Calidad) y un afán por llegar sin prejuicios a una zona humana ignorada o tabú, han puesto en pie este film absolutamente «atípico» entre nosotros. Salvo en su paso por certámenes como el de Valladolid, *Animación en la sala de espera* permanece encerrada en sus latas; claro, «no es comercial», aseguran nuestros arriesgados exhibidores. Por desgracia, ninguno de ellos está loco para estrenar una película sobre «locos» que sólo unos «locos» se atreverían a rodar a pecho descubierto.

Pero de los locos ha sido, es y será el Reino del Cine. ●

(Mayo de 1982. Nº 955)

Lo importante es morir

Siempre la recordaré en aquella tarde berlinesa de febrero del 80. Vestida enteramente de negro, con el rostro serio y hasta un poco fiero, su menuda figura se dirigió sin titubeos a la sala de conferencias de Prensa de la Berlinale. Acababa de proyectarse *La muerte en directo* y, ausente el realizador Bertrand Tavernier, ella y su compañero de reparto Harvey Keitel eran los encargados de responder a las preguntas de los periodistas. Antes que nada, pidió permiso al Director del Festival para leer una declaración a la opinión pública. Se trataba de una acusación contra el poderosísimo grupo Springer, cuya «prensa amarilla» había vuelto a lanzar una campaña de injurias sobre su vida privada. *«Ni un día han dejado de atacarme, ni a mí ni a los míos, desde que salí de este país* –dijo, con la rabia saliéndole por los ojos–, *y eso no se lo puedo perdonar».*

La declaración era oportuna porque, como ella misma subrayó, *La muerte en directo* planteaba la invasión de las parcelas más íntimas del ser humano por parte de unos medios de comunicación desprovistos de ética. Refutó después otro de los motivos habituales de agresión: su presunta negativa a trabajar con cineastas alemanes. Estaba dispuesta a colaborar con ellos siempre que el guion y la propia personalidad del director le ofreciesen garantías. Incluso reconoció, con humildad, haberse equivocado al rechazar el papel protagonista de *El matrimonio de María Braun* y se mostró dispuesta a enmendar el error en un futuro proyecto de Fassbinder. No sonrió ni un momento, no tenía motivos para ello. No dejó de observar un instante, con su poderosa mirada, al nutrido grupo de periodistas que se sentaban ante ella. No dudó nunca en sus afirmaciones,

tajantes, secas, convencidas de su razón. Impresionaba realmente esta Romy Schneider que, desprovista de cualquier cálculo de «marketing» o de toda complacencia de «star», se defendía con uñas y dientes de sus enemigos. Porque sabía que era su vida lo que estaba en juego.

Mientras la contemplaba, aquella Romy Schneider «de verdad» se fundía con el personaje que creo más auténtico de su carrera: la Nadine Chevalier de *Lo importante es amar.* Con la cara limpia, sin sombra de maquillaje ni en el cuerpo ni en el alma, Romy se entregaba a su papel hasta un punto en que parecía imposible distinguir al personaje de la actriz. En apoyo de un marido débil, implorando que no la fotografiasen en una maldita escena porno, volcada a una pasión terrible, era lo más profundo de un ser humano lo que se iba quedando grabado en la película de Zulawski. Ahora en que los gacetilleros se empeñan en recordarnos a una Sissi adolescente y cursi, hay que resaltar la imagen de esta Romy Schneider que –una y otra vez– nos afectó más allá de su belleza, que nos conmocionó hasta las lágrimas más allá de su poder de seducción.

«Los actores… ¡ya se sabe!», proclaman los bien pensantes que nunca se han jugado otra cosa que su hipocresía. Sí, los actores como Romy Schneider se dejan la piel a tiras para complacernos en nuestras cómodas butacas y todavía queremos arrebatarles sus vidas privadas, sus amores fracasados (como los de todos) o sus hijos muertos (como los de muchos). Hoy Romy Schneider ya estará en paz, al margen de todo. Sólo, quizá, Luchino Visconti, su «gran maestro», venga a cogerla de la mano para dar un paseo por los verdes campos del Edén. ●

(Junio de 1982. Nº 957)

La culpa es del Mundial

Imagínense la situación: ante una oleada de competencia internacional, los concesionarios de coches de este país deciden no renovar sus «stocks» o, en todo caso, volver a lanzar al mercado viejos modelos que un día tuvieron éxito pero que hoy ya han quedado fuera de uso... Absurdo. Sí, absurdo para cualquier sector económico medianamente racional, pero no para una «industria» como la del cine en España donde toda lógica debe perder su esperanza. A nadie se le ocurre que la mejor manera de enfrentarse a algo sea la inanición, la carencia de iniciativa y la técnica del avestruz. Bueno, a nadie menos a nuestros queridos distribuidores y exhibidores y a los dirigentes del Partido Comunista de España. Unos y otros participan de la misma filosofía: cuando las cosas vienen mal dadas, es la realidad la que se equivoca. Su única respuesta consiste en buscar chivos expiatorios.

El de los comerciantes en celuloide es, aquí y ahora, el Mundial de Fútbol. Nada se puede hacer –dicen– ante este monstruo de mil cabezas que sorbe el seso a sus víctimas y las deja atontadas por un mes con el solo contacto de sus antenas televisivas. Por eso, porque los españoles aman locamente el fútbol, porque partidos como Perú-Camerún u Honduras-Irlanda del Norte provocan el delirio de las masas, porque no hay ninguna necesidad de salir de casa ni de abandonar un minuto el entrañable saloncito familiar, no existe otra solución que la espantada y el llanto...

Ambas salidas son las habitualmente utilizadas por nuestros empresarios en cuanto el horizonte se les presenta un poco feo. Hoy se lamentan por los Mundiales, pero mañana lo harán por las vacaciones y las playas como ayer lo hicieron por el 600 y la tortilla o siempre lo han hecho por la pérfida televisión. ¿Imaginación para competir? Cero. ¿Capacidad comercial en su oficio? Nula. ¿Recursos que atraigan al público? Inexistentes. Todo lo que suponga salir de una rutina establecida cincuenta años atrás significa un esfuerzo desmedido, impensable. (Las excepciones que deben salvarse de la quema están en la mente de todos).

Y así, la estrategia de distribuidores/exhibidores durante el Mundial resulta auténticamente ejemplar: nada de estrenos importantes, sólo de material de desecho y de –rezan las consignas– «películas para mujeres»; recurso masivo a las reposiciones, falsas o estúpidas en su gran mayoría. Por lo tanto, hasta septiembre se cierra la tienda (¿quién hace algo en julio y agosto?) o se guardan los artículos dentro por el calor... Mientras en el resto de Europa proyectan lo más destacado del último Cannes, mientras en países como Francia aumenta el índice de frecuentación a las salas gracias a una serie de iniciativas comerciales, los empresarios españoles lloran amargamente igual que Boabdil. Butacas cada vez más y más vacías son su Granada.

Parece que nuestros comerciantes en celuloide se han tomado al pie de la letra lo de la «muerte del cine» y lo quieren enterrar deprisa, puñadito a puñadito de ineptitud. Es un suicidio, una autodestrucción. Pero, quietos, que nadie se mueva: la culpa la tiene, hoy, el Mundial. ●

(Junio de 1982. Nº 959)

Justicia rociera

Si el Supremo no lo remedia, la condena contra *Rocío* puede significar –lo significa ya– un obstáculo para la libertad de expresión en este país. Se exige la mutilación de la película, se considera culpable a su realizador de un delito de «injurias graves», se le castiga a dos meses y un día de arresto mayor, una multa de 50.000 pesetas y una indemnización de diez millones de pesetas por los «perjuicios causados» a los querellantes. Más que si fuese guardia civil al asalto del Congreso de los Diputados, más que si hubiera participado en una «trama negra» en favor del golpe de Estado, más que si difundiese por TVE un documental encomiástico de los militares turcos… Fernando Ruiz, el autor de *Rocío,* le parece a la Justicia española infinitamente más peligroso que los responsables de esos actos, a quienes ignora o absuelve (¿qué va a pasar en el «caso Almería»?) sin mayores escrúpulos.

De nada han valido las precauciones que *Rocío* tomaba al ocultar los ojos y el nombre de la persona cuyos herederos se han querellado: la sala segunda de la Audiencia Provincial de Sevilla ha prohibido no sólo el plano en que aparecía la foto «enmascarada» de dicha persona, sino cuantas escenas hacen referencia al comportamiento de José María Reales (cacique de Almonte travestido en falangista) durante la República y la Guerra Civil española. Totalmente inútiles han sido las argumentaciones de que no había «animus iniuriandi» por parte del director del film, cuyo objetivo era esclarecer los soportes ideológicos y políticos de la cabalgata rociera. Papel mojado ha resultado la defensa en nombre de la libertad de expresión, la valía testimonial de la película, e incluso su reconocimiento público al obtener el máximo premio del I Certamen de Cine Andaluz.

La campaña desplegada por la poderosa familia Reales, las presiones ejercidas por las numerosas hermandades rocieras que se abastecen de los «poderes fácticos» andaluces, el recurso a unas devociones primitivas y manipuladas han hallado su traducción en la condena emitida por los tres magistrados de la Audiencia sevillana. Todo de acuerdo con la legalidad vigente, faltaba más. Pero aquí tienen a un cineasta tomado como «chivo expiatorio» (el propio Fernando Ruiz se ha autocalificado así), a una película sometida al dictamen de una sentencia que busca tener «efectos ejemplarizantes».

Que en nuestra Guerra Civil hubo, lamentablemente, docenas de caciques con uniforme falangista que diezmaron poblaciones enteras, lo demuestra hasta el manual más sucinto de Historia. Pero, claro, eso ha quedado al margen del juicio de Sevilla, preocupado exclusivamente de salvaguardar el «honor» de un determinado personaje. Como de costumbre, se inculpa al mensajero y no a quienes han causado la mala nueva. ●

(Julio de 1982. Nº 961)

¿Qué hacías en el 62?

Con la reposición de *American Graffiti*, vuelve desde las paredes, desde los periódicos, la pregunta entre nostálgica y desafiante: *«¿Qué hacías tú en el 62?»*. Manuel Vázquez Montalbán ha contado cómo, cuando el estreno de la película, estuvo a punto de escribir un artículo que dijera: *«Pues yo, señores, el año 1962 estaba en la cárcel»*… E igual que él, decenas y decenas de antifranquistas, en un año de lucha especialmente virulento contra el régimen. Era el año de las huelgas de Asturias (combatidas con carbón polaco en un ejemplo de «internacionalismo proletario» del bloque socialista), que se extendieron como mancha de aceite hasta alcanzar a medio millón de trabajadores. Era el año del Manifiesto de los Intelectuales contra la represión, que radicalizaba el espíritu de las protestas universitarias de 1956. Era el año -una vez más- del Estado de Excepción impuesto por el franquismo para cortar por las bravas el auge de la oposición democrática. Era el año de la detención de Julián Grimau, juzgado militarmente y asesinado unos meses después. Era el año en que hasta el Cardenal Montini, posterior Pablo VI, pedía al Pardo un poco de clemencia en la barbarie policíaca. Era el año, los años, en que miles de emigrantes se veían expulsados de nuestro país porque el Plan de Estabilización opusdeísta no contaba con que ellos también tenían que ganarse la vida. Era el año en que se reclamaba un salario mínimo digno, de 125 pesetas diarias, a lo que el Gobierno respondía después de las Navidades con sólo 60 pesetas…

Eso hacíamos los españoles en 1962, mire usted por dónde. Ni lo sospechaban los jovencitos de *American Graffiti*, entretenidos con sus ligues, sus hamburguesas, sus carreras de coches y sus canciones de Los Platters. Al contrario de lo que parecían sentir George Lucas y sus compañeros de generación, los españoles no tenemos hueco para la nostalgia de aquellos días que se fueron, y bendita la hora en que se fueron. Sólo los franquistas, los irresponsables o los suicidas pueden experimentar alguna simpatía por un tiempo de fascismo que ha dejado una huella tan dolorosa, tan difícilmente superable. *«La nostalgia ya no es lo que era»*, nos advirtió Simone Signoret. La nostalgia tiene, además, que estar prohibida para nosotros, por la simple lógica humana que impide la añoranza hacia aquello que nos ha hecho daño y, en buena parte, nos ha destruido.

La próxima vez que, desde las paredes, desde los periódicos, un americanito patoso pregunte por aquí que «qué hacíamos en el 62», no habrá más remedio que contestarle con un manual de Historia en la mano. Para que se entere de que lo que pasaba por esta sumisa colonia de sus papás mientras él andaba dudando sobre si ir o no a la Universidad, acostarse o no acostarse con su novia, beberse o no beberse el batido de vainilla. De paso, a ver si también se enteran los rockeros, punks, freaks, pasotas y demás españoles de buen vivir mientras hacen cola para degustar *American Graffiti*. Memoria, y no nostalgia, es lo que necesitamos. ●

(Septiembre de 1982. Nº 970)

Que exporten ellos

Me cuentan el desastre que ha supuesto el ciclo de cine español organizado en el Festival de Montréal. Falta de información, ausencia de contactos comerciales, escaso número de espectadores…, hasta llegar al ridículo de una rueda de Prensa donde había más personas en la mesa para responder que periodistas en la sala para preguntar. Se repite la historia, la larga historia de incompetencias y despropósitos, de errores y negligencias, que rodean la difusión de nuestro cine en el exterior.

Cualquier asistente a festivales internacionales sabe ya, «a priori», que el pabellón español va a ser el peor montado, que nadie moverá un dedo (salvo si defiende sus intereses particulares) para apoyar a nuestros cineastas, que incluso se falla en cosas nimias a la hora de dar una imagen atractiva de lo bueno que se hace por aquí. Irritación y vergüenza ajena suele causar la presencia «oficial» del cine español en los certámenes de primera categoría. Quienes nos desplazamos a ellos con cierta frecuencia, lo hemos denunciado mil veces en revistas y diarios, insistiendo en que no puede continuar esta lamentable dejadez. Resultado: que sólo una semana después del fracaso en Montréal, en Venecia parece que ha vuelto a suceder tres cuartos de lo mismo.

Siguiendo una práctica nacional muy acrisolada, todo el mundo se pasa la pelota de las responsabilidades. Los productores a la Administración, porque es incapaz de crear un organismo de difusión a la manera de Unifrance o Unitalia, ni ha mostrado jamás la imaginación de australianos, escandinavos o canadienses para introducirse en un contexto internacional. La Administración devuelve el balón a los productores, ya que piensa que son sus asociaciones corporativas las que deberían ponerse de acuerdo en formar una cámara de exportación conjunta. Y unos y otros critican abiertamente la gestión de Cinespaña, obstáculo en vez de trampolín para nuestro cine. De boca de sus dirigentes, Cinespaña viene a decir que ella hace lo que le da la real gana, que adquiere los derechos para el extranjero de las películas que le apetecen y que nadie tiene por qué meter sus narices en cómo funciona. Lo que estaría muy bien si Cinespaña no contase con un ¡99,44%! de capital estatal sobre un total de 180 millones de pesetas, que –por lo tanto– salen del bolsillo de los contribuyentes.

Cerrar Cinespaña, organizar la compañía de exportación a cargo de los productores y dar paso a un ente estatal encargado de la penetración cultural e informativa, son tres pasos ineludibles para que el cine español sea «alguien» en el extranjero. Hemos perdido nuestro llamado «mercado natural», Latinoamérica (salvo para productos infantiloides, tipo *La guerra de los niños* o *Las aventuras de Enrique y Ana*); no logramos entrar en sistemas tan cerrados como el francés o el italiano; Estados Unidos resulta inalcanzable por más que *Bodas de sangre,* la excepción, haya conseguido ganancias de un millón de dólares. Y se ha esfumado ya, por otra parte, la oportunidad histórica de ser España foco de atención mundial en el tránsito del franquismo a la democracia. Con el mercado interior colonizado y el exterior a años luz, nuestro cine paga hoy equivocaciones propias, pero, más todavía, ajenas. ●

(Septiembre de 1982. Nº 973)

Il bravo Vittorio

Lo recuerdan? Mario, el irreprochable diputado comunista que se ha enamorado de una mujer mucho más joven que él, imagina que se dirige desde el estrado a sus compañeros del Congreso del PCI para exponerles lo que le está pasando en su conciencia. Quiere hacerles partícipes de su conflicto moral, de sus dudas entre la fidelidad a quien compartió con él toda la vida y el derecho a una felicidad nueva y estimulante. Lejos de cualquier retórica política, de lo que se suele manifestar en una tribuna pública, desea que los demás le ayuden a encontrar un camino quizás imposible: cómo conciliar el bien para él con el mal para otro ser humano muy próximo; en definitiva, la eterna dialéctica entre libertad y responsabilidad… Aquel discurso de Mario en *La terraza,* de Ettore Scola, supone para mí una de las cumbres de la interpretación cinematográfica, uno de esos instantes privilegiados de verdad y de profundidad que transforman de tiempo en tiempo la pantalla. Y era Vittorio Gassman, su gesto, su actitud, su voz (no la del doblaje español, que desnaturalizaba la secuencia), el actor capaz del milagro a través de un largo primer plano realmente inolvidable.

No ha sido, por supuesto, la única vez que Vittorio Gassman ha logrado impresionarnos. *Perfume de mujer,* por ejemplo, significaba una lección práctica de cómo crear un tipo –el del amargado profesor ciego– y conseguir que el espectador se comunique con él plenamente. Otro tanto cabe decir del fanfarrón impenitente de *La escapada,* o del antiguo miembro de la Resistencia de *Una mujer y tres hombres* (lamentable título hispánico de *C'eravamo tanto amati*), o del guerrero antiheroico de *L'armata Brancaleone,* o de los personajes divertidos y populares que encarnase en *Rufufú* o en la serie de *Los monstruos…* No se trata de repasar la filmografía del gran actor italiano –otros compañeros lo harán en estos días de homenaje en Valencia–, sino de trazar una especie de saludo a Vittorio Gassman, de semblanza mínima de alguien a quien admiramos.

Actor típico de tragicomedia, Gassman forma con Marcello Mastroianni, Alberto Sordi, Nino Manfredi y Ugo Tognazzi un quinteto mágico, y seguro que irrepetible, del cine italiano. Ellos, y sus amigos de detrás de la cámara (Monicelli, Risi, Scola), configuran la imagen de un país que sabe reconocer sus problemas y ponerlos en solfa, que ha aprendido que la mejor manera de modificar la realidad es no ocultándola jamás, aunque sea entre las bromas habituales de la queridísima «comedia italiana». A Gassman se le ha reprochado que acepte con demasiada prodigalidad empeños menores o trabajos puramente «alimenticios» –le acabamos de ver en uno de ellos, *La brigada de Sharky*–, como también se le ha atacado por el exceso de histrionismo que en ocasiones preside su labor. Pero, reconociendo estos defectos, quedan minimizados ante la valía global de una trayectoria que es ya parte de la historia del cine. ●

(Octubre de 1982. Nº 974)

Mimar a los espectadores

Si Don Luchino todavía estuviese en el reino de los vivos, habría sonreído emocionado: una sala a tope seguía su *Terra trema* hasta casi las dos de la mañana, sin desanimarse ante la versión original hablada en puro siciliano…

Más o menos, lo mismo sucedió con las treinta películas que componían el excelente ciclo del neorrealismo italiano programado por la Mostra de Valencia. Una Mostra que, si buenos han sido sus resultados globales, más todavía ha sido su público: en 35.000 espectadores cifró la organización el número aproximado de los asistentes, no sumando todavía a quienes acudieron a las tres jornadas de prolongación en el Valencia-Cinema. Pero con ser significativo, el número no es lo más importante en este caso; es la actitud y la entrega de un público que demostraba cada día su pasión por el buen cine.

A unos espectadores así, la Mostra tiene que mimarlos. Ya que ha sabido conquistar su interés, hay que hacer todo lo posible para no decepcionarles ni exigirles por encima de sus fuerzas. ¿Cómo? Ahí van unas cuantas sugerencias: Tratar de que un máximo de películas vengan subtituladas en castellano. Reducir lo más posible los cambios de programación que desconcierten y enfaden. Lograr que no coincidan las actividades teóricas –como las Mesas Redondas sobre el neorrealismo– con películas de enorme expectación tipo *Morir a los 30 años* o *Los ojos, la boca*. Favorecer el encuentro entre los cineastas y el público, cuyo diálogo siempre será fructífero (lo fue concretamente en el caso de Marco Bellocchio). Conseguir que la «estrella» homenajeada tenga contacto con sus admiradores, lo que no ha sucedido este año con Vittorio Gassman pese a la voluntad de los organizadores. Y exigir mayor calidad en la Sección Oficial, sobre todo en cuanto a la participación española, y sin caer en la tentación del tercermundismo.

A la proclamada «consolidación» que la Mostra ha vivido en 1982, debe suceder una etapa de perfeccionamiento, de minucioso pulido de todos y cada uno de los pivotes que la sustentan. Nada sería tan perjudicial para el certamen valenciano como el triunfalismo, la creencia de que el camino ya está recorrido para siempre. Tres años son muy poco para consagrar un Festival en una tierra superpoblada de ellos como la nuestra. Valencia tiene la ventaja de saber lo que quiere, de disponer de las personas capaces de lograrlo y de arbitrar los medios justos que precisa una manifestación cultural. Y cuenta con ese público en que apoyarse, que responde inteligentemente cuando encuentra una motivación clara. Un público joven (¿dónde se mete en este país la gente de más de cuarenta años?) que se irá acrecentando a medida que la Mostra siga en su trayectoria, pero que lógicamente exigirá cada año más. Ellos, los 35.000 espectadores, han sido los grandes protagonistas de la III Mostra del Cine Mediterráneo. ●

(Octubre de 1982. Nº 976)

Valladolid y el «otro cine»

Este año más que nunca, la Semana de Valladolid ha apostado por el «otro cine». Es decir, por el que no suele acceder a los circuitos comerciales, por el que procede de latitudes y sectores inhabituales, por el que rehúsa un lenguaje y una narrativa que cree superados. Empeño difícil y digno de atención, como contraste con otros festivales españoles que despilfarran sus dineros en ser simples adelantados de la Gran Vía, la Diagonal o Ruzafa, en mostrar festejos horteras e invitar a viejas «estrellas» de Hollywood. El «rigor» y la «exigencia» han sido –en palabras del quinteto que forma el Comité de Dirección del certamen castellano– los principios desde los que Valladolid realiza su propuesta cultural.

Bien, muy bien. Pero existe un peligro: que la Semana se convierta en un «ghetto» para iniciados, que su programación mire más hacia un prestigio externo que a un interés ciudadano. Porque la cuestión del «otro cine» también se presta a torpes exclusiones y a esquematismos de primero de bachillerato «deconstructivista». Simplemente por colocar la cámara fija ante un actor, un paisaje o un objeto, no se está haciendo «cine nuevo» ni revolucionando ninguna estética. Para «luchar contra el lenguaje dominante», no es imprescindible aburrir al espectador y vaciar las salas. Hubo mentes pusilánimes que se escandalizaron porque títulos de amplia aceptación popular como *El marqués del Grillo,* de Monicelli, de prestigio comercial como *La trucha,* de Losey, o con el «baldón» de haber recibido un Oscar como *Mephisto,* de Szabó, se acercasen por la Semana. De imponerse criterios de este tipo, Valladolid se cerraría sobre sí mismo para gozo de enviados especiales, jurados estrechos y demás fauna festivalera, mientras los vallisoletanos se encontrarían ante la falaz disyuntiva de siempre: o sufrir unas películas realizadas de espaldas al público, o seguir consumiendo los productos convencionales que forman el 90% de su cartelera anual.

Ni la coherencia está reñida con la diversión, ni propósito cultural significa ponerse el cinturón de castidad de una única e intolerante línea cinematográfica. Creo que ésta debe ser la gran advertencia de Valladolid´82, el mejor apoyo a la libertad de espíritu proclamada por sus actuales dirigentes. Será un tópico, pero en un Festival lo que hay que privilegiar es el cine de verdad, venga de donde venga: el que comunica con imágenes una serie de sensaciones y pensamientos, el que conjuga la reflexión con la emoción, el que afecta vivencialmente al espectador sin por ello olvidar el análisis.

¿En nombre de qué un Jurado puede conceder o resaltar a la desesperantemente estéril *Reinsende Krieger,* marginando en el olvido a *La noche de San Lorenzo,* uno de los grandes films de los últimos años? Creo que Valladolid se equivocaría gravemente de seguir por el «camino de expiación» que le ha marcado su Jurado de 1982. Como se equivocaría confundiendo lo que parece justa reivindicación de un cineasta olvidado, Edgar Neville, con un proceso de beatificación que ignora cosas que el tiempo no ha borrado, como la adscripción falangista del autor de *Frente de Madrid,* queriendo además revestirle de una insólita púrpura de antifranquismo. ●

(Noviembre de 1982. Nº 978)

Días de vino y rosas

Ya era hora… Nunca una frase se ha oído más veces en menos tiempo. De la noche a la mañana, la gente se ha quitado años de encima, ha empezado a hacer proyectos, se ha dejado ganar por la ilusión. Un pueblo zaherido por los vaivenes de la Transición y los aguijones del miedo, cree otra vez en algo y se siente dispuesto a comenzar de nuevo. Con las ojeras a flor de piel, sí, pero en la madrugada del 29 de octubre había una chispa en las miradas que desterraba cualquier cansancio, toda fatiga. Desde el 14 de abril de 1931, los españoles no habíamos encontrado una jornada así, en la que tantas cosas vuelven a parecer posibles.

¿Lo serán? Demos tiempo al tiempo y, por una vez en la vida, seamos capaces de postergar el escepticismo, la desconfianza y ese pesimismo masoquista que suele confrontarnos. Vamos a apurar, sorbo a sorbo, el entusiasmo; vamos a ser triunfalistas sin que sirva de precedente. Cada generación tiene su oportunidad, seguramente única e irrepetible, y la del 28-0 pueden ser también la nuestra, la de quienes no sufrimos la guerra ni la más inmediata posguerra, pero pagamos religiosamente sus consecuencias. Encerrados en nosotros mismos, con la frustración como norte y la impotencia como sur, tuvimos que construirnos una concha férrea que no dejase escapar ni un respiro de debilidad. Fueron siglos, por más que el calendario dijera lo contrario, y la noche electoral supimos por fin lo que era reír, saltar y cantar sin vergüenza ajena, sin preocuparnos de esos censores que hemos llevado a cuestas como se llevaba al Dios inclemente de los libros de Historia Sagrada de nuestra infancia. La alegría por estar juntos, la necesidad de comunicarnos con los otros, de vivir las cosas con los demás…, sentimientos encontrados o reencontrados en unas horas de otoño. Pase lo que pase –y va a pasar para bien–, ya nadie podrá arrebatarnos la madrugada del 29 de octubre.

Porque este pueblo lo ha tenido muy crudo y conoce en su carne lo que significa el sufrimiento, sabe ser solidario, como acaba de demostrar en las tierras de Levante. Porque este pueblo se ha visto sumergido tan a menudo en el luto y en la tragedia, sabe que el gozo suele ser fugitivo y que hay que degustarlo en el instante. Porque este pueblo se ha cansado de perder, hasta la piel a tiras, marca hoy con tal fuerza la V de la Victoria que quedará grabada por siempre en el aire. La otra noche saboreamos, «ya era hora», la libertad.

Todos somos responsables de que este impulso se mantenga. De que el rostro de tiza que cambia de la alegría al enfado con sólo dibujar sus labios de una u otra forma, no adopte en el futuro un aire colectivo de desilusión. España –que no es únicamente Madrid, contra lo que ha vuelto a creer TVE al reflejar la noche electoral– ya no quiere aceptar ni la mentira, ni la trampa, ni que le arrollen jamás los tanques de la barbarie… Os pido disculpas, amigos de la **Turia,** por no haber hablado esta semana de cine (aunque también estoy hablando de cine). Una explosión de esperanza bien merece una página. ●

(Noviembre de 1982. Nº 980)

El «amigo» americano

Muchas veces, se acusa a los críticos de demagogia y de politización por atacar a las multinacionales de Hollywood. Cuando escribimos que están asfixiando al cine español o que imponen un colonialismo cultural y económico, se suele tomar la frase a humo de pajas y como un simple ejercicio retórico. Parece que no valen los casos de Gran Bretaña, los países escandinavos y los latinoamericanos, cuyas respectivas producciones nacionales casi se han extinguido bajo el peso del celuloide USA. Tampoco se quiere ver que Italia, Alemania o la mismísima Francia las están pasando moradas para proteger a su cine de las omnipotentes redes comerciales del «amigo americano».

Pero vayamos a hechos concretos que suceden hoy mismo en Madrid (que es mi pueblo). Sin necesidad de recurrir a teorías sobre el papel decisivo de una cultura nacional, ni de citar cifras que demuestren cómo y por qué el cine supone la segunda industria exportadora de Estados Unidos después de la del automóvil, fijémonos directamente en algunos datos de la cartelera madrileña:

• Septiembre marcó un aluvión de estrenos de películas españolas, incrementado en octubre hasta llegar a una competencia perjudicial para todas. ¿Razón? Que la «cuota de pantalla» se contabiliza por cuatrimestres, y así quedan libres las ventajosísimas fechas de las Navidades para las superproducciones de Hollywood.

• Por ese motivo, un film de éxito espectacular en Madrid como *La colmena* tiene que dejar el Palacio de la Música (1.722 localidades repletas a diario) para que entre el musical *Annie.* O todo un Saura, *Antonieta,* sabe desde un principio que, sobre el 10 de diciembre, será reemplazado por *E.T.* en el Palafox (1.424 butacas). O los responsables de una *Valentina* que han recurrido hasta a Anthony Quinn para darle «comercialidad» a su adaptación de la «Crónica del Alba» senderiana, tienen que aceptar no comerse el turrón en el Avenida (1.632 entradas) porque *Blade Runner* exige ya su puesto.

• Sólo hemos elegido tres casos significativos, pero la consecuencia resulta evidente: el cine español queda borrado por Hollywood de la cartelera navideña de estreno; o reducido al «ghetto» de las pequeñas salas y de las no situadas en el centro neurálgico del espectáculo. De la debacle únicamente se «salva» *Demonios en el jardín,* si es que las presiones que se están ejerciendo sobre el dueño del Paz (1.002 localidades) no pueden más que el irrebatible triunfo taquillero del excelente film de Manuel Gutiérrez Aragón.

Ahora, que cada cual saque sus propias conclusiones. ●

(Noviembre de 1982. Nº 982)

El derecho a la propia imagen

La presión de las multinacionales no se limita al cine español, sino que se ejerce contra todo aquel que no provenga de Hollywood. Hace dos semanas hablábamos de cómo *La colmena, Valentina* o *Antonieta* –y la producción española en general– no pasarían del umbral de las Navidades en buenas salas de estreno. También los escasísimos films europeos de calidad que acceden a ellas corren la misma suerte. Lo demuestra el hecho escandaloso de *La noche de San Lorenzo:* su enorme valía, su Gran Premio Especial del Jurado en el último Cannes, su excelente repercusión entre la crítica (que la ha situado en cabeza del muy influyente «hit parade» de la *Guía del Ocio* madrileña), su éxito de público (obligando a aumentar el número de sesiones semanales), no le valen absolutamente de nada. Desde el mismo día de la firma del contrato, se sabe que la fecha tope para la gran película de los hermanos Taviani es, aunque bata récords de taquilla, la del 20 de diciembre. Ese día tiene que entrar en el cine Coliseum (1.562 butacas) la superproducción USA *El señor de las bestias.* Cuando Vittorio Taviani pasó por Madrid se lo anunciamos, pero su comentario todavía nos dejó más desconsolados: exactamente igual había sucedido en Roma...

Hay que ir hacia una política europea de salvaguarda de las cinematografías nacionales y contención del expansionismo norteamericano. Suena a panfleto, ya lo sé, pero es que muchas veces la realidad es panfletaria. Jack Lang, el ministro de Cultura francés, se ha empeñado en esta tarea, tan bastardeada desde las poderosas cadenas de información: Javier Solana debería convertirse en el principal aliado de Lang. El programa electoral del PSOE establecía –en materia de cine– una prioridad absoluta para la defensa y promoción de nuestras películas frente a la creciente colonización. Principio que estaba ya entre las conclusiones del I Congreso Democrático del Cine Español, celebrado ahora hace cuatro años, y que el Gobierno socialista tiene que cumplir con firmeza en las distintas áreas culturales. Esperemos que la actual Administración sea más consciente del riesgo colonial que la mayoría de los profesionales, a tenor del bochornoso tono medio de la encuesta sobre *«¿Qué espera y qué pide al nuevo Gobierno en el terreno cinematográfico?»,* que publica el número de diciembre de *Fotogramas.* Y es que quien más, quien menos, desea producir, distribuir, exhibir o realizar una película con el amoroso apoyo de las «multis».

Nada se logrará si, como piedra angular de un amplio conjunto de disposiciones protectoras, no se establece que un porcentaje de los beneficios que el material extranjero consigue en España, vaya a parar a nuestro cine. De acuerdo, vivimos en una economía de mercado y es lícito que –por poner un ejemplo de moda– *E.T.* se lleve mil millones de pesetas a Hollywood. Pero la Constitución matiza ese modelo de economía con el adjetivo de «social», y parte de dichas ganancias deben ir a posibilitar que la sociedad española encuentre su propia imagen sobre las pantallas. ●

(Diciembre de 1982. Nº 984)

Doble o nada

Con *Annie* se ha vuelto a consumar una barbaridad: el doblaje al castellano de incluso el texto de sus canciones. En caso contrario –dicen los distribuidores–, los niños no podrían entenderlas. Como si los críos no supieran leer a partir de los seis años... Y a los de menos de seis, ya se sabe que lo mejor es no llevarles al cine, que deben hacer un montón de cosas hasta esa edad en vez de devorar imágenes a todas horas. Pero siempre es bueno que haya niños para que los mayores justifiquen sus decisiones. *Annie* la doblan de arriba abajo, sin respetar siquiera su parte musical, porque se piensa que de esta forma va a dar más dinero en taquilla, asustados como están sus explotadores del fracaso que ha supuesto en otros países. Tratándose de una distribuidora controlada por píos miembros de la Obra de Dios que hoy llaman Prelatura, no debe extrañar que el dinero prime sobre los criterios artísticos.

Aquí doblamos hasta a nuestra madre si no es de Valladolid o de Salamanca. Que Anna Magnani poseía una voz absolutamente personal e inimitable ¡qué importa!, va Televisión Española y en *La carroza de oro* la sustituye por la de Matilde Conesa. Que *La noche de San Lorenzo* basa una parte decisiva de su ritmo sonoro en el acento toscano ¡qué más da!, los grandes circuitos dicen que no la estrenarían nunca en versión original. Que el monólogo de Marlon Brando de *El último tango en París* supone uno de los ejercicios interpretativos más impresionantes del cine contemporáneo, precisamente por cómo están dichas las palabras, ¡qué tontería!, se llama a ese obsesivo actor que lo dobla todo para que ponga una voz grave y de circunstancias. Ejemplos, a miles.

La cosa es no poner letreritos. *«No da tiempo a leerlos»*, *«Es muy cansado»*, *«Se pierde el hilo»*. Tonterías (con perdón). Simple cuestión de práctica. Como si el ojo y la mente humanos no tuvieran los recursos suficientes para recoger en un mismo golpe de vista la imagen y los rótulos. Sí exigen los subtítulos una mayor atención hacia lo que se está contemplando. Y eso, claro, no casa ni con la ley del mínimo esfuerzo que rige en tantos espectadores ni con esas crecientes ganas de hablar durante la proyección que –por influencia de la televisión casera– demuestra nuestro querido público. Además de que el doblaje forma ya un potente sector de la industria cinematográfica cuyos intereses creados son difíciles de combatir.

Ni el pequeño robot de *La guerra de las galaxias* ni ahora el sacrosanto monstruito de *E.T.* se han librado (aunque hay que reconocer que en este último caso se ha realizado una de las mejores versiones de los últimos años). Pero, por respeto a los actores, por amor a un trabajo de interpretación donde la voz es el 50%, hay que estar contra el doblaje. O, cuando menos, a los chiflados que nos gustan las versiones originales con subtítulos, que nos reserven una copia y unos días a la semana para degustarlas. Piedad. ●

(Diciembre de 1982. Nº 986)

Luis Buñuel, cuya *Viridiana*
emitida por TVE supuso
un verdadero hito político y cultural.
*(Véase artículo «La noche en
que Buñuel venció a Franco»).*

1983

Noche de Reyes

Se compran niños. Se venden niños. Se comen niños.

Niños en oferta. Niños de todos los precios. Los niños más caros del mundo.

Muñecos para niños. Robots para niños. Guerras para niños.

No olvide a su niño en casa. No olvide la casa de su niño. No olvide casar a su niño.

¡Qué niño tan guapo! ¡Qué niño tan alto! ¡Qué niños tan viejos!

Si su niño comiera… Si su niño bebiera… Si su niño consumiera…

El niño que todos llevamos dentro. Volver a ser niños. Morir como niños.

Tiempo de niños. Espacio de niños. Vacío de niños.

Un mundo para niños. Los niños son un mundo. Niños sin su mundo.

No hay nada como un niño. Nada hay como una pareja de niños. La nada dentro de los niños.

Películas para niños. Programas para niños. Mentiras para niños.

Niños moldeables. Niños practicables. Niños habitables.

¡Niño, estate quieto! ¡Niño, mira la tele! ¡Niño, deja de vivir!

Caras de niños. Risas de niños. Soledades de niños.

Cuando yo era niño… Cuando él era mi niño… Cuando me trata como a un niño…

Para que sus niños se diviertan. Para que sus niños sean felices. Para que usted odie a sus niños.

Sabor de niños. Olor de niños. Niños en color y en blanco y negro.

Quiero un niño. No tendré ningún niño. Son como niños.

Se buscan niños. Se necesitan niños. Carne de niño.

Niños objeto. Niños mercancía. La imposible rebelión de los niños. ●

(Enero de 1983. Nº 988)

Por una caricia del héroe

Todos hemos querido ser como esos protagonistas de películas norteamericanas que siempre saben lo que deben hacer, en el momento justo, de la manera adecuada para resolver una situación difícil. Duros pero tiernos, violentos pero serenos, dominadores pero sensibles, serios pero divertidos… Como tiene que ser un hombre si quiere llegar a algo, si opta por el triunfo y no por quedarse en la cuneta de la marginación o la indiferencia. ¿Acaso no sucede así en la pantalla cada tarde y cada noche? ¿Acaso *no se mata también a los caballos*, según nos enseñaron –para quienes no resisten– tanto Horace McCoy como Sydney Pollack?

Que las cosas pasen, pero que pasen deprisa, en hora y media de presentación, nudo y desenlace. Que no haya que malgastar toda la vida en recorrer el camino, en dar vueltas y vueltas incesantemente para volver al punto de partida. Que el metraje sea limitado, que conste desde un principio cuánto dura la película y no estaremos, angustiados, mirando al reloj a cada paso.

Tonto Renoir, que nos decía en *La regla del juego* que «todo el mundo tiene sus razones». Mentira: las cosas siempre están claras, diáfanas, vírgenes. Que no le vengan con cuentos al Gary Cooper de *Solo ante el peligro,* porque sabe perfectamente que él es el bien, y los demás, la maldad o la cobardía. La realidad está dividida en cuadrículas, la verdad la conocemos por principio, y el Padre Cine nos colocará a su diestra o a su siniestra según hayamos entendido esto.

Por una caricia del héroe, la mujer, cualquier mujer será capaz de atravesar montañas, de vencer tempestades, de poner el mundo boca abajo. Todo, con tal de apoyar su cabeza en el hombro viril, de sentir que las masculinas manos acarician su cabello o rodean su cintura. Convertirse en la sombra de él, en el reposo de él, en el perfume de él, hasta ser sólo un eco de su grandeza. Jane, Kim, Barbara, Grace, June, Doris o esos miles de rostros anónimos de la publicidad, supieron comprenderlo a tiempo.

Mitología de consumo, esquemas elementales de comportamiento, modelos que aseguran la pervivencia de un determinado orden. Palabras, palabras, palabras. Lo mismo que el Arthur Penn de *La noche se mueve,* con lo de que «ninguno gana, sino que unos pierden menos que otros»; o lo del jugador de ajedrez que se desesperó por no haberse dado cuenta, cuando podía hacerlo, de que tenía que haber actuado de otra forma; o lo del tiburón que si para de nadar, se ahoga. En el cine se triunfa, se obtiene la recompensa merecida, se está seguro de lo que uno quiere y de los medios para conseguirlo. Porque la pantalla es un territorio de héroes y de labios femeninos que besan, agradecidamente, su seguridad. ¿Se entera usted, señor Penn, y tantos como usted? ●

(Enero de 1983. Nº 990)

Una sucia campaña

En diversos cines de Madrid (pero la campaña es de alcance nacional) se está proyectando un «spot» publicitario contra la despenalización del aborto. Su contenido responde a unos cuantos tópicos derechistas sobre el tema: la voz del Papa en su discurso «a las familias»del madrileño Paseo de la Castellana; niños sonrientes que juguetean por los parques; dos crías, una con discapacidad y otra no, divirtiéndose con la arena…, punteado todo ello con imágenes de muñecos rotos que caen, a cámara lenta, los unos encima de los otros. Al final, el emblema de la llamada Asociación en Defensa de la Vida cierra tan aleccionador «filmlet».

Más le habría valido al Papa emplear una energía parecida en Guatemala o El Salvador. Más le habría valido a los autores del «spot» mostrar a los niños que ni tienen alegría para jugar, ni parques donde hacerlo, ni van vestidos así de bien como los de la pantalla. Más le habría valido a la firma publicitaria responsable de este panfleto dedicarse a revelar los sufrimientos diarios de los críos con discapacidades y de sus padres. Más le habría valido a quien ideó la imagen de los «muñecos rotos», retratar a los que de verdad abundan en nuestras ciudades y pueblos, a esa infancia marginada, «lumpen», maltratada, que debería avergonzar a la sociedad española. La sangrante hipocresía que la derecha —encabezada por la sacrosanta Iglesia Católica— está utilizando en todo el debate sobre el aborto, se refleja de nuevo en el «spot» propagandístico de marras.

Una campaña sucia y manipuladora, basada en la falta de información y los tabúes seculares de miles de personas, encuentra adecuada traducción en las salas cinematográficas.

Pero quizá lo más maravilloso de este asunto sea la postura de nuestros amados empresarios. Los mismos que se han negado a exhibir películas «políticas» del posfranquismo, los mismos que rechazaron tajantemente cortos como *Operación Miguelete,* los mismos que no aceptaban publicidad de partidos de izquierda en tiempos electorales…, son ellos quienes ahora albergan sin ningún problema el «filmlet» antiabortista. «No hay que mezclar nunca el espectáculo con la política», «no podemos crear discusiones entre los espectadores», «no se debe ir contra las ideas de nadie que haya pagado su butaca»: ¿Dónde han metido hoy estos «principios inalterables» nuestros empresarios?; ¿dónde quedan sus palabras de que ellos no eran «ni de derechas ni de izquierdas», sino que simplemente velaban por la diversión del público? Sólo cien días de Gobierno (demasiado moderado, también en la propia cuestión del aborto) socialista han hecho falta para que se quiten la careta. Porque, digámoslo con claridad y salvando las excepciones de bastantes empresarios independientes, la práctica totalidad de los grandes circuitos de exhibición españoles se hallan en manos de gentes de derecha e, incluso, de extrema derecha.

Los pateos que, en muchas salas, recibe el «spot» antiabortista van también dirigidos contra ellos. ●

(Marzo de 1983. Nº 998)

¡Somos los más grandes!

Era inevitable: el Oscar a *Volver a empezar* ha desatado los vientos del triunfalismo respecto al cine español. «¡Los mejores de Europa!»… «No, no, ¡los mejores del mundo!»…, y no se dice que «¡los mejores del universo!» por miedo a que cualquier día E.T. nos traiga la película de su amor reencontrado en la vejez, con largos paseos por playas espaciales y rezos a la Santina de turno. Menos mal que la barca de Remedios Amaya dejó tan planchado al personal que las aguas patrioteras han vuelto un poco a su cauce. El nefasto doctor López Ibor aseguró, a finales de los años cuarenta, que *«en los españoles aletea el complejo de inferioridad desde hace mucho tiempo».* Pues parece que no, mire usted, que aquí en cuanto uno se descuida ya está oyendo lo grandes que somos, y que lo que le pasa al mundo es que se muere de envidia hacia nosotros. Da casi miedo de que ganemos algo –un Oscar, un partido de fútbol, una etapa de montaña–, porque desde ese momento se avecina una tormenta de truenos y relámpagos nacionalistas que no la soporta el cuerpo.

¿El «All my life…» de Garci en Los Ángeles pertenece por derecho propio a la memoria sonora de este país, lo mismo que los gritos de Tony Lara desde el balcón del Ayuntamiento valenciano cuando aquel justísimo homenaje a la selección del Mundial, y el estimulante «¿Me oyes, Tamargo?» con que Antolín García salpica sus ágiles retransmisiones de la Vuelta Ciclista. Siempre estamos recurriendo al gol de Zarra en la voz de Matías Prats o a la apoteosis de Massiel en Eurovisión. Pero no hay que quedarse anticuados: en plan «modelno» y envuelta en esa «ironía» que tanto ha gustado a sus amigos, que nadie se pierda la predicción de José Miguel Ullán en favor del éxito de Remedios Amaya porque ocho países se habían apresurado a adquirir los derechos de la canción… Lo de las «señas de identidad» lo hemos cogido, parece, con el número cambiado.

Por lo que respecta al cine, concretamente, en vez de preocuparnos de si somos los mejores de Europa o del mundo (¿vieron «La Clave»?), deberíamos contentarnos con ser los mejores de España. Según los últimos datos oficiales del Control de Taquilla, el cine español sólo posee el 23% del mercado interior, tanto en espectadores como en recaudaciones, cuando el equilibrio entre productos nacionales y extranjeros debería establecerse en el 50%. La película española con mejores resultados de taquilla durante 1982 (*La colmena,* con 236.401.715 pesetas) se sitúa únicamente en sexto lugar del «ranking» económico que domina totalmente el capital norteamericano (con *En el estanque dorado* y sus 332.642.530 pesetas, a la cabeza). Las cuatro primeras distribuidoras en cuanto a volumen de negocio, C.I.C., C.B. Films, Filmayer e Incine, representan al cine de Hollywood o se hallan íntimamente ligadas a él…

La auténtica política cultural no se hace con grandes gestos propagandísticos, ni a la consigna de «¡Somos los más grandes!», sino –en primer término– reconquistando el terreno regalado al colonialismo. ●

(Mayo de 1983. Nº 1.005)

La lección de «Rocco»

Creo que ya conocen lo que ha pasado con la reposición de *Rocco y sus hermanos*: la gran película de Visconti se ofrece en la misma versión censurada de su estreno español de los sesenta, con una media de hora de cortes y adulterados diversos pasajes del diálogo. En vez de doblar de nuevo la copia íntegra que, subtitulada, se proyectó en 1974, el distribuidor (Ismael González) ha preferido simplemente engañar al espectador.

Pero no es de esta conducta, que se califica por sí misma, de lo que quiero hablar, sino de los mecanismos que deben ponerse en marcha para evitar atentados similares. Según mis noticias, la Subcomisión de Calificación ministerial rechazó la versión censurada de *Rocco y sus hermanos* que se le presentaba, negándose a concederle la obligada licencia de exhibición. Sin embargo, y debido al extraño *«error burocrático»* de un funcionario, la distribuidora retiró con normalidad la copia de *Rocco y sus hermanos* depositada en el Ministerio de Cultura, aunque rápidamente fue advertida de que no se le otorgaría licencia de exhibición mientras no presentase la versión íntegra. Ello no impidió que, tras la correspondiente publicidad, el film de Visconti se repusiese el lunes 23 de mayo en su copia censurada. Siete días después, Diego Galán denuncia oportunamente la situación a través de *El País*. Y sólo entonces, el martes 31 de mayo, la Dirección General de Cinematografía comunica públicamente que ha abierto un *«expediente de inspección»* y que *«estudia posibles sanciones contra el exhibidor»*. Pese a lo cual –ha transcurrido otra semana cuando escribo estas líneas–, la película sigue proyectándose como si tal cosa…

¿Por qué sucede todo esto? ¿Por qué no se pone coto a la falta de ética de muchos negociantes del cine? Pues porque la Dirección General no cuenta con un mecanismo suficientemente coercitivo como para cortar de raíz tales abusos. Parece que el único instrumento legal a que puede recurrir, es la sanción monetaria contra el empresario por no contar con la licencia de exhibición del film que proyecta. Pero el baremo de esas multas es poco elevado, y su tramitación lenta, por lo que presumiblemente la cantidad de la sanción será inferior a los beneficios obtenidos por el exhibidor mientras la película ha estado indebidamente en cartel… Ante casos como el que comentamos, para preservar los derechos de consumidores y creadores, la Administración tendría que impedir con la Policía gubernativa que se ofreciese un producto adulterado. O, si no es factible hacerlo, emitir una inmediata nota informativa que advierta al público del atentado cultural.

Una de las «lecciones» de *Rocco y sus hermanos* es que la bondad resulta nociva en un mundo dominado por la injusticia. Tampoco la democracia debe mostrarse débil con quienes buscan aprovecharse de ella. ●

(Junio de 1983. Nº 1.010)

Y fueron felices...

El «happy end», o «final feliz», ha sido siempre uno de los soportes básicos de la narrativa de Hollywood. Sin embargo, durante los años 60-70 y por clara influencia del cine europeo, se puso en crisis la convención de que, invariablemente, las cosas terminasen bien. El movimiento del péndulo llevó al extremo contrario, no solo entre los realizadores «inquietos»: recuérdese que un éxito comercial tan desmesurado como el de *Love Story* se basaba en la muerte de su protagonista femenina... Los desenlaces se acercaban, por tanto, a la realidad, donde los amores no suelen ser eternos, los mejores no suelen llegar a la cumbre y los justos no suelen encontrar justicia.

Pero la consigna de «rearme moral» lanzada desde la Casa Blanca ha devuelto las aguas a su cauce tradicional. Nada de perdedores, de ilusiones frustradas, de problemas insalvables. Otra vez se le confía al cine –no digamos ya a la televisión– la tarea de sembrar con sus finales la buena conciencia del espectador, de hacerle comulgar con ruedas de molino para que se vaya tranquilo y confiado a su casa.

Incluso en películas de la entidad de *Blade Runner* (para mí, el más serio exponente de la ciencia-ficción cinematográfica desde el *2001* de Kubrick), la última secuencia recoge la tan esperanzada como improbable huida hacia las «praderas exteriores». Y directores tenidos por «no conformistas», un Sidney Lumet por ejemplo, volverán a recurrir al escapismo de que la honestidad personal puede vencer hasta al sistema más corrupto *(Veredicto final)*. De hecho, el film de mayor dureza realizado últimamente en Estados Unidos lleva, no por casualidad, la firma de un europeo: la de Costa-Gavras en *Missing*.

Dentro de este panorama, lo más típico del «período Reagan» es sin duda el cine de «promoción social». Supone un evidente regreso al viejo «sueño americano», donde todo es posible con tal de proponérselo a fondo. Superando una adolescencia conflictiva, se puede llegar a ser blanquísimo «marine» para ir a «defender los valores occidentales» por esos países de Dios; y, paralelamente, que una obrera manual logre el anhelado milagro de salir de su fábrica en brazos del tal «marine» (ambos casos triunfales coinciden en *Oficial y caballero*). Mientras que otra trabajadora no sólo cumple su sueño de ingresar en un elitista Conservatorio de Danza, sino que de paso conquista el desinteresado amor de su patrono (sucede en *Flashdance*). Para que no decaiga la fiesta, los chicos de *Fama* demuestran semanalmente que la gloria está al alcance de cualquiera con espíritu de superación...

La vida vuelve a ser de color de rosa. ●

(Septiembre de 1983. Nª 1.023)

Ellos han ganado

Fue una larga batalla, de más de veinte años. Mucha gente se dejó en ella la piel a tiras, la ilusión desgarrada en jirones. Se intentaron diversas tácticas, múltiples estrategias: desde el combate frente a frente con el enemigo hasta la astucia de introducirse en sus propias filas, sin olvidar la creación –aquí y allá– de focos perturbadores. Pero ellos han ganado, y hay que reconocerlo pese a que nos duela. Porque sólo existe una cosa peor que la derrota, la ficción de que esa derrota no se ha producido. Sí, las grandes multinacionales de Hollywood han vencido en la guerra del cine que se venía librando por todo el mundo desde de la década de los 60.

El precio a pagar es realmente caro: la explotación del público, el envilecimiento de las reacciones colectivas, el progresivo infantilismo de los espectadores. Mirad los *Supermanes,* los *Conan,* las *Guerras de las Galaxias,* los *Octopussys,* los *Truenos Azules,* los *Viernes 13...* Nunca el cine norteamericano (o de sus posesiones inmediatas) había ido tan lejos en la debilidad mental y en el cultivo de la acción por la acción, como si se tratase de una maniobra envolvente de entontecimiento público. En toda la extensión de la palabra –que sonará «antigua» a quienes no se han esforzado en creer nunca en nada–, es un cine alienante que enajena la conciencia del espectador para transformarlo en objeto pasivo y sin capacidad crítica.

Se pensó, cuando la eclosión de las «nuevas olas» y de las imágenes del Tercer Mundo y de las obras de autor, que era posible luchar contra el imperialismo del celuloide. Fue el momento en que Godard (otro Godard que el que acaba de alzarse con el León de Oro en Venecia) dijo aquello de que había que crear tantos Vietnams cinematográficos como centros de la industria que Hollywood tenía repartidos por el mundo. Fue el tiempo en que una serie de grandes realizadores europeos, los Bergman, Resnais, Antonioni, Fellini o Buñuel, lograron que sus películas recibieran similar trato de difusión que las que venían del lado opuesto del Atlántico. Fue la ocasión en que un Visconti, un Losey o un Bertolucci pudieron contar con el respaldo suficiente para acometer ambiciosas producciones, incluso con dinero USA, que eran vistas por millones de espectadores. La realidad parecía conformarse de acuerdo con quienes entendían el cine como un medio de expresión y de cultura, antes que como un comercio planificado para el simple consumo masivo.

La diferencia fundamental con lo que está pasando hoy, el signo definitorio de que aquella guerra se ha perdido, nace del totalitarismo brutal con que Hollywood ha sellado su triunfo. Ya no hay prácticamente excepción, ni escape, ni hueco para el cine en libertad, para el que no se somete a las directrices emanadas desde Nueva York o Los Ángeles... ●

(Septiembre de 1983. Nº 1.025)

Paisaje después de la batalla

Según un estudio que acaba de publicar el Mercado Común, la mitad de las películas exhibidas actualmente en los países europeos son de producción norteamericana. En otras palabras, que el cine que se hace en todo el resto del mundo –incluido el de cada nación del Continente donde se ha efectuado la estadística de la CEE–, sólo llega a igualar al que proviene de Estados Unidos… No parece, por tanto, desmesurado hablar de «colonización» ejercida por un país sobre el conjunto de los demás: *«Hace cerca de un cuarto de siglo que la industria cinematográfica americana ofrece una versión aseptizada del modo de vivir made in USA. Y, aparentemente, no se halla a la vista el fin de esta dominación del mercado mundial»*, señala el análisis del Mercado Común. Circunstancia que se agrava en el mercado español, porque si franceses o italianos han logrado que su cine cubra anualmente más del 50% de la exhibición comercial, el nuestro no llega siguiera al 22%. O sea, que estamos doblemente colonizados que los vecinos porque, hoy por hoy, decir «cine extranjero» significa decir «cine norteamericano» en un porcentaje aplastante.

Hace quince días, hablaba yo en esta sección del *«totalitarismo brutal con que Hollywood ha sellado su triunfo»*. Una frase que rechazarán por «extremista» quienes se llenan la boca con la *«libertad de mercado»*, la *«libre competencia»* y el *«derecho del público a imponer sus preferencias»*. Son los argumentos típicos de los vencedores, de los dominantes, de los que saben que tienen la sartén por el mango y el mango también. Pero desde posiciones nada «sospechosas», como el informe que ha elaborado recientemente la Comisión de Asuntos Culturales del Parlamento Europeo, se está denunciando asimismo *«el control que ejercen sobre las redes europeas de distribución un grupo de grandes firmas norteamericanas bajo el nombre de «Majors», basadas en enormes presupuestos publicitarios».* La consecuencia directa de tal dominio es que *«las películas europeas se encuentran a menudo arrinconadas, debido a las presiones que las «Majors» ejercen en las programaciones de las salas de exhibición».* Más claro, agua… ¡Ah! La redacción de este informe del Parlamento Europeo no la ha dirigido ningún izquierdista vendido al oro de Moscú, sino la diputada liberal francesa Marie-Jeanne Prouvost, bastante moderada ella.

Hollywood ha arrasado en la batalla del comercio cinematográfico mundial: porque reconozcamos conscientemente este hecho se inclinaba mi anterior artículo. Pero que nadie deduzca de ahí ningún abandonismo, ninguna invitación a arrojar la toalla. Lo que sí tenemos que cambiar son los métodos, las formas de afrontar la realidad, echarle mucha imaginación al asunto. Es preciso un espíritu de resistencia porque se halla en juego nada menos que nuestra identidad cultural: la libertad de ser nosotros mismos. ●

(Octubre de 1983. Nº 1.027)

La voz de su amo

Sorpresa: las Centrales sindicales mayoritarias, Comisiones Obreras y UGT, están en contra del inminente Decreto-Ley sobre protección al cine español. Cuando distribuidores y exhibidores se han lanzado a una ofensiva a fondo de comunicados, presiones y amenazas para hostilizar al proyecto, resulta que las llamadas «Centrales de clase» se unen graciosamente a ellos… No han hecho nada, no han movido un dedo mientras nuestro cine iba cayendo paso a paso en manos de las multinacionales norteamericanas. Pero basta con que se inventen una serie de medidas que, por primera vez, pueden ayudar de verdad al cine español, para que pongan el grito en el cielo y soliciten su bloqueo inmediato. Realmente ejemplar.

Cabría pensar que se trata de una cuestión de método, de un cabreo corporativo por no haber sido consultadas durante la elaboración del Decreto-Ley. No, las cosas van bastante más lejos de un problema formal, según se desprende del contenido de la asamblea celebrada por los representantes de UGT y Comisiones en los sectores de distribución, exhibición, laboratorios y doblaje. Los principales ataques de los sindicalistas se dirigieron hacia dos piezas básicas de las futuras normas de protección: el mecanismo por el que se concederán las licencias de doblaje, o «Cuota de Distribución»; y la proporcionalidad establecida entre la exhibi-ción de cine español y cine extranjero, o «Cuota de Pantalla». Mientras que esta última determina que por cada dos semanas de cine extranjero doblado (no cuenta el que se proyecte en versión original subtitulada) deberá programarse una semana de cine español, la «Cuota de Distribución» marca un máximo de tres licencias de doblaje por cada film nacional que comercialice esa distribuidora, otorgables al comienzo de la película española, cuando haya recaudado 40 millones de pesetas y cuando llegue en taquilla a los 70 millones.

Bueno, pues estas medidas de imprescindible salvaguarda de nuestra producción y de nuestro mercado, son las que provocan una especial irritación en los dos sindicatos mayoritarios. Para justificarlo, recurren a la misma demagogia de sus patronos, asegurando que las nuevas disposiciones *arruinarán a la mediana y pequeña distribución y exhibición* (¿no se han preguntado si no es la ineptitud y la carencia de iniciativa de tantos comerciantes lo que de verdad les conduce a la ruina?). Ya sólo falta que Comisiones y UGT de Cine sigan hasta el final la voz de su amo contra uno de los escasos proyectos plausibles que, en el terreno cultural, ha generado hasta el momento el Gobierno socialista. Y esa voz habla de «recurso de inconstitucionalidad», espada que la oposición blande con furia incluso cuando un diputado del PSOE pide ir al baño… ●

(Noviembre de 1983. Nº 1.031)

La noche en que Buñuel venció a Franco

Eran las 11 y 10 de la noche del 1 de octubre de 1983. A esa hora precisa de ese día preciso, unos 16 millones de personas comenzaban a ver la película más prohibida de la historia del cine español: *Viridiana*. El film que había despertado las iras del franquismo, la excomunión de la Iglesia de Roma, el repudio absoluto de los censores, ahora podía ser contemplado libremente en la pequeña pantalla. Creo que, entre tantas absurdas querellas pueblerinas, no se ha sabido valorar este hecho, el significado de que –¡por fin!– *Viridiana* haya estado al alcance de todos los españoles.

No voy a entrar en el detalle del «affaire» *Viridiana*. Numerosas voces han relatado en los últimos meses la triste historia: la entusiasta proyección en Cannes, el artículo inquisitorial de «L´Osservatore Romano», la rápida reacción del catolicismo ultra, la Palma de Oro, la retirada de nacionalidad española acordada por el Gobierno de Franco, la destitución del director general de Cinematografía (Muñoz Fontán), la prohibición total de la película e incluso el intento de quemar su negativo, el desmantelamiento de la productora UNINCI, la renovada condena a los infiernos del nombre de Buñuel. Sí, pero dos décadas después, 16 millones de espectadores disfrutaban a su gusto con *Viridiana*.

Esta es la idea que me mueve a escribir las presentes líneas: la constatación, una vez más, de que los creadores y sus obras siempre perviven a las dictaduras. Podrán transcurrir años, largos, dilatados, íntimamente eternos; podrá dar la sensación de que no existe salida del túnel; podrá asaltarnos el vértigo de que la opresión es infinita. Pero estamos seguros de que Buñuel siempre prevalecerá contra Franco, de que –tarde o temprano– la libertad ganará la batalla del tiempo a su represor. No otra es la esperanza de los pueblos.

Frente a quienes mantienen (con una tesis aparentemente radical pero profundamente reaccionaria) que «nada ha cambiado en España», la emisión de *Viridiana* por TVE supone una nueva demostración de que en este país han pasado muchas cosas, y muy deprisa. No se trata de un dato banal, si se quiere profundizar en todo lo que lleva implícito sobre esa tensión de fuerzas sociales transformada en imágenes que llamamos «televisión». No debe ser un suceso anecdótico, cuando se entiende que la censura de un Estado no se limita a impedir el conocimiento de unos determinados fragmentos o de una obra en su integridad, sino que traduce literalmente las relaciones establecidas entre el poder y los ciudadanos. Hoy, 16 millones de esos españoles saben que Buñuel les pertenece a ellos –y no a los inquisidores– como algo propio.

Por designio del destino, *Viridiana* ha vuelto a hallarse unida a una fecha clave en nuestra Historia: si su primera proyección pública, en la Semana Santa de 1977, coincidió con la legalización del Partido Comunista, su visión masiva se ha producido en el otrora «Día del Caudillo»... ¿Se imaginan la cazurra risotada de Buñuel ante esta batalla ganada después de muerto? ¿No oyeron cómo quedó resonando en la pantalla ya vacía de miles y miles de televisores?

Era la primera hora de la madrugada entre el 1 y el 2 de octubre de 1983. La palabra «fin» apareció sobre las imágenes de *Viridiana*. La posguerra cinematográfica había terminado. ●

(Noviembre de 1983. Nº 1.033)

No hay que rasgarse las vestiduras

Por primera vez, el Festival de Cine Iberoamericano de Huelva ha organizado una Mesa Redonda entre profesionales acerca del tema «Medios de comunicación y cine». A lo largo de un apretado día de trabajo, las dieciséis personas convocadas hemos intentado desbrozar un poco el tema. La amplitud de su formulación, las experiencias muy dispares que se dan a uno y otro lado del océano (los asistentes se repartían, mitad y mitad, entre Latinoamérica y España), e incluso la falta de preparación previa demostrada por varios de los ponentes, limitaron el alcance del encuentro. No hubo Conclusiones, ni se pretendió desde un comienzo, pero sí surgieron en esta reunión de Huelva algunas notas destacadas, ciertos puntos de acuerdo que cabría resumir así:

- Clara decadencia del cine como «espectáculo de masas», pasando a ser en muchas ocasiones un fenómeno residual o marginal. La televisión, las discotecas y otros numerosos medios de «consumo del ocio» han desbancado al cine de un alto porcentaje de su público en todo el mundo.

- Las enormes dificultades por las que atraviesan las cinematografías que buscan guardar o recuperar su identidad propia. La potencia colonizadora de las multinacionales hace cada vez más difícil esta tarea cultural.

- Necesidad de una progresiva «cooperación creadora» entre el cine y los canales televisivos, especialmente los de carácter público. Ya no puede seguir planteándose la relación cine-televisión en términos de hostilidad o queja estéril.

- El fenómeno del vídeo doméstico posee una relevancia muy inferior en Latinoamérica que en Europa. Reducido todavía a los sectores privilegiados, el vídeo apenas ha incidido en la recesión cinematográfica del «Nuevo Continente», cuya causa fundamental es la crisis económica.

- Lejos de atenuarse, la citada dependencia respecto a los centros multinacionales de la imagen crecerá en el futuro, al mismo ritmo que el avance tecnológico. Fenómenos inmediatos como los satélites de comunicaciones o las nuevas tecnologías vienen a acentuar el dominio electrónico sobre los países menos desarrollados.

- Existen diferencias básicas entre la utilización del lenguaje que efectúan el cine y la televisión. Ya es una realidad la tendencia «normalizadora» motivada por los telefilms, que suponen un nítido empobrecimiento lingüístico que se ha traspasado, a menudo, hasta la pantalla grande.

- Constatación de que el hecho cultural y social determinado por la proyección de una película en salas públicas, se pierde en la contemplación individualizada de la televisión. Las diferencias de comunicación resultan tan profundas que llegan a «modificar» la obra cinematográfica.

Se necesita otra estrategia, otra crítica, otras alternativas. En vez de rasgarse las vestiduras –se concluyó en el Encuentro de Huelva–, hay que encarar el progreso con inteligencia e imaginación. Falta hace. ●

(Diciembre de 1983. Nº 1.036)

Pilar Miró emprendió con su mal llamada Ley una ambiciosa política en favor del cine español. *(Véase artículo «Por un puñado de dólares»).*

1984

Por un puñado de dólares

Dios, la que están armando! Primero, una campaña de intoxicación «informativa» donde auguraban poco menos que el apocalipsis: los cines se iban a quedar sin películas, el público sería obligado a ver la versión original con subtítulos porque se impedía el doblaje, el Estado se hallaba dispuesto a intervenir dictatorialmente en un «mercado libre» para que la producción española no tuviese competencia… Ahora, cuando el Decreto Ley ya ha sido aprobado por el Consejo de Ministros, no se contentan con las concesiones que han recibido y preparan un recurso contencioso-administrativo ante el Tribunal Supremo. Mañana, en plan Ruiz-Mateos/Alianza Popular, elevarán sus aireadas protestas hasta el Tribunal Constitucional. Y todo, literalmente, por un mísero puñado de dólares.

Porque, tal como han quedado las cosas, tampoco es más que un puñado: exactamente, dos licencias de doblaje por cada película española distribuida. Si la Ley 3/1980 establecía que por un film nacional comercializado se podía importar un máximo de cinco extranjeros doblados, el actual decreto reduce esta cifra a tres (cuyas licencias se obtienen al comienzo del rodaje de la producción española contratada, al conseguir 30 millones de pesetas de recaudación bruta y al llegar a los 60 millones). Como quiera que anteriormente la quinta licencia de doblaje resultaba inalcanzable en la mayoría de los casos, porque la película nacional puesta en relación debía elevarse hasta la cota de los 85 millones en taquilla para tener derecho a ella, prácticamente es sólo una licencia lo que han perdido los señores distribuidores.

Unos señores que no parecen tener en cuenta que los precios de las localidades han subido muy sustancialmente en los últimos tres años (por lo que también han de alzarse los topes de recaudación que entran en juego); ni que se han reducido esos topes, de los 40 y 70 millones previstos a los 30 y 60 citados más arriba; ni que gran parte de ellos cuenta con licencias de doblaje sobrantes, dada la «generosidad» de la anterior reglamentación. No lo tienen en cuenta, porque prefieren hablar de «falacias», del «rodillo socialista» y de «atentados contra la libertad de mercado» –¿qué libertad hay en un mercado sujeto al colonialismo de las multinacionales y a prácticas monopolísticas?–, en vez de reconocer que son simples portavoces de los intereses de las empresas norteamericanas.

Claro, que más chusco es lo de los señores exhibidores: me gustaría saber por qué demonios van a recurrir ante los Tribunales si, tras la «rebajas de enero» con que ha salido el Decreto-Ley, las cosas permanecen tal cual para ellos. Se sigue con la «Cuota de Pantalla» del 3 por 1 (un día de película española por cada tres de película extranjera), después de que no haya prosperado la fórmula del 2 por 1 en las cinco principales capitales. ¿Será su irritación porque algunos tímidos mecanismos intentan evitar las trampas que venían haciendo muchos de los señores exhibidores para cumplir aparentemente esa cuota? ¿Qué será será…? ●

(Enero de 1984. Nº 1.040)

Viernes y 13

Si usted quiere hacer una película (lo que, de momento, no está prohibido por el Papa Wojtyla), tiene las cosas bastante más fáciles desde el pasado viernes 13. Es la fecha exacta en que ha entrado en vigor el Real Decreto «sobre protección a la cinematografía española», que –después de un laborioso parto– fue aprobado por el Consejo de Ministros el 28 de diciembre del 83. Así, lo que se decidió en un Día de los Inocentes toma realidad en un «Viernes Negro» para los anglosajones supersticiosos: esa debe de ser la causa, digo yo, de que a los norteamericanos y a sus primos de por acá les haya sentado tan mal el Decreto... Para que no se angustien demasiado con las calamidades que augura para ellos este «viernes 13», el Ministerio de Cultura ha tenido la generosidad de regalarles una licencia de doblaje más por cada película española distribuida (cuando ésta haya alcanzado los cien millones de pesetas en taquilla). Lo que corrige ligeramente mi artículo anterior, ya que el paso de la tercera a la cuarta licencia de doblaje se dio a ultimísima hora, y aumenta la sensación de que la cruzada emprendida por los señores comerciantes del cine es más bien rastrera.

Pero volvamos a lo que importa, porque todo este lío de la «Cuota de Distribución» y la «Cuota de Pantalla» ha dejado –muy injustamente– en la sombra el aspecto fundamental del Decreto: su decidido apoyo a que se produzca buen cine en España, a que sea menos complicado llegar a realizarlo, a que surjan una serie de obras cuya puesta en marcha suponía hasta ahora una tarea suicida. El hecho de que, por fin, se instaure entre nosotros un sistema de «subvenciones anticipadas», resulta básico: gracias a él, hasta el 50% del presupuesto de una película puede ser prefinanciado por la Dirección General de Cine, con el dinero del Fondo de Protección. Quiere decirse que si usted cuenta con un proyecto valioso (que sea «valioso» o no deberá juzgarlo inevitablemente una comisión, en este caso los «once hombres justos» de la Subcomisión de Valoración Técnica), lo presenta al Ministerio y se le anticipa la mitad, en el mejor de los casos, de lo que le vaya a costar la producción. Además de la «calidad», jugarán a favor de su proyecto bazas como que posea «carácter experimental», que se oriente al «público infantil» y que usted sea un «nuevo realizador», entendiéndose por tal que no haya dirigido más de dos películas.

Claro que ese dinero adelantado hay que devolverlo; no directamente con las recaudaciones que logre el film, como sucede en mecanismos similares de «avance sobre taquilla», sino a través de las subvenciones obtenidas después de estrenar su película. Subvenciones ya de este tipo, «a posteriori», puede conseguir tres: equivalentes al 15% (para toda producción española, salvo las «X»), al 25% (para las de «especial calidad») y hasta otro 25% (para las de inversión superior a los 55 millones de pesetas) del rendimiento de taquilla. Como son acumulables entre sí, ya sólo falta que el Estado le ponga un piso... ●

(Enero de 1984. Nº 1.042)

Más valor que el Guerra

Hayan sido o no ultraderechistas los que incendiaron el Teatro Regio de Granada, donde se había estrenado *El caso Almería,* la simple reivindicación del hecho ya resulta alarmante. Porque significa que existe una voluntad (cumplida o incumplida, no está aclarado) de meter entre llamas la más mínima crítica a una actuación, demostradamente criminal, de los «poderes fácticos». Porque la amenaza de que otro tanto sucederá con cuantas salas proyecten la película de Costa Musté, puede asustar a muchos empresarios y que *El caso Almería* quede arrumbada en las estanterías de su distribuidora. Se va creando así una conciencia generalizada de los peligros de todo tipo que supone abordar en cine una temática viva, con referencia directa a la realidad española actual.

Muchas veces criticamos a nuestros productores y directores por no atreverse con hechos que han afectado o afectan a la colectividad, que requerirían un punto de vista clarificador desde la pantalla. Pero la verdad es que, cuando lo hacen, se la juegan con todo el equipo. Incluso en tiempos de democracia, con un Partido Socialista en el gobierno de la nación, con una extrema derecha que salió escaldada y reducida a bajo cero en las elecciones del 82, ponerse a rodar en este país un «cine cívico» necesita de más valor que el Guerra.

Hay alguien que conoce a fondo –como lo conoció Pilar Miró con *El crimen de Cuenca*–

este calvario de atreverse con una temática comprometida: Fernando Ruiz, autor del excelente pero «maldito» documental llamado *Rocío,* de cuyo caso ya se ha ocupado esta misma sección. La semana pasada, el Tribunal Supremo ha ratificado la sentencia de la Audiencia Provincial de Sevilla por la que se condenaba al cineasta andaluz a dos meses y un día de arresto mayor, multa de 50.000 pesetas, pago de una sexta parte de las costas procesales e indemnización de diez millones de pesetas (¿de dónde los va a sacar el bueno de Fernando Ruiz?) a los herederos de José María Reales Carrasco, que se habían querellado por *«injurias graves».* Y *Rocío* queda prohibida en toda España mientras *«no se suprima en la banda sonora y luminosa, así como en todos sus negativos y copias, las siguientes expresiones: «Estos eran los señores de Reales», «el responsable de esta banda de criminales era» (banda sonora en silencio), así como el retrato del Sr. Reales que aparece proyectado con una cinta cubriéndole los ojos. Y el párrafo que le sigue: «…que en paz descanse, que yo le daría una vida más larga… pues ese señor cuando hacía una saca de hombres, obreros, luchadores por la libertad, el pan y el trabajo, les decía a los de la banda de criminales –no empezad todavía, dejadme los míos a mí, y montando en un caballo con un porro los mataba a palos».*

Esto es lo que se llama una sentencia «ejemplar»… ●

(Febrero de 1984. Nº 1.046)

¿Con censura vivíamos mejor?

Vuelven a oírse voces cretinas que aseguran que, al fin y al cabo, la censura no fue tan grave en este país y que incluso resultaba un acicate para «aguzar el ingenio». Son voces que proceden no tanto del franquismo reciclado (porque no se atreve a asumir su represión, porque ahora juega a liberal), como de sectores «modelnos» que venden a su madre con tal de lanzar una frase escandalosilla o a contracorriente. Mejor que responderles a base de grandes conceptos tipo *libertad de expresión* y *derechos inalienables del creador y del público*, yo pondría delante de sus ojos simplemente un libro: «Aspectos jurídicos de la censura cinematográfica en España (con especial referencia al período 1936-77)», de Teodoro González Ballesteros, profesor de la Facultad de Ciencias de la Información, de Madrid. Un estudio que no es ninguna novedad, ya que se publicó hace un par de años, pero que lamentablemente ha pasado casi inadvertido y que me temo que muchos de nuestros lectores ni siquiera sepan de su existencia. Si es así, corran a buscarlo o a pedirlo a la propia Universidad Complutense que lo editó: lo devorarán con mayor ansia que cualquier «best-seller» de moda, y ya tendrán un instrumento arrojadizo contra las barbaridades que citaba al comienzo.

Además de una recopilación de textos legales y unos detenidos análisis de las prácticas represoras, el libro del profesor González Ballesteros posee un «corpus» central impagable, compuesto por 1.710 fichas transcritas de la mismísima censura gubernamental. Cuando ustedes quieran ir velozmente del cabreo a la carcajada, de la depresión morbosa a los deseos asesinos, no tienen más que consultar este fichero. Los ejemplos son, por desgracia, inagotables, pero les copiaré sólo la reseña literal de los cortes padecidos en 1948 por La *Dama de Shanghái,* que acaban de ver en TVE:

● Rollo 2º. Suprimir primer plano de Elsa en traje de baño. Plano de Elsa echada sobre una roca. Plano de Elsa sobre la roca. Plano de Elsa sobre la roca.

● Rollo 3º. Primer plano de Elsa en traje de baño. Beso entre Elsa y Mike. Plano de Elsa en traje de baño echada sobre la cubierta del barco. Primer plano de Elsa en traje de baño sobre cubierta. Otro primer plano en traje de bajo (errata del propio censor). «Travelling» de Elsa en traje de baño. Plano de Elsa sobre la cubierta del barco. Planos de Elsa en traje de baño fumando un cigarrillo. Planos de Elsa en traje de baño sobre la cubierta del barco hasta que se pone el chaquetón. Corregir un corte mal hecho por la Casa: Se trata de un plano en el que se ofrece a la protagonista, que está tumbada, con un cigarrillo y en el que advierte que la cámara va a tomarla de pies a cabeza y aparece bruscamente cortada. La frase: «La naturaleza humana es eterna: el que sigue sus instintos conserva su entereza hasta el fin».

● Rollo 6º. Beso entre Elsa y Mike en el acuárium y escena de los colegiales observándoles. Beso entre Elsa y Mike en primer plano.

Algo obsesionados estaban los censores con Rita Hayworth (Elsa), ¿no?

¿A que no saben que ese mismo año cortaron todavía más de *Tarzán y las amazonas*?... ●

(Mayo de 1984. Nº 1.057)

Final de etapa

Siempre he pensado que las secciones fijas no deben durar más de dos o, a lo sumo, tres años. Me refiero a aquéllas que, como «El Tema de Lara», aparecen firmadas, con una periodicidad y un espacio concretos, dentro de la misma revista. No hay que cansar al lector, por lo que se impone cada cierto tiempo la renovación de colaboradores y de «columnas» de opinión. No hay que repetirse, y difícilmente eso se logrará después de meses y meses de mantener una sección.

Basta de preámbulos. Sólo intento explicar por qué «El Tema de Lara» dejará de tararearse a partir de ahora en las páginas de la **Turia**. La cosa comenzó en enero de 1982, con un texto donde se hablaba de los movimientos de compra-venta que ocurrían por entonces entre las grandes productoras de Hollywood. «El cine en sus manos» era el título de ese artículo, al que siguieron más de medio centenar de todo tipo, pelaje y condición, hasta el presente en junio de 1984. Dos años y seis meses, pues, de dar la tabarra al personal a base de mostrar mi parecer sobre lo que de interesante, importante o relevante veía por la llamada «cultura de la imagen». Se merecen ustedes un reposo.

Además de hacernos algo más viejos –o menos jóvenes, que es lo mismo, pero me resulta mucho más intolerable–, estos dos años y medio nos han traído un montón de datos significativos en el mundo del cine. Un mundo, en minúscula, por el que, pese a su situación global de estancamiento, continúan atravesando las corrientes económicas, ideológicas, sociales y estéticas que también moldean al Mundo con mayúsculas. Voluntaria e involuntariamente, el cine siempre acaba remitiendo a lo que sucede a su alrededor, a una realidad en diversos grados que necesita sin cesar su análisis, interpretación y esclarecimiento. Ojalá, porque tal sería su mejor balance, ese planteamiento se haya hecho evidente en cada una de mis páginas.

Queda claro, sin embargo, que esto no es una despedida, sino una pausa; no un «addio» sino un «ciao». A nadie le apetece despedirse indefinidamente de unos amigos; y amigos son tanto los compañeros de la **Turia** como quienes han dedicado unos minutos, cada quince días, a la lectura de la sección. Vicente Vergara me la ofreció en la cena final de la Mostra de Valencia del 81, mientras charlábamos sobre la revista y sobre un certamen en el que él y también yo creemos. Hoy le «devuelvo» la página, cuando **Turia** y la Mostra siguen hacia arriba, cuando al cine español se le abren perspectivas más halagüeñas, cuando empezamos a obtener los frutos de la costosísima libertad de expresión. No es poco.

¡Ah! Definitivamente, he aceptado la dirección de la Semana de Cine de Valladolid. Deséenme suerte. ●

(Junio de 1984. Nº 1.063)

Roberto Rossellini se equivocó al profetizar una «muerte del cine» que el tiempo desmentiría. *(Véase artículo «Los muertos que vos matáis…»).*

2009

Decíamos ayer...

La frase la dijo Fray Luis de León al volver al púlpito tras una larga condena por parte de la Inquisición. Retomó estas palabras Miguel de Unamuno cuando regresó a su cátedra de Salamanca después de sufrir el destierro que le había impuesto la Dictadura de Primo de Rivera. En mi caso, no es para tanto... Mi «decíamos ayer» se refiere simplemente al retorno a la casa amiga de la **Turia** después de un lapso de tiempo pelín prolongado: veinticinco años, más o menos.

¿Mucho? ¿Poco? ¿Demasiado? ¿Insuficiente? Ya se sabe que el tiempo es relativo, que su consideración difiere de unas personas a otras en función de un cúmulo de circunstancias. No les voy a contar mi vida, pero en el caso de que tuviera que encontrar un adjetivo para definir este periodo sería, sin duda, «intenso». Dos décadas en la dirección del Festival de Valladolid y casi cuatro años y medio al frente del Instituto del Cine (ICAA) dan para mucho. Miles de cosas han sucedido en este cuarto de siglo, como no podía ser menos, y me congratulo de haberlas vivido en diversos ámbitos, desde distintos lugares. Salvo para la **Turia**, que siempre es la misma y siempre es nueva cada semana (a eso se llama inmortalidad), los seres humanos tenemos que apechugar con el paso del tiempo lo mejor que podemos. Si el agua de un río no pasa dos veces bajo el mismo puente, tampoco el flujo de la vida se repite según nuestra voluntad. Aunque, tantas veces, tanto lo deseáramos.

Puestos a definir y a ser escolásticos, cuatro son las conclusiones que puedo extraer de este amplio periodo. Primero, el placer infinito de trabajar en equipo, de sentirse en compañía a la búsqueda de un objetivo común. Segundo, la convicción de que vale la pena entregarse a «hacer cosas», a buscar que la realidad cambie a mejor cuando se cuenta con el suficiente margen para ello. Tercero, que las ideas y, por tanto, la ideología siguen siendo imprescindibles para funcionar decentemente por el mundo y actuar de acuerdo con unos determinados principios. Y cuarto, que si abunda la generosidad entre las gentes, la igualan, si no la superan, la mezquindad, los intereses espurios, la necesidad del halago o el éxito vinculados al poder y al dinero. Algo de lo que sabe bastante, demasiado, nuestro cine y que nos hace a todos un poco peores.

Perdón por haber hablado tanto de mí en este primer artículo de la nueva etapa. Prometo no volver a hacerlo. Prometo escribir sobre el cine español, sobre el cine en España, en Europa, en el mundo... Materia hay para muchos «Temas de Lara». Pero me parecía justo que, veinticinco años después, ustedes supieran un poco de con quien se van a encontrar cada quince días. ●

(Septiembre de 2009. Nº 2.383)

«Los muertos que vos matáis...»

A finales de los años 60, Roberto Rossellini dijo la solemne tontería (porque también los grandes autores las dicen de vez en cuando) de que *«el cine había muerto»*. Desde entonces, no ha pasado semana, ni casi día, en que algún iluminado no repita esta frase u otra similar. Se entiende que el maestro de *Roma, città aperta* pronunciara tan apocalíptica sentencia porque se estaba dedicando a la televisión, en la que veía más posibilidades didácticas y divulgativas para obras tipo *La toma del poder por Luis XIV* o *Sócrates*, que no tenían acogida en la gran pantalla. Pero de ahí a que cualquier mindungui se atreva a poner en cuestión el futuro de todo un arte, media un abismo. Incluso en un medio tan proclive al masoquismo como el cinematográfico, muy acostumbrado a zaherirse voluntariamente, esa afirmación no se corresponde en absoluto con la realidad.

Porque han pasado cuarenta años desde la proclama rosselliniana, y es evidente que el cine no se ha muerto. Todo lo contrario, respira vitalidad incluso en zonas del planeta, como el Oriente asiático, donde antes tenía mucho menos peso y, sobre todo, escasa proyección internacional. Si ha habido un fenómeno que se adelantase a la globalización, ése ha sido el cinematográfico, con películas que recorrían el mundo entero para ser contempladas por públicos bien dispares. Se ha multiplicado la producción en todas partes, siguen surgiendo directores, actores y técnicos de primera categoría, el digital ha «democratizado» la posibilidad de expresarse en imágenes. Para quienes aspiran a subirse al carro mortuorio, la moda ahora es decir que el último buen cine se hizo en los 70; igual que entonces se decía que en los 50; igual que en esa década se aseguraba que en la de los 30. Es un simple caso de que, a muchos, los árboles no les dejan ver el bosque.

Además, el cine sigue vivo en los cines, en las salas de exhibición, que es donde deben verse las películas. Es muy fácil pasarse un martes a las cuatro de la tarde y encontrar la mayoría de las butacas vacías para, a continuación, entonar la jeremiada apocalíptica. Pero prueben a ir a unas buenas salas, con una programación adecuada, un viernes, un sábado o un domingo, y experimentarán todo lo contrario. Daba gloria ver la mayoría de los cines en el pasado largo fin de semana del Pilar, con espectadores a rebosar en todas las sesiones. Han cambiado los usos y costumbres, claro que –debido principalmente a la especulación urbanística– apenas quedan salas en los centros de las ciudades, es cierto que la realidad cinematográfica va mutando en función de las variaciones tecnológicas y sociológicas. Pero el fenómeno en sí continúa plenamente vivo.

Ya lo decía el clásico en ese «Don Juan» de actualidad anual en estas fechas: *«Los muertos que vos matáis gozan de buena salud»*... ●

(Octubre de 2009. Nº 2.387)

El decisivo papel de los Festivales

Ya sucedió en la década de los ochenta. Ante el empuje del vídeo doméstico, los Festivales supieron mantener el «fuego sagrado» de la exhibición cinematográfica, de que no se perdiera el contacto con los espectadores ni su hábito de acudir a las salas. Creando un acontecimiento anual, convocando al público mediante una oferta atractiva que rompiese con la monotonía de la cartelera, certámenes de aquí y allá lograron recuperar y reforzar un vínculo que parecía roto. Vuelve a suceder ahora, en estos inicios del siglo XXI, cuando se intenta convencer a tirios y troyanos de que ver cine consiste en consumirlo ante la pantalla del ordenador.

No se ha hecho, no se hace, justicia con los Festivales por esta decisiva contribución no sólo al conocimiento cinematográfico, sino también a la cohesión social, a una motivación popular para que la gente salga de sus casas y se relacione con los demás en lugar de refugiarse en la intimidad de sus cuatro paredes, en eso tan cursimente llamado «privacidad». No es una cuestión de «glamour», la estúpida trampa en que caen muchos directores de certámenes a instancias de alcaldes, concejales de cultura y otras autoridades diversas. Se trata de plantear al ciudadano una propuesta cultural que palie las carencias y los desajustes de la exhibición comercial, al tiempo que se arriesga con nuevos autores, cinematografías desconocidas, estilos y temáticas que no son las de la producción dominante, sin tampoco descartar ésta cuando tenga algo que merezca la pena. Y el público responde, y llena las salas, y participa en debates, y agradece, en suma, sentir algo distinto a la monotonía de la oferta habitual. Si existe un factor positivo en el desarrollo de la «diversidad cultural» (concepto valioso para significar nuestro respeto a las expresiones del «otro», a lo distinto a lo comúnmente establecido, a lo que debemos entender como espejo y complemento de lo nuestro), está siendo la labor de los Festivales.

También con sus contrasentidos, con sus limitaciones, como la acumulación de certámenes que se produce en España durante el fin del verano y el otoño, en un breve espacio que comienza en San Sebastián para seguir con Sitges, Valencia (de momento), Valladolid, Sevilla, Alcalá, Segovia, Huelva, Gijón, Cuenca o Bilbao. Cabría pensar que a sus responsables les gusta la melancólica estación de la caída de las hojas. No, este aparente absurdo, más allá de cuestiones locales de estiramiento de la temporada turística o de tradiciones establecidas, tiene una razón mucho más prosaica: es en los últimos meses del año cuando a la mayoría les llegan las subvenciones libradas por las Administraciones públicas… Pero esta cuestión económica no debería llevar a un embotellamiento perjudicial para todos. No es que haya demasiados Festivales en nuestro país, sino que están mal repartidos en el calendario. Pero, sea como sea, todos –en la medida de sus posibilidades– contribuyen a preservar ese «fuego sagrado» de la contemplación en comunidad que es la auténtica base del Olimpo cinematográfico. ●

(Noviembre de 2009. Nº 2.389)

En defensa del documental

Pocas cosas, en el mundo del cine, gozan de tanto prestigio internacional como el documental español. Si nos ceñimos a fechas muy recientes, el primer premio de la categoría logrado por *Garbo, el hombre que salvó el mundo* en el Festival de Sevilla o la triple presencia en el palmarés de la sección «Tiempo de Historia» de la Semana de Valladolid *(con Septiembre del 75, Los caminos de la memoria y Señora de)* vienen a corroborar una trayectoria que se ha hecho especialmente fértil durante la última década. Retrospectivas, muestras especiales, homenajes a documentalistas concretos, prueban aquí y allá la vitalidad de una modalidad fílmica que no deja de crecer entre nosotros.

Contra viento y marea, todo hay que decirlo. Partiendo de unos presupuestos casi siempre exiguos, siguiendo por una búsqueda de distribución que pocas veces se consigue y concluyendo con una exhibición que en ocasiones roza el ridículo. Porque estamos hablando de documentales realizados para ser programados en salas, no de productos televisivos enfocados hacia la pequeña pantalla. Muchas veces tanto o más apasionantes que las películas de ficción que pueblan nuestras carteleras: ¿quién no se sintió conmovido por el inolvidable Carlos Cristos de *Las alas de la vida,* de Toni Canet?; ¿quién no se preguntó por el sentido del tiempo con *El cielo gira,* de Mercedes Álvarez?; ¿quién no vivió una competición culinaria como si fuera un *«thriller»* en *El pollo, el pez y el cangrejo real,* de López-Linares?; ¿quién no conoció de cerca a verda-

deros autores como los que refleja *Un lugar en el cine,* de Alberto Morais? Son sólo unos cuantos ejemplos que demuestran la valía de este formato, con mención especial para el magisterio ejercido sobre varias generaciones por Joaquim Jordà y el Máster de la Universidad Pompeu Fabra.

Sin embargo, el horizonte de estos documentales suele ser el de proyectarse en una sala, cuando lo logran, durante un breve plazo de tiempo. Salvo alguna excepción como *La pelota vasca,* por la polémica política que despertó, saltan al ruedo sin apenas apoyo publicitario o de promoción, sin atención de los medios, sin otro bagaje que esa potencia expresiva que la mayoría no llegará a conocer. Se dilapida, así, uno de los mejores semilleros de talentos con que hoy contamos, al que no se facilita el imprescindible contacto con el público.

Más bien al contrario. Porque vuelve con fuerza la vieja idea de que el destino de los documentales debe ser exclusivamente la televisión, e incluso alguna reciente disposición legal así pretende encaminarlos. Cuando una de las características básicas del cine actual es la eliminación de fronteras entre ficción y documental; cuando incluso los grandes Festivales los incluyen en sus Secciones Oficiales; cuando documentalistas de este país están reconocidos, insisto, en medio mundo, aquí nos limitamos a mostrar sus obras a escondidas en las salas y a programarlas vergonzantemente en la televisión pública a la una de la madrugada. Seguimos tirando piedras contra nuestro propio tejado. ●

(Noviembre de 2009. Nº 2.391)

La gallina de los huevos de plomo

Por aquí y por allá, se anuncian miniseries televisivas dedicadas a figuras populares de nuestro país: Raphael, la princesa Letizia, la reina Sofía, Adolfo Suárez, la duquesa de Alba, Rocío Jurado, Isabel Pantoja… Todo un microcosmos de la vida nacional, en el que muchos productores cinematográficos creen ver la gallina de los huevos de oro. ¿Para qué lanzarse a películas siempre de resultado incierto si hay televisiones que buscan productos de consumo rápidos y baratos? ¿Por qué arriesgar su dinero con algo que va a depender de la aceptación del público, pudiendo asegurarse un beneficio industrial sin mayores problemas? Es un fácil camino para mantener su «status» gracias al maná que están seguros que les va a llegar desde la pequeña pantalla.

No estamos hablando de las películas para televisión, «TvMovies», telefilms o como se los quiera llamar, formato muy respetable y con el que una cadena pública como TV3 ha dado muestras, desde hace bastantes años, de su buen hacer. Fuera de España se han dado espléndidos ejemplos de «TvMovies», como las que realizaron Ken Loach, Mike Leigh o Stephen Frears en Gran Bretaña; o André Téchiné, Claude Miller o Robert Guédiguian en Francia, muchas de las cuales fueron luego exhibidas en salas. Se trataba de obras perfectamente comparables con las realizadas para aquéllas, directas, sencillas, con ajustados presupuestos, pero muy ligadas al talento de sus autores, que se expresaban con unos márgenes de libertad iguales o superiores que cuando trabajaban para el cine. *Riff Raff* o *Los juncos salvajes* quedan en el recuerdo, entre otras, como muestras válidas de esa fructífera colaboración de ambos medios expresivos.

Aquí no, aquí lo que se quiere con las miniseries es hacer caja para mantener las productoras en tiempos de zozobra, con lo que se llama pomposamente «una solución industrial». Y el método es claro: una transposición de los «programas del corazón» que pueblan las cadenas hacia biografías capaces de ampliarlos retrospectivamente, prometiendo a los espectadores incidir en vidas privadas que satisfagan las ansias de cotilleo y morbo. Importa poco que la ambición expresiva y el nivel estético sean de grado cero. No preocupa demasiado que excelentes profesionales tengan que rebajar su nivel para sobrevivir en el oficio. No, lo que cuenta es que el resultado sea eficaz y barato para que la rueda siga funcionando.

Lo más sorprendente es que a estas miniseries se les va a proteger desde instancias oficiales. La Ley del Cine abría adecuadamente el camino a las películas para televisión (*«unitarias, de ficción, con desenlace final»*) dentro de las Ayudas sobre Proyecto, no a estos productos puramente televisivos, *«de hasta 200 minutos y en dos partes»*, como ahora se determina. Con lo que se va a respaldar a una mayoría de obras probablemente oportunistas, surgidas de uno de esos espejismos a los que tan dada es nuestra industria. Hasta que llegue el agotamiento de la fórmula, hasta que la presunta gallina salvadora acabe revelando que sus huevos no son de oro, sino de plomo. ●

(Diciembre de 2009. Nº 2.393)

Luis Garcia Berlanga falleció
en noviembre de 2010,
lo que causó un duelo nacional.
*(Véase artículo «El cine de
Berlanga no es de la derecha»).*

2010

El cine español sí interesa

Nunca he considerado los éxitos de taquilla como los únicos capaces de definir la salud de una cinematografía. Para quienes defendemos la idea de que el cine es una expresión artística y un elemento de cultura, existen otros baremos que tener también en cuenta a la hora de efectuar ese diagnóstico. El prestigio logrado por ciertas películas en Festivales internacionales de relieve; el respaldo de la crítica que merezca tal nombre, o el peso que unas obras dejan en la conciencia social o ciudadana, constituyen factores muchas veces más decisivos que la venta de un número mayor o menor de entradas. Ni *Viridiana,* ni *El espíritu de la colmena,* ni *El verdugo* fueron grandes éxitos comerciales, pero su impacto en nuestra sociedad ha sido infinitamente mayor que tantos y tantos números uno en el «box office».

No obstante, me parece importante subrayar el hecho de que cinco películas españolas hayan superado ampliamente en 2009 el umbral del millón de espectadores: por supuesto, *Ágora,* con sus tres millones y medio, pero, tras ella, *Planet 51, Celda 211, Spanish Movie* y *Fuga de cerebros,* con *El secreto de sus ojos* y *Rec 2* muy cerca de dicho umbral. Un momento como el puente de la Inmaculada, donde casi la mitad del público acudió a ver cine español; y la previsión de que la cuota de mercado anual vaya a subir dos o tres puntos (todavía no hay datos oficiales), señalan asimismo el alcance de ese cómputo comercial. Y digo que es importante subrayarlo porque se opone frontalmente a la teoría manejada hasta el ago-

tamiento por la derecha y sus medios de comunicación –que son casi todos– en el sentido de que *«el cine español no interesa a nadie»*, *«el público rechaza al cine español»*, *«se subvenciona a un cine de butacas vacías»* y demás zarandajas con que vienen regalándonos en los últimos años, concretamente desde la ceremonia de los Goya contraria a la guerra de Irak.

Cierto es que esas cinco películas «millonarias» en espectadores se han beneficiado de la enorme promoción efectuada por las cadenas televisivas y sus grupos multimedia que las financiaron en buena parte. No menos cierto que varias de ellas se dirigen a un segmento adolescente o muy joven que conforma, con diferencia, la mayor parte del público. Pero así está montado el tinglado, no sólo aquí sino en todas partes. Si tenemos el contrapeso de los otros baremos, si nunca hasta ahora había habido una triple presencia española en la Sección Oficial de Cannes (con *Los abrazos rotos, Mapa de los sonidos de Tokio* y, fuera de concurso, *Ágora*); si San Sebastián supuso el espaldarazo al tan poco apreciado oficialmente «cine pequeño» de nuestro país; si una coproducción de amplia mayoría española como *La teta asustada* obtuvo los máximos galardones de Berlín y La Habana; si diversos documentales y cortometrajes han hecho un excelente papel en tantos certámenes…, es que contamos con un amplio margen de maniobra que no depende, ni debe depender, sólo de la taquilla. A los dos años de la aprobación de la Ley del Cine, 2010 convoca a la esperanza. ●

(Enero de 2010. Nº 2.397)

Vuelve el «Anticine»

Probablemente, la mayoría de nuestros lectores –sobre todo, los más jóvenes– no habrán oído hablar nunca del «Anticine». Se trata de un conjunto de ocho cortometrajes, realizados por Javier Aguirre entre 1967 y 1970, que se mueven en el vasto terreno del arte experimental. Películas que, como *Uts cero,* visualizan el lento acercamiento a un punto luminoso y su alejamiento de él, una vez que dicho punto haya ocupado toda la pantalla; que, como *Impulsos ópticos en progresión geométrica,* registran las múltiples variaciones que se producen entre elementos sonoros y visuales; que, como *Múltiples, número indeterminado,* se centran de manera aleatoria en la proyección del polvo que se va depositando en una cinta cinematográfica sin fin tras su paso por el suelo de la cabina; que, como *Espectro siete,* juegan de manera abstracta con cinco colores y cinco sonidos… Un conjunto de pequeñas obras distintas a las que estamos acostumbrados a ver, originales y sugerentes, más ligadas a la contemporaneidad de ciertas manifestaciones artísticas en otros campos que al espectáculo cinematográfico.

Traigo a colación el «Anticine» porque el Museo Reina Sofía, que ha adquirido la colección, acaba de «resucitarlo» como inicio de las proyecciones organizadas de forma paralela a la exposición sobre los Encuentros de Pamplona de 1972, en los que participó. Unos Encuentros marcados por la excepcionalidad, como lo demuestra el hecho de que se quisiera efectuar, en la capital navarra y todavía en pleno franquismo, una cita mundial con el más avanzado arte de vanguardia del momento, intentando jugar un papel similar al del Festival de Spoleto, la Documenta de Kassel o la Bienal de Venecia. La verdad es que, entre prohibiciones de la censura, amenazas de ETA y desconcierto absoluto de las fuerzas vivas locales, el invento terminó más bien como el rosario de la Aurora. Financiados por la poderosísima familia Huarte, fue tal su disgusto con lo sucedido que acabó retirando todo mecenazgo a actividades artísticas.

Ante el entusiasmo de unos, la incomprensión de otros y la estupefacción de la mayoría, el «Anticine» supuso uno de los puntos fuertes de aquellos Encuentros. A nadie dejaron indiferente los cortos de Aguirre (uno de los cuales fue prohibido, *Che, Che, Che*), capaz de hacer por esos mismos años películas puramente comerciales, como *Los chicos con las chicas, Los que tocan el piano* o *Una vez al año ser hippy no hace daño,* en una dualidad digna del Dr. Jekyll y Mr. Hyde. Desdoblamiento que el director donostiarra ha seguido manteniendo durante mucho tiempo, aunque cada vez más inclinado hacia su propia línea, últimamente en formato de largometraje. Visto cuarenta años después, el «Anticine» adquiere una pátina especial y, sin duda, constituye un capítulo aparte dentro del cine español, tan alejado habitualmente de las corrientes vanguardistas del arte contemporáneo. Junto a diversas obras de Val del Omar, José Antonio Sistiaga o Antoni Padrós, y aunque sólo sea por pura curiosidad ante lo diferente, el «Anticine» de Javier Aguirre bien merece una revisión. ●

(Enero de 2010. N° 2.399)

Sweet Mercero

Va a recibir dentro de unos días el Goya de Honor. Es un premio justo, que se concede a toda una carrera. Y nadie puede dudar de que Antonio Mercero ha dedicado su vida al cine y a la televisión como un auténtico profesional. Ya él señalaba que *«el cine es un continuo acto de amor. Cuando haces una película, te vas enamorando de la actriz principal, de los actores, de la fotografía, de la ambientación… Por eso, trabajar en cine es algo profundamente placentero y apasionante».* Llevado de esa pasión, ha trazado una filmografía compuesta por trece largometrajes cinematográficos y numerosísimas obras televisivas, ya sean series por capítulos o programas aislados. Mejores y peores, pero formando un «corpus» coherente en el que se detectan los trazos reconocibles de un autor.

Mercero ha negado siempre tal condición: *«Lo que he querido es ser un artesano, como mi bisabuelo, que era relojero. Él colgaba de las paredes el tiempo real, y yo cuelgo de las pantallas de cine o televisión el tiempo irreal. Mi bisabuelo contaba las horas y yo cuento historias».* Una modestia que, además de reflejar un rasgo esencial de su carácter, se trasluce en las imágenes que ha creado, raramente pretenciosas y siempre al servicio de un relato al que busca insuflar una carga de humanidad y de sentido del humor consustanciales con sus trabajos. Quizá porque, para Mercero, no es que «todo el mundo sea bueno», sino que *«no me gusta juzgar a la gente, sino comprenderla»* (ya Jean Renoir decía que *«el problema es que todo el mundo tiene sus razones»*), dentro de lo que él ha llamado *«una especie de anarquismo vital».*

Con una personalidad «dulce y cálida», adjetivos equiparables al «sweet» anglosajón con que he titulado este artículo, Mercero siempre se ha confesado amante de *Cantando bajo la lluvia* y de John Ford por encima de todas las cosas. Aunque supo también acerar su mirada en obras como *La cabina,* diversos capítulos de *Turno de oficio* (*Caballo y colorado,* especialmente) o *La hora de los valientes,* su antepenúltima película y que considero la mejor de ellas. La infancia, la Guerra Civil, la fascinación por lo musical, además del humor, están muy presentes en su trayectoria, imbuida también de un sentido de la ironía patente en *Espérame en el cielo* (sobre la figura de un doble de Franco) o en *Don Juan, mi querido fantasma* (también centrada en el tema del doble). Dominador de las difíciles claves del éxito popular, pero digno y respetuoso con el público, como lo demuestran varios títulos de los citados, *La guerra de papá, Planta 4ª* o *Farmacia de guardia,* Antonio Mercero viene a ser un poco el Frank Capra español. Con sus virtudes y sus defectos, pero siempre con la bonhomía, la sonrisa y la calidez como señas de identidad. ●

(Febrero de 2010. Nº 2.401)

Excesivo bipartidismo

Como en la vida política española, los Goya de este año han tendido al bipartidismo: *Celda 211,* con ocho galardones, y *Ágora,* con siete, aunque de mayor calado los de la notable película de Daniel Monzón, se han repartido el palmarés de los largometrajes de ficción. No ha habido apenas hueco para nadie más: dos premios para *Yo, también* y *El secreto de sus ojos* (incluido el de Mejor Película Hispanoamericana); y uno para *Tres dies amb la familia, Los abrazos rotos* y *Gordos.* Demasiada bipolaridad en un listado que, sin contar las recompensas específicas para los largometrajes documental y de animación (*Garbo* y *Planet 51,* respectivamente) y los cortometrajes, casi elimina otras opciones distintas a las dos mayoritarias. Igualito, igualito que las elecciones legislativas, donde PSOE y PP se comen abusivamente el terreno de los partidos minoritarios.

Quizá sea el sistema de elección de los Goya, donde todos los académicos votan desde un principio en todas las categorías en vez de hacerlo por profesiones, como sucedía hasta hace unos años, lo que motiva este arrastre de los títulos preferidos al conjunto de las nominaciones, en primer término, y luego al palmarés. Se eliminó aquel método porque parecía propicio a los intereses corporativos, o incluso a simpatías o antipatías personales, pero la realidad es que ya desde dichas nominaciones se juega a caballos ganadores y no a destacar tal o cual valía concreta de un determinado título, como sería deseable. Una película no lograda en su globalidad puede tener una excelente fotografía o un magnífico sonido, que merecerían recompensa por sí mismos, pero que son anulados por el «tirón» de las más famosas.

No es cuestión de entrar en la justicia o injusticia de cada premio, entre los que tampoco hubo demasiadas sorpresas, al margen del escaso sentido de considerar a una actriz de la trayectoria y el prestigio de Soledad Villamil como «*revelación femenina*»; y, en cuanto a la gala, la inesperada aparición de Pedro Almodóvar, tan querido en ésta su casa de la **Turia.** Pero la bipolaridad triunfadora no se corresponde con la diversidad y riqueza de talento del actual cine español. En los dos últimos años una película tan radical como *La soledad* o tan «incómoda» como *Camino* se imponían en los Goya. Hoy cabe preguntarse dónde están los galardones para *La mujer sin piano* (ni siquiera nominada), *Mapa de los sonidos de Tokio, El cónsul de Sodoma* o *Pagafantas,* por citar sólo algunas de las que han quedado fuera de juego. No estoy emitiendo juicios de calidad, sino expresando el deseo de que esa variedad de nuestro cine, en su coexistencia de producciones grandes y pequeñas, de autores de distintas generaciones y orígenes, de géneros y tendencias, se vea bien reflejada en unos premios de la importancia mediática de los de la Academia.

Y es precisamente ahora, cuando se busca dar una imagen de unidad de los sectores profesionales, tras duras batallas pasadas, el momento adecuado para afrontar con serenidad los problemas pendientes. Que no son pocos ni irrelevantes, pero que han de abordarse bajo la fundamental premisa de valorar todas las modalidades del cine español. ●

(Febrero de 2010. Nº 2.403)

El apasionante mundo de Fellini

Una recomendación: si ustedes van a Barcelona antes del 13 de junio, no dejen de visitar la exposición dedicada a Fellini en CaixaForum, muy cerca de la Plaça d'Espanya. Titulada «Federico Fellini. El circo de las ilusiones», con coproducción francesa y Sam Stourdzé como comisario, dicha exposición viajará posteriormente a Madrid, donde seguro que obtiene el mismo éxito que está cosechando en la Ciudad Condal. Da gloria ver a centenares de visitantes y, lo que quizá sea más importante para el futuro, a clases enteras de colegios e institutos siguiendo por las mañanas una guía didáctica o un «juego de pistas» que les facilitan su aproximación a la personalidad y la obra del autor de *Ocho y medio.*

Quizá ningún cineasta mundial, salvo Chaplin (a quien, precisamente, la Caixa ya dedicó otra espléndida muestra), cuente con una iconografía tan amplia como Fellini. Dibujos suyos, fotos de sus rodajes, pruebas de actores y figurantes, además de las propias imágenes de las películas, se han divulgado repetidamente hasta lograr que nos sean familiares. Conforman el grueso de esta exposición, cuyo mérito decisivo es la adecuada ordenación de todo ello y el saber relacionarlo con la prensa gráfica de la época, para la que el director italiano tanto colaboró en sus inicios y que se convirtió en fuente de inspiración de varias de sus más famosas secuencias.

Comprobar cómo, en *La dolce vita,* la irrupción de Anita Ekberg y Marcello Mastroianni en la Fontana di Trevi se basa en el baño que la actriz no dudo en darse un tiempo antes; o que el Cristo suspendido de un helicóptero, al comienzo de la misma película, imita el traslado al Vaticano de una imagen de «San José Obrero»; o de qué forma tantos y tantos elementos de *Roma* y *Amarcord* remiten a la realidad, determina hasta qué punto Fellini no era ese fabulador puramente imaginativo que algunos han querido ver. Lo mismo que la penetración en el universo subjetivo y onírico de la segunda parte de su obra no se sustenta en un simple giro «de autor», sino que responde a un largo proceso psicoanalítico y, en particular, a su fascinación por las teorías de Jung, explícitamente visible en «El libro de los sueños» que fue dibujando y escribiendo a lo largo de dos décadas.

Si hace tres años ya disfrutamos de la exposición «El cine pintado por Fellini» que presentó Filmoteca Española, ahora podemos hacerlo con ésta de CaixaForum, que incluye más de cuatrocientas imágenes, básicamente fotografías pero también materiales de todo tipo, incluyendo secuencias fundamentales sobre diversas pantallas, así como documentos visuales y sonoros. Todo ello confluye en el objetivo más deseado de toda muestra sobre un cineasta: que nos provoque el urgente deseo de conocer o contemplar de nuevo sus películas. Sería muy de agradecer que la televisión pública cumpliera esta misión, mediante un ciclo similar a los que, en tiempos ya lejanos, emitiera sobre Rossellini, Ozu, Malle o Mankiewicz. ●

(Marzo de 2010. Nº 2.407)

Una fina lluvia

Siempre se habla de la promoción exterior del cine español como de un ideal que no se acaba de cumplir. Es curioso que, tratándose de una actividad privada, sea «papá Estado» quien la desempeñe casi en solitario. Los productores, sus asociaciones, sus federaciones, no se implican en esta imprescindible tarea, salvo en las películas concretas de cada empresa, habitualmente −y cuando les resultan atractivas− en manos de distribuidoras internacionales. Pero no se han lanzado a una articulación global del «marketing» y promoción comercial de sus productos, al estilo de lo que, por ejemplo, supone Unifrance en el país vecino, donde la contribución económica de los particulares se conjuga con la que proporciona el Estado. Un modelo mixto que la Ley española del Cine de 2007 prevé en su artículo 37, pero que no se ha llevado hasta ahora a la práctica.

Al margen de la labor del ICAA en este sentido (con ayudas regladas a los films que participan en los principales festivales, además de la presencia con «stands» en algunos de ellos, préstamo, envío de copias y abono de desplazamientos), y de la del Instituto de Comercio Exterior en los mercados, quiero destacar el importante trabajo que están realizando la Filmoteca del Ministerio de Asuntos Exteriores y los Institutos Cervantes. Dicha Filmoteca, con las copias cuyos derechos culturales adquiere, efectuó en 2009 más de 1.600 préstamos a embajadas, consulados, centros de la Agencia Española de Cooperación y los propios Cervantes. Instituto que, con 70 sedes en 40 países, dedi-

cará este año a proyecciones y ciclos cinematográficos casi el 60% de sus 6.000 actividades. Un enorme volumen de actuaciones que quizá no se divulga ni valora suficientemente, pero que supone un apoyo decisivo para el conocimiento de nuestro cine fuera de sus fronteras.

Junto al claro apoyo a la creación española en imágenes, la razón última de esta práctica cultural parece bien sencilla: es el tipo de programación que más atrae al público que frecuenta los Institutos y que resulta especialmente útil para complementar el aprendizaje del español, como así han ido expresando los directores del Cervantes, César Antonio Molina y Carmen Caffarel en sus dos últimas etapas. Personalmente, he podido comprobarlo en diversas ocasiones, la más reciente en el importante centro de Frankfurt, donde su dinámica y entusiasta responsable, Mercedes de Castro, había programado un excelente ciclo de documentales actuales de nuestro país, que contaron con la participativa presencia de quienes llenaban las más de doscientas butacas de su salón de actos.

No es dinero contante y sonante, no son compras y ventas, no son negocios directamente rentables. Es llevar la imagen de marca del cine español por todos los rincones del planeta. Es, en definitiva, como una lluvia fina que va empapando de nuestras películas a ciudadanos tan desconocedores, en general, de ellas. Luego, después de esa lluvia cultural, y como los norteamericanos han sabido siempre, vendrá el mercado que la rentabilice. ●

(Marzo de 2010. Nº 2.409)

Imágenes de un penoso ayer

Hoy no voy a hablar de cine. Pensaba escribir sobre el importante libro «El cine español según sus directores», en el que Antonio Gregori reúne entrevistas con un centenar de realizadores nacidos entre 1906 y 1958 a lo largo de nada menos que 1.239 páginas y por el que acaba de conseguir el Premio Muñoz Suay de la Academia. Pero lo dejo para mejor ocasión. Porque me siento profundamente indignado por las imágenes que han ido llegando sobre la brutal represión policial en El Cabanyal.

Lo veo a distancia, pero lo veo en los telediarios, en los periódicos, a través de los testimonios de personas amigas. ¿Son éstas imágenes de la España de 2010? ¿O pertenecen a la etapa del franquismo más puro y duro? ¿No hemos retrocedido cuarenta años hasta llegar a esa foto de un policía aplastando el estómago de un manifestante tirado en el suelo, o las de esas personas echadas sobre el asfalto y las aceras que son machacadas con saña por las porras de los agentes? No eran terroristas, no eran «agitadores profesionales», sino vecinos del barrio, jóvenes desarmados, señoras ya de cierta edad quienes ofrecían pacífica resistencia ante el desafuero emprendido por el Ayuntamiento valenciano. Pero sorprendentemente continuado por la Delegación del Gobierno, cuyo titular, y pese a sus manifestaciones previas, envió a la Policía Nacional, de la que es responsable, para facilitar la acción de las excavadoras.

No puede, no debe ser que volvamos a los tiempos de los «grises», de una Policía –que se nos dice que está al servicio de los ciudadanos– aporreando sin límite a cuantos manifiestan su oposición a una arbitraria medida administrativa. Nos estamos acostumbrando a lo peor: a la corrupción del PP, al procesamiento de Garzón, a personajes como Matas, Bárcenas o Fabra, a las cifras del paro, a esas imágenes de represión. No va bien este país. Vienen pasando cosas demasiado graves como para que las aceptemos sin rebelarnos suficientemente contra ellas.

Nada me extrañaría que, pasados los años, se descubriera que, tras las rabiosas decisiones de todo tipo para destruir el popular barrio de El Cabanyal, se escondía una amplia red de corrupción al estilo Gürtel. Hay demasiados intereses en juego, demasiadas expropiaciones fáciles, licencias de obras, construcciones de nuevo y lujoso cuño, para que no pululen los «amiguitos del alma» prestos a llevarse buenas tajadas del dinero público. Si no se evita la aniquilación del barrio, la pretendida «salida de la ciudad hacia el mar» acabará siendo un nuevo foco de corrupción que los investigadores y los tribunales conocerán cuando ya sea demasiado tarde.

Valencia vive un estado de excepción democrática, donde cualquier desafuero parece tener cabida y ante el que no basta pedir la «paciencia» de los ciudadanos. Cuando la realidad se impone de forma tan despiadada como denotan estas imágenes de represión, hablar de cine puede esperar. ●

(Abril de 2010. Nº 2.411)

Impresiones de un jurado

Valiosa experiencia la de formar parte del Jurado del Festival de Cine Español de Málaga. Pero no esperen de este artículo que desvele los «secretos del sumario», las interioridades de las deliberaciones del estupendo grupo de siete profesionales que, presidido por Ángela Molina, estaba también formado por Lucía Jiménez, María Ripoll, Imanol Uribe, Juan Bonilla y Joxean Fernández. Valga decir que la mayoría de las decisiones se tomaron por unanimidad, que no hubo división en el Jurado ni deseo de dar *«café para todos»* (como se ha escrito en un importante medio nacional, quizá desconocedor de que el Reglamento impide dar más de tres premios a una misma película) y que el Palmarés que decidimos fue considerado generalmente como *«justo y equilibrado»…*

Y digo que fue valiosa la experiencia porque los once largometrajes en competición, además de otros vistos en secciones paralelas, permitían vislumbrar el panorama de lo que hoy mismo se hace en nuestro cine. Dentro de ese panorama variado y contradictorio en ocasiones, me gustaría llamarles la atención sobre las tres películas que lograron tres premios oficiales cada una de ellas: *Rabia,* de Sebastián Cordero (Biznaga de Oro, Mejor Fotografía para Enrique Chediak y Mejor Actor de Reparto para Álex Brendemühl); *Bon Appétit,* de David Pinillos (Premio Especial del Jurado, Mejor Guión y Mejor Actor para Unax Ugalde), y *Planes para mañana,* de Juana Macías (Mejor Dirección, Mejor Guión Novel y Mejor Actriz de Reparto para Aura Garrido). Salvo en el caso del ecuatoriano Sebastián Cordero, que ya había realizado previamente en su país *Ratas, ratones, rateros y Crónicas,* las otras dos son «operas primas», de un titulado en la ECAM y con amplia experiencia como montador en el caso de David Pinillos, y de una cortometrajista de éxito, sobre todo con *Siete cafés por semana,* que obtuvo el Goya 2000 de la categoría, en el de Juana Macías.

Lo subrayo porque en este Palmarés convergen dos de las características más significativas del actual cine español: las coproducciones con países latinoamericanos, que suelen tener resultados satisfactorios y en las que juega un papel decisivo la existencia del Programa Ibermedia; y la continua aparición de nuevos realizadores, procedentes en su mayoría del mundo del corto, que aportan talento y frescura, pero que se enfrentan habitualmente a graves dificultades para poner en pie su segundo y tercer largometrajes. Otra característica, también reflejada en Málaga, es el incremento de películas nacidas en las diversas Autonomías, especialmente en Cataluña, muchas veces sin el soporte económico preciso. Aunque los problemas de financiación siempre han estado presentes en nuestro cine, la vigente crisis y su traducción en restricciones de los créditos bancarios los han agravado: no había más que escuchar a los cineastas desplazados a Málaga para comprender hasta qué punto la carencia de dinero, tantas veces compensada con esfuerzos y renuncias, está gravitando sobre la situación. Desde la atalaya del Jurado de un Festival dedicado a nuestro cine, era algo que quedaba bien patente. ●

(Abril de 2010. Nº 2.413)

Los Albatros como ejemplo

Como ejemplo, en el sentido positivo, por la magnífica labor desarrollada a lo largo de 25 años de difusión del mejor cine, en versión original subtitulada y respondiendo a unos parámetros de exigencia y calidad en su programación. Era evidente que, detrás de ella, se encontraban no simples empresarios deseosos de ganar dinero, sino auténticos cinéfilos que mantenían un compromiso de exigencia con su público. Ni cocacolas ni palomitas, nada de esos «ingresos atípicos» que tanta ganancia reportan a los dueños de salas. Por el contrario, se contaba con la frecuente presencia de directores y actores que acompañaban a sus películas en el caso de producciones nacionales e incluso de algunas extranjeras. Con la desaparición de los Albatros se pierde en Valencia una referencia fundamental para la cultura en imágenes, pero no sólo para la capital levantina: productores y distribuidores españoles independientes sabían que tenían aquí su mejor aliado a la hora de establecer el circuito para sus películas, que siempre iban a estar cuidadas, con sentido y sensibilidad, dentro de un mercado tan competitivo como habitualmente injusto. Ese mismo mercado, con crisis incluida, que se ha llevado por delante a los Albatros (confiemos en que no a sus hermanos o primos, los Babel), unas salas que merecen el reconocimiento de los miles de espectadores que han pasado por ellas durante un cuarto de siglo y que ahora quedan «huérfanos» del mejor cine.

Pero también un ejemplo, en sentido negativo, por el carácter de símbolo que adquiere de la pérdida de toda una manera de disfrutar y compartir el hecho cinematográfico. No lo están pasando precisamente bien, y el futuro tampoco se augura mucho mejor, los Renoir, Golem, Manhattan, Van Dyck y demás que, como los Albatros y los Babel, han apostado y apuestan por ser lo que en otras latitudes se denominan «Salas de Arte y Ensayo». Con 4.082 pantallas en 851 locales, evitemos el llanto jeremiaco por la caída de cines en el centro de las ciudades, porque seguimos siendo un país con una «ratio» muy excesiva entre habitantes y lugares de exhibición. Pero lo que sí hay que lamentar es que desaparezcan precisamente las salas más valiosas, las más significativas en cuanto a su tarea de mostrar producciones de calidad en las adecuadas condiciones de respeto a sus características, empezando por la imprescindible versión original.

Quizá no se conoce suficientemente que la competencia del apoyo directo a la exhibición está transferido por el Estado a las Comunidades Autónomas, bastantes de las cuales no se distinguen por su respaldo a la cultura en general y a la cinematográfica en particular. La vigente Ley del Cine prevé un mecanismo de ayuda en colaboración con dichas Comunidades, sobre todo para las salas independientes que cumplan unos ciertos requisitos de programación. Pero, al igual que en otros diversos aspectos, en éste la Ley apenas se ha desarrollado ni puesto en práctica. Mientras, como un lamentable signo, los Albatros han muerto. ●

(Mayo de 2010. Nº 2.416)

La obsesión del 20%

En cuanto tienen ocasión, unos y otros aseguran que la cuota de mercado del cine español (es decir, la proporción entre lo que recaudan nuestras películas y el total de lo obtenido cada año en las salas) ha de llegar, por lo menos, al 20%. Algo deseable pero prácticamente imposible de conseguir. En un mercado tan colonizado como el español, igual que en el de gran parte del resto de Europa, esa quinta parte del global resulta casi inalcanzable cuando la producción norteamericana cubre más del 70% de él, con las seis distribuidoras multinacionales en destacadísimos puestos de cabeza.

Los datos tampoco son esperanzadores. Según el Observatorio Europeo del Audiovisual, la cuota de mercado del cine nacional descendió durante 2009 en 19 de los 24 países escrutados, en la gran mayoría de los cuales se vivió un ascenso en el número total de espectadores. En otras palabras, que lo que subió realmente fue el cine de Hollywood, aupado por el fenómeno del 3D –que, pasada la novedad, ya veremos cuánto dura–, mientras que bajaba el producido en cada nación e igualmente el nacido en terceros países. Por encima de la cuota del 20% hay muy escasos ejemplos, como el habitual de Francia (con un 37%, aunque signifique 8 puntos menos que en el año anterior) o los más infrecuentes de Suecia (con un 32% gracias al éxito de la serie *Millennium*) o Alemania (con un 27% merced al tirón de varias películas muy populares), sin contar Turquía, con un enorme 51%, pero ya se sabe que allí estamos mitad en Europa, mitad en Asia…

Respecto a España, parece que todo el mundo se ha puesto de acuerdo en celebrar que 2009 haya sido un año especialmente bueno, con una película, *Ágora,* por encima de los tres millones de espectadores, y cuatro superando el millón: *Planet 51, Celda 211, Fuga de cerebros* y *Spanish Movie,* que en varios casos han continuado su recaudación en 2010, sobre todo el film de Daniel Monzón. Desde el punto de vista comercial, es justo resaltarlo, y así lo he hecho yo mismo en algún artículo anterior. Pese a lo cual, según los datos ya oficiales del ICAA, solo hemos llegado al 15'5% de la cuota de mercado, dos puntos y medio más que el año precedente pero por debajo del 17'8 de 2001; el 16'7 de 2005; el 15'7 de 2003 y prácticamente igual que en 2006, los porcentajes superiores de la década. Lo que viene a corroborar que ese 20% tan obsesivamente reclamado tiene escasas posibilidades de convertirse en realidad. Las cifras suelen ser aburridas y cansinas, pero sitúan las cosas en su auténtica perspectiva.

¿Hace falta decir otra vez que una cinematografía no debe juzgarse sólo por sus números, sino también –e incluso muy por encima de ello– de su valía artística y de su significado cultural? Pero, por lo menos, que cuando se hable cuantitativa y no cualitativamente se sepa de lo que se está hablando. Que no es, aquí y ahora, el pan nuestro de cada día. ●

(Mayo de 2010. Nº 2.418)

Tres grandes libros

Lo prometido es deuda: con motivo de los sucesos de abril en El Cabanyal y de las imágenes que los reflejaron en los medios, dejé «para mejor ocasión» el escribir sobre el muy valioso libro de Antonio Gregori «El cine español según sus directores», compuesto por 99 entrevistas a realizadores de mayor o menor filmografía, de mayor o menor entidad, nacidos entre 1906 y 1958. Pues bien, la «ocasión» ha llegado y hoy quiero subrayar la importancia de este volumen de más de 1.200 páginas que Gregori (un conocido periodista de Radio Nacional, además de haber producido una película tan relevante como a menudo ignorada: *Soldados,* de Alfonso Ungría) lleva preparando nada menos que desde 1979 y que supone prácticamente una historia de nuestro cine desde la posguerra.

Editado por Cátedra, «El cine español según sus directores» se erige como una pieza documental imprescindible para paliar ese océano de desconocimiento que es, en gran parte, nuestra cinematografía. De especial interés cuando da la palabra a realizadores menos habituales a la hora de ser entrevistados en profundidad (pienso, entre muchas otras, en las conversaciones mantenidas con León Klimovsky, Luis Lucia o Francisco Pérez-Dolz), este libro habla de las películas que se hicieron, pero también de aquellos proyectos que no vieron la luz por circunstancias políticas o económicas o por la incompetencia de sus productores. Logros y frustraciones de unas carreras profesionales que «El cine español según sus directores» revela de manera diáfana y ejemplar.

Como contrapunto a esta obra, podría situarse «La aritmética de la creación. Entrevistas con productores del cine español contemporáneo», de Jara Yáñez y Luis L. Carrasco, editado por el Festival de Alcalá de Henares y el IVAC, cuya Filmoteca ha programado este mes un ciclo con ese mismo enfoque. Aquí estamos en el otro lado del espejo, casi 450 páginas en que una quincena de productores nos cuentan sus problemas y sus penurias, que no son pocas, así como los «riesgos» que asumen. Radiografía de una parcela fundamental del actual cine español, deja vislumbrar la evolución de unos profesionales que se han ido convirtiendo en «buscadores de financiación» antes que en auténticos productores en el sentido originario de la palabra.

No menos encomiable (ni voluminoso: 659 páginas) es «Biblioteca del cine español», de Carlos F. Heredero y Antonio Santamarina, recién editado por Cátedra y Filmoteca Española, en el que sus autores reflejan *«los vínculos creativos que mantiene el cine español con todas las formas literarias posibles, provengan éstas de donde provengan, pertenezcan al género que sea, cualquiera el idioma en que se expresen o el país en el que tengan su origen».* Es un libro no de análisis crítico o comparativo, sino que se ajusta a lo que comúnmente llamaríamos «de fichas», con un carácter exhaustivo. Además de su dimensión historiográfica, parece ideal como base para ese sinfín de cursos de verano sobre «Literatura y Cine» que pueblan nuestras Universidades y centros culturales… ●

(Junio de 2010. N° 2.420)

Una apuesta por el talento

Más allá de la reseña concreta de los XIX Premios Turia, que se publicó con detalle en el número anterior de la revista, quiero destacar un aspecto que quizá no ha sido suficientemente valorado. Me refiero a la apuesta que, con su palmarés, la **Turia** ha realizado por jóvenes valores del cine español, comenzando por las «óperas primas» de Mar Coll y Borja Cobeaga y siguiendo por directores de una filmografía todavía corta pero más desarrollada como Daniel Monzón, Sigfrid Monleón, Manuel Martín Cuenca o Miguel Albaladejo. Son exponentes del talento que actualmente se encuentra en nuestra cinematografía, reflejo suficiente de la incorporación a ella de generaciones bien preparadas y mejor dispuestas que están renovando en profundidad el panorama, sin casi darnos cuenta.

Y viene sucediendo en todas las profesiones que confluyen en una película, no sólo en la realización: fíjense en los títulos de crédito de un buen film español y encontrarán una larga serie de nombres, desconocidos todavía incluso para el aficionado pero ya muy valorados entre sus compañeros, al frente de la dirección de fotografía, la dirección artística, el montaje, el sonido o, por supuesto, entre los intérpretes, caso de Gorka Otxoa y Nausicaa Bonnín, los galardonados por la **Turia** como «revelaciones del año». Cuando se llegaba a los apartados cinematográficos, era estupendo ver salir tanta gente joven al escenario del Auditori de Burjassot para recoger sus merecidos Halcones.

Limitándola a directores de largometrajes de ficción, y sin tratar de ser exhaustivo, la lista «renovadora» podría extenderse considerablemente: Javier Rebollo, Jaime Rosales, Juan Antonio Bayona, Daniel Sánchez Arévalo, Isaki Lacuesta, Juana Macías, David Planell, Rodrigo Cortés, Jorge Sánchez-Cabezudo, Félix Viscarret, Roser Aguilar, Juan Carlos Falcón, Rafa Cortés, Santiago A. Zannou…, varios de ellos a la espera todavía de rodar su segunda o tercera película pero que ya en la primera demostraron su talento con muy distintas propuestas y formulaciones. Significan una puerta abierta para el futuro de nuestro cine, siempre que puedan seguir su carrera sin los tremendos condicionamientos que tantas veces se presentan en el camino. Es ésa, en términos amplios, la generación a la que ha premiado la **Turia**.

Por contraste, también se galardonaba con un Premio Especial a todo un maestro: Carlos Saura, cuya importancia no deja de crecer cuando se contempla con perspectiva la historia del cine español. Compartimos el viaje que nos llevaba de Madrid a Valencia para asistir a la ceremonia de entrega y, aparte del placer de la charla, me quedé asombrado de su vitalidad y energía a la hora de abordar nuevos proyectos. Acaba de estrenar una notable película, *Io, Don Giovanni;* ha terminado ya otra, *Flamenco, flamenco;* está empeñado en dos más; va a hacer una gran exposición en el asturiano Centro Niemeyer; también montajes operísticos como el de «Carmen»…, era impresionante escuchar a un verdadero creador en ebullición. Realmente, el talento no sabe de edades. ●

(Julio de 2010. Nº 2.424)

Ante un escándalo cultural

Según un informe de la Comisión Europea, la conservación del patrimonio cinematográfico está en peligro. A causa de la degradación de los materiales, especialmente del celuloide y más todavía si es en color, se pierden películas a velocidad acelerada, sin que su restauración llegue a cubrir ni mucho menos la amplitud de dicha pérdida. En concreto, el informe asegura que el 80% del cine mudo de nuestro continente ya ha desaparecido.

Personalmente, me parece un escándalo cultural. ¿Se imaginan la que se armaría si lo mismo estuviese sucediendo en el campo de las artes plásticas o del libro? Se desatarían sin duda, y muy justamente, campañas a nivel mundial para evitar tal desastre; habría acuerdos estatales y supraestatales con el fin de paliar la catástrofe; nadie se quedaría indiferente ante la magnitud de esa pérdida... Pero el cine es diferente, todavía se le contempla como un producto de segunda división, puro entretenimiento masivo que tiene fecha de caducidad cuando el público deja de sentirse atraído por él. Consideración bastante más extendida de lo que parece, empezando por los propios productores, que no se preocupan demasiado de la dimensión patrimonial que tienen sus «criaturas», ensimismados en el rendimiento comercial que de ellas puedan obtener.

Para paliar esta situación, es fundamental, por supuesto, la esforzada labor que están realizando las Filmotecas de todo el mundo, como por ejemplo la Española (cuyo presupuesto se duplicó en el periodo 2005-2009, pero que se ha visto restringido este año a causa de los recortes) y también las autonómicas de nuestro país, aunque siempre limitadas por esa carencia de recursos económicos y por la creciente dificultad para disponer de personal especializado en el campo de la conservación y la restauración. Precisamente este segundo aspecto fue objeto de análisis y debate en la Conferencia sobre preservación y difusión del Patrimonio Audiovisual que tuvo lugar en Madrid con motivo de la Presidencia comunitaria española, y en la que se constató la insuficiencia de profesionales de tal especialización, reclamándose al tiempo que el patrimonio fílmico *«reciba de la Unión Europea y de los Estados miembros un reconocimiento y un apoyo igual a los concedidos a otros ámbitos culturales, como los de las Bellas Artes y las Bibliotecas».*

Por fortuna, lejanos están los tiempos, años 40 y 50, en que se vendían los negativos para fabricar peines o cepillos. Pero ahora también se están teniendo que restaurar películas tan recientes como *Tristana, El espíritu de la colmena* o *La prima Angélica,* simplemente porque no se tuvo en su momento la preocupación de tirar las copias desde un internegativo y no desde el negativo original, por lo que éste se fue dañando sin cesar. Mientras no se extienda la conciencia de que la pérdida de una película es equivalente a la de una pintura, una escultura o un libro, poco se habrá logrado. ●

(Julio de 2010. Nº 2.426)

Una semana movida

Todo comenzó el jueves 21 por la tarde: de pronto, los teléfonos echaban humo con la destitución de Ignasi Guardans al frente del ICAA. Muy pronto ya se conocía el sustituto, Carlos Cuadros, de un perfil muy distinto al de su antecesor y hasta entonces director general de la Academia de Cine, cuya cantera es al Ministerio de Cultura lo que en el terreno futbolístico la Masía es para el Barça, Valdebebas para el Madrid o Paterna para el Valencia. El Consejo de Ministros del día siguiente, el primero del nuevo Gobierno donde había quedado ratificada en su cartera Ángeles González-Sinde, confirmaba la designación. Pero no habían pasado ni veinticuatro horas cuando la Ministra se negaba a dar la mano al alcalde de Valladolid a su llegada a la ciudad y anunciaba que no acudiría a la inauguración esa misma noche de la Semana de Cine, actitudes ambas motivadas por las penosas palabras pronunciadas por dicho alcalde sobre Leire Pajín. El equipo de la película inaugural, encabezado por su directora, Icíar Bollaín, así como Antonio Banderas, homenajeado en la gala, se negaban también a saludarle. El cine español volvía a estar en el ojo del huracán.

Son hechos conocidos los que resumo en este párrafo, pero de los que deseo extraer un par de reflexiones. Respecto al relevo de Guardans por Cuadros, me vuelve a sorprender que, cuando se recaban opiniones sobre un episodio como éste o tantos otros anteriores, los medios de información siempre recurren a los mismos, porque ellos son por antonomasia y derecho propio «el sector cinematográfico español». Y ahí aparecen sin falta el sempiterno presidente de la patronal y el productor –amigo del cesado e inspirador de su política– experto en crear empresas filiales para lograr subvenciones autonómicas y transoceánicas, acompañados por algún representante de «Cineastas contra la Orden» para cubrir el expediente. No hay ni otras voces ni otros ámbitos, ni otros profesionales de muy diversas ramas que puedan expresar sus pareceres. ¿Pereza e incuria de los periodistas o sometimiento a unos «poderes fácticos» que imponen su pensamiento único?

En cuanto al segundo de los hechos de la semana, creo que el gran perjudicado es o va ser el Festival de Valladolid, que es una manifestación cultural que pertenece a una ciudad y no a un alcalde en concreto. Sin duda, la inauguración de este año ha tenido más repercusión mediática que ninguna otra, pero ¿a costa de qué? Me temo que de nada bueno para el futuro, y créanme que sé de lo que hablo. Renunciar a estar presente el día de su apertura, cuando se proyecta una película española, de una directora española y se premia a un actor español, no me parece la mejor actitud como justificada protesta. Y tampoco hay que olvidar que dar la mano no significa estar de acuerdo con aquel a quien saludamos, sino un simple gesto de educación que, en sus orígenes, significaba que no se llevaban armas, que no se iba a agredir a la otra persona… ●

(Octubre de 2010. Nº 2.439)

El cine de Berlanga no es de la derecha

Por qué a la derecha le gusta tanto ahora Berlanga? Portadas de periódicos a toda página con motivo de su muerte, elogios ditirámbicos, visitas muy sentidas a la capilla ardiente... Aunque lo tenían fácil porque la sede de la Academia de Cine, donde reposaba el féretro, está al lado de la del PP, sorprende este entusiasmo desbordado por quien hizo un cine que se sitúa en las antípodas de su ideología, su moral y sus prácticas.

Bien es cierto que, en su última etapa, Berlanga pareció sentirse muy a gusto entre los políticos valencianos del Partido Popular y que con muchos de ellos, desde Eduardo Zaplana a Rita Barberá, se diría que guardaba amistad, quizá por sacar adelante como fuera su faraónico proyecto de la Ciudad de la Luz. Desde su autodefinido como *«anarquismo individualista»*, Berlanga se aproximaba visiblemente a ellos, o ellos a él, asistía en su compañía a actos, se fotografiaban muy sonrientes, hacía declaraciones que gustaban al poder local o autonómico. Pero sus películas son otra cosa, son la antítesis de esa actitud reverencial. El mundo más auténtico de Berlanga es el de la gente humilde, sin salida, encerrada en una sociedad despiadada, donde la supervivencia es el mayor de los méritos; la tragicomedia donde el humor es la única vía de escape y a la que Rafael Azcona (demasiado olvidado en las necrológicas de estos días) contribuyó de manera esencial.

¿Será, entonces, que ya tenemos una «derecha civilizada» que, a la manera francesa, celebra a sus grandes autores más allá de la disidencia con ellos? Ojalá, pero no creo que vayan por ahí los tiros, como se desprende de su actitud general hacia el cine español. Considero, más bien, que utilizan la deriva final de la figura de Berlanga para aprovecharse de ella, para convertirlo en uno de los suyos. ¿De verdad creen que María Dolores de Cospedal, Esperanza Aguirre, Ana Botella, Pilar del Castillo, Soraya Sáenz de Santamaría o la citada Barberá (los duelos, ya se sabe, son cosa de mujeres), que pasaron por la capilla ardiente, están en sintonía con lo que realmente significan *El verdugo, Plácido* o incluso *Bienvenido, Mister Marshall* y *La escopeta nacional*? Me quedo con el anónimo y presunto admirador de Camps que le entregó como regalo un vídeo con una película de Berlanga y, al abrirlo el President con una sonrisa de abierta complacencia, vio que era el de *Todos a la cárcel*...

Pocos recuerdan hoy, y desde luego no los responsables del PP, que a Berlanga le hizo la vida imposible la censura franquista, que desnaturalizó totalmente *Los jueves, milagro,* que cortó escenas o diálogos de muchas de sus películas, que prohibió aquellas «Cinco historias de España» que preparase con Cesare Zavattini en la década de los cincuenta, y que incluso sospechaba de que en una simple panorámica de la Gran Vía madrileña no aparecieran «dos curas saliendo del cabaret Pasapoga», según contaba el propio realizador. No, el cine de Berlanga nunca ha sido, es o será de esa derecha entonces nacional-católica a ultranza y que sigue siendo intolerante, clasista y corrupta, pese a que ahora le celebre por todo lo alto, con acentos especialmente oportunistas en la Comunidad Valenciana.

Lo «berlanguiano», el término que José Luis Borau propuso llevar al Diccionario de la Real Academia, es otra cosa. Responde al inconfundible espíritu iconoclasta de quien, en su temática y en su estilo, se confrontaba con la realidad desde un surrealismo cotidiano; desde la percepción de un infinito caos; desde, en definitiva, un asombro incesante ante la grandeza y miseria del ser humano. ¡Larga vida al cine de Luis García Berlanga! ●

(Noviembre de 2010. Nº 2.442)

Nuestro Buenos Aires querido

Nos reuníamos en Buenos Aires una serie de críticos, expertos, teóricos, eruditos o como diablos quiera llamársenos para debatir sobre las relaciones entre las cinematografías argentina y española, tanto a lo largo de la Historia como en la actualidad. Se trataba de un simposio organizado por el Centro Cultural de España en Buenos Aires bajo el título «Imágenes compartidas», en el que, a lo largo de tres días y con una treintena de participantes, se fue diseccionando cómo habían sido y cómo son dichas relaciones. Junto a Diego Galán, que coordinaba la parte española como José Miguel Onaindia hacía con la argentina, viajamos desde nuestro país Jaume Figueras, Fernando Méndez-Leite, Sigfrid Monleón, Mirito Torreiro y el arriba firmante, quienes habíamos escrito previamente una ponencia para el libro que, con este motivo, se publicará el próximo mes de marzo.

Fueron buenos tanto el clima de diálogo dominante como las aportaciones documentales y la mayoría de las intervenciones que se produjeron. A través de ellas quedó meridianamente claro el estrecho vínculo que siempre ha unido al cine argentino y español, con especial incidencia en dos periodos motivados por causas políticas: el exilio republicano tras la Guerra Civil, que llevó a Argentina a un amplísimo número de actrices y actores, pero también directores y técnicos; y la llegada a España de no menor cantidad de profesionales en dos momentos precisos, a la caída de Perón y, más aún, durante la dictadura militar de aquel país.

Pero incluso en otras etapas el «tráfico» ha sido intenso, incrementado por el progresivo aumento de las coproducciones, que han tenido su «broche de oro» con el éxito internacional de *El secreto de sus ojos,* aunque varios de los intervinientes la veían más como una película únicamente argentina, pese a ser una coproducción mayoritaria española. Además de los enfoques históricos, fue este tema de las coproducciones (68 entre 2005 y 2009, siendo Argentina la nación con la que, no sólo en el ámbito latinoamericano, más coproduce España) el que centró buena parte del simposio.

Que precedía en fechas a otra iniciativa de especial relieve, también en Buenos Aires: «Ventana Sur», un mercado surgido el pasado año y que, con el respaldo del Marché du Film, de Cannes, busca facilitar la comercialización del cine iberoamericano. Dirigido por Bernardo Bergeret (INCAA), se reunió con este motivo un elevado número de vendedores y compradores para dar «visibilidad» a unos productos que, en otros Mercados, encuentran difícil competencia. Una idea costosa, aunque con un futuro prometedor, en la que el cine español debería estar más presente. Tras un momento de eclosión en la década de los 80, nuestro cine ha ido perdiendo presencia en Argentina hasta límites de casi desaparición e incluso una película de la comercialidad de *Celda 211* todavía no ha encontrado allí salas donde exhibirse… De ello también se habló a fondo en «Imágenes compartidas». ●

(Diciembre de 2010. Nº 2.447)

Josefina Molina obtuvo
con justicia en 2011 el Goya
de Honor de la Academia de Cine.
(Véase artículo
«Josefina Molina, pionera»).

2011

Vergüenza Panahi

Era el 1 de noviembre de 1997, en el cóctel de clausura de la 42 Semana de Cine de Valladolid. La encargada de Relaciones Públicas del Festival me avisó de que, al comunicarle a Jafar Panahi la hora de salida hacia el aeropuerto de Madrid, el realizador iraní le había pedido algo un tanto insólito. Hablé con él y se mantuvo firme: no se iría de Valladolid sin llevarse una de las pancartas verticales de la Semana que adornaban la fachada de la Hospedería de San Benito, sede de las dependencias del Festival ese año a causa de las obras del Teatro Calderón. Le hicimos ver las grandes dimensiones de la pancarta, las dificultades para plegarla, los problemas para que la transportara hasta Teherán. Entre sonrisas, pero absolutamente decidido, no dio su brazo a torcer: quería tener en su casa el recuerdo de un certamen al que consideraba su introductor en España, porque había seleccionado en 1995 su primera película, *El globo blanco;* acababa de presentar con notable éxito *Espejo,* y −eso aún no lo sabía entonces− otorgaría el máximo premio a *Sangre y oro* seis años más tarde. Dicho y hecho. Se descolgó la pancarta a primera hora de la mañana y él se marchó tan contento a su país.

Recuerdo con cariño esta anécdota al leer que a Jafar Panahi le han condenado nada menos que a seis años de prisión y veinte años sin poder ejercer su profesión como director o guionista ni hacer viajes al extranjero, además de impedirle comunicarse con la prensa nacional o internacional. Todo su delito es oponerse al régimen fundamentalista iraní y estar preparando una película que el gobierno ya considera lesiva contra sus intereses. Una vergüenza sin límites, una injusticia flagrante para acallar las opiniones críticas. Porque no sólo es él, otros cineastas y muchísimas gentes de la cultura que apoyaron a Mirhossein Musavi en las fraudulentas elecciones últimas están sufriendo la represión del funesto presidente Ahmadineyad contra el llamado «Movimiento Verde». El propio Panahi ya sufrió cárcel por este motivo; si le liberaron, fue tras una huelga de hambre, una fianza de 160.000 euros y una protesta internacional que alcanzó todavía mayor repercusión cuando Abbas Kiarostami (que le había tenido como ayudante en *A través de los olivos*) denunció la situación en la rueda de prensa que siguió a la proyección de *Copia certificada* en Cannes.

Y me causa una gran tristeza el que, mientras en Francia el mismo Festival de Cannes, la Cinemateca o profesionales y publicaciones del sector han lanzado inmediatamente una campaña de protesta, seguida por certámenes y filmotecas de otros países como Suiza o Alemania, en España −salvo firmas individuales en manifiestos de otros− no se haya hecho nada similar. Seguimos siendo provincianos, preocupados tan sólo por temas domésticos. Como si la libertad física y de expresión de un cineasta iraní no nos atañese directamente, como si no estuvieran en juego valores universales por los que debemos luchar más allá de las distancias geográficas. ●

(Enero de 2011. Nº 2.449)

Entre la pasión y la renuncia

No, no se trata del título de ningún culebrón, ni siquiera del que ahora está viviendo el cine español. Me refiero a otra cosa, al coloquio que mantuvieron en la Academia de Cine —el mismo día de la dimisión de Álex de la Iglesia— los cuatro finalistas del Goya al mejor director novel: Emilio Aragón *(Pájaros de papel)*, Juana Macías *(Planes para mañana)*, David Pinillos *(Bon appétit)* y Jonás Trueba *(Todas las canciones hablan de mí)*. Un coloquio interesante, rico en contenido y en el que los convocados demostraron algo inhabitual en este tipo de encuentros. Primero, que hablaron de cine, lo que no suele suceder, pese a las apariencias; y segundo, que demostraron una mesura, un sentido común que para sí querrían otros profesionales mucho más avezados, y no hay más que ver lo que viene sucediendo últimamente.

Hubo varios puntos de coincidencia dentro de sus intervenciones, comenzando por la pasión imprescindible para poner en pie una primera película, a la que todos habían dedicado un periodo aproximado de tres años. Pasión que Emilio Aragón resaltaba especialmente, con un dominio de la escena que, pese a una gripe, demostró como buen «showman», pero en la que estuvieron muy de acuerdo sus compañeros. También coincidieron en que son imprescindibles la ilusión, la sinceridad, la necesaria madurez, la libertad de expresarse pese a los inevitables condicionamientos de producción…, e incluso cierta *«inconsciencia»* en el *«salto sin red»* que supone llegar al largometraje, en palabras de David Pinillos. La necesidad de una *«mirada personal»* fue reivindicada por Juana Macías, mientras que Jonás Trueba abogaba porque el proceso de creación y el resultado de la película *«sorprendan»* incluso al propio director.

Fue precisamente el hijo de Fernando Trueba —que es, en joven, como un clon de su padre— el que aquilató todo lo anterior mediante la rotunda frase de que *«el cine es el arte de la renuncia»*, por cuanto hay que dejar en el camino hasta llegar a la copia final. Pero, más que abundar en ese pensamiento, sus colegas prefirieron buscar el lazo, el nexo común, que podría unir a los cuatro títulos nominados. Y lo encontraron (de manera un poco tópica, hay que reconocerlo) en *«el amor»*, aunque fuera por la imposibilidad de vivirlo, además de en *«la obsesión por la felicidad»* que destacó la única realizadora de la mesa. Pero todo dicho sin aspavientos, con naturalidad, sin vanidades egocéntricas.

Algo sí me sorprendió: que ninguno de ellos se sintiera apenas vinculado con el anterior cine español ni con el de fuera. Como si *Bon Appétit* no recordara a la comedia romántica norteamericana; *Pájaros de papel* no fuese deudora de grandes films italianos sobre el mundo del espectáculo y de *El viaje a ninguna parte; Planes para mañana* no utilizara una estructura narrativa similar a las de Arriaga-Iñárritu, o *Todas las canciones hablan de mí* no se remitiese a autores de la «Nouvelle Vague» como Truffaut o Eustache… Lo que no va en desdoro alguno de estas películas, más bien lo contrario. ●

(Enero de 2011. Nº 2.453)

Goya habla catalán

Nueve Goyas, sobre tres y dos de sus más directos rivales, demuestran el triunfo absoluto de *Pa negre* en la 25 edición de los Premios de la Academia. Es la primera vez que una película hablada en una de las cuatro lenguas oficiales del Estado español distinta al castellano se convierte en triunfadora, aunque en inglés sí lo habían logrado *El sueño del mono loco, Los otros* o *La vida secreta de las palabras.* No es un dato circunstancial, sino que muestra un importante signo de diversidad y hasta un cambio de tendencia en la industria del cine español, cuyo centro neurálgico ya no es sólo Madrid sino que lo comparte, como ya sucedió históricamente, con Barcelona.

Más allá de las bondades del film de Agustí Villaronga, al que también los críticos de **Turia** consideran el mejor entre los españoles de 2010; más allá de la tensión De la Iglesia-González Sinde, donde la sangre no llegó al río pese al morbo que envolvía la ceremonia, creo que este es el aspecto fundamental de los Goya recién vividos. Lo apuntábamos con motivo del último Festival de San Sebastián, cuando todos los títulos nacionales de la Sección Oficial, y varios fuera de ella, llevaban impronta catalana. Se ha confirmado ahora en un Teatro Real engalanado para la ocasión y ante los ojos, no siempre complacidos, de los profesionales más encumbrados de una cinematografía que rompe así con su anterior centralismo.

Según se comentaba ampliamente en los pasillos del Real tras la ceremonia, puede hablarse de la influencia de un cierto «lobby catalán» que habría aprovechado la división de votos entre *También la lluvia* y *Balada triste de trompeta,* e incluso *Buried* (aunque también rodada en Barcelona). Pero la verdad es que hoy se da una vitalidad y empuje en el cine realizado en Catalunya que no tiene parangón con el que nace fuera de ella. Desde obras ambiciosas, como la propia *Pa negre,* hasta esa producción si se quiere marginal y lejos de los circuitos comerciales pero muy cerca de los festivales internacionales que encabeza Lluís Miñarro, el panorama es de una variedad estimulante. Una generosa política de ayudas autonómicas que se suman a las estatales, una televisión pública (TV3) que sabe jugar su papel respecto al cine, un claro orgullo en la búsqueda de una cultura propia, el apoyo de los medios de comunicación y otros elementos de peso como la existencia de una escuela, la ESCAC, que viene nutriendo de profesionales al sector, se hallan detrás de esta realidad.

Sobre los Goya de este año, valdría la pena hablar también de la muy discutible afirmación de que «*internet es la salvación del cine*»; de la tendencia inveterada de los académicos a fijarse sólo en unos cuantos títulos, sin valorar trabajos muy destacados del resto; del inadecuado hábito de premiar a niños como «revelaciones»; de la justicia del Goya de Honor a Mario Camus; de la fea costumbre de la Ministra de Cultura de estar enviando mensajes sin cesar... Pero esta página ya no da para más. ●

(Febrero de 2011. Nº 2.455)

El signo de los tiempos

Es el signo de los tiempos: el continente importa más que el contenido. Por encima de las películas que competían para los Oscar, se diría que lo fundamental estaba en los modelitos que lucían las actrices en la gala. Suele suceder también en los Goya, lo mismo que en una y otra ceremonia se habla siempre de que *«ha resultado demasiado larga y un tanto aburrida»*, con los premiados –en Los Ángeles y en Madrid– acordándose sin remedio de sus más mamás, sus papas, sus abuelos y hasta de su gata, como hizo Karra Elejalde al agradecer el obtenido por su notable trabajo en *También la lluvia*. Los usos y costumbres de «la gran familia del cine» se abrazan así con fruición a uno y otro lado del Atlántico, mientras los reporteros del corazón se dedican a propagar de a qué modisto o modista pertenece la ropa de cada cual. Voy a proponer a Vicente Vergara que en la próxima edición de los Premios Turia ponga una larguísima alfombra roja por la que pasen y pisen los invitados. Y es que no podemos seguir así, tan austeros, tan sosos, tan vestidos de veraneantes en el «marco incomparable» de una cálida noche del julio valenciano….

Aunque, claro, para justificar la exhibición de modelos tiene que haber películas, esa cosa tan molesta que te tiene dos horas sentado en una butaca y mirando como tonto a la pantalla. Pero si no fuera por tal inconveniente, esto sería tan guay como un desfile de Dior o de Valentino o como la mismísima Pasarela Cibeles. Y eso que, en los Oscar, este año había títulos muy valiosos, que habían logrado el favor del público y de buena parte de la crítica, aunque algunos, como Antonio Lloréns o los de *Cahiers du Cinéma,* se habrán llevado un disgusto con el triunfo de *El discurso del rey* y sus cuatro galardones principales; esa estupenda película que a ellos no les gusta nada, porque lo que les pone de verdad es el *Film Socialisme* de Godard.

Lo mismo que me pasaría a mí si hubieran premiado *Valor de ley,* un buen principio y un buen final para un desarrollo más bien rutinario y cansino, lo que no es tan extraño viniendo de los Coen, que se han ido de vacío con sus diez nominaciones. Mientras que las cinco de la sugerente, trágicamente bella *Cisne negro* (la gran vencedora de los Spirit Awards, los premios del cine independiente, en los que no competía con *El discurso del Rey* al ser considerada película extranjera por británica) se han transformado en una sola estatuilla pero quizá la más indiscutible: la del Oscar a la Mejor Actriz para Natalie Portman. Y es una pena que los tontos de los académicos no nos hayan dado la oportunidad de ver a Banksy andar encapuchado por el escenario del Teatro Kodak, al preferir *Inside Job,* un documental sobre la crisis financiera –como si no nos la supiéramos de memoria–, a los grafiteros de *Exit through the Gift Shop.* ●

(Febrero de 2011. Nº 2.457)

Hemos perdido el norte

Se pregunta Antonio Muñoz Molina, en un artículo de *El País,* por qué en España no se hacen películas como *Poetry* o *De dioses y hombres.* Una buena cuestión. Y no fácil de responder. Argumenta el escritor que talento no falta entre los guionistas y directores, sino que ello más bien se debe a un clima social donde no se valora *«el mérito, el esfuerzo, el trabajo apasionado»;* donde *«se recorta el gasto en educación y en investigación»;* donde dominan *«soeces televisiones corrompidas por la propaganda y el clientelismo»;* donde *«robar dinero público es menos grave que pedir seriedad o que no acatar el juvenilismo o el victimismo o el narcisismo oficial».* Especial responsabilidad en esta situación la ve Muñoz Molina en *«una clase política omnipotente y omnipresente que ha usurpado todos los espacios de la vida cívica»,* aunque no creo que los políticos coreanos o franceses, países de los que proceden las dos películas mencionadas, sean mucho mejores que los españoles.

Palabras mayores, en un importante artículo que «tira por elevación» sobre los problemas a ras del suelo del cine español. Nunca me ha gustado echar la culpa de todo a «la sociedad», porque eso acaba sirviendo igual para un roto que para un descosido e invita al escapismo. Pero la verdad, sin emplear argumentos tan genéricos, es que no venimos haciendo las cosas bien en nuestro cine. Estamos confusos, desorientados, sin tener un objetivo claro. Demasiado enredados en financiaciones, taquillas, premios, ruido mediático y, por otra parte, en protagonismos, cálculos, maquinaciones y ruti-

nas, hemos acabado perdiendo el norte. Quizá sea el signo de un cambio de época, de una transformación que nos ha cogido con el pie cambiado, pero damos continuas muestras de no saber asumir la responsabilidad de lograr películas sensibles, inteligentes, a la altura cultural y ética que cabe exigir.

¿Podría Víctor Erice rodar ahora *El espíritu de la colmena?* Probablemente, no, como ya decía Carlos Saura que no le ha sido posible hacer en los últimos años películas como las que hizo en los setenta, *El jardín de las delicias, La prima Angélica* o *Elisa, vida mía.* Es algo inquietante, cuyos porqués merece la pena preguntarse en serio. Estamos avanzando en una estéril dialéctica entre un cine comercial (no hay más que ver el follón que se ha organizado con las ochocientas pantallas para *Torrente IV,* Santiago Segura y toda su agotadora promoción) y un cine marginal que, pese a su valía en muchas ocasiones, sólo ven algunos críticos y casi menos espectadores. Pero queda una amplísima franja para un cine adulto, de valía estética y social, que no tiene por qué ser un «pelotazo económico» sino recuperar su coste y ese poco más que permita seguir adelante; un cine que se distribuya, estrene y emita decentemente, con un respaldo suficiente de público. Volviendo al artículo de Muñoz Molina, ¿qué productor español, qué televisión de nuestro país, qué comisiones que deciden las ayudas se atreverían con películas como las que él citaba? Ustedes mismos pueden dar la respuesta. ●

(Marzo de 2011. Nº 2.459)

Tres notas desde Málaga

1. Se hacen las películas que quieren las televisiones. Y tanto Telecinco como Antena 3, dejando atrás la línea de cine de terror o fantástico que seguramente creen agotada, apuestan por «comedias de éxito popular», realizadas por directores jóvenes. Debe de ser por aquello que decía Álex de la Iglesia de acercar el cine español al público, pero lo cierto es que se trata de comedias complacientes, que juegan sobre seguro (todo lo seguro que se puede estar en este terreno) para proporcionar lo que sus responsables definen como un «puro entretenimiento», una manera de «divertir o de pasar el rato durante hora y media». Pero pocas frases tan tremendas como esta de «pasar el rato», equivalente a la todavía peor de «matar el tiempo». Como si el tiempo no estuviera para cosas más importantes que «pasarlo» o «matarlo»….

En el caso de las comedias presentadas en el Festival de Málaga por Antena 3 y Telecinco, *No lo llames amor, llámalo X* y *Amigos,* sucede algo muy llamativo: que una cadena tan conservadora como Antena 3 no dude en ensalzar al cine porno, convirtiendo de paso la Guerra Civil en objeto de irrisión; y que en el segundo caso se pongan en solfa programas de la propia Telecinco como «Gran Hermano» u otros de idéntica telebasura. ¿Autocrítica? ¿Capacidad para reírse de sí mismos? ¿Simple cinismo? Elijan la respuesta adecuada, pero me temo que es la carencia de cualquier planteamiento ético lo que domina en este tipo de comedia.

2. Preguntas similares cabe hacerse ante el hecho de que la Generalitat Valenciana (la Comunidad Autónoma de mayor nivel de corrupción en toda España) apoye, con la Ciudad de la Luz, una notable película precisamente sobre la corrupción urbanística, las estafas inmobiliarias y las numerosas víctimas que las padecen: *Cinco metros cuadrados,* de Max Lemcke, el mejor largometraje de la primera parte del certamen malagueño, a la que he podido asistir.

Algo que también debe apuntarse a propósito de *Crematorio,* la excelente serie de Canal+ dirigida por Jorge Sánchez-Cabezudo y basada en la novela de Rafael Chirbes. El respaldo oficial valenciano con que cuenta ya ha despertado las protestas de ciertos diputados autonómicos del PP, que consideran que se les ha metido el dedo en el ojo. No podía ser menos, no les debe de gustar nada que mienten a su familia, y su familia (política) es esa corte de corruptos y mafiosos encabezados por el Rubén Bertomeu que interpreta, muy bien, José Sancho.

3. Ni en toda la Sección Oficial de Málaga, ni en la paralela Zonazine, hay una sola película realizada por una mujer. Lo preocupante no es que el problema se origine por presuntos criterios machistas del Comité de Selección del Festival, sino porque parece que no había ningún título de una directora que llevarse a la selección. Pero mayor responsabilidad tiene el certamen en que, al tiempo, absolutamente todos los homenajeados en esta 14 edición sean profesionales masculinos… La igualdad todavía está lejos. ●

(Marzo de 2011. Nº 2.461)

En buenas manos

Conozco a Enrique González Macho desde hace mucho tiempo, concretamente desde 1984, cuando fui a pedirle *Sin testigos,* de Nikita Mihalkov, que él distribuía en España, para incluirla en la programación de la primera Semana de Cine de Valladolid que yo dirigí. Enrique estaba en una mesa, al fondo de un oscuro pasillo, en un despacho que tenía alquilado a otra distribuidora en la Gran Vía madrileña. Eran los comienzos de Alta Films, que contaba entonces con un reducido catálogo, compuesto casi todo él por películas soviéticas. La empresa fue creciendo, cada vez dispuso de más y mejores títulos, sus relaciones con Valladolid se incrementaron edición tras edición, hasta el punto de ser el distribuidor más premiado en la historia del Festival. Luego vinieron los Renoir, los Princesa, toda una cadena de salas que se extiende de Barcelona a Tenerife, pasando por Palma de Mallorca o Zaragoza, y evidentemente los diversos complejos de Madrid.

Hasta ahora, en que González Macho acaba de ser elegido Presidente de la Academia de Cine por 256 votos por 101 para Bigas Luna, en una candidatura en que le acompañaban la actriz Marta Etura y la directora Judith Colell. Un «tripartito» que cuenta, significativamente, con dos Premios Nacionales: el de Cinematografía de España, concedido al nuevo Presidente en 1998; y el de Cultura de Catalunya, que ha recibido hace unos días la coautora de *Elisa K.*

Equivocadamente, se han descrito las dos candidaturas rivales como la de la «creación» (Bigas Luna) frente a la de la «industria» (González Macho). No creo para nada que sea así. Porque si hay alguien que haya luchado en las últimas décadas por el cine español, comercializando e incluso produciendo muchas de sus obras más relevantes –las que las multinacionales no capturan–, ese es el nuevo Presidente, lo que ya le reconoció el Premio Nacional antes citado. Porque no sólo se «crea» haciendo cine, sino sabiendo ponerlo con inteligencia y cariño a disposición de los espectadores, algo que no se ha destacado bastante estos últimos días. El talante de González Macho, su capacidad de gestión y, sobre todo, su pasión por nuestro cine y, en general, por el europeo e independiente en general, o su arriesgada apuesta por la versión original, hacen pensar que su labor al frente de la Academia va a ser muy positiva, lejos del personalismo de la etapa anterior.

No oculto que me considero amigo de González Macho desde aquel lejano día que he mencionado al comienzo. Pero analizando el programa electoral con que su candidatura se presentaba a los socios de la entidad, me parece que esa confianza en su trabajo futuro no se basa en un mero criterio subjetivo. No hay nada en esas propuestas que no merezca el apoyo de los integrantes de una Academia que reúne a más de mil personas del cine español en sus diversas ramas. Con Enrique, Marta y Judith, además de una Junta Directiva de una treintena de profesionales elegidos por sus propios compañeros, la Academia de Cine está, sin duda, en buenas manos. ●

(Abril de 2011. N° 2.463)

Estamos donde estábamos

Salvo incorporaciones de última hora, en el próximo Festival de Cannes habrá escasa representación española: *La piel que habito,* la película de Almodóvar, a concurso; la parte de coproducción que toca a *Midnight in Paris,* de Woody Allen, en la sesión inaugural del 11 de mayo; y otras dos coproducciones minoritarias en la Quincena de Realizadores y la Semana de la Crítica, *Porfirio,* del colombiano Alejandro Landes, y *Las acacias,* del argentino Pablo Giorgelli. Nada en el resto de secciones, como la paralela Un Certain Regard o Ciné-fondation, para la que nunca han existido las Escuelas de Cine de nuestro país; ni tampoco ningún jurado que llevarse a la cara.

No es una novedad, desde luego. Sucede todos los años: si tiene película Almodóvar, va a la Sección Oficial; si no, ningún otro nombre (de manera muy aislada Coixet y Amenábar o, anteriormente, Villaronga y Medem) o coproducciones casi siempre limitadas al aspecto financiero o a algunos actores secundarios y ciertos técnicos. Y como Víctor Erice no hace cine... Raro parece que entre una producción de largometrajes que en 2010 ya superó los doscientos (201, para ser exactos) no haya alguno más que llame la atención de los seleccionadores de Cannes. Ahora mismo, se diría que hay títulos que podrían haber despertado su interés. Hablan, por ejemplo, muy pero que muy bien de *No tengas miedo,* de Montxo Armendáriz, y de *Blackthorn,* de Mateo Gil, elegida para abrir el Festival de Tribeca. Pero no se las juzga dignas de llegar a La Croisette.

Ya lo he dicho en otras ocasiones: no es que nos tengan ninguna absurda manía, que suframos conjura judeo-masónica alguna. El problema es que no somos ni imprescindibles ni exóticos para certámenes tipo Berlín (donde tampoco estuvimos este año en la Sección Oficial), Cannes o Venecia, sino que nos movemos en un espacio intermedio, algo así como en una «tierra de nadie» donde sólo tenemos derecho a la cuota de un cineasta que, guste más o menos, es indiscutible internacionalmente. Desde hace tiempo, Cannes viene apostando sobre seguro, con nombres muy consolidados y determinadas invitaciones a la sorpresa, y así cabe constatarlo en el tan impresionante como tentador programa de la Competición de este año.

No hay que rasgarse las vestiduras, sino seguir intentándolo porque no podemos prescindir –ni nosotros ni nadie– del principal escaparate de la cinematografía mundial. Pero, al igual que en tantos otros aspectos de la vida española, estamos obsesionados por lo doméstico, por querellas y problemas internos, sin darnos realmente cuenta de que el mundo se ha vuelto ancho y largo y de que no nos debemos contentar con mirarnos el ombligo, dentro de ese desconcierto generalizado de que ya hablé en un «Tema de Lara» anterior. Cada doce meses, Cannes es un síntoma, un espejo situado ante el cine español que lo refleja de manera a veces cruel, pero no por ello menos certera. Ojalá Almodóvar haga su habitual brillante papel, pero en el resto también estamos exactamente igual donde estábamos. ●

(Abril de 2011. Nº 2.465)

Un Cannes excelente

Las cosas empezaron bien, con ese Woody Allen de *Midnight in Paris* al que la **Turia** ya le ha dedicado su máxima, y rara, puntuación. Y siguieron de la misma manera, no había día en que la programación del Festival, sobre todo en la Sección Oficial y en la paralela «Un Certain Regard», no ofreciera una, dos o tres películas del máximo interés. *Melancholia,* de Lars Von Trier; *The Tree of Life,* de Terrence Malick; *The Artist,* de Michel Hazanavicius; *Le Havre,* de Aki Kaurismäki; *Érase una vez en Anatolia,* de Nuri Bilge Ceylan; *Le gamin au vélo,* de los Hermanos Dardenne; *Habemus Papam,* de Nanni Moretti, o *Polisse,* de Maïwenn, destacaban –al margen del mayor o menor apasionamiento de cada uno hacia ellas– entre las de la Competición.

A su vez, *Restless,* de Gus Van Sant; *Adiós,* de Mohammad Rasoulof; *Parada en plena vía,* de Andreas Dresen; *Tatsumi,* de Eric Khoo; *Elena,* de Andrei Zviagintsev; *Les neiges du Kilimandjaro,* de Robert Guédiguian, o *L'exercice de l'Etat,* de Pierre Schoeller, lo hacían en «Una Cierta Mirada». Por su parte, y al tiempo que la Quincena de Realizadores mantenía su atonía de las últimas ediciones, en la Semana de la Crítica los films preferidos eran *Take Shelter,* de Jeff Nichols, ya premiado en Sundance, y *Las Acacias,* del argentino Pablo Giorgelli, con coproducción financiera española. Y dentro del terreno documental, en sesiones especiales fuera de concurso de la Oficial, destacaron *The Big Fix,* de Rebecca y Josh Tickell,

una especie de *Inside Job* sobre el vertido de BP en el Golfo de México y el poder de la industria petrolífera, y *Duch, el Señor de las Fraguas del Imperio,* en el que Rithy Panh insiste en la brutalidad de la represión de los jemeres rojos camboyanos.

Contra lo que parezca, no se trata de resumirles el Catálogo del Festival, ni de hacer una especie de guía telefónica, sino de dejar constancia de que este año ha habido muy buen cine en Cannes, y de sugerirles que apunten los títulos y nombres citados porque van a ser fundamentales a lo largo de la próxima temporada. Muchos de ellos llegarán a España porque ya han sido adquiridos, aunque a nuestros meritorios distribuidores independientes cada vez les cuesta más hacer frente a las altas cantidades que les piden, sobre todo porque con la taquilla no basta, el DVD no rinde y Televisión Española apenas les compra películas desde hace nada menos que cuatro años.

De hecho, la vitalidad del mercado en un ambiente de optimismo ha sido otra de las características de esta 64 edición del Festival, no sólo sobre el material ya terminado, sino también sobre el que todavía se halla en proyecto. Después de tres ejercicios de descenso en las transacciones a causa de la crisis económica, el panorama comercial ha variado radicalmente. Para quienes siguen dando la tabarra con que el cine ha muerto, para los aburridos, los nostálgicos, los apocalípticos, un paseíto por el Cannes 2011 les habría venido la mar de bien. ●

(Mayo de 2011. Nº 2.469)

La «imprescindible» Pilar Miró

No es fácil discernir ni expresar la personalidad de Pilar Miró. Creo que Diego Galán lo consiguió en poco más de una hora, el tiempo del documental que ha realizado para la serie «Imprescindibles» de la 2 de Televisión Española y que se emitió el pasado viernes. Su vida, su temperamento, sus películas, su decisivo paso por las Direcciones Generales del ICAA y de RTVE, así como sus procesos judiciales, quedaron recogidos de manera idónea a través de veintidós testimonios que fueron trazando la semblanza de la cineasta. Una medida voz en «off», bien dicha por Juan Diego Botto, y diversos fragmentos de la entrevista que el propio Galán efectuase años atrás para el espacio «Otras miradas», enlazaban dichos testimonios de forma coherente y ágil.

Se preguntaba el título del programa *Quién fue Pilar Miró,* y creo que el resultado dio prueba cumplida de ello, como también que se ajustaba como anillo al dedo al nombre genérico de «Imprescindibles». Porque Pilar lo fue en todos los dominios por los que transitó, de carácter cinematográfico o de gestión político-cultural. Su paso siempre dejó huella, una impronta personal, conflictiva muchas veces pero siempre determinante. En primer término, sus películas, bastante más valiosas de lo que muchos se han empeñado en considerar, que contaban con el precedente de una amplísima experiencia televisiva y que incluye films tan significativos como *El crimen de Cuenca, Gary Cooper, que estás en los cielos, Beltenebros* o *El perro del hortelano.* Después, y de manera especialmente resonante, su experiencia al frente del cine y la televisión de nuestro país, con la llamada «Ley Miró» (que fue realmente un Decreto, pero mucho más que la también llamada «Ley Sinde», que es sólo una Disposición Final) como punta de lanza de su etapa en el ICAA, y la inventiva y valentía en la dirección de Radio Televisión Española, algo que no le perdonaron sus enemigos del mismísimo PSOE.

Diego Galán la trató y conoció como muy pocas gente lo hizo, según ha quedado constancia en muchas ocasiones, sobre todo en el libro que encabezaba una frase de la propia Pilar, «Nadie me enseñó a vivir», editado por Plaza Janés en 2006. Y ese «dominio del personaje» resultaba patente en el documental, elaborado con el sentido del ritmo, el dominio del montaje y la transparencia comunicativa que son consustanciales con mi compañero quincenal de página. Dando cabida a recuerdos tan directos como los de su hijo Gonzalo; a vivencias de compañeros o colaboradores como Imanol Uribe, Pedro Olea, Lola Salvador, Marisol Carnicero, Pedro Moreno, Jesús Martin, Javier Gurruchaga, Owen Thompson, Aitana Sánchez-Gijón, Emma Suárez, Patricio de la Nuez o Ana Belén; pero también a opiniones discrepantes, como la de José Luis Olaizola (contestada acertadamente por Fernando Méndez-Leite) sobre la citada «Ley Miró», y a puntualizaciones en torno al famoso «proceso de los trajes» a cargo del abogado Gómez Benítez, Luis Ramallo y Joaquín Leguina, Diego Galán construyó su preciso y precioso retablo sobre la «imprescindible» Pilar Miró. ●

(Junio de 2011. Nº 2.471)

Sí que las hay

CIMA es el nombre de la Asociación de Mujeres Cineastas y de Medios Audiovisuales de nuestro país, por lo que engloba a directoras, guionistas, productoras, directoras de fotografía y de arte, montadoras y, en general, a jefas de equipo, así como también –en menor proporción– a actrices. Presidida por Inés París, lleva cinco años de actividad y cuenta con más de doscientas cincuenta profesionales en sus filas, con un fuerte incremento desde el grupo fundacional de media docena de realizadoras en 2006. De hecho, CIMA se ha convertido en un influyente colectivo que está ayudando a avanzar, paso a paso, en la difícil lucha por la igualdad de género dentro del mundo audiovisual. En una situación tan deficitaria como la que señala que, dentro del actual cine español, tan sólo el 7% de los directores, el 15% de los guionistas y el 20% de los productores son mujeres, resulta imprescindible una asociación que trate de que la realidad cambie de manera puramente lógica; es decir, para que esos porcentajes se acrecienten de forma significativa hasta acercarse lo más posible a la paridad.

Ahora, a CIMA se le ha ocurrido conceder unos Premios que llevan el curioso e irónico nombre de «Esquenohay» con el fin de *«denunciar las ocasiones en las que las mujeres y sus creaciones o trayectorias profesionales son totalmente ignoradas, empleando la frase (es que no hay) con que tal ninguneo suele ser justificado».* Unos «contrapremios», por tanto, como los Razzie respecto a los Oscar o los Yago a los Goya, que en esta primera edición han tenido tres «vencedores»: el espacio televisivo «Días de Cine», por incluir un balance del cine español de la última década en el que no figuraba película alguna dirigida por una mujer; el Festival de Málaga, que este año no programó ni en su Sección Oficial ni en la paralela Zonazine ninguna obra con firma femenina, al tiempo que dedicaba a profesionales masculinos todos sus homenajes; y la Academia Galega do Audiovisual por un motivo similar, no acordarse, en su década de existencia, de ninguna mujer a la hora de otorgar sus galardones honoríficos.

Pensados para fijarse sobre todo en los medios de comunicación, los certámenes y las entidades profesionales por su repercusión en la opinión pública, los Premios «Esquenohay» tienen también su contrapartida positiva: los «Haberlashaylas», que se conceden por los motivos opuestos y de los que fueron merecedores el Festival «Mujeres en Dirección» de Cuenca; el de Cine Europeo de Sevilla y el documental de Diego Galán *Quién fue Pilar Miró,* al que ya me referí hace quince días en esta misma sección. Son la cruz y la cara de una misma moneda, pero que –más allá de sensibilidades y actitudes concretas– revela un problema de fondo que Carmelo Romero puso sobre el tapete al recibir su «premio» como director del Festival de Málaga, cuando señaló que entre las 51 películas que había visionado el Comité de Selección, ninguna estaba dirigida por una mujer. ¿Por qué? Ahí está la cuestión. ●

(Junio de 2011. Nº 2.473)

Como en un espejo

Hay una imagen recurrente en *Planes para mañana:* la de sus personajes femeninos mirándose a un espejo en un momento decisivo de su vida, cuando todo puede variar radicalmente. Se enfrentan a su propio rostro como si, más allá de la pura mirada, estuvieran interrogándose sobre si están tomando la decisión adecuada, si van a acertar con el camino que se abre ante ellas. Inés (Goya Toledo), Antonia (Carme Elías) y Marian (Ana Labordeta) se hallan en una encrucijada emocional: la de tener o no un hijo a sus 39 años, la de abandonar a su familia para irse a vivir a Londres con un antiguo amante y la de romper definitivamente con un marido al que ya no quiere y que provoca su sufrimiento. La única que no se mira al espejo es Mónica (Aura Garrido) porque no le hace falta, porque su espejo es la pantalla del ordenador a través del que se comunica con Raúl (Adrián Marín) y tiene toda la vida por delante, en ese final esperanzado donde parece que los más jóvenes se van a librar de las rémoras de sus mayores.

Supone *Planes para mañana* un excelente retrato de lo que cabría llamar la «sociedad femenina urbana» de aquí y de ahora. Todo sucede en un mismo día, un jueves 14 de noviembre pero, curiosamente, no del 2009 en que se hizo la película sino del 2010, como revelan las fotos de Mónica y Raúl que reproducen los títulos de crédito finales. Es como si Juana Macías, su directora y coguionista (junto a Juan Moreno y Alberto Bermejo), hubiese querido lanzarse hacia un futuro inmediato al de la propia realización del film. Un futuro que podría empezar a ser mejor –salvo para Marian, evidentemente– o, cuando menos, distinto a la soledad, la rutina y el silencio que prevalecían hasta entonces. Un futuro sobre el que todavía nada está dicho y que quizá se muestre capaz de superar las frustraciones pasadas.

Reconozco que tengo un cariño especial hacia esta película. No sólo porque me parece muy valiosa la visión que Juana Macías aporta de «sus» cuatro mujeres, o por la textura que aplica a sus imágenes, por esa cámara casi siempre en mano con la que se ajusta a ella la fotografía de Guillermo Sempere, por el montaje incisivo y nervioso debido a la propia realizadora y a Yago Muñiz, o por la forma en que están dirigidas las actrices y que éstas han entendido perfectamente. También ese cariño viene motivado, debo reconocerlo, porque he visto casi «nacer» *Planes para mañana,* a partir de que –en mi etapa al frente del ICAA– logró la Ayuda a la Creación de Guiones y, posteriormente, la destinada a la Producción de Largometrajes sobre Proyecto, gracias a las cuales, y al apoyo de la Junta de Extremadura, se pudo poner en pie. Para algo bueno sirven las subvenciones públicas...

Y un motivo complementario: al igual que tuve la satisfacción de programar el primer cortometraje para cine de Juana Macías, *Siete cafés por semana,* en el Festival de Valladolid de 1999, en lo que sería su presentación pública antes de que ganara el Goya en esa categoría, también formé parte del Jurado que el año pasado concedió en el de Málaga tres premios a *Planes para mañana,* su primer largometraje: los de Mejor Dirección, Mejor Guión Novel y Mejor Actriz de Reparto para Aura Garrido, una auténtica «revelación», como se ha ido demostrando posteriormente en las series televisivas *Crematorio* y *Ángel o demonio,* galardones que quedarían confirmados al figurar directora y actriz como finalistas en los Goya del 2011. ●

(Junio de 2011. Nº 2.474)

Los del cine

En días pasados, he estado viviendo de cerca el rodaje de una película: un largometraje español, de presupuesto medio, con un equipo suficiente, formado sobre todo por gente muy joven. No importan ni el título ni nombres para lo que quiere reflejar este artículo, que es la manera de trabajar de la inmensa mayoría de nuestros profesionales, la formidable entrega con que desarrollan su labor. A lo largo de diez u once horas diarias durante seis semanas, comenzando a las siete de la mañana o terminando a las cinco de la madrugada, da exactamente lo mismo. Ahí está un grupo de gente de unas cincuenta personas que se esfuerzan al máximo para que todo salga bien. Desde la dirección hasta el eléctrico más anónimo, pasando por los diversos departamentos que intervienen en la filmación, cada cual sabe muy bien lo que tiene que hacer y actúa en consecuencia. No hay un grito ni un «mal rollo» ni nadie se «escaquea», sino que se funciona al unísono, con un ritmo contagioso, apoyándose los unos a los otros continuamente. Visto desde fuera, resulta un espectáculo que llega a fascinar.

Quizá no todos los rodajes sean así, sin duda los habrá más conflictivos o problemáticos, sujetos a imponderables de muchos tipos. Pero estoy convencido de que se suele funcionar de esta forma o, por lo menos, así lo he percibido casi siempre. Muchas veces se ha definido al cine como una «fábrica de sueños», pero es que esos sueños comienzan con los de quienes filman las películas; o incluso antes, con los de quienes las escriben y producen; y después, con los que las montan, las sonorizan, las mezclan… No es extraño que, cuando reciben un premio, la mayoría redunde en la idea de que el cine consiste en un trabajo de equipo y a él le dediquen sus mejores palabras, porque es la verdad, es de justicia.

Sería estupendo que alguna vez fueran a un rodaje esas personas a las que se les llena la boca hablando de *«los del cine»* como unos *«paniaguados»*, *«titiriteros»*, *«despilfarradores de subvenciones»*, *«cueva de ladrones»* y lindezas por el estilo. Porque, de presenciarlo en directo, constatarían que la verdad resulta muy diferente. No, el cine español no es una cuestión de subvenciones (aunque existan productores sinvergüenzas, como ha habido ocasión de comprobar muy recientemente, igual que hay aprovechados y ventajistas en otras profesiones), sino de ilusión, de ese enorme caudal de ilusiones que se extiende por las películas. Luego podrán ser buenas o malas, interesar al público o sólo despertar indiferencia, ganarse el apoyo o el rechazo de la crítica, pero –cuando menos– merecen un profundo respeto, porque lo mejor de sí mismos, de sus conocimientos y su energía han puesto en ellas cuantos han contribuido a su creación.

Mientras el cine español mantenga tal nivel de entrega y de ilusión, nada estará perdido. ●

(Julio de 2011. Nº 2.477)

Entre todos la mataron…

Nadie puede alegrarse de la desaparición de un Festival de Cine. Se pierde con ello un espacio para el conocimiento, para el encuentro cultural, para el disfrute de unas obras que probablemente no se vean por otros cauces. La muerte de la Mostra de Valencia supone, así, una mala noticia que priva a la ciudad de una referencia cinematográfica que podría ser importante.

Podría, pero ya no lo era en realidad. Lo fue en sus inicios, en una espléndida primera década donde su especialidad en los cines del Mediterráneo y la valía de su selección le hicieron ganarse muy pronto un lugar aparte en el panorama de los certámenes españoles. Eran los tiempos de Pérez Casado, Garcés y, sobre todo, Honorio Rancaño como director técnico, verdadero «alma mater» del Festival y cuyo dominio de los territorios afines a la Mostra y de los autores que los poblaban conseguía que Valencia se convirtiera en el epicentro de una gran área cinematográfica. Eran, también, los tiempos de la transición política, donde todo parecía abierto a los nuevos proyectos, a la ilusión por llevar a cabo ideas diferentes.

Luego, la Mostra se fue desnaturalizando paso a paso. Y si hay algo que un Festival debe mantener por encima de todo es su personalidad, su identidad que le haga diferente respecto a otros certámenes. Iniciativas absurdas, ciclos sobre el «gore» o el «western» que nada tenían que ver con el objetivo del Festival, presencias pagadas de figuras o figurones (a menudo, de un ámbito tan mediterráneo como Hollywood) para que se hicieran la foto de rigor con la alcaldesa, cambios continuos de director… La nada entre dos platos, vendida el alma al diablo del presunto «glamour» y la pálida alfombra roja. La manipulación política por encima de la gestión profesional siempre acaba por dar estos resultados. Allí donde conocimos el mejor cine que se hacía, por ejemplo, en la extinta Yugoslavia o en los países del Magreb, convertido en lugar de paso de llamadas «películas de aventuras» y a cargo de quien le dedicaba sus «ratos libres»… Un auténtico disparate.

Recurriendo al léxico casticista, digamos de la Mostra que «entre todos la mataron y ella sola se murió». Fui muy criticado por la entonces concejala de Cultura (y no únicamente yo, sino sobre todo la ministra Carmen Calvo) cuando, siendo responsable del ICAA, la Comisión de Festivales le retiró en 2007 la subvención ministerial. Significaba un toque de atención para un certamen que iba a la deriva, que se mostraba incapaz de cumplir con sus fines y al que el público también le había dado la espalda. Ahora, los mismos que destrozaron a la Mostra la condenan «en aras a los ajustes necesarios y a la situación económica». Aunque dudo que el dinero que se vayan a ahorrar con esta medida se destine a construir uno o varios de esos centros escolares que malviven en barracones, y no a la Fórmula 1 o a una renacida Copa del América. ●

(Octubre de 2011. Nº 2.488)

Josefina Molina, pionera

Acaban de concederle el Goya de Honor. Con pleno merecimiento. Porque se premia así toda la carrera, en cine y televisión, de alguien muy especial, con indiscutible personalidad propia. De hecho, si hubiera que utilizar un adjetivo para definir la figura de Josefina Molina dentro del audiovisual español sería, sin duda, el de precursora, de adelantada a su tiempo.

Fue la primera mujer que se graduó como directora en la Escuela Oficial de Cinematografía, en 1967; al año siguiente, empleó por primera vez el rodaje plano a plano en vídeo para su adaptación televisiva de «La metamorfosis», de Kafka; se situó en cabeza del grupo de jóvenes realizadores que, en la década de los 70, cambió radicalmente la 2ª Cadena de Televisión Española a través de programas como «Hora 11» o «Teatro de siempre»; desarrolló de manera especialmente inventiva el modelo del «docudrama» en su película *Función de noche,* filmada en 1981, sumando a ese modelo el significado de la obra teatral «Cinco horas con Mario», de Miguel Delibes, de quien también adaptó en 1977 su novela «El camino», dividiéndola en varios episodios; abordó con originalidad, capacidad creativa y éxito de audiencia las series de gran formato con *Teresa de Jesús* (1984); fue pionera en la investigación del uso de cámaras digitales para la grabación de programas de televisión…

Una diversificada, rica y amplia labor en el campo de la imagen, donde la exigencia en el lenguaje y la composición estética se aúnan con una especial profundidad en la composición de los personajes y un rigor en el tratamiento de épocas y ambientes, así como con un destacado dominio de la dirección de actores. Siempre rigurosa y exigente en su forma de abordar los diversos géneros y temáticas, la filmografía de Josefina Molina se compone, además de *Función de noche,* de *Vera, un cuento cruel* (1973); *La tilita,* episodio de la película colectiva *Cuentos eróticos* (1979); *Esquilache* (1984); *Lo más natural* (1990) y *La Lola se va a los puertos* (1993). La dirección teatral, con el gran éxito de «Cinco horas con Mario», la novela biográfica de carácter histórico, junto a una amplia labor teórica y pedagógica, completan su perfil.

Solo dos mujeres, actrices, Rafaela Aparicio e Imperio Argentina, habían recibido previamente el Goya de Honor. Josefina Molina es, así, la primera directora en obtenerlo, lo que se corresponde con ese carácter de pionera del que venimos hablando. No era nada fácil, en los años 60 y 70, abrirse camino en un terreno de hombres, y ella lo consiguió con tanto coraje como determinación. Sigue sin ser sencillo, y lo demuestra el raquítico 7% de realizadoras en el actual cine español. Presidenta de Honor de CIMA, la Asociación de Mujeres Cineastas que lucha para cambiar ese estado de cosas, Josefina Molina es un modelo para quienes hoy entran en la profesión o están ya en ella. Pero este Goya no posee un significado feminista; es un premio a la sensibilidad, el talento y la maestría, tenga el sexo que tenga. ●

(Noviembre 2011. Nº 2.493)

Un Festival necesario

En una declaración adjunta a su palmarés, el Jurado internacional del 49 Festival de Gijón quiso «mostrar su apoyo» al certamen «por su inestimable y necesaria labor en defensa del cine independiente». Formado por Eduardo Chapero-Jackson, el chileno Alberto Fuguet, Lola Mayo, la búlgara Mira Staleva y quien esto firma, dicho Jurado se unía así a lo declarado por numerosos profesionales que manifestaron su respaldo a un Festival imprescindible. Con el socorrido argumento de los recortes presupuestarios, varios de ellos ya han desaparecido o están pasando por graves dificultades para subsistir. Dada la ejecutoria en Asturias del partido de Álvarez Cascos, que ha logrado la «hazaña» sin precedentes de que un Centro como el Niemeyer haya de cerrar sus puertas el 15 de diciembre, a tan solo nueve meses de su inauguración, o que la Semana Negra de Gijón pueda tener sus días contados, advertir de que algo similar no debe suceder con el certamen gijonés parecía más que procedente. En vísperas de celebrar el medio siglo de vida, sería imperdonable que se perturbase su creciente trayectoria.

Una trayectoria marcada por la coherencia y la consecución de una identidad propia: Gijón se ha convertido en la cita idónea para un tipo de cine joven y arriesgado, que se mueve un tanto al margen de la industria. Sus propuestas, ya sea en la Sección Oficial, en las paralelas o en los ciclos, responden siempre a un criterio sólido, pensado y bien trazado por José Luis Cienfuegos –su director desde hace más de quince años– y su equipo. A Gijón se sabe a lo que se va, algo muy positivo en cualquier Festival porque implica una personalidad definida, derivada del mantenimiento de una línea de programación que no excluye ningún tipo de cine salvo el de mayor descaro comercial, y así lo reconoce su amplísimo y entusiasta público.

Máxime cuando la «cosecha» concreta del año ayuda a tales propósitos, lo que ha sucedido en esta edición. Marcada por un encomiable nivel medio de calidad, lo que queda expresado porque los galardones principales (Premios Principado de Asturias) para largometrajes y para cortos se concedieron «ex aequo», pero no por división interna del Jurado, sino por hacer justicia con títulos que se hallaban a un mismo alto nivel. En el primer caso, lo lograron el francés *La guerre est déclarée,* de Valérie Donzelli (que obtuvo también el Premio a la Mejor Actriz, ella misma, y al Mejor Actor), y el argentino *El estudiante,* otra primera película, en este caso de Santiago Mitre, que obtuvo a la vez el Premio al Mejor Guion y el del Jurado Joven. Mientras que, en el caso de los cortometrajes, fueron el alemán *Meteor* y el australiano *At the Formal* los que resultaron ganadores. Films como *Take Shelter,* de Jeff Nichols (Premio Especial del Jurado); *Play,* de Ruben Östlund (Mejor Director); *Faust,* de Alexander Sokurov (Mejor Dirección Artística) o *Iceberg,* de Gabriel Velázquez (Mención Especial), descollaron igualmente dentro de un Festival al que nada ni nadie debe amenazar. ●

(Noviembre de 2011. Nº 2.496)

El cine es pecado

Ya lo dicen los salafistas: el cine es malo. Tan malo como la democracia, el tabaco, el alcohol, el fútbol, la música popular y los seriales. O sea, todo lo que le da un poco de alegría al cuerpo…, y no citan a las mujeres porque ellas son el pecado en sí mismas, a las que hay que tener bien tapadas y encerradas en casa. Y es que, según asegura un destacado dirigente de Al Nur, el partido salafista (de un integrismo radical) que se convertirá probablemente en la segunda fuerza política de Egipto, todo ello contribuye a *«lavar el cerebro»* y a *«reducirnos al nivel de niños para que no pensemos»*. Hasta concluir con una pregunta desafiante: *«¿Alguien tiene mejores soluciones para mi país y mi familia que las que ofrece Dios?».*

La verdad es que el cine siempre ha sido muy malo. Ya quisieron prohibirlo en sus comienzos, con la excusa de que en los barracones en los que se proyectaba podía achicharrarse la gente. Una disposición gubernativa pretendía separar en la España de los años veinte a los hombres y mujeres en distintos sectores de butacas. Sería para evitar las popularmente conocidas «filas de los mancos» que tanto aliviaron la represión sexual de la larga posguerra, incluso con episodios como el del «cipote de Archidona» que Cela inmortalizó. Tampoco la autoridad eclesiástica de estos pagos andaba tan lejos de los salafistas, con sus calificaciones de las películas, cuando el 4 señalaba las *«gravemente peligrosas»* o el 3 a aquellas para *«mayores con reparos».* Por no hablar de la censura o no recordar al glorioso padre Fierro que se vanagloriaba públicamente de que, gracias a su intervención, se prohibía una y otra vez *La dolce vita...* La Iglesia católica siempre tuvo al cine entre ceja y ceja, aunque en la década de los cincuenta quiso paliar esta actitud con algunas pastorales melifluas sobre «los medios de comunicación de masas», de las que saldrían revistas como *Film Ideal,* cuyo nombre lo dice todo. Pero todavía recuerdo unos ejercicios espirituales donde un cura tonitruante no dudaba en ensañarse con la pobre Marisol como estrella juvenil detentadora de todos los vicios. Claro, que eran los mismos ejercicios que realzaban *«la fortuna de los condenados a muerte»,* porque ellos sabían la fecha en que iban a dejar de existir y así podían confesarse y ponerse a tiempo *«en gracia divina»…*

La verdad es que Dios los cría y ellos se juntan. La deriva islámica de los movimientos surgidos de la «primavera árabe», con la «sharía» como precepto básico e inspirador de la legislación, resulta preocupante. Son países que algún día deberán tener su Revolución de 1789, que separó el poder temporal del espiritual, aunque parezca que tampoco aquí lo tengamos siempre tan claro. Pero en lo que sí suelen ponerse de acuerdo iglesias de uno y de otro signo, es –entre otras cosas– en que el cine es pecado o, cuando menos, sospechoso. Algo tendrá si tanto les perturba. ●

(Diciembre de 2011. Nº 2.498)

Edward Hopper, en cuya estética se han inspirado tantos cineastas, sobre todo norteamericanos. *(Véase artículo «Hopper y el cine»).*

2012

«L'equip petit»

Es el título de un estupendo cortometraje documental de 10 minutos que les recomiendo apasionadamente. Narra las vicisitudes del Margatònia, un equipo de fútbol formado por niños y niñas de seis o siete años que tienen el récord de haber recibido a lo largo de la temporada 271 goles en contra... y marcado solo 1, justo en el último partido (logrado por una de las chicas y del que no hay testimonio gráfico). Pero, como dicen los propios críos, lo importante es que *«nos lo pasamos bien»* y ningún resultado, que suelen rondar los 20 goles en su portería y 0 en la contraria, les quita la diversión del juego. *«Siempre perdemos»*, reconocen evidentemente, e incluso les parece que *«eran muy malos»* los que tan solo les metieron 9. Claro, que como dice su entrenador, gran tipo, ya es un milagro que *«pasen un par de veces de medio campo»* y que lo que más le costó al principio era que no fuesen contra su propia portería...

A algunos les puede sonar triste, pero el corto es todo lo contrario: alegre, divertido, rescatando algunos valores del deporte que creíamos perdidos y sobre los que, burla burlando, aporta una cierta reflexión. Realizado por Roger Gómez y Dani Resines, con producción de Cristina Sánchez (el trío que encabeza la pequeña productora El Cangrejo, dedicada a la publicidad y el documental televisivo), *L'equip petit* logró el Premio del Jurado Joven en el Festival de Aguilar de Campoo, además de ser seleccionado para varios otros certámenes de dentro y fuera de España, y se ha convertido en un auténtico fenómeno en internet, donde al poco tiempo de estar accesible ya recibió más de medio millón de «visitas». La frescura y sinceridad de las palabras de estos críos de Vilanova i la Geltrú, en Barcelona, su imagen desacomplejada, no ha pasado desapercibida a cuantos lo han visto. Concebido en principio como un simple testimonio para uso y disfrute de los padres de las criaturas, el corto atrapa a cuantos lo ven por el encanto que desprende. Ante su éxito, el próximo paso es un documental largo que recoja toda la temporada del Margatònia, cuyos jugadores puede llegar a tener más «fans» que Messi o Casillas (por cierto, impagable el «personaje» del portero del equipo, cuya «vocación» por el puesto resulta fascinante).

Ya lo he dicho en otras ocasiones, pero insisto en que es una pena que cortometrajes como L'equip petit no lleguen a las salas cinematográficas, precediendo a los largometrajes, y queden reducidos a festivales y muestras especializadas, aunque ahora internet cubra muchas veces esta deficiencia. Hay un público joven dispuesto a ver cosas distintas de las que le ofrece la cartelera convencional, demasiado rutinaria y jugando casi siempre sobre seguro. Pero como me decía un exhibidor, y aparte de los problemas de horario para poder dar cuatro sesiones al día, el peligro es que los espectadores pensaran muchas veces que el corto era mejor que el largo que va a continuación... ●

(Enero de 2012. Nº 2.502)

Manifiesto contra una injusticia

Nunca se había producido un movimiento de protesta así por la destitución de un director de Festival. Medio millar de firmas avalan, por el momento, el Manifiesto contra el cese de José Luis Cienfuegos como máximo responsable del de Gijón. En un espectro muy amplio, que va desde Almodóvar y Urbizu a Rosales, Rebollo y Chapero-Jackson, pasando por Erice, Armendáriz, Bollaín, Villaronga, Guerín o Coixet, por hablar solo de cineastas, todo el mundo se ha sentido indignado por la injusticia cometida. Y cuando digo «todo el mundo», no se trata de una figura retórica: también realizadores de otras partes del planeta, como Egoyan, Hellman, Bonello o Llosa, han querido unirse al escrito, comprometiéndose –además de exigir la restitución de Cienfuegos– a «renunciar a cualquier tipo de vinculación o colaboración con la nueva dirección del Festival, a la que no reconocemos como tal».

Es un caso de caciquismo de libro: echar a quien había efectuado una labor espléndida durante dieciséis años, situando el certamen a un muy alto nivel, para poner en su lugar a un amigo del hijo del jefe… Parecía que cosas de este jaez no podían ya suceder, pero está visto que la realidad española sigue sorprendiéndonos, por mucha vergüenza ajena que provoque. Poco parece haber importado que, como dice el Manifiesto, el Festival de Gijón haya destacado «por la calidad de su programación, su relación presupuesto/participación de público y su singular identidad. El equipo de Cienfuegos cuenta con un historial de resultados contrastables que hacen indeseable e injustificable su cese». Como tampoco parece haber pesado lo más mínimo el que la ciudad de Gijón, donde ya ha tenido lugar una concentración contra este cese y la «política cultural» (?) del FAC en su conjunto, haya «conseguido lo más difícil, un lugar propio y consolidado, además de un altísimo nivel artístico. La razón fundamental por la que el Festival de Gijón ha recibido la atención que suscita es precisamente por la propuesta única y diferenciadora que Cienfuegos y su equipo construyeron».

En un artículo sobre la última edición del certamen gijonés (dentro de la que participé como jurado), ya advertí de los nubarrones que se cernían sobre él, tras los disparates cometidos contra el Centro Niemeyer y la Semana Negra. Decía entonces que «algo similar no debe suceder» con el Festival, porque «en vísperas de celebrar el medio siglo de vida, sería imperdonable que se perturbase su creciente trayectoria, marcada por la coherencia y la consecución de una identidad propia». «Nada ni nadie debe amenazar al Festival», terminaba sosteniendo en ese artículo sobre una edición de notable calidad, con un Jurado que quiso en su acta final «mostrar su apoyo al certamen por su inestimable y necesaria labor en defensa del cine independiente», con un público entusiasta que incrementó su asistencia y con un escaso presupuesto en el que incluso se había logrado superávit. Todo ha dado igual ante el ímpetu destructivo de las huestes de Cascos. La burrez es infinita. ●

(Enero de 2012. Nº 2.504)

Madre no hay más que una…

Parecía que habían leído el número en que la **Turia** publicó las preferencias de sus críticos, entre las que *No habrá paz para los malvados* aparecía en primer lugar, con una puntuación de 3,5 sobre 5. E incluso ilustraba su cuadro de votaciones con una foto de José Coronado y Enrique Urbizu, ambos ganadores de los Goya de su categoría, triplicado en el caso del realizador con los de Mejor Película y Mejor Guion Original, escrito en compañía de Michel Gaztambide. Otro tanto sucedió con el premio al Mejor Documental, en el que los académicos volvieron a coincidir con nuestra revista respecto a *Escuchando al juez Garzón,* de Isabel Coixet. Asimismo, de los seis largos de ficción que obtuvieron galardones, cuatro de ellos (el citado *No habrá paz…*, *Blackthorn, Eva* y *La voz dormida*) figuraban entre los cinco de este tipo preferidos por los críticos «turiosos».

Coincidencias aparte, que también se produjeron con los Forqué del mes pasado y probablemente con los próximos «Fotogramas», el palmarés estuvo más repartido que en ocasiones anteriores, donde el «bipartidismo» había dominado. Pero resulta paradójico que, entre los largos españoles de ficción, solo seis títulos hayan contado para los académicos, sumando a los ya citados *La piel que habito* y *Arrugas,* que logró el Goya al Mejor Largometraje de Animación y sorpresivamente metió la cabeza en el de Guion Adaptado, la primera vez que lo consigue un film de imagen no real (especial enhorabuena al gran Paco Roca). Y digo que es paradójico, e injusto, que ninguna otra película al margen de esa media docena haya despertado el favor de los votantes, ni siquiera para los considerados Goyas «menores» o de carácter técnico. Algo que ya se podía prever leyendo las nominaciones, pero debería entenderse de una vez que un film puede no estar logrado en su conjunto pero tener una excelente interpretación en papel secundario o un estupendo sonido. Limitar la producción de todo un año a seis películas es demasiado reduccionista. Por no hablar de los cortometrajes, donde habitualmente los mejores suelen quedar postergados y sucedió de nuevo este año.

Mientras en los pasillos y salones del madrileño Palacio de Congresos las conversaciones se centraban en la inquietud por el futuro inmediato del cine español y de TVE, la Gala discurrió de manera fluida, con momentos estelares como el muy divertido monólogo de Santiago Segura, la «introducción» de Eva Hache en las películas finalistas y los «consejos»de Cayetana Guillén Cuervo; o desafortunados como las recomendaciones de Kike Maíllo a su pequeña protagonista puesta en pie, diciéndole que tenía que estudiar y ser buena con sus padres, y los largos agradecimientos de ciertos galardonados, caso de Lluis Homar. Algo volvió a quedar muy claro: los profesionales del cine español tienen unas madres estupendas, e incluso una de las premiadas llegó a decir que sí, que todas lo eran, pero que la suya era aún «más especial». Y es que ya se sabe que madre no hay más que una… ●

(Febrero de 2012. Nº 2.508)

La crisis del final

La frase del título la utilizaron varios de los participantes en el III Encuentro de Productores Audiovisuales, que tuvo lugar en Madrid la pasada semana: no es que nos encontremos al final de la crisis, tan lejana que ni siquiera se vislumbra, sino en la crisis del final de un determinado modelo audiovisual que ha estado vigente en España durante la última década. Podrá estarse o no de acuerdo con tal afirmación, pero la verdad es que en ese Encuentro, organizado por FAPAE, se respiraba todo menos optimismo sobre la situación. Una situación marcada por el parón que sufre la industria, en preocupada espera de saber qué va a pasar con las ayudas públicas, con el futuro tanto de Televisión Española como de las autonómicas –decisivas para los productores independientes–, con el papel que juega y jugará internet. Hay una sensación generalizada de «final de época», de agotamiento de las fórmulas en las que el cine español se venía basando desde hace tiempo. Es el famoso cambio de «modelo de negocio».

La actitud de las autoridades que acudieron al Encuentro, desde el ministro del ramo hasta la directora general del ICAA pasando por el secretario de Estado de Telecomunicaciones, es que hay que esperar: a conocer los Presupuestos Generales para saber el dinero con el que se cuenta, a la futura Ley de Mecenazgo, a la postura sobre las ayudas al cine que Bruselas tiene que adoptar antes de finales de año, a las modificaciones que se establezcan en la denostada Ley del Audiovisual… Esperar y esperar. Pero, mientras, la industria se desangra, sin posibilidades de emprender proyectos para los que precisa una financiación que desconoce si será viable; sin margen para desarrollar no ya una planificación a largo plazo, sino para hoy mismo y para mañana. Ante un panorama tan inseguro, por prudencia o simple imposibilidad, todo el mundo está parado.

Lo cierto es que en estos dos primeros meses de 2012, poco estimulantes para la cuota de mercado, hay un descenso del 80% en los rodajes respecto a los del pasado año (ya estarán contentos quienes aseguraban que se hacían demasiadas películas en el cine español, siempre, claro, que no fueran las suyas). Lo cierto es que casi nadie se atreve a lanzarse a proyectos mínimamente ambiciosos, aunque nunca faltarán francotiradores que se arriesguen sin paracaídas. Lo cierto es que de poco valen las buenas palabras, las promesas de futuro sobre las bondades de ese «modelo mixto» tan publicitado que combinará las ayudas directas con los mecenazgos o patrocinios. De repente, parece que todo está por hacer, sumergiendo una vez más al cine español en una realidad de indefinición e incertidumbre. *«El sistema vigente hasta ahora no ha dado grandes resultados»*, aseguró el ministro Wert al valorar lo que llamó *«la política de la subvención»*. Afirmación muy discutible, dependiendo de la óptica desde la que se emita y lo que, exactamente, se quiera juzgar. Mientras tanto, nuestro cine vive un nuevo «lunes al sol». ●

(Marzo de 2012. Nº 2.510)

Actualidad del cine mudo

Los éxitos de *The Artist* y *La invención de Hugo,* centrada en la figura de Georges Méliès, han puesto de moda al cine mudo. Pero no solo estas dos películas: la gran asistencia de público que está teniendo en Filmoteca Española el ciclo dedicado al Fritz Lang de la etapa 1919-1929, con lleno hasta la bandera para ver la versión restaurada de *Metrópolis,* pero también de obras menos famosas como *Las tres luces* o las dos partes de *Los Nibelungos;* la atención que títulos de la valía de *El cameraman,* de Buster Keaton, logran en TCM Autor; la programación prevista por la renovada Filmoteca de Catalunya, o el hecho de que Pablo Berger haya rodado –antes del triunfo del film de Hazanavicius– una versión muda de *Blancanieves,* con Maribel Verdú como protagonista, significa que el llamado «cine silente» vuelve a despertar atención. Todavía recuerdo el asombro con que, el pasado año en un festival granadino, los espectadores más jóvenes contemplaban *Amanecer,* de Murnau, y pedían conocer más películas de este periodo, tan lejano para ellos.

Lejanía que nunca tendría que haberse producido si contáramos con una cultura cinematográfica difundida desde los centros educativos. Pero, como ya he señalado en otras ocasiones, esa parece una batalla perdida… Aprovechemos, por tanto, este momento «dulce» del cine mudo para demostrar que en él hay una riqueza que sigue siendo apasionante en muchos sentidos. No hay que olvidar que, cuando irrumpe el sonoro en 1927 con *El cantor de jazz,* el cine ya había desarrollado una estética propia, un lenguaje autónomo, que se manifestaría en movimientos como el expresionismo alemán, la vanguardia soviética, el experimentalismo francés o el «slapstick» norteamericano. Emergieron entonces figuras de la talla de los citados Lang o Murnau, Eisenstein o Dziga Vertov, Buñuel o Clair, Chaplin o el también mencionado Keaton, entre tantas otras que forman una lista inacabable. Olvidarlas, situarlas como meras «antiguallas», supondría una incalculable pérdida, sobre todo por lo que significa de renunciar a un estupendo disfrute que, venciendo prejuicios y en las debidas condiciones de imagen y sonido, puede seguir vivo para el público de nuestros días.

Sí, he dicho de sonido, porque el cine mudo siempre estuvo acompañado de música de piano, órgano o incluso de orquestas (además de «explicadores» del «nuevo arte» o que leían los intertítulos para los muchos espectadores analfabetos), complemento melódico que ha de mantenerse en las proyecciones actuales. Hoy, con perspectiva histórica, podemos comprobar que no tenían razón aquellos grandes cineastas –varios de los que he citado– que se opusieron a la llegada del sonoro porque rompía una estética que había costado mucho elaborar y que se ponía al servicio de la palabra por razones básicamente industriales. En su mayoría, ellos mismos supieron luego utilizar esas palabras de manera magistral a lo largo de su filmografía. Pero sería injusto y empobrecedor no reencontrarnos habitualmente con una etapa decisiva del cine, que todavía tiene mucho que decirnos y de la que debemos seguir aprendiendo. ●

(Marzo de 2012. Nº 2.512)

Todos querrían ser de Ohio

Todavía recuerdo el respingo de horror que dio Ana Blanco, en el Telediario de la 1, cuando acabaron de pasar las imágenes de *Rec3* con motivo de su presentación a los medios informativos. Uno de los personajes de la película estaba destrozando a otro con una motosierra entre chorreones de sangre. Antes, había salido su director, Paco Plaza, diciendo que lo que él quería era entretener al público, divertir a la gente sin más. Es decir, el simple «entertainment» por encima de todo. Esta ha sido siempre la divisa del cine norteamericano de consumo, del que ahora se hace pensando en los adolescentes que acuden en pandilla a los centros comerciales, del que no tiene otra finalidad que lograr un dinero fácil en la taquilla.

Pero lo que realmente me preocupa es que muchos de los jóvenes realizadores españoles lo que querrían de verdad es haber nacido en Ohio o Wisconsin y triunfar en Los Ángeles dentro de la industria más convencional. Lo que buscan es asimilarse al máximo con las fórmulas que consideran de éxito, repetir modelos de la producción B para parecer ser de Hollywood, imitar lo que ya puebla las pantallas de una manera abusiva. Repasen lo que están haciendo esos nuevos directores de nuestro país: copiar esquemas de género, insistir en los mismos tópicos, tratar de semejarse lo más posible a sus colegas del otro lado del Atlántico. Algunos incluso se han ido a vivir allí, ante el elogio de unos comentaristas a los que eso les parece

el «summum» del triunfo profesional; otros se han quedado aquí, de momento, pero tratando de llamar la atención con lo que creen que les gusta a las productoras norteamericanas. Por lo menos, no han cambiado sus nombres por otros anglosajones, como se hacía en los «spaghetti western» de Almería o Torrejón. Algo vamos ganando.

Me parece que es un desperdicio del talento que sin duda tienen, una servidumbre que a nada conduce salvo a fabricar obras de imitación, como si fueran remedos de bolsos o relojes de marca. Además, es un error: cuando una película europea les gusta, lo que hace Hollywood es un «remake» con equipos de su país, como ha sucedido recientemente con *Millenium* o *Déjame entrar,* entre tantos casos. Lo otro son siempre películas de segunda fila, que quizá se vendan mejor al peso en los mercados internacionales como si fueran norteamericanas del montón, pero que –en definitiva– nada valen ni nada representan. Por el contrario, uno de los títulos más premiados del pasado año fue algo tan iraní como *Nader y Simin, una separación;* mientras algo tan francés como *Intocable* triunfa en todas partes, con 220 millones de euros ya recaudados a nivel mundial, más de un millón de espectadores en España y pendiente todavía su estreno en Estados Unidos. Lo presuntamente «localista», enraizado en algo y con algo, es lo que de verdad acaba interesando al mundo. Lo otro es mercadillo de «top manta». ●

(Abril de 2012. Nº 2.514)

La utopía del 40%

Cada cierto tiempo, los productores del cine español se plantean un objetivo utópico: que si debe aplicarse el sistema fiscal irlandés, que si la solución está en las TVMovies, que si pronto alcanzaremos el 25% de la cuota de mercado… Son como galgos que corren tras la liebre mecánica en un infinito canódromo. El último invento es que el Gobierno aceptaría una desgravación del 40% en el Impuesto de Sociedades para los inversores que metiesen su dinero en películas. Algún productor con merecida fama de ventajista incluso ha apuntado al 50%. Y, ¿por qué no al 100%?, como en Brasil, lo que no quita para que el cine nacional solo llegue a un 3% en su mercado doméstico.

Rebuscando cuidadosamente en el diccionario, Susana de la Sierra, la actual directora general del ICAA, ha calificado la propuesta de *«irrealista»*, situando el tope de desgravación en un 20 o 25%. Con lo que está cayendo, y lo que caerá, y van los productores y quieren que les compren la idea del 40%. Cuando uno lo escuchaba, creía que iban de farol, para presumir de buenas cartas por si el Gobierno picaba y les compensaba así del recorte en las subvenciones. Pero no, parece que lo decían en serio. En lugar de aprovechar a fondo las ventajas de las Agrupaciones de Interés Económico (AIEs), incluidas en la Ley del Cine de 2007, que establecen una desgravación del 18% en el Impuesto de Sociedades para los inversores de fuera del cine, dicen que ese modelo ya no

les gusta, que es muy complicado y que no ha resultado atractivo, lo que no impide que se hayan formado una treintena de AIEs. Que quieren más rebaja, como quisieron en su momento cuando el techo de desgravación para los llamados «productores financieros» estaba en el 5%. Trece puntos de subida que ahora les resulta una minucia.

Si lograr aquello fue entonces como poner una pica en Flandes, imagínense lo que supone reclamar ahora el 40%, máxime cuando hay un ministro de Hacienda como Montoro, tan poco amigable hacia el audiovisual. Además, no entenderé nunca por qué reducir mediante desgravaciones el dinero que le llega al Estado es preferible a que el Estado aplique de manera justa y equitativa un sistema de subvenciones (o ayudas, para evitar esa palabra "maldita" que, por otra parte, está presente en múltiples sectores de la vida española). Por aquí o por allá, afecta igual a los Presupuestos Generales. Lo dejaba bien claro el otro día el gran Robert Guédiguian, cuando le preguntaban por las razones de la potencia industrial del cine francés: *«Porque está fantásticamente protegido, porque las televisiones tienen que producir cine, porque hay una tasa sobre cada película que se pasa en Francia —incluidas las americanas— que revierte en el cine francés. Hay un consenso nacional sobre el cine, una unión sagrada, tanto a la derecha como a la izquierda, que están de acuerdo sobre la excepción cultural».* Por algo ellos inventaron el cine… ●

(Abril de 2012. Nº 2.516)

Las uvas de la ira

Parece que el tema solo afectara a los productores y, en todo caso, a los directores. Pero el mundo del cine y del audiovisual es mucho más amplio. De él dependen, directa o indirectamente, cerca de cien mil puestos de trabajo, repartidos en muy diversas actividades, que están en el aire dadas las circunstancias actuales. De hecho, según datos de FAPAE, la industria audiovisual es la cuarta rama más afectada de las 36 en que desglosa el Instituto Nacional de Estadística al sector servicios, lo que generó en 2011 un incremento del desempleo del 9'3%, muy superior a la media del 1'22% y únicamente por debajo de la construcción. Hablando en plata, que muchísima gente de este mundo se está quedando sin trabajo y engrosando las cifras del paro, cuando no marchándose al extranjero en busca de mejores oportunidades.

Nada extraño en un país en que los culpables de la crisis ya han destruido tres millones de empleos, por lo que –de acuerdo con la Encuesta de Población Activa (EPA)– en el primer trimestre de este año ya hemos llegado nada menos que a los 5,6 millones de parados, un 24,4% de dicha población. Ante esta situación de emergencia, todo lo que se le ocurre al Gobierno es promulgar una reforma laboral que facilita el despido y desactivar al máximo la inversión pública. Justo lo contrario de lo que hizo Roosevelt para combatir la Gran Depresión, cuando Steinbeck y John Ford nos dejaron aquellos retratos inmortales en palabras e imágenes que se llamaron, en ambos casos, *Las uvas de la ira.* Unas uvas cuyo amargo sabor se está degustando tan a fondo en los últimos años.

Como en los demás aspectos, el cine no es un universo aislado de cuanto más importante y decisivo sucede alrededor de él. Su fachada resulta equívoca, compuesta de luminarias y brillos estelares, pero tras ese presunto «glamour» se esconde la única verdad: la de miles de trabajadores que se ven en la calle, sin poder desempeñar una labor para la que se han formado durante mucho tiempo y que ahora no les sirve para poder mantenerse ni a ellos ni a sus familias. Esta y no otra es la triste realidad que, más allá de nombres famosos, de quienes son acusados día tras día de *«paniaguados»*, *«mantenidos por las subvenciones»* y otras lindezas, nadie parece querer ver.

Se hablaba continuamente de ello en el recién celebrado Festival de Cine Español de Málaga: quien más, quien menos, está en paro o conoce a mucha gente en la misma situación. El cine español no es (únicamente) Almodóvar y Javier Bardem, Penélope Cruz y Mario Casas. El cine español es, sobre todo, esos actores de reparto que no tienen nada que interpretar, esos eléctricos que no tienen nada que iluminar, esos carpinteros que no tienen nada que construir, esos mezcladores que no tienen nada que mezclar. Trabajadores bien honrados que no tienen un sueldo que llevarse a la boca. ●

(Mayo de 2012. Nº 2.518)

Haneke, por encima de todos

Si hay una película que quedará en el recuerdo del 65 Festival de Cannes, es, sin duda, *Amour,* de Michael Haneke. La inteligente, sensible y lúcida obra del cineasta austriaco ha dominado el certamen, hasta conseguir —con toda justicia— una Palma de Oro que él ya lograse hace tres años con *La cinta blanca.* La historia del amor entre una pareja que se acerca a los últimos años de su vida, fatalmente transformada por la progresiva enfermedad de la mujer, está conducida de manera magistral por un cineasta en pleno dominio de sus recursos expresivos.

Nada sobra ni nada falta en *Amour,* prácticamente toda ella situada en un único escenario, el apartamento parisino del matrimonio, y con este como protagonista absoluto, salvo algunas breves visitas, sobre todo de su hija. Una muy arriesgada apuesta cinematográfica que Haneke gana con el apoyo de dos intérpretes de excepción: Jean-Louis Trintignant y Emmanuelle Riva, que si no se han llevado los premios de sus respectivas categorías, es porque el reglamento del Festival impide que el film que recibe la Palma de Oro aparezca de nuevo en el palmarés, como dejó claro Nanni Moretti, el presidente del Jurado, en la rueda de Prensa posterior a la clausura.

Frente a *Amour,* todo lo demás palidece. Aunque haya habido otros títulos valiosos en una edición cuyo principal «defecto» es no resistir la comparación con la extraordinaria del pasado año. Entre las películas más destacables, figuran *De rouille et d'os,* pese a que Jacques Audiard no llegue al nivel alcanzado en *Un profeta; La caza,* de Thomas Vinterberg (Premio al Mejor Actor para Mads Mikkelsen y Premio Ecuménico), sobre un hombre acusado injustamente de pederastia; *En la bruma,* donde Sergei Loznitsa entronca con las mejores tradiciones del cine ruso (Premio de la FIPRESCI); *The Angels' Share,* de un Ken Loach en clave de comedia (Premio Especial); la desigual *Reality,* de Matteo Garrone (Gran Premio), así como la no galardonada *Mud,* del realizador de *Take Shelter,* Jeff Nichols, cuyo retrato de iniciación a la vida de unos adolescentes es una de esas obras que saben conjugar autoría y atracción para un público amplio. Por parte de las secciones paralelas, en Un Certain Regard destacó con luz propia *Beasts of the Southern Wild,* con la que Benh Zeitlin ya había ganado en Sundance y que en Cannes ha obtenido la Cámara de Oro, mientras que la propuesta radical de Jaime Rosales en *Sueño y silencio* resaltaba en la Quincena de Realizadores, y Antonio Méndez Esparza, español formado en Nueva York, lograba con *Aquí y allá* el Premio de la Semana de la Crítica.

También ha habido unas cuantas decepciones (Kiarostami, Cronenberg, Resnais, incluso Cristian Mungiu, pese al doble galardón para su discursiva *Más allá de las colinas*). Y no han faltado dislates como *Post tenebras lux,* del mexicano Carlos Reygadas, ampliado por el Premio a la Mejor Dirección que le regaló el Jurado; o *Holy Motors,* de Leos Carax, tan amado por una crítica francesa cada vez más chovinista. ●

(Mayo de 2012. Nº 2.522)

Esperando a Darín

Terraza de casa madrileña en la fiesta de cumpleaños de una actriz: actores, directores y profesionales varios del mundo del espectáculo. Comentario generalizado: la falta de rodajes, el parón que está sufriendo nuestro cine, el escasísimo interés que los españoles demuestran por sus películas. Ejemplos: ningún film nacional, incluidos aquellos presuntamente más comerciales, está logrando un nivel considerable de taquilla. Posibles salidas: que si el papel de las televisiones, que si la necesaria llegada de auténticos productores, que si sacar siempre a Mario Casas luciendo pectorales (como ahora en *Tengo ganas de ti,* sugerente título donde los haya). Pero una fórmula se impone sobre las demás: que las películas españolas no parezcan españolas, disfrazar los nombres, firmarlas como si fueran francesas, alemanas o danesas; nada que pueda hacer pensar al público que quienes las han hecho son de Madrid, Valencia o Badajoz, un estigma demasiado fuerte como para que se gaste siete u ocho euros en verlas. Apellidos anglosajones no valen: el recurso está demasiado gastado, ya se agotó con los «spaghetti westerns» o en los títulos de crédito habituales de Jess Franco. No hay más remedio que buscar variantes.

Alguien imaginativo propone una de seguro resultado: hacer como si fueran comedias argentinas protagonizadas por Ricardo Darín. Pero comedias, insiste, si es posible sentimentales, que no está el patio para dramas. El problema es que, dados los presupuestos que ahora se manejan, resultará demasiado caro contratarle. Solución: una película que se llame «Esperando a Darín» (como «Esperando a Godot», se apunta en plan culto), donde pase lo que pase en la trama, se haga alusión numerosas veces a que Darín va a llegar de un momento a otro… Y, justo en el último plano, se le ve a lo lejos que está acercándose. Bueno, no exactamente él por aquello de la carestía, sino un figurante que se le parezca…

Se consiguen así varios objetivos: que, al leer unos títulos de crédito en neerlandés o sánscrito, por ejemplo, los espectadores no piensen que es una película española y ello les haga huir como alma que lleva el diablo; que no crean que desde la pantalla les van a hablar de tema alguno del presente o del pasado que sospechen que puede afectarles lo más mínimo, y que mantengan la esperanza de que, tarde o temprano, aparecerá Darín con su media sonrisa y sus bellos ojos azules. Éxito seguro.

Todo ello puede sonar absurdo o peregrino, propio de una noche festiva con cierto nivel etílico. Pero la realidad es la que es, se encuentra en unas salas (cada vez menos, por otra parte) de las que el público deserta si «huele» que en ellas se proyecta una película española. Explicaciones podemos dar muchas, llenar varios tomos analizando el porqué de esta deserción masiva, organizar simposios o mesas redondas para teorizar sobre la cuestión. Pero de lo que no hay ninguna duda es que a nuestro público el cine español le importa un rábano. ¿O no? ●

(Junio de 2012. Nº 2.524)

Hopper y el cine

Coincidiendo con la imprescindible exposición que exhibe el Museo Thyssen, en Madrid, se ha celebrado el simposio «Edward Hopper, el cine y la vida moderna», donde una serie de especialistas de diversos países han profundizado en los aspectos fundamentales del gran pintor norteamericano y su relación con el llamado «séptimo arte». Como dicho simposio lo organizaban el propio Thyssen y la revista *Caimán, Cuadernos de Cine,* esta publicación ha editado un cuadernillo conjunto a su número de junio en el que se abordan, más directamente, esas relaciones. Posteriormente, un ciclo de una veintena de películas (entre las que figuran *Mi vida sin mí,* de Isabel Coixet, y *La mujer sin piano,* de Javier Rebollo) completarán esta panorámica hasta casi el final de la exposición, a mediados de septiembre. Una muestra que merece sin duda el viaje a Madrid o, si se prefiere, a París, donde se exhibirá –casi duplicada en cuadros– el próximo año.

La espléndida obra de Hopper cuenta hoy con el creciente interés del público español, que hasta ahora no había podido disfrutar de una exposición antológica como esta y disponer de un «corpus» teórico paralelo que analizara cuidadosamente su vinculación con la gran pantalla. Y digo creciente porque muchos se extrañaron cuando la Semana de Valladolid reprodujo su cuadro «New York Movie» (que lamentablemente no está en la muestra madrileña, como tampoco el famosísimo «Nighthawks») para el cartel de su edición del 2000, iniciando así una línea, ya abandonada, de utilización para sus «affiches» de obras pictóricas relacionadas con el cine. En aquel momento, no faltaba quien se preguntara el porqué de la elección como imagen del Festival de una –¿melancólica, triste o simplemente cansada?, pero siempre sugerente– acomodadora que se apoya en la pared de un cine durante la proyección. Hoy ya pocos se plantearían una pregunta similar, dada la popularidad adquirida por Hopper.

Cuya citada relación con el cine se manifiesta en un doble sentido: el peso que sobre sus óleos y grabados tuvo el «cine negro» norteamericano de la décadas de los 30 y 40 (en un conjunto de influencias que abarcan desde Rembrandt y Velázquez a Degas y Manet) y la que, a su vez, él ha ejercido sobre cineastas como el Hitchcock de *Psicosis,* el Wenders de *El amigo americano,* el Malick de *Días del cielo,* el Lynch de *Terciopelo azul* o el Haynes de *Lejos del cielo,* con mención especial para *Pennies from Heaven,* el magnífico musical de Herbert Ross que se dedicaba a reproducir en imagen animada diversos cuadros de Hopper, dentro de la mejor tradición de los «tableaux vivants». En estas y en muchas otras películas encontramos huellas suyas, de sus edificios aislados, de sus mujeres solitarias en habitaciones vacías, de sus vías férreas y sus gasolineras perdidas o, sobre todo, de su maravillosa luz entrando en diagonal sobre la imagen. En definitiva, de esa *«emoción suspendida»* de la que hablaba el profesor Valeriano Bozal en el simposio madrileño. ●

(Junio de 2012. N° 2.526)

Tiempo de resistencia

Aquello parecía el Sagunto asediado por Aníbal o la Numancia cercada por Escipión Emiliano. Nada más que ahora el acoso no proviene de las huestes cartaginesas o romanas, sino de las del PP, especialmente virulento desde su toma del poder y con aristas todavía más acusadas en la Comunidad Valenciana. La gran mayoría de los galardonados en los XXI Premios Turia hablaron de la necesidad de resistir a los embates que se vienen sufriendo en los últimos meses, mostrando su total apoyo a las superrecortadas educación y sanidad públicas, a la maltrecha cultura (*«la necesitamos para ser personas»*, dijo Benito Zambrano), a un desconcertado cine español en cuyo favor se pidió el respaldo de los espectadores, a dos colectivos tan machacados por la situación como los periodistas y los profesionales de las artes escénicas, a los marginados cantautores o a esos cientos de estudiantes valencianos golpeados con saña por quienes les consideran oficialmente *«el enemigo»*. Tiempos de resistencia, en suma, aferrados a unas murallas cada día más débiles mientras las tropas hostiles no paran de atacarlas un viernes sí y otro también.

Párrafo especial, dada la ocasión, merece la propia **Turia,** a cuya capacidad de supervivencia dedicaron su trofeo varios de los premiados (*«¡Ni un paso atrás, Turia!»*, pidió Enrique Urbizu). Realmente, parece un milagro que esta publicación siga manteniéndose en pie, vivita y coleando, cuando todas las que le fueron coetáneas desaparecieron de manera inmisericorde. Muy próxima a celebrar su medio siglo

de existencia, en enero de 2014, la **Turia** sigue formando parte de esa *«arquitectura del cerebro»* de distintas generaciones a la que hicieron alusión Cristina Durán y Miguel Ángel Giner, destacados por su contribución a la Cultura del Cómic. Continúa siendo un referente cuando tantos nos faltan, un reflexivo pero también divertido asidero al que amarrarse cada semana. Y sus Premios o Premis, *«una bocanada de aire fresco»* –como oí decir a muchos de los asistentes– en el estupendo refugio de Burjassot, que contrasta con el clima viciado por la corrupción que domina la capital.

Hay motivo se llamaba la película colectiva que hizo un grupo de cineastas antes de las elecciones de 2004, oponiéndose a las políticas de Aznar. *«Hay que resistir»*, podría llamarse la de ahora por muchas más razones: literalmente, empleó esta frase el creador del Gran Circo Fele al recibir su Halcón Maltés. Pero una resistencia no pasiva, sino activa, como reclamaron con decisión los ovacionados representantes de los colectivos estudiantiles. Todo menos la resignación de aceptar que *«no hay otro camino»*, según Rajoy quiere hacernos creer. Entre vídeos de crítica humorística, de elaboración propia o del programa «Polònia» de TV3, tras la jugosa actuación del mago Karim y acompañados por la música del Quinteto de Joan Soler, los Premios Turia sirvieron, una vez más, para detectar la temperatura del país. Una gélida temperatura ante la que hoy, pese a estar en julio, es preciso abrigarse, pero sabiendo que el invierno nunca es eterno. ●

(Julio de 2012. Nº 2.528)

Un enemigo del pueblo

A Montoro todavía no se le ha ocurrido, pero quizá no tarde mucho, una idea complementaria a sus desmanes: multar a los espectadores que vayan al cine, duplicando la cantidad en el caso de que vean una película española… La idea que generosamente le brindo al ministro de Hacienda no se aleja tanto de lo que –si las muchas negociaciones en curso no lo remedian– ha hecho con el IVA, al subir trece puntos, del 8% al 21%, el gravamen de las entradas a las salas. Claro, que no solo con el cine, sino con toda clase de espectáculos, excepto fútbol y toros, que tributan al 10%, en lo que es una clara demostración de por dónde van los tiros. Y lo que quizá todavía sea más intolerable, aumentando diecisiete puntos buena parte del material escolar y logrando que hasta morirse resulte prohibitivo.

Volviendo al cine, está claro que al aflautado Montoro le cae bastante gordo, como a todo el Gobierno en su conjunto, porque hay que dejar patente que no se trata solo de una postura personal. Al poco de llegar al cargo, ya se metió el ministro de Hacienda con las series televisivas españolas, manteniendo (sin datos ni comparaciones) que eran insostenibles por su carestía. También su preclaro compañero Wert sostuvo (sin datos ni comparaciones) que al cine español le había ido muy mal con el sistema de subvenciones y que había que pasar a otro de desgravaciones fiscales, no se sabe cuáles, cómo, ni de

qué manera. Ahora arrasan lo que queda con el brutal aumento del IVA, para que ya nadie acuda a las salas y se quede en su casa viendo televisión basura o los informativos de la «reformada» TVE. Y eso en los ratos libres que deje descargarse película tras película a coste cero. La cuestión es machacar al cine en general y, de paso, al español, que siempre les da más gustito por una serie de motivos que ustedes y yo sabemos.

Aseguraba Forges, en su viñeta de *El País* del domingo pasado, que *«al fin»* se había conseguido *«aislar el gen que origina a los ministros de Hacienda»*… Un gen verdaderamente nocivo en el caso de Montoro, que pasará a la pequeña Historia, con su jefe Rajoy, como un verdadero *«enemigo del pueblo»,* parafraseando el título de la famosa obra dramática de Ibsen. Pero si en ella tenía un sentido irónico porque su protagonista, el doctor Stockmann, era así calificado por su radicalidad al enfrentarse a la burguesía de su ciudad, en el caso que nos ocupa tiene un significado literal. El Gobierno del PP se está enfrentando al pueblo, arrebatándole sus derechos en materias de enseñanza, sanidad, bienestar social, cultura… e, incluso dentro de ella, el cine. Siempre les ha molestado y, una vez más, disfrazan sus opciones ideológicas en exigencias económicas y *«sacrificios ineludibles».*

En fin, pese a todo y a todos, al Gobierno, a los banqueros, a los especuladores y a los múltiples corruptos, que pasen un buen verano. ●

(Julio de 2012. Nº 2.530)

Europa Creativa

Este es el nombre del nuevo Programa de la Unión Europea, que –desde 2014 y hasta 2020– va a apoyar a los sectores culturales, incluyendo de manera destacada al sector audiovisual. Reemplazará a los dos existentes en la actualidad, MEDIA y Cultura, que todavía seguirán operativos el próximo año, además de añadir un Fondo de Garantía (similar a la S.G.R. española) destinado básicamente a las pequeñas empresas. La dotación global de este nuevo Programa será de 1.801 millones de euros para todo el periodo mencionado, lo que supone un incremento del 37% respecto a la cantidad que ahora tienen los dos a los que sustituye. El trámite parlamentario ha comenzado en la Comisión de Cultura el pasado lunes, se prevé que llegará al Pleno del Parlamento Europeo en diciembre y que sea aprobado de manera definitiva durante el primer semestre de 2013.

Es una buena noticia que fue presentada y analizada en un Seminario celebrado en Cuenca, donde se reunieron un centenar de representantes de la cultura de nuestro país. Y digo que es una buena noticia porque contrasta con la incesante e injusta política de recortes que estamos sufriendo: mientras, por ceñirnos al mundo del cine, para 2013 los Presupuestos Generales del Estado español limitan el Fondo de Protección a la Cinematografía a 39 millones, lo que supone una reducción del 20% respecto al ya insuficiente de este año y de más del 50% si miramos tiempo atrás, Europa Creativa aborda el incremento citado del 37% en la cantidad global de 1.801 millones, de los que el 55% corresponderían al audiovisual. Formas muy diferentes de hacer frente a la tan manipulada crisis…

Perdón por este cúmulo de cifras y porcentajes, pero considero que, ante la política del Gobierno del PP hacia la cultura (como hacia tantos otros sectores, excepto el bancario y las grandes fortunas), tenemos que mirar más que nunca a Europa porque necesitamos de ella. No se está demasiado acostumbrado a hacerlo en el cine español, que suele acusar a Bruselas de dirigismo francés y de un exceso de burocracia, pero las circunstancias ya obligan. Programas como Eurimages, el actual MEDIA y el próximo Europa Creativa suponen un claro respiro para productores, distribuidores independientes y exhibidores en el panorama de desolación que estamos sufriendo, agravado por la brutal subida del IVA desde el 8 al 21%.

Cualquiera que lea el palmarés del reciente Festival de San Sebastián, pensaría que vivimos en el mejor de los mundos, con los importantes premios para *Blancanieves, El artista y la modelo* o *El muerto y ser feliz*. Pero el cine español pasa por uno de sus peores momentos debido a las contracciones financieras y la incertidumbre existente, lo que se traduce en suspensión de rodajes, aumento del paro y frustración general. *«La cultura es un bien público europeo»*, mantuvo en Cuenca el eurodiputado socialista Emilio Menéndez del Valle. Por estos pagos, muchos no lo han entendido. ●

(Octubre de 2012. Nº 2.541)

¡Pobres guionistas!

No ha tenido eco alguno, ni se ha publicado en ningún medio que yo sepa, pero la noticia me parece tremenda: la Comisión Nacional de la Competencia (CNC) ha impuesto una multa de 29.700 euros a la asociación de guionistas Autores Literarios de Medios Audiovisuales, más conocida por ALMA. ¿Cuál ha sido el «delito» que merece esta sanción económica de casi cinco millones de las antiguas pesetas? Pues *«una conducta anticompetitiva consistente en la elaboración y publicación de recomendaciones colectivas sobre los precios cobrados por los guionistas autónomos en el ámbito de los medios audiovisuales».* Es decir, que una asociación profesional ni siquiera puede trazar una tabla orientativa sobre cuánto tendrían que percibir quienes escriben películas o series televisivas. Parece el objetivo mínimo de una entidad de este tipo, orientar a sus asociados sobre los salarios que deben reclamar a sus empresarios. Pues no, la CNC ha decidido que eso atenta contra el artículo 1 de la Ley de Defensa de la Competencia. De lo que cabe deducir que o este artículo es injusto o se aplica de manera inadecuada.

¿Qué han hecho los pobres guionistas para recibir tal palo en los lomos de su asociación? Tan solo escribir historias, hacer posible que se pongan en pie obras audiovisuales, crear ficciones con las que otros se enriquecen…, a cambio de un dinero mínimo. Cualquiera que lea el presupuesto de una película o una serie españolas se escandalizará con lo poco que cobran quienes las han inventado. Ninguna profesión está tan mal pagada en este ámbito como la de guionista, aunque se nos llene la boca hablando de la importancia decisiva de maestros como Rafael Azcona.

No se trata de llegar a las enormes cantidades que se manejan en Hollywood, sino de asegurar unos ingresos dignos a quienes se dedican a este trabajo. Aunque solo una ínfima minoría puede consagrarse a él en exclusiva, debiendo compaginarlo con otras tareas más rentables. Contratos leoninos, condiciones laborales penosas, pérdida de derechos en beneficio de sus empleadores, todo se conjuga en su contra. Y va la asociación que los representa y se «atreve» a difundir unas orientaciones sobre lo que deberían cobrar, y un organismo oficial se lanza a degüello contra ella. Todo un ejemplo de buenas prácticas.

Lejanos suenan los tiempos —y no lo son, menos de cuatro años— en que parecía que la Federación de Productores y ALMA iban a establecer un acuerdo por el que se pagaría por los guiones una cantidad mínima del 3% del presupuesto. Porcentaje que no resulta precisamente exagerado para quienes determinan el punto de partida de cualquier obra audiovisual. Pero todo quedó, una vez más, en agua de borrajas, y de aquel posible pacto nunca más se supo. Con lo que se perpetúa la tradicional indefensión de los guionistas, en especial de los más jóvenes que se inician en televisión y que tienen que aceptar las condiciones leoninas de las productoras. Ahora, ya ni siquiera una «tabla orientativa» puede acompañar a sus reivindicaciones. ●

(Octubre de 2012. Nº 2.543)

El muro

No hay clase, conferencia, charla o mesa redonda en que no surja la misma pregunta, planteada por alguien joven del auditorio: ¿cómo puedo hacer para entrar en el mundo del cine, o del mundo audiovisual en general? Las respuestas inciden habitualmente en términos similares: la importancia de la formación, el esfuerzo, el trabajo, la paciencia, la constancia en lograr el objetivo si la vocación es clara… Palabras en definitiva vanas, porque uno tiene la íntima convicción de que lo van a tener especialmente difícil, que no hay apenas caminos que recorrer, que solo muy pocos lo lograrán. Las chicas y chicos de hoy sienten que tienen ante ellos un muro casi imposible de penetrar, que no existe manera humana de franquearlo.

Siempre ha sido así para acceder a cualquier profesión, podrán decirme, pero no es cierto. Cuando más de la mitad de los jóvenes españoles se halla en paro, cuando –como se repite sin cesar– están mejor preparados que nunca pero de muy poco les sirve, cuando ven que muchos de sus compañeros deben marcharse al extranjero para encontrar un hueco, eso significa que la realidad es más dura que nunca. Supone el fracaso de toda una sociedad, incapaz de abrir paso a la gente joven. Revela el desatino de unos poderes públicos que les cierra la mayoría de las vías de acceso, después de haber invertido una serie de recursos en su formación y de prometerles lo que luego no son capaces de cumplir. Señala también la carencia de generosidad de unas generaciones anteriores que, más que facilitarles el tránsito al ámbito profesional, parecemos empeñados en cerrárselo a cal y canto.

Están hartos de nuestros tópicos: que si la ilusión derriba cualquier obstáculo, que cuentan a su favor con la fuerza de la edad, que el mundo está lleno de posibilidades que descubrir…, a lo que ahora se añade en las consignas oficiales la monserga de los «emprendedores», de que ellos mismos se valgan por sí mismos gracias a sus iniciativas. ¿Cómo no van a estar «indignados»? Mucho más deberían estarlo al ver que hemos construido una sociedad que les excluye del sistema o les envía fuera del país para buscarse la vida.

Centrándonos en el campo cinematográfico y audiovisual, sirva un hecho: si había un resquicio por donde la gente joven podía entrar en él, eran las ayudas estatales a la escritura de guiones, a los proyectos de cortos, a las obras que utilizan nuevas tecnologías o a los proyectos de largometrajes. Pues bien, las tres primeras no han sido convocadas este año y la última no ha vuelto a llegar a los diez millones de euros que tuvo en su día (aunque se acaba de suplementar hasta algo más de cinco millones). Y, a la vista de los Presupuestos Generales del Estado, me temo que lo mismo va a suceder en 2013. Bonito panorama que no se palia con frases cursis sobre la juventud. Para ser sinceros, mejor digamos que los jóvenes, al paredón. ●

(Noviembre de 2012. Nº 2.547)

Cuestión de mirada

Si hubiera que elegir el concepto que mejor define las características concretas de una película, este sería sin duda el de la mirada desde la que se observa cuanto se narra. Supone el elemento fundamental a partir del que enjuiciamos adecuadamente lo que el relato quiere ser, cómo se desarrolla y a dónde pretende ir. Es, por tanto, la mirada del director (y antes la del guionista, en muchos casos la misma persona) la que determina el alcance de esa película y lo que propone al espectador. De ella nacerán tanto la elaboración e itinerario de los personajes como el sentido y significado que adopta la trama, e incluso el estilo particular que se aplica a ella. Por encima de cuestiones previas temáticas y formales, o mejor englobándolas en un todo conjunto, es la mirada del autor lo que realmente importa.

Lo acabamos de comprobar en el Festival de Cine Iberoamericano de Huelva y, más exactamente, en sus títulos más significativos a juicio de su Jurado Oficial, compuesto por la actriz Irene Visedo, el productor Luis Miñarro, el director Gerardo Olivares, el guionista argentino Marcelo Vernengo y quien esto escribe. Elegimos para el Colón de Oro, el premio máximo, *Infancia clandestina,* primer largometraje de Benjamín Ávila, que aborda la difícil existencia de una familia de activistas montoneros durante la dictadura militar argentina. Pero lo fundamental es que la mirada que sobre esta historia plantea su director la identifica con la del niño protagonista, trasunto autobiográfico del propio cineasta. Si desde otro acercamiento la película podría resultar insuficiente en sus planteamientos ideológicos y políticos, o incluso demasiado sentimental, al venir observada desde los ojos de este crío de unos once o doce años ya adquiere un sentido distinto y transforma su experiencia directa en la mirada a través del que el público recibe el film.

Pero es que otro tanto sucedía con las películas que igualmente destacaron y lograron los principales galardones: la mexicana *Fecha de caducidad,* de Kenya Márquez (Colón de Plata a la Mejor Dirección), una notable ilustración en clave negra del famoso dicho de que «las apariencias engañan», contada desde tres puntos de vista, un tanto a la manera del clásico *Rashomon;* la también «opera prima» *De martes a martes* (Carabela de Plata y Premio al Mejor Actor), donde el argentino Gustavo Fernández Triviño observa con inteligencia a un ser anónimo que parece pasivo pero acaba modificando su realidad y la de otros personajes, y *Mai morire,* de Enrique Rivero (Premio Especial del Jurado), personal acercamiento a temas tan mexicanos como el desarraigo y la muerte. Todo ello dentro de una Sección Oficial que reunía una decena de películas de buen nivel medio, y de un Festival que ha tenido que recortar este año nada menos que la mitad de su presupuesto. ●

(Diciembre de 2012. Nº 2.549)

Michael Haneke, el gran cineasta austriaco, vino a Madrid para dirigir en el Real «Così fan tutte». *(Véase artículo «La semana Haneke»).*

2013

Sostiene Wert...

Dice el ministro Wert, en una entrevista publicada por *El País,* que la mitad de las películas españolas producidas cada año no se estrenan, que eso *«es muy penoso»* y que *«subvencionar una película que no se estrena es tirar el dinero»,* de lo que deduce la necesidad de cambiar el sistema de ayudas estatales al cine. Pero todo ello no responde a la realidad. Vayamos por partes: el porcentaje de películas inestrenadas es reducido, y entre ellas la mayoría pertenecen al terreno del documental, que está destinado preferentemente a su difusión televisiva. Por otro lado, una película que no se estrena no recibe subvención alguna, salvo que haya tenido una Ayuda sobre Proyecto, que son las menos y muchas veces ni siquiera llegan a rodarse, teniendo entonces que devolver el dinero.

El ministro parece ignorar –como tantas otras cosas- que las subvenciones a la amortización, que son las más cuantiosas y a las que sin duda se refiere, solo empiezan a funcionar a partir del primer euro que se recaude en taquilla, ya sea a través del 15% de la amortización general o del complicado sistema de puntos establecido por la malhadada Orden Ministerial de 2009 que, en múltiples aspectos, contradice la Ley del Cine de dos años antes. Dicho de otra forma aún más clara: si una película no llega a ser exhibida, no recibe nada de la subvención teóricamente prevista para ella.

A estas alturas, lo que más me sorprende no es ya tanto el desconocimiento de un ministro que, en la entrevista citada, demostraba que ser *«más ministro de Cultura que de Educación a partir de las ocho de la tarde»* no le llega para conocer el campo que administra, como que nadie de la industria del cine español haya salido a la palestra para contradecirle en algo tan elemental como lo que figura en el párrafo anterior. Lo único que se rectificaba al día siguiente era una cita inadecuada de **Amanece, que no es poco,** que Wert utilizaba para ningunear a Gérard Mortier, el director del Teatro Real... La verdad es que eran unas declaraciones que no tenían desperdicio y que no entiendo cómo no han levantado en armas al sector cultural, incluido el cine, aunque hayan motivado que Manuel Rodríguez Rivero, también en *El País,* le haya caracterizado como *«la caricatura de un ministro de Cultura dibujada por quien no concede mucho crédito al asunto».*

Insisto en que me extraña enormemente la falta de reacción de nuestros prohombres del mundo cinematográfico ante la ignorancia de todo un ministro y el hecho de que eso le sirva para denostar un sistema de ayudas públicas que, pese a sus defectos e imperfecciones, ha sostenido el equilibrio de la industria durante las últimas décadas y ha posibilitado la existencia de un buen número de obras de gran valía. Claro que, para la mayoría de los jerifaltes del ramo, con estrenar cuatro películas al año ya sería suficiente... Y así el ministro Wert estaría tan contento. ●

(Enero de 2013. Nº 2.555)

«Prim» on the Top USA

Como cabía esperar, «Prim» está resultando un gran éxito en Estados Unidos. No solo por sus importantes resultados de taquilla, sino porque la excelente película de Alejandro Amenábar se ha convertido en un fenómeno de opinión y ha copado las primeras páginas de los más importantes diarios del país. Así, tanto *The New York Times* como *The Washington Post* han llevado a sus portadas al film en diversas ocasiones: primero, destacando en amplios titulares sus doce candidaturas a los Goya; después, lamentando que «pinchase» en los Premios Forqué, dominados por las últimas realizaciones de Urbizu y Bollaín; para dar paso más tarde a grandes fotos de un Amenábar que parecía meditabundo sobre el personaje de Prim, reclamo previo a dos páginas interiores de detallada y elogiosa entrevista.

Y es que la historia del militar-político español ha conmocionado a la audiencia norteamericana, que sigue con apasionamiento las tribulaciones de alguien que se movió sin cesar entre golpes de Estado, pronunciamientos revolucionarios e intrigas palaciegas. Sin duda, la dimensión mundial de Prim, el conocimiento que en todas partes existe de su trayectoria personal y pública –incorporadas ambas de manera impresionante por Javier Bardem–, han facilitado este éxito, multiplicado por las más de dos mil quinientas copias en que se distribuye la película de Amenábar. Como también hay que situarlo en el siempre creciente dominio que el cine español ejerce sobre el mercado estadounidense, que han llevado a muchos a inquietarse por la indefensión en que vive la producción nacional.

A tal punto ha llegado el «suceso» de «Prim», que hasta la canción infantil que sirve de «leitmotiv» del film se ha puesto con toda naturalidad en cabeza de la lista de los temas musicales más escuchados y vendidos. Es habitual oír en comercios y medios de transporte, en oficinas y despachos, o incluso en medio de la calle, lo que ya se ha convertido casi en un himno: *«En la calle del Turco/le mataron a Prim/sentadito en su coche/con un guardia civil»*. Lo que, en las discusiones cotidianas de los norteamericanos, se contrapone con el deseo de saber, de una vez por todas, si no murió en ese atentado de la canción, sino ahogado por una mano misteriosa tres días más tarde, como la película de Amenábar sugiere de forma magistral…

★   ★   ★

Evidentemente, todo esto no es más que la fantasía de una gélida noche de invierno. Pero cambien «Prim» por *Lincoln,* varíen los nombres de periódicos, directores y actores, y comprobarán que, por contraste, se ajusta mucho a la realidad. Hemos tenido al presidente norteamericano y al film de Spielberg hasta en la sopa (y lo que nos queda todavía al llegar los Oscar), igual que a tantísimos otros títulos de su misma procedencia que cada semana invaden las pantallas españolas. Por eso, solo si este aparentemente loco «Tema de Lara» llegara a ser verdad, que no lo va a ser nunca, podríamos dejar de hablar de colonización cultural de nuestro país. ●

(Enero de 2013. Nº 2.557)

Surrealismo en el cine español

Es surrealista que, en los Premis Gaudí, el de Mejor Película en Lengua Catalana le haya sido concedido a una película muda como *Blancanieves.*

Es surrealista que a políticos y dirigentes se les llene la boca con que 2012 ha sido el mejor año del cine español desde la noche de los tiempos, simplemente porque ha subido unos puntos la cuota de mercado gracias a que *Lo imposible* ha recaudado más de 42 millones de euros. Sin ese dato excepcional, el balance habría sido catastrófico, unido a los recortes e incertidumbre que dominan hoy el panorama, además de la brutal subida del IVA en las entradas, desde el 8 al 21%.

Es surrealista que se canten y magnifiquen las excelencias de nuestro cine cuando los dos títulos que han tenido un mejor resultado comercial, la citada *Lo imposible* y *Las aventuras de Tadeo Jones,* lo han logrado pareciendo «no españolas», aplicando las típicas recetas de Hollywood en el terreno de los films de catástrofes y de animación.

Es surrealista que se siga exaltando la potencia del cine «en español», su capacidad para expandirse al contar con la segunda lengua más hablada del mundo, cuando de las cuatro películas finalistas a los Goya, una es en inglés, otra en francés y otra muda.

Es surrealista que sean las televisiones privadas, regidas por principios «berlusconianos», las que cada vez más decidan lo que se hace o no se hace en el cine español. Y que, entre otras cosas, está logrando terminar con esa producción media −ni de diez millones de euros ni de trescientos mil− que tradicionalmente ha generado la mayor parte de sus obras más significativas.

Es surrealista que, con una Ley del Cine que cuenta con poco más de cinco años y que tanto esfuerzo y controversia se logró poner en pie, haya quienes reclamen ahora la elaboración de una nueva y a toda prisa. Eso, en vez de desarrollar lo que todavía no se ha cumplido de la de diciembre de 2007, o de definir y aprovechar a fondo su amplio campo de acción.

Los ejemplos podrían seguir y seguir, porque ese surrealismo domina la situación actual de nuestro cine, como la de tantos otros aspectos de la vida española. Aunque quizá la palabra adecuada no sea la de «surrealismo»; casi es una falta de respeto al concepto que nombra uno de los grandes movimientos de la cultura contemporánea. Películas de verdad surrealistas solo hay las que hizo Buñuel, no solo las implicadas de manera directa en esa corriente, como *Un perro andaluz* o *La Edad de Oro,* sino casi todas en las que el maestro de Calanda marcó su impronta o, cuando menos, en sus secuencias fundamentales. Sería más adecuado hablar de absurdo, de irracionalidad, de ilógica o, simplemente, de estupidez en el momento actual del cine español. Una estupidez tantas veces interesada y que, a menudo, encubre inconfesables intereses económicos, ideológicos o políticos. ●

(Febrero de 2013. Nº 2.559)

La semana Haneke

Más que comentar los Oscar, que los habrán tenido ustedes hasta en la sopa, voy a referirme a Michael Haneke no tanto por haber logrado justamente el de mejor película de habla no inglesa para su *Amour,* como por el protagonismo alcanzado esta pasada semana. Los hechos comenzaron en el Círculo de Bellas Artes, de Madrid, con la entrega de la Medalla de Oro de la entidad, que había recompensado hasta ahora a cineastas de la dimensión de Buñuel, Oliveira o Angelopoulos. Fue un acto sencillo, prolongado por una multitudinaria rueda de prensa, a cuyo término el realizador austriaco con aspecto de pastor calvinista se vio abordado a la manera de un actor de Hollywood, con una interminable demanda de autógrafos y fotos a su lado. En el diálogo que mantuvo, y pese a no querer hablar demasiado de su trabajo para que el espectador no se sienta condicionado por sus palabras, dejo claro que concede a la dirección de actores una suma importancia, que le preocupa de manera especial el ritmo que imprime a sus realizaciones y que, eligiendo temas que le *«molestan»* de las *«guerras cotidianas»* que vivimos, siempre busca la emoción del público. Casi hubo más preguntas que respuestas en sus palabras, muchas de las cuales fueron dedicadas a la música y, más concretamente, a Mozart.

Lógico, porque pocos días después se estrenaba en el Teatro Real su esperadísima versión de «Così fan tutte», que cabe considerar como el acontecimiento de la temporada. No decepcionó, todo lo contrario. Haneke ha conseguido dotar de hondura, de dramatismo, a esta autodenominada «opera buffa» mozartiana, con una visión muy personal de los conflictos planteados por el libreto de Lorenzo da Ponte. La exactitud y «limpieza» de su puesta en escena, con un estilo casi geométrico, se combinan con un adecuado ritmo lento en que los recitativos adquieren todo su sentido. Quizá los ortodoxos, que proliferan en el mundo de la ópera, no estén muy de acuerdo con esta interpretación de «Così fan tutte», pero lo cierto es que para nada traiciona la música de Mozart, sino que la potencia, con unos cantantes que –salvo en el discutible manejo del personaje de Despina– saben actuar también como actores. Tras su «Don Giovanni», Haneke ha vuelto a estar a la altura de sí mismo.

Simultáneamente al estreno del Real, llegaba la concesión de los César franceses, en los que *Amour* conseguía los cinco más importantes: a la película, la dirección, el guion y sus protagonistas, Jean-Louis Trintignant y Emmanuelle Riva. Para concluir la semana en el domingo de los Oscar con el ya citado galardón. Un maratón de reconocimientos y éxitos, que se iniciase en mayo pasado con la Palma de Oro de Cannes (la segunda de su carrera tras la de *La cinta blanca*) y que hacen justicia a quien probablemente sea el autor más prestigioso del cine de nuestros días. Alguien cuya «divisa» dejó clara en su paso por Madrid: *«No hay estética sin ética».* ●

(Febrero de 2013. Nº 2.561)

Julio Diamante

Salvo en Andalucía, donde cuenta con varias distinciones (hasta tiene una calle y una estatua en su Cádiz natal), no se ha hecho demasiada justicia con la figura de Julio Diamante. Nombre importante del Nuevo Cine Español de la década de los sesenta, con películas tan significativas como *Tiempo de amor* y *El arte de vivir;* director teatral de una amplia trayectoria en la que figuran títulos míticos del realismo crítico surgido en plena dictadura, entre ellos «El tintero» y «Las viejas difíciles», de Carlos Muñiz, o «El cuerpo», de Lauro Olmo; autor de dos libros relevantes, «Blues jondo»y el más reciente «De la idea al film», sobre la construcción del guion cinematográfico; incesante defensor de la libertad de expresión y de los derechos de los cineastas…, el nombre de Julio Diamante siempre ha de ir también indisolublemente unido a los dieciocho años en que dirigió la Semana de Cine de Autor de Benalmádena, de la que tanto aprendimos quienes, temprano o tarde, nos dedicamos a una labor similar.

Y si escribo ahora de él es porque acaba de presentar su último trabajo: *La memoria rebelde,* documental de dos horas (con versión televisiva de cuatro capítulos de más de una hora) que cubre el periodo entre la II República y la Transición Democrática con los recuerdos y reflexiones de 19 testigos de uno u otro momento de esta amplia etapa de nuestro país, algunos ya fallecidos como Carrillo, Azcona, Labordeta, Semprún o Pradera. Un muy valioso testimonio global al que Diamante ha dedicado varios años y sus propios medios, bajo la idea que figura en un rótulo inicial: «*La memoria es un fruto agridulce. Enriquece la historia y el futuro no debe ser ajeno a ella*».

Memoria histórica a cuya recuperación ha contribuido asimismo mediante numerosas intervenciones personales, e incluso en el film él se autoconvierte en testigo al relatar los decisivos sucesos estudiantiles de 1956 en la Universidad de Madrid. Ver y escuchar a un destacado jesuita como Díez Alegría exclamando que, durante el franquismo, «*la Iglesia española fue una calamidad desde el punto de vista del Evangelio»;* a Nicolás Sartorius afirmando que «*no es verdad que con la muerte de Franco acabase la dictadura»,* con la que «*ya habría que arreglar las cuentas»;* a Carrillo explicando el «posibilismo» que tuvo que imponerse en la Transición; a Azcona hablando genialmente de una posguerra *«muy obscena»,* cuando dominaba un *«miedo difuso»;* a Pilar Bardem denunciando la tremenda situación en que vivió la mujer; analizar, aunque sea para discrepar de ellas, opiniones no muy habituales del exfiscal anticorrupción Jiménez Villarejo, el diplomático Puente Ojea o los magistrados Martín Pallín o Ramón Sáez, entre otros muchos, merece realmente la pena y hacen de *La memoria rebelde* un documento necesario.

Por tanto, por todo lo dicho y por este último trabajo, propongo de corazón a los amigos de la **Turia** que Julio Diamante sea el Premio de Honor de la próxima edición de sus galardones anuales. ●

(Marzo de 2013. Nº 2.563)

Demasiado bien hemos salido

«*Hacemos menos el amor que en una película española*», le dice una mujer (Gracita Morales) a su esposo (José Luis López Vázquez) en *Mi marido y sus complejos*. Pero de una película española de los años, entre 1966 y 1975, que analiza un libro abiertamente recomendable: «El 'cine de barrio' tardofranquista. Reflejo de una sociedad», que ha publicado Biblioteca Nueva, con edición a cargo de los profesores Miguel Ángel Huerta Floriano y Ernesto Pérez Morán. El «corpus» de la obra lo componen cien fichas con el «*análisis textual*» de otros tantos «*títulos fundamentales*» de dicho periodo, completadas por varios trabajos de síntesis, dentro de los cuales destacan los dos que cierran el volumen, «Tradición contra modernidad: tiempo, espacio e instituciones en el 'cine de barrio'» y «La familia, núcleo del 'cine de barrio'», escritos por uno y otro de los profesores citados.

Dicho así, el libro podría sonar a aburrido estudio académico. Todo lo contrario. Sin olvidar el tono adecuado para una investigación universitaria, su exposición resulta apasionante para saber cómo éramos, de dónde venimos y cuál fue nuestro lamentable caldo de cultivo. Valores –más bien contravalores– de la derecha más rancia, machismo y homofobia primarios, religiosidad de catecismo, perpetua continencia sexual, consideración de la mujer como puro objeto, incluso elogio de la violencia de género…, estamos ante un retrato casi insoportable de la ética y moral dominantes en la última etapa del franquismo. Bajo la apariencia pretendidamente inocua de estas «comedias celtibéricas», se esconde la mentalidad de una sociedad enferma de represión que parecía divertirse con sus propias carencias y frustraciones.

Leyendo «El 'cine de barrio' tardofranquista», deteniéndose en reseñas de films de nombres ya tan significativos como *Cuando el cuerno suena, Zorrita Martínez, No desearás al vecino del quinto, París bien vale una moza, Lo verde empieza en los Pirineos* o *Aborto criminal* (estas tres últimas firmadas por otro notable investigador del cine español, José Luis Sánchez Noriega), se obtiene una valiosísima aproximación sociológica a nuestro pasado. Impresiona constatar que cada una de este centenar de películas –solo las producidas por José Luis Dibildos y su «tercera vía» trataban de ser algo diferente– obtuvo más de un millón de espectadores, cuando no por encima de cuatro; es decir, que había una enorme cantidad de público que las frecuentaba y aplaudía, y no precisamente por sus aportaciones a la estética cinematográfica. Demasiado bien hemos salido…

Cabe señalar que «El 'cine de barrio' tardofranquista», en el que echo en falta unos índices orientativos, tiene un claro precedente: «El cine sexy celtibérico», escrito por José Vanaclocha y otros diversos colaboradores dentro del volumen «Cine español, cine de subgéneros», elaborado por el Equipo **Cartelera Turia,** que editase el inolvidable Fernando Torres en 1974. ●

(Marzo de 2013. Nº 2.565)

Una amenaza que se cumple

Permítanme que me autocite. En un artículo que publiqué en *El Mundo* en septiembre de 2011, titulado *«Ustedes se lo van a perder»*, comenzaba diciendo: *«Los temas del cine en España se suelen enfocar como si solo fueran importantes porque afectan a un sector de gran relevancia en los medios. Pero lo verdaderamente significativo es plantear lo que sucede con los espectadores. Son sus posibilidades de disfrute ante una oferta cinematográfica atractiva, plural y variada lo que realmente está en juego. Esa oferta se halla cada vez más amenazada por los problemas que afronta la distribución independiente en nuestro país y que, de no resolverse, pueden traducirse en un rápido empobrecimiento cultural y social del público, limitado a conocer las producciones de Hollywood y, en todo caso, las españolas cuyos títulos más taquilleros los suelen comercializar, para más 'inri', compañías multinacionales de propiedad norteamericana».*

No presumo de profeta, pero la situación se veía venir. El desplome de Alta Films, anunciado por Enrique González Macho la pasada semana, es la consecuencia directa de un lamentable estado de cosas. Tengo contacto frecuente con los distribuidores independientes y sé de primera mano hasta qué punto lo están pasando mal. Todo se suma en su contra: la taquilla no es suficiente para amortizar las películas que comercializan, para las que cada vez se reduce más el número de salas (como en el propio caso de Alta); las televisiones públicas no quieren más que cine norteamericano; el DVD se halla en claro declive; por ahora, el consumo legal por internet apenas da réditos, confrontado a una piratería invasora… No parece haber salida, porque tampoco las ayudas del ICAA y del Programa Media resultan suficientes. Y, como decía en el párrafo citado, además de la negra realidad de las empresas afectadas, va a ser el público el «pagano» de todo ello, ya que se le cierran puertas a la posibilidad de tener una oferta distinta a la propuesta por las «Majors» estadounidenses.

Se dice que *«los tiempos han cambiado»*, que *«el consumo cultural se ha transformado»*, que *«los espectadores que iban a las salas en versión original, ahora se quedan en casa pegados al televisor o al ordenador».* No lo dudo, pero tampoco que existen una serie de responsabilidades que podrían aliviar la situación. Por ejemplo, de las televisiones públicas (de las privadas, mejor ni hablar) en sus criterios de programación. Por ejemplo, de las Comunidades Autónomas, a quienes está transferida por el Estado la potestad de ayudar a las salas. Por ejemplo, de una «política cultural» cuyo máximo exponente es la subida del IVA hasta el 21%. Por ejemplo, de la ineficaz lucha oficial contra la piratería.

Alta Films ha sido, y ojalá lo siga siendo, un ejemplo de distribución y exhibición durante más de un cuarto de siglo. Y ahora espero que los productores y directores que dispusieron de sus pantallas, manifiesten públicamente todo el reconocimiento que le deben. ●

(Abril de 2013. Nº 2.569)

Hay que cambiar de discurso

No soporto ya más el tono lastimero de las gentes del cine español. Otra cosa es la protesta, la reivindicación, la exigencia. Porque tienen razones de sobra para hacerlas: el absoluto desprecio de este Gobierno hacia la cultura, la brutal subida del IVA desde el 8 al 21% en el precio de las entradas, el vertiginoso descenso del Fondo de Protección a la Cinematografía (a 39 millones, cuando según la Memoria Económica de la Ley de diciembre de 2007 tenía que llegar a los 100 millones), la no convocatoria de numerosas ayudas, la paralizante indefinición en que en estos momentos se debate el sector… Motivos existen más que suficientes para «levantarse en armas», para resistir y hablar bien alto y claro, pero no a base de lamentos plañideros ni de gestos de que somos muy buenos para que nos concedan unas migajas. Gracián ya dejó sentado que *la queja trae descrédito*, y no lleva a ninguna parte seguir por ese camino, que solo conduce a que el poder se muestre en ocasiones benevolente y disfrace de palabras retóricas lo que no es más que vacío y desprecio respecto a quienes no considera de los suyos.

Creo, por tanto, que hay que cambiar de discurso: oponer la creatividad a la hostilidad; rebelarse haciendo aquello que no quisieran que hiciéramos; mantener una actividad máxima, precisamente porque están tratando de que desaparezca. El cine español ha pasado por etapas todavía peores que esta, sobre todo la larguísima del franquismo con su censura omnipotente. Pero nuestro cine sobrevivió y logró ir creciendo. Aprendamos de ello y sepamos adecuarlo a los tiempos actuales. Si hay que rodar películas de bajo presupuesto, se ruedan (ya se están rodando). Si hay que inventar nuevos métodos de financiación, se inventan (ya se están inventando). Si ante el cierre de distribuidoras y pantallas, hay que ensayar sistemas distintos de comercialización, se ensayan (ya se están ensayando). Todo menos quedarse esperando las limosnas oficiales o televisivas, todo menos limitarse a poner gesto de disgusto o de fastidio. Hagamos, aunque sea en condiciones muy difíciles. No podrán con el cine español: la creatividad, la imaginación, la lucidez, siempre serán más fuertes que ellos en su mediocridad e inopia. No se trata de ningún triunfalismo voluntarista; la Historia demuestra que es así.

Ya se ha dicho muchas veces que *el pesimismo es reaccionario*, que acaba siendo una forma de escaparse de la realidad que conduce a la inacción y a la parálisis. Optemos por lo contrario, por la vitalidad y la creencia en sí mismos, aunque todo esté en contra, por más que el ambiente nos invite a la dejadez y al abandono. Han de surgir voces nuevas, propuestas diferentes, soluciones alternativas y llenas de vigor. De lo contrario, parafraseando el título de una conocida novela, «nos matarán lamentándonos». ●

(Mayo de 2013. Nº 2.573)

La quiebra del modelo francés

No hay debate sobre el cine español en el que alguien –recordando viejas palabras de Berlanga y Aranda– no suelte la «gracieta» de que la única Ley que necesita nuestro cine sería la que hiciera una secretaria traduciendo la Ley francesa… Lo primero que hay que contestar es que no existe como tal una «Ley francesa», sino que se trata de una normativa compuesta por una serie de reglamentaciones dispersas en el tiempo, alguna de ellas datada incluso en 1946, cuando Europa se disponía a hacer frente a la avalancha norteamericana que siguió a la II Guerra Mundial. Lo segundo, que cada país tiene unas características culturales, sociales y económicas diferentes de las de los otros, por lo que no resulta fácil «importar» un modelo por las buenas. Tercero, que en sus criterios básicos la legislación cinematográfica española tampoco se halla tan alejada de la francesa, basadas ambas en el principio de la «excepción cultural», como garantía de la «diversidad cultural» frente al imperio de Hollywood. Ese mismo principio con el que pretende terminar el próximo Tratado de Libre Comercio, ante la ambigüedad e indecisión de Bruselas en defenderlo, aunque el voto del Parlamento Europeo sí acaba de apoyarlo al pedir la exclusión de los servicios audiovisuales en ese Tratado.

Paradójicamente, mientras aquí muchos (productores, en especial) siguen dando la tabarra con el «modelo francés», allí las cosas se ven de otra manera, como ha quedado patente en el recién terminado Cannes. No lo digo, claro, por la merecidísima Palma de Oro de *La vie d'Adèle,* un premio que Francia no lograba desde hace cinco años con *La clase,* sino por el estado de opinión que se desprendía de reportajes periodísticos, mesas redondas y encuentros varios. En concreto, el diario *Libération* dedicaba portada y cuatro páginas al tema el mismo día de la inauguración del Festival, bajo el expresivo título de *«Cine francés: enfermo, pese a su buena salud»* y el sumario *«Económicamente en forma, el sistema actual privilegia a las grandes producciones en perjuicio de los presupuestos modestos. Y provoca inquietud».* Frases que confirmaba, incluso con pareceres más rotundos, una encuesta con seis cineastas galos. ¿Causas? Que el «modelo» vigente desde la década de los 80 se está quedando obsoleto, que la financiación depende en exceso de las televisiones, que el poder de las multinacionales resulta asfixiante, que las grandes «estrellas» cobran sueldos desmesurados, que crece la piratería, que peligra la producción media… Nada que no se pueda solventar si se aplican a tiempo medidas correctoras sobre el sistema.

Les suena, ¿verdad? Es lo que deberíamos hacer con Ley del Cine española, que tanto trabajo costó sacar en diciembre de 2007: desarrollarla bien y aprovecharla al máximo, extraerle todas sus muchas posibilidades, en lugar de estar siempre en la boca con el sambenito del «modelo francés». ●

(Mayo de 2013. Nº 2.575)

Los chicos de la foto

Así se llamaba el ciclo que –en 1986, su primer año como director del Festival de San Sebastián– inventó Diego Galán, en lo que habría de ser una de las muestras más imaginativas celebradas por un certamen español. Veintitrés películas lo componían, firmadas por quienes, en noviembre de 1972, habían acompañado a Luis Buñuel en la comida que le ofreció George Cukor en su casa de Beverly Hills, con motivo de la proyección en Los Angeles de *El discreto encanto de la burguesía*. Además del anfitrión, esos comensales fueron Alfred Hitchcock, Rouben Mamoulian, Robert Mulligan, George Stevens, Billy Wilder, Robert Wise y William Wyler, junto a Serge Silberman, productor del film, que ganaría el Oscar al Mejor de Habla no Inglesa, su coguionista Jean-Claude Carrière y el hijo menor de Buñuel, Rafael. En la sobremesa, posaron para la famosa foto que Marv Newton les hizo, y que inspiró el ciclo de San Sebastián, en la que faltaba John Ford (obligado a marcharse antes debido a su delicado estado de salud), como tampoco pudo estar Fritz Lang, recluido en casa por grave enfermedad.

Ahora, Manuel Hidalgo se ha basado en esta misma foto para escribir «El banquete de los genios. Un homenaje a Luis Buñuel», aprovechando hasta el menor resquicio de esa imagen para dar origen a un singular libro de 346 páginas (Ed. Península). Soportado por un enorme despliegue documental, pero de escritura ágil y amena, con la figura de Buñuel –y en especial *El discreto encanto de la burguesía*– como columna vertebral del relato, «El banquete de los genios» nos va llevando a la personalidad y obra de los cineastas citados, con la capacidad informativa del buen periodista que es Manuel Hidalgo (también novelista y guionista). La estructura de su libro semeja a la de un racimo de cerezas, donde la habilidad del autor logra que una conduzca a la otra con fluidez, hasta ofrecer el retrato de un auténtico Olimpo cinematográfico, ya casi irrepetible con nombres de tan alto nivel. Se diría que incluso el título del volumen, que nos remite al «Banquete» platónico, se mueve en esa órbita de la excepcionalidad del encuentro.

Parece que no lo fue tanto para el propio Buñuel, que describió la comida de esta manera en su autobiográfica «Mi último suspiro»: *«Se celebraba en mi honor una extraña reunión de fantasmas que nunca se habían encontrado así reunidos y que hablaban todos de los 'good old days', de los buenos tiempos».* Igual que, al aceptar el brindis de confraternización que hizo George Stevens, respondió *«bebo, pero me quedan mis dudas»*…, porque se sentía *«siempre receloso de la solidaridad cultural, con la que siempre se cuenta demasiado».* Cosas de genio (en el doble sentido de la palabra). Para más detalles, lean atentamente el libro de Manuel Hidalgo. ●

(Junio de 2013. Nº 2.577)

Esto no es una película

Secuencia 28. Interior de autobús. Día.

En el autobús repleto de gente, él y ella van hablando. Él se ha quitado la chaqueta debido al calor, pero mantiene la corbata, que ha desanudado. Ella va vestida algo más informal, pero también con ropa cuidada. Son jóvenes, unos treinta años. Se diría que pertenecen a una de las grandes empresas que abundan en la zona. Su conversación tiene un poso de angustia, de incertidumbre. La voz, baja. La mirada, un tanto perdida.

Ella.- ¿Crees que nos echarán mañana mismo?

Él.- No, me parece que esperarán hasta el lunes. No es fácil echar a tanta gente al mismo tiempo.

Ella.- ¿Por qué? En muchos otros sitios lo están haciendo…

Él.- Me figuro que tienen que ir uno por uno, explicándoles la situación en que se quedan. Pero a lo mejor tienes razón…

Ella.- ¿Y tú?

Él.- No, a mí seguro que me echan mañana, somos menos que en tu departamento. Ya nos lo han dicho.

Ella.- Bueno, si llego al lunes, es que tengo un par de días más de trabajo…

Él.- ¿Y qué vas a hacer luego?

Ella.- No tengo ni idea, cobrar el paro, tratar de irme fuera, a otro país. Aquí no hay nada.

Él.- Tendremos que volver a empezar de becarios, de buscar algo en prácticas…

Ella.- Pero ya no vamos teniendo edad…

Él.- ¿Y qué quieres que hagamos?

No, esto no es una secuencia de una película española, sino un diálogo real escuchado en un autobús que circulaba por el madrileño Paseo de la Castellana un caluroso jueves de finales de junio. No, el cine español –sobre todo, el de los guionistas y directores más jóvenes– no habla de estas cosas, de cuanto está sucediendo todos los días, que parece feo y molesto tratarlo, ya no estamos en los tiempos del «realismo social».

No, no es una secuencia de una película española. Lo que ahora se lleva es el «género», lo «fantástico», niños que surgen de las tinieblas del pasado, fantasmas de madres muertas, bosques umbríos, zombis, epidemias cósmicas, el fin del mundo… Habrá quien quiera ver en ello una dimensión metafórica de la situación actual, pero me temo que se debe más al escapismo, a la pereza de enfrentarse de manera consciente a la realidad y, también, al deseo de hacerse una carrera al estilo «serie B» de Hollywood por si así «me llaman de Los Ángeles», mientras se cuenta, además, con la aprobación de una crítica complaciente.

No, no es una secuencia de una película española. Es un diálogo auténtico en un autobús que podrían ser otros muchos lugares. Es la realidad que querámoslo o no, siempre acaba abalanzándose sobre nosotros. ●

(Junio de 2013. N° 2.579)

Por un Congreso del Cine Español

Es el momento. No se puede esperar más. La situación ha llegado a alcanzar una gravedad especial. La visible caída de espectadores en el primer semestre de este año, el fuerte descenso de los rodajes durante el mismo periodo (solo 43 largometrajes, un 26% menos que en 2012 y un 56% inferior a la cifra de 2011), el paro galopante entre la profesión, la incertidumbre que existe respecto a las ayudas públicas, la inoperancia de la Comisión creada por la Secretaría de Estado de Cultura, el mantenimiento del IVA en el 21% y de la piratería, la desaparición de la emblemática distribuidora Alta Films, incluso la dimisión del presidente de la patronal de los productores… Todo parece haberse confabulado para dejar al cine español bajo mínimos extremos. Por lo tanto, hay que reunirse, hay que hablar, hay que discutir, hay que reflexionar. Nunca como ahora ha hecho tanta falta la celebración de un Congreso del Cine Español, donde todo se pueda poner sobre la mesa.

Lo propuso ya José Luis García Sánchez en la reciente Asamblea de la Academia de Cine. Con el apoyo de los asociados presentes, se encomendó a la Junta Directiva de la entidad que estudiara la posibilidad de convocarlo en un plazo de tiempo razonable. No que lo organizara (para lo que la Academia no tiene recursos humanos ni económicos, ni probablemente sea su papel), sino que convocase al sector, a través de sus diversas asociaciones representativas, con el fin de que se pronunciara sobre la oportunidad y viabilidad de este Congreso. En el caso de que la respuesta fuese afirmativa, se trataría de formar un Comité Organizador, que habría de ocuparse de estructurar el encuentro y dotarlo de los necesarios soportes de todo tipo. Contando, además, con los partidos políticos, sindicatos, organismos de las Comunidades Autónomas y restantes «agentes» que participan en el tema. Nada especial cuando se trata de un Congreso global de estas características, con sus correspondientes áreas de estudio, comisiones y puntos de debate.

En la historia del cine español, existen precedentes que animan a llevar a cabo la propuesta, caso de las Conversaciones de Salamanca en 1955 o el Congreso Democrático del Cine Español en 1978, que dio origen en parte a la mal llamada «ley Miró». Se trataba también de momentos excepcionales como el de ahora, en que –por uno u otro motivo– se respira la necesidad de que todo el mundo ponga las cosas en claro y busque soluciones a corto, medio y largo plazo. Sobre todo en un tiempo en que el terreno del cine ya no es tan específico, sino que se extiende a todo el ámbito audiovisual por el protagonismo que, respecto a él, han adquirido las televisiones. ●

(Julio de 2013. Nº 2.581)

A vueltas con Montoro

Ahora resulta que el señor Montoro, quien puso muy en duda la calidad de nuestro cine, es un auténtico «fan» de las películas españolas, que dice ver una vez por semana… ¿Resistiría un examen sobre *La herida* o *Caníbal, Las brujas de Zugarramurdi* o *La gran familia española*? Me temo que no, porque el desprecio de este ministro hacia el audiovisual español comenzó solo tomar posesión de su cargo, cuando consideró *«insostenible»* el coste de series que emitía TVE como *Isabel* y *Águila roja,* que luego la televisión pública ha tenido que recuperar para incrementar sus índices de audiencia. O cuando –después de la última ceremonia de los Goya– sugirió, sin ofrecer datos, que varios actores célebres estaban defraudando a Hacienda.

Además, Montoro confunde las cosas de su propio negociado: la obligación (que no deuda) del Estado respecto a los productoras cinematográficas es la referida a las películas estrenadas en el cuarto trimestre de 2011, cuyas ayudas deben abonarse este año. Pero no, como afirma, en lo que respecta a las de 2012, que se amortizarán el que viene…, si es que la escasa cantidad asignada al Fondo de Protección en el proyecto de Presupuestos Generales lo hace posible. La solución entonces es incrementar ese Fondo mediante una enmienda a dichos Presupuestos, para lo que el sector del cine debe entrar en contacto urgente con los grupos parlamentarios. Así se hizo en la negociación de la Ley del Cine de 2007, hoy subida a los altares después de que, en su día, fuera denostada por los mismos que ahora la ensalzan.

De paso, hay que afirmar dos cosas. Primero, que el señor Montoro no es un «verso suelto» dentro del Gobierno, sino que responde a toda una política oficial de desmantelamiento de los servicios públicos, de la investigación, de la cultura y de cuantos «obstáculos» se enfrenten a su ideología neoliberal. Segundo, que (contra la que decía el editorial de **Turia** de la pasada semana y ha mantenido, entre otros, Almudena Grandes en *El País*) considero que la solución no pasa por la dimisión de Susana de la Sierra como directora general del ICAA. Todo lo contrario, en estos momentos hay que respaldarla, hay que «empoderarla» –por utilizar un término muy querido por las feministas– para que haga frente a una situación tan grave como la actual. Aunque me temo, y ya hay indicios, de que se parcheará al viejo estilo, con reuniones más o menos «amistosas» e incluso secretas, sin descartar algunas comidas, entre los poderes fácticos del cine español y las instancias oficiales.

Hace año y medio, con motivo de la subida del IVA cultural del 8 al 21% y otros desmanes similares, ya califiqué en estas mismas páginas a Montoro como *«un enemigo del pueblo»*. Me ratifico, pero no veamos solo en él al «malo de la película». Es todo el Gobierno del PP el verdadero responsable. ●

(Octubre de 2013. Nº 2.594)

Una Fiesta de tres días

Daba gloria ver esas filas de gente esperando sacar, por 2'90 euros, una entrada para la película que hubieran elegido. No, claro, por el sadismo de contemplar tanta espera, sino por el hecho que significaba: que el público quería ir a las salas, confirmando ese criterio general de que «el cine es caro» y que, de abaratarlo, iría mucha más gente a verlo. En esta línea, lo mejor del voluminoso aparato periodístico que ha rodeado la Fiesta del Cine, lo ha escrito una taquillera de Barcelona en las Cartas al Director de *El País,* encantada de que durante tres días su trabajo tuviera sentido e incluso invitando al mismísimo Montoro (ese *«amante del cine»,* ese *«devoto»,* según confesión propia) a que compartiera con ella su labor e incluso luego viese todas las películas que quisiera…

No soy de los apocalípticos que aseguran que «ya nadie va al cine», e incluso suelo citar el dato de que, los fines de semana, acude más gente a las salas que a los campos de fútbol. Pero, sin duda, que entre un lunes, un martes y un miércoles se haya registrado una afluencia de millón y medio de espectadores (un 663% más que en los mismos días de la semana anterior), supone toda una noticia sobre la que conviene reflexionar. ¿Significa un reencuentro glorioso con la gran pantalla o una cuestión de simple ahorro en tiempos de penuria económica? De hecho, el fin de semana previo y el siguiente al de la Fiesta han obtenido flojos resultados de taquilla, quizá porque el público esperaba a ver las películas en esos tres días más baratos o ya las habían visto en ellos, además de por la influencia del Barça-Madrid. También ha funcionado lo que cabría llamar «cultura del acontecimiento», la concentración en pocas jornadas de lo que se demora a lo largo del año pero a lo que se presta atención con motivo de una ocasión excepcional, lo mismo que sucede en las ciudades donde se celebran Festivales de cine.

Por ello, no creo que deban sacarse conclusiones desorbitadas del gran éxito de la Fiesta del Cine, motivado también por la mayor facilidad a la hora de beneficiarse de la oferta, muy bien publicitada a través de las redes sociales: en lugar de tener que demostrar que se había ido al cine la semana anterior –como sucedía en las cuatro ediciones previas de la Fiesta–, bastaba con acreditarse en una página «web» para disfrutar del precio reducido. Pero la conclusión básica que sí ha de extraerse es que las entradas deben costar menos. ¿Saben cuál es el principal obstáculo para ello, además del 21% del IVA?: que las distribuidoras multinacionales aplican a los exhibidores unos alquileres abusivos por sus películas, hasta del 60% de su recaudación, muy por encima de la media europea. Eso nadie, o casi nadie, lo ha querido decir después de estos tres días de vino y rosas. ●

(Octubre de 2013. Nº 2.596)

Más que dos clubs

Cuando venía a las redacciones de *Triunfo* o *La Calle*, donde firmaba los artículos de tema deportivo como «Luis Dávila», hablábamos bastante (dentro de lo poco que hablaba Manolo). Pero solo discutíamos de una cosa: de fútbol. Él era, todo el mundo lo sabía, del Barça y había contribuido decisivamente a conformar la «filosofía» del *Més que un club*». Yo era del Madrid, y estaba dispuesto a demostrar con pruebas que se podía ser de izquierdas y militar en el bando madridista. No había manera de ponerse de acuerdo, e incluso esta «confrontación» se produjo una vez en público. Fue en la Casa de Cultura de Avilés, en el marco de una Mesa Redonda –en la que también participaban Víctor Manuel y Vicente Verdú, del Sporting y del Elche, respectivamente– con motivo del Mundial de España y dentro de la que yo actuaba como moderador. Una función que, en cuanto comenzamos, él puso humorísticamente en cuestión: «*Un madridista no puede ser nunca moderador de nada*», sentenció. Claro, que esa frase no me extrañó lo más mínimo, porque cuando supo de mi «afiliación», ya dijo en plan Séneca que lo comprendía, porque «*hay gente para todo*»…

Vázquez Montalbán mantuvo en Avilés –igual que en las conversaciones personales– el consabido tópico del Madrid como «*equipo del Régimen*», frente al que el Barça se configuró siempre como un signo de identidad catalana y de resistencia al centralismo. Me extrañaba mucho que él, que no era hombre de tópicos, cayera en estos, sin pensar que el Madrid había sido utilizado por el franquismo de la misma manera que la inmensa mayoría de personajes del mundo del deporte o del espectáculo, porque significaba su única tarjeta de visita presentable en el mundo. Y que tan franquistas eran los directivos del Barça como los del Madrid, y que si la «masa social» del primero disfrutaba de una aureola de «resistentes», lo que yo veía en Chamartín/Santiago Bernabéu era un ambiente popular, no esa amalgama de «señoritos madrileños» filofascistas que nos vendían desde Las Ramblas. De acuerdo, el Barça era «más que un club», pero también el Madrid en muchos sentidos positivos, a los que yo no renunciaba.

Algo sí me convenció plenamente de cuanto Manolo dijo en Avilés y repitió en otras ocasiones: «*Creo que todas las personas necesitan una cierta dosis de irracionalismo; hay quien cree en marcianos, quien es practicante religioso y su fe la gasta en una determinada confesionalidad. Yo consumo mi dosis de irracionalidad siendo partidario de un club de fútbol. Esto me permite no ser irracional en otros tratamientos, como en política o en las relaciones personales. Soy irracional en mi compromiso futbolístico, en mi fidelidad a un club concreto*». Perfecto. La pertenencia a un equipo está ligada a cuestiones casi siempre sentimentales, que arrancan desde la infancia y se prolongan a menudo en un cierto «inconsciente colectivo» que tiene poco de racional.

Murió Vázquez Montalbán hace una década y no ha podido contemplar los grandes éxitos de su Barça. Él, que siempre lo consideró como un club con vocación *«perdedora, victimista, jeremíaca»*, no ha visto cumplida su profecía de que, por ello, *«quizá el Barça empiece a perder socios cuando gane la Liga cada año»*… Habría disfrutado en las últimas temporadas y sería estupendo haber conocido su interpretación de los triunfos. Como, en un tema ya mayor, nos falta su criterio –siempre inteligente y lúcido– sobre la actual situación de Cataluña y España. Le estamos echando mucho de menos. ●

(Octubre de 2013.
Especial «10 Años sin Vázquez Montalbán».)

El mito del «low cost»

No hay que confundir el remedio con la solución. Y me temo que esta confusión se viene produciendo a la hora de hablar del cine español «low cost» o de bajo presupuesto. Que se estén haciendo películas con mínimos recursos no supone ninguna satisfacción especial, contra lo que se quiere publicitar; se hacen así porque no hay otro remedio, porque no hay más dinero para realizarlas. Está muy bien la democratización del cine, que cualquiera pueda coger una cámara y hacer una obra personal con escasos medios. Pero ese no puede ser el camino para toda una cinematografía, que necesita de recursos económicos, de un soporte industrial –aunque sea mínimo– si quiere llegar al público.

Podemos valorar, y es justo que así se haga, a quienes han logrado poner en pie proyectos arriesgados que se exhiben en cinematecas, museos o festivales. Pero no glorifiquemos ni mitifiquemos esa tendencia por el simple hecho de existir. Se trata de una salida de emergencia ante la dureza de la situación, ante las extremas dificultades actuales para hallar financiación. No es la panacea soñada, entre otras cosas porque así le estamos haciendo el juego al poder, que piensa que no resulta necesario el apoyo a la creación cinematográfica si esta se vale por sí sola. Podemos estar de acuerdo con el filósofo norteamericano John Dewey cuando sostenía que *«no solucionamos los problemas: los superamos»,* pero tal superación no puede venir a costa de postergar los mínimos exigibles.

No conozco director alguno que no quiera contar con más medios a la hora de ponerse tras la cámara (quizá David Trueba sea la excepción), que opten voluntariamente por un «low cost». Muchos ejemplos podrían aducirse en este sentido, pero me limitaré a uno de ahora mismo: el de Carlos Vermut, cuyo primer largometraje, *Diamond Flash,* difundido a través de internet, costó tan solo unos veinte mil euros. Pero que, tras el éxito obtenido entre la crítica especializada, su siguiente película, *Magical Girl,* ya cuenta con un presupuesto de medio millón y actores tan reconocidos como José Sacristán, Bárbara Lennie y Luis Bermejo. Presupuesto todavía muy reducido, sí, pero ya asumido por una productora como tal, sin necesidad de recurrir al «crowfunding» o similares, y distribución comercial asegurada.

Nunca se debe valorar el cine en función de su coste, alto o bajo. Ahí radica, en dirección opuesta, el disparate de la Orden Ministerial de 2009, que traiciona el espíritu de la Ley de dos años antes al dividir al cine español en tres categorías según sea más caro o más barato, contra lo que se levantaron los denominados «Cineastas contra la Orden». Pero tampoco pensemos en una «edad de oro del cine español» porque logre hacerse con cuatro cuartos. Otros son los baremos que hay que utilizar. Al fin y al cabo, también las neorrealistas o las de la «Nouvelle Vague» eran películas «low cost»… ●

(Noviembre de 2013. Nº 2.598)

De Sevilla a Kore-eda

De entre la marea de Festivales de este mes de noviembre destaca el europeo de Sevilla, un certamen que en sus dos últimos años, desde que lo dirige José Luis Cienfuegos –expulsado del de Gijón–, ha crecido y mejorado. Su «olfato» cinematográfico, su sentido de la programación, su capacidad organizativa ya son palpables en un certamen que, ahora sí, ha logrado conectar con su público y con los medios de comunicación. No ha sido un simple viaje de Asturias a Andalucía lo que Cienfuegos ha emprendido, sino que ha sabido entender las diferentes características de una ciudad y unos espectadores ansiosos de ver otro cine, y a precios muy populares. Más de un 30% de incremento de público entre esta edición y la precedente señalan el éxito de un Festival que, tras no pocos baches e incertidumbres, llegaba a su décimo año de existencia. Los ha cumplido entre largas colas para asistir a las sesiones, presencia de cineastas tan importantes como Claude Lanzmann y un programa muy atractivo en el que siempre había películas de relieve.

Obtuvo el primer premio, el Giraldillo de Oro, *El desconocido del lago,* del francés Alain Guiraudie, *«por su sincero y original acercamiento a la naturaleza del amor»,* de carácter homosexual, según el Jurado presidido por Manuel Martín Cuenca. Mientras que el público prefería *Alabama Monroe,* de Felix van Groeningen, film belga que desde su paso por la Berlinale (donde obtuvo el galardón equivalente) va «arrasando» por donde pasa. Pero otros muchos títulos recabaron la atención, entre los que citaremos la italiana *La grande bellezza,* en la que –más allá de rendir homenaje al Fellini de *La dolce vita* y *Ocho y medio*– Paolo Sorrentino demuestra un alto poderío estético, acompañado por la interpretación del siempre genial Toni Servillo, que le hizo ganar el Premio al Mejor Actor que ya tenía que haber obtenido en Cannes. O dos documentales acogidos con entusiasmo: *Guadalquivir,* que cabe considerar como el primer «largometraje de naturaleza» rodado en España para la gran pantalla, a cargo de Joaquín Gutiérrez Acha y con locución de Estrella Morente; y *Triana pura y pura,* donde el «factótum» del flamenco Ricardo Pachón nos retrotrae a una mítica fiesta de cante y baile de este género, celebrada en 1983 como homenaje a los gitanos que la especulación franquista arrojó del barrio sevillano.

Además del esperanzador renacimiento que supone la Mostra Viva en Valencia, también debe destacarse de este noviembre la presencia entre nosotros de Hirokazu Kore-eda, el gran director japonés cuyo mayor signo distintivo es el tratamiento que de la infancia y la familia ofrece en sus obras. Invitado por la Semana de Cine de Madrid (antes Experimental), ofreció dos espléndidos encuentros donde hizo gala de sinceridad, cercanía e inteligencia. Fueron horas para guardar en la memoria sobre un autor que ha hecho de ella pieza básica de su filmografía. ●

(Noviembre de 2013. Nº 2.600)

Los Premios del Cine Europeo

Nadie hace demasiado caso a los Premios del Cine Europeo, concedidos en Berlín el pasado sábado. Sobre todo, esa indiferencia se hace palpable en nuestro país, donde solo unas breves crónicas periodísticas y alguna noticia en los telediarios (y porque el Premio de Honor se le otorgaba este año a Almodóvar) han dado cuenta de la entrega. Hubo un tiempo en que se retransmitían en directo por Canal+ o la 2, como también alcanzaron cierta presencia entre nosotros cuando el acto de 2004 tuvo lugar en Barcelona. Pero los galardones europeos no han llegado a tener ni de lejos la relevancia de los Oscar de Hollywood, a cuya imagen y semejanza se crearon.

La indiscutible vencedora de esta edición ha sido *La grande bellezza*, de Paolo Sorrentino (quien, paradójicamente, no acudió a la ceremonia), al lograr los Premios a la Mejor Película, Mejor Director, Mejor Actor y Mejor Montaje. Ustedes tienen la oportunidad de evaluar la justicia de estas decisiones de los miembros de la Academia Europea, porque la película acaba de estrenarse en nuestras salas. Ya pueden, entonces, comprobar por sí mismos la potencia de la estética de Sorrentino en su declarado homenaje a Federico Fellini. Así como, sobre todo, admirar la interpretación del genial Toni Servillo, al que Berlín ha dado lo que Cannes le negó. Por cierto, Servillo va a actuar en Madrid con «Le voci di dentro», de Eduardo De Filippo: no duden en acudir, merece la pena disfrutar en el escenario de su siempre espléndido trabajo como actor y director.

Lo que sí me sorprende y disgusta profundamente es la total ausencia de *La vie de Adèle* en el palmarés, no sé si debido a prejuicios moralistas. Que el film que triunfase en Cannes, admirando a todo el mundo, tuviera pocas nominaciones (¡ni siquiera a sus protagonistas!) resultaba muy sospechoso. Que se haya ido de vacío en estos Premios Europeos supone un disparate, incluso mayor al que nuestro público viene cometiendo por no acudir en la cantidad que sería lógica a la extraordinaria película de Abdellatif Kechiche.

Del lado español, y aparte del citado premio honorífico para Almodóvar, las cosas tampoco han ido demasiado bien: tan solo Paco Delgado ha visto realzado su vestuario en *Blancanieves*, mientras que el film de Pablo Berger no «concretaba» sus otras dos nominaciones. Y ni *La plaga* como «descubrimiento del año» ni los cortos *A story for the Modlins* y *Misterio* tuvieron mayor fortuna. Y es que, pese a que ahora también surjan aquí unos llamados «Premios Feroz», no está nuestro cine para muchas recompensas. ●

(Diciembre de 2013. Nº 2.602)

Robert Guédiguian ha formado una pareja inseparable con su mujer y musa de su cine, Ariane Ascaride.
(Véase artículo «Robert y Ariane»).

2014

Deslocalización

Con esta palabra, versión castellana del inglés *«offspring»,* se designa un fenómeno típico del capitalismo salvaje (valga la redundancia): llevarse una industria del lugar donde está situada a otro que permita un mayor beneficio gracias a menores costes salariales, permisiva legislación social y ambiental o atractivos fiscales. Las grandes empresas, sobre todo multinacionales, suelen utilizarlo, trasladando sus centros de producción a localidades todavía más favorables a sus cuentas de resultados, dejando en el paro a miles de trabajadores de la zona de origen en busca de otros con sueldos reducidos y escasas exigencias sindicales. Lo dicho, una salvajada que ocurre un día sí y otro también, y que ciertos economistas consideran una consecuencia «lógica» de la globalización.

Si traigo a esta página el tema de la deslocalización, no es porque alguna película lo aborde ahora (de hecho, ya lo hicieron Costa-Gavras y Ken Loach), sino porque está sucediendo en el cine español. Al repasar las fichas de *Zipi y Zape y el Club de la Canica* o de la serie televisiva sobre el personaje del Capitán Alatriste, puede comprobarse que han sido rodadas en Hungría, en estudios y con técnicos, operarios e incluso actores de ese país. La razón es simple, y no tiene que ver con que la trama se desarrolle precisamente allí: los costes de producción resultan inferiores y las condiciones laborales más «flexibles». Mientras, las gentes de nuestro cine no tienen trabajo que llevarse a la boca, no sale nada digno (solo quince largometrajes han superado en 2013 el presupuesto de 2 millones de euros) y deben dedicarse a otros menesteres o emigrar al extranjero. Hay profesiones que están casi desapareciendo, como las de constructores de decorados, atrezzistas, maquinistas o eléctricos, mientras se deslocalizan las producciones de mayor empeño económico y se marchan a Hungría, Marruecos o Portugal.

Otro tanto respecto a los estudios. Al tiempo que agonizan los de la Ciudad de la Luz o que Isasi haya cerrado los suyos en Cataluña, vamos a buscar los de fuera, sin duda muy bien dotados pero sobre todo más baratos. Es como la etapa de Samuel Bronston o de *Lawrence de Arabia,* pero al revés: entonces, finales de los 50 y principios de los 60, éramos el Tercer Mundo del cine y aquí se venía a rodar porque costaba menos y todo eran facilidades. Ahora, ya explotamos a otros… Los que, principalmente desde FAPAE, tanto daban la matraca con el exceso de películas españolas, que vayan a convencer de su teoría reduccionista y su defensa de la deslocalización a los miles de profesionales, técnicos y artistas que están hoy pura y simplemente en el paro. Les van a recibir con los brazos abiertos… ●

(Enero de 2014. Nº 2.608)

El Tren de la Libertad

Era impresionante el despliegue realizado por las mujeres cineastas para «cubrir» la multitudinaria manifestación de Madrid contra el anteproyecto de ley del aborto. Perfectamente coordinadas, con un trabajo previo desarrollado con tanta rapidez como precisión, sus cámaras recogían todos y cada uno de los aspectos de la marcha. Se las veía aquí y allá, grabando sin parar a las manifestantes, haciéndoles entrevistas, detallando opiniones y rostros, en un despliegue de más de veinte equipos que incluían a directoras, cámaras o sonidistas, y que contaban con el apoyo de diversos hombres. La manifestación ideada por la Tertulia asturiana de Les Comadres encontró un eco masivo por todos los rincones del país para reunirse en su capital y entregar un escrito en el Congreso de los Diputados contra el lamentable proyecto de Gallardón-Rajoy. Y, dentro del campo audiovisual, CIMA, la Asociación de Mujeres Cineastas, aglutinó a sus integrantes para que aquello quedase suficientemente registrado

La idea es hacer un documental sobre este Tren de la Libertad. Pero lo más importante es la propia movilización que el hecho generó, en un ejemplo de lo que en Mayo del 68 se llamó «cine de intervención directa». Cada cual con los recursos con los que pudo contar, se lanzó a la calle el 1 de febrero para dejar constancia de la protesta de una población a la que ya no es tan fácil hacer comulgar –nunca mejor dicho– con ruedas de molino. Una vez más, las mujeres han abierto un camino que desearíamos que recorrieran también los del sexo opuesto, como se hizo en 2004, pero de manera distinta, con el film colectivo *Hay motivo* contra la ejecutoria del Gobierno de Aznar.

«Esta ley, ¡la vamos a parar!», se repetía en la manifestación, junto a otros eslóganes conocidos como el *«¡Sí se puede!»* generalizado, *«Nosotras parimos, nosotras decidimos»* o *«¡Gallardón, dimisión!»*. Y uno, con rima asonante, que yo no había oído y que no me resisto a reproducir: *«Todas las mujeres tenemos un deseo/a Gallardón cortarle los huevos»*… Sin duda, el muy relamido Gallardón (con su «complejo de Electra» a cuestas) lo incluirá en su lista de *«insultos y descalificaciones»*, pero lo que realmente supone un insulto y una descalificación hacia las mujeres es su empeño en una ley contra la que todas las iniciativas serán pocas. Y las cineastas estarán ahí para testificarlo. ●

(Febrero de 2014. Nº 2.610)

Y el Oscar es para... Alain Resnais

Del pasado fin de semana, me importa mucho más el fallecimiento de Alain Resnais que la entrega de los Oscar. De Resnais quedará la apertura de nuevas vías para el relato cinematográfico, su capacidad para jugar con los tiempos, su elegante sentido de la puesta en escena. La muy reciente Berlinale presentó y premió su última película, *Aimer, boire et chanter* (que Lloréns calificó premonitoriamente de «testamentaria» en su crónica para **Turia**), y ahora, a los 91 años, se despide dejando tras de sí una obra descomunal que iniciase en 1959. *Hiroshima mon amour, El año pasado en Marienbad, Muriel, La guerra ha terminado, Je t'aime, je t'aime, Providence, Mi tío de América, La vie est un roman, Smoking/No Smoking, On connaît la chanson, Vous n'avez encore rien vu...*, son tantos y tantos los títulos decisivos que jalonan su trayectoria que pocos directores mundiales la igualan. En su etapa más reciente se había concentrado en las relaciones entre cine y teatro, entre la representación escénica y fílmica, también porque su avanzada edad le aconsejaba rodajes más tranquilos, con su equipo habitual de actores y en pocos escenarios. Alain Resnais fue un maestro y así debe recordársele.

Por el contrario, ¿qué quedará de la madrugada del domingo en Los Angeles? ¿Las películas premiadas permanecerán en la memoria con parecida intensidad a las del autor francés? Cabe dudarlo, porque los Oscar de este año parecen antes que nada una quiebra de virginidad: la primera vez que un film de un realizador negro, *12 años de esclavitud,* gana el premio máximo; la primera vez que un cineasta latinoamericano, Alfonso Cuarón, logra la estatuilla al Mejor Director con *Gravity,* realzada por otros seis galardones, pero sin la habitual conexión entre esta recompensa y la de Mejor Película, también rota el pasado año; la primera vez que una actriz originaria de Australia, Cate Blanchett, obtiene con *Blue Jasmine* el premio principal de su categoría (Nicole Kidman lo ganó por *Las horas,* pero había nacido en Hawai); la primera vez que una pareja en la vida real, Lupita Nyong'o y Jared Leto, consiguen al tiempo los Oscar a las Mejores Interpretaciones de Reparto...

Cuestiones estadísticas que harán las delicias de los numerosos «frikis» que se pasan todo el año pensando en los Oscar, como si fueran otra cosa que unos premios que la industria del cine norteamericano se concede a sí misma para promocionar mundialmente sus productos, dejando algunas resquicios para ciertos títulos como *La Grande Bellezza,* considerada como Mejor Película de Habla no Inglesa. Estrechos resquicios entre los que no pudo introducirse Esteban Crespo con su excelente corto *Aquel no era yo.*

Ah! Alain Resnais sí ganó un Oscar, pero en 1950 y por un cortometraje, *Van Gogh.* ●

(Marzo de 2014. N° 2.614)

Buñuel, siempre Buñuel

Han aparecido dos libros fundamentales para el conocimiento de la vida y la obra de Luis Buñuel: el escrito por Ian Gibson y subtitulado «La forja de un cineasta universal» (quizá como homenaje a la gran obra de Arturo Barea, «La forja de un rebelde»); y «Luis Buñuel, novela», de Max Aub, un texto mítico que nunca llegó a terminar y del que se ofrece ahora una edición de Carmen Peire que recoge gran parte del cúmulo de páginas, carpetas y anotaciones que él dejó, continuando así aquel «Conversaciones con Buñuel» publicado por Aguilar en 1985, que el propio Gibson valora como *el testimonio más importante sobre Buñuel y su tiempo*, pero que hoy resulta inencontrable. Esta nueva edición completa la anterior en varios aspectos, aun a costa de no incluir los testimonios de amigos y familiares que en aquella sí existían, pero añadiendo un DVD sonoro con las conversaciones entre Buñuel y Aub.

La biografía de Gibson, quien ya había demostrado su maestría en trabajos del mismo tipo sobre Lorca, Dalí o Antonio Machado, comprende desde el nacimiento de don Luis en Calanda el 22 de febrero de 1900 hasta su salida desde el puerto francés de Le Havre hacia Hollywood en 1938 (paradójicamente en un libro de tan abrumadora documentación, se dan dos fechas distintas para este viaje, noviembre y 17 de septiembre de ese año). Un recorrido biográfico de extrema minuciosidad, de amena lectura, plagado de detalles significativos y que recoge también análisis sobre los procesos de creación que condujeron a *Un perro andaluz, La Edad de Oro* y *Las Hurdes.* Es lamentable que, después de los siete años que Gibson dedicase a este libro, no haya encontrado ningún respaldo económico institucional o privado para continuar con sus investigaciones y ofrecer un segundo tomo hasta el fallecimiento de Buñuel en 1983. Queda incompleta así una aportación fundamental a la extensísima bibliografía buñueliana y la primera obra que con carácter plenamente biográfico se le ha dedicado.

El propósito de Max Aub era muy distinto, y el mismo lo expresaba desde el inicio: *«Si he subtitulado este libro 'novela', es porque quiero estar lo más cerca posible de la verdad. Las anécdotas, los cuentos, lo inventado acerca de un personaje o un hecho son mucho mejores para conocerlo que los documentos (…) A lo que más puede aspirar la Historia es a ser una buena obra literaria».* Realmente, lo que Aub desarrolla es un muy libre ejercicio creativo, en el que destacan las conversaciones, que no entrevistas, entre dos viejos amigos en el exilio y la valoración que va efectuando sobre los movimientos vanguardistas que les rodearon a ambos.

Imposible resumir aquí dos libros tan amplios (939 páginas el de Gibson; 604 el de Aub). Pero merece la pena dedicarles todo el tiempo que necesitan. ●

(Marzo de 2014. Nº 2.616)

ETA en el cine español

A raíz del estreno y el éxito de *Ocho apellidos vascos,* se ha vuelto a plantear el tema de si el cine español ha tratado suficientemente la cuestión de ETA. Algunas voces lo han negado, argumentando que se ha rehuido el conflicto por considerarlo «incómodo». No es así. Y puedo argumentarlo en función del Curso de la Universidad Complutense que tuve ocasión de dirigir en El Escorial el mes de julio de 2012. Por él pasaron una amplia representación de cineastas que habían abordado el problema: por orden de intervención, Imanol Uribe, Ana Díez, Mario Camus, Helena Taberna, Jaime Rosales, Manuel Gutiérrez Aragón, Iñaki Arteta, Eterio Ortega y Elías Querejeta, además de contar con una esclarecedora ponencia-marco de Joxean Fernández, director de la Filmoteca Vasca. Al término de dicho Curso, se llegó a unas conclusiones cuyos principales puntos creo oportuno resumir:

- A lo largo de más de sesenta películas, de ficción o de carácter documental, el cine español ha mostrado, directa o indirectamente, lo que ha supuesto el terrorismo de ETA en la vida del País Vasco y en la de toda España.

- Ello demuestra que, frente a lo que se ha afirmado tantas veces, el cine español no ha adoptado una postura indiferente o evasiva ante la existencia de ETA y la tragedia que ha generado, sino que ha sido parte beligerante en la lucha contra la organización terrorista.

- Desde muy distintas opciones estilísticas y expresivas, los cineastas españoles se han comprometido en la denuncia de la barbarie cotidiana que ha supuesto el asesinato de más de ochocientas personas. Sus películas quedarán como jalones imprescindibles en el logro de la convivencia democrática y de una conciencia cívica.

- La evolución en el tratamiento efectuado por el cine español ante el fenómeno de ETA se halla en estrecha relación con la de la propia sociedad española frente al terrorismo y transcurre, de esta forma, de manera paralela con ella. En este sentido, el secuestro y asesinato de Miguel Ángel Blanco marcan un punto de inflexión a partir del cual el reflejo de los sucesos se hace más directo, predominando entonces una línea documental. Dentro de esa línea, es el protagonismo dado a las víctimas, antes casi ausentes, lo que determina un cambio cualitativo y muy definitorio.

- El cine español ha cumplido así, en este terreno, una función básica e irrenunciable de la cultura, entendiendo esta como una búsqueda continua de comunicación y entendimiento. Y ello, enmarcado en una comprensión crítica de la realidad española contemporánea y de su derecho fundamental a la memoria histórica.

Queda suficientemente claro, ¿no? ●

(Abril de 2014. Nº 2.618)

No todos son iguales

Decía Emilio Martínez-Lázaro, en una entrevista para *El País*, que *«cuando me preguntan qué Gobierno ha hecho algo por el cine, respondo que está por aparecer desde los tiempos de Pilar Miró»*. No es verdad. Poner bajo el mismo rasero a los Gobiernos del PSOE y del PP en esta materia, como en tantas otras de la vida cultural, no se ajusta a la realidad. Frente a un Ejecutivo como el actual que incrementa en trece puntos el IVA sobre las entradas, que descapitaliza al Instituto de Cinematografía y a su Fondo de Protección, que se obstina en invectivas a autores y actores, que provoca un paro en el sector como jamás se había conocido, la trayectoria anterior de los socialistas es, de hecho, muy diferente.

Para personificarlo en los ministros/as de Cultura, sería olvidar que Carmen Alborch adecuó con criterio la normativa cinematográfica española a los esquemas europeos y estableció la decisiva Ayuda complementaria a la amortización de las películas; o que Carmen Calvo y César Antonio Molina crearon la vigente Ley del Cine de 2007 y llevaron al Fondo de Protección a una cuantía que nunca había tenido antes, más de 80 millones de euros, con una previsión de llegar a los cien, entre otras muchas iniciativas favorables para nuestro cine. Toda mi admiración hacia la labor de Pilar Miró en el ICAA –tan denostada en su momento–, pero ello no debe ocultar cuanto hicieron después los sucesivos Gobiernos socialistas.

Me recuerdan las palabras de Martínez-Lázaro (no digo que esa fuera su intención) la cómoda e injusta idea de que *«todos los políticos son iguales»*. Cuna de los populismos que se extienden por Europa, encierra una injusticia flagrante: no solo por los muy numerosos políticos que desempeñan con honestidad y coherencia su trabajo, sino especialmente porque así se olvida que responden a diferentes ideologías y planteamientos éticos respecto a los ciudadanos. Por mucho que exista un deterioro de las instituciones, por más que se reclame con razón cambios sustanciales en las mismas, la igualación de los políticos en un mismo cajón de sastre solo suele acabar beneficiando a la derecha, que considera el poder como algo patrimonial y cuyo conservador ejercicio no cabe poner en cuestión. Si, en definitiva, *«todos son iguales»*, mejor nos quedamos como estamos. Y como estamos, casi siempre ha sido en manos de la derecha desde que el mundo es mundo.

Por poner ejemplos cercanos, no es lo mismo Tierno Galván o Juan Barranco que Gallardón y Ana Botella al frente del Ayuntamiento de Madrid; o Ricard Pérez Casado que Rita Barberá en el de Valencia. Por no hablar ya de un Felipe González y un José María Aznar… Escribo este artículo el 14 de abril, y me parece que la República ya demostró que *«hay políticos y políticos»*. No todos fueron buenos entonces; tampoco todos son iguales en la Democracia. ●

(Abril de 2014. Nº 2.620)

Un cine partido en dos

Cómo habría sido el cine español si los directores Luis Buñuel, Luis Alcoriza, Carlos Velo y Jomi García Ascot, los guionistas Max Aub y Jorge Semprún, las actrices María Casares y Rosita Díaz Gimeno, los cantantes y actores Angelillo y Miguel de Molina, los directores de fotografía José María Beltrán y Julio Bris, los escenógrafos Santiago Ontañón y Manuel Fontanals, los músicos Gustavo Pittaluga y Rodolfo Halffter, y muchos otros hasta superar el largo centenar de profesionales, no hubieran tenido que exiliarse durante o tras la derrota republicana en la Guerra Civil? La pregunta va indisolublemente unida a otra, sin la cual no es posible abordarla: ¿cómo habría sido España si Franco no hubiera triunfado?... Las respuestas pertenecen a lo que se llama «ucronía», que según el Diccionario de la Real Academia es la *«reconstrucción lógica, aplicada a la Historia, dando por supuesto acontecimientos no sucedidos, pero que habrían podido suceder».* Un apasionante juego intelectual, pero que no es el objeto del presente artículo.

Lo cierto es que, como tantísimas cosas en la vida de este país, el cine español quedó partido en dos, entre los que se quedaron dentro – buena parte de ellos sufriendo un duro «exilio interior»– y quienes tuvieron que marcharse fuera, sobre todo a México, Argentina y Francia, por cercanía idiomática o física. La mayoría se insertaron en las industrias de esos lugares y pudieron, mal que bien, desarrollar una carrera considerable. Muchos volvieron más adelante a España, pero ya con una avanzada edad

y cansados por lo que les había tocado vivir. Aunque siempre quedará la genial excepción de Buñuel, que retornó para hacer dos obras maestras como *Viridiana* y *Tristana*. Mientras, especialmente en la década de los 40, el franquismo desarrollaba un cine nacional-católico, entre la propaganda triunfalista y la moralidad obligada, ese cine que diversos historiadores «revisionistas» intentan hoy encumbrar a través del encendido elogio a nombres como José Luis Sáenz de Heredia, Juan de Orduña, Rafael Gil o Antonio Román, beneficiarios de la situación política del momento.

Como ya señalaba Román Gubern en su libro fundacional sobre el tema, «Cine español en el exilio», de 1976, *«la derrota republicana y la hemorragia migratoria decapitaron al prometedoramente ascendente cine español, que acaso estaba en la segunda mitad de los 30 a punto de convertirse en un cine industrialmente adulto y artísticamente significativo».* No es que el cine que se realizó durante la República fuese un dechado de calidad ni de valores culturales, pero lo cierto es que había logrado el favor de los espectadores a través de películas muy populares como las protagonizadas por Imperio Argentina y dirigidas por Florián Rey *(Nobleza baturra, Morena Clara), La verbena de la Paloma,* de Benito Perojo, o las producidas por el propio Buñuel al frente de Filmófono, sobre todo *Don Quintín el Amargao* y *La hija de Juan Simón.* Y en ese cine trabajaban muchos de los profesionales que se vieron obligados a exiliarse, como subrayase, todavía en 1959, Juan Francisco Aranda:

«Sería desconocer gravemente el cine español afirmar que era inexistente antes de 1940, o que era muy malo. ¿Cómo sería esto posible si América cuenta hoy entre sus mejores artistas a muchos profesionales del cine español? Al revisar su abundante obra americana se verifica que la formación de estos hombres era profesionalmente muy sólida. Casi todos, tras unos años de desmoralización y de difícil readaptación, han conseguido superar la adversidad. El esfuerzo de dominio y de reconquista interior de estos españoles ha debido ser gigantesco».

Sería demasiado esquemático decir que se fueron «los buenos» y se quedaron «los malos», porque de todo hubo en una y otra parte, con la realidad de ese «exilio interior» al que antes hacíamos referencia. Pero lo que sí resulta indudable es la brutal cesura que sufrió el cine español, de la que no se recuperaría hasta la llegada de la democracia. Un corte que afectó a todos los campos de la actividad cinematográfica, incluido el de ámbito teórico. Tras el fusilamiento del valenciano Juan Piqueras, el fundador de la revista *Nuestro Cinema*, recién iniciada la guerra, el exilio también dejó huérfana a la crítica y el ensayismo histórico, cuyos mejores representantes, Manuel Villegas López y Emilio García Riera, tuvieron que ganarse la vida muy lejos de nosotros. Se rompió así el hilo conductor de una posible tradición crítica, sustituida por gacetilleros al servicio del Régimen y comentaristas que al mismo tiempo eran censores.

Una recomendación final: si tienen ocasión, vean *Bodas de sangre* (1938), *La barraca* (1944) y *La dama duende* (1945), en las que –aun no dirigidas por españoles y rodadas en Argentina o México– late el corazón republicano porque sus equipos estaban formados básicamente por nuestros exiliados. ●

(Abril de 2014.
Extra «75 Años del Exilio Español»)

Un Premio bien merecido

Acierta la Academia al concederle su «Premio Alfonso Sánchez» a la **Turia**. Definido como *«un reconocimiento a la labor de los medios y sus profesionales por divulgar y promocionar el cine español»*, muy pocos pueden reunir tantos méritos para lograrlo como nuestra querida Cartelera. Llega además el galardón en un año tan especial como su 50 Aniversario, en cuya cifra se resume una larguísima trayectoria a favor del buen cine. Hay que destacar que en sus páginas se han registrado, comentado y criticado todas las películas españolas (también las de fuera) exhibidas en Valencia desde 1964, acompañadas a menudo con entrevistas y encuentros con sus responsables. Y que parte de ese recorrido se ha complementado con los Premios Turia, que ya van a celebrar su 23 edición y que han conseguido un fuerte prestigio por sus aciertos e incluso por su heterodoxia. Enhorabuena, por tanto, a los que hacen cada semana la revista y a sus lectores, expresada por quien pone cada quince días un granito de arena mediante esta sección.

Creado por la Academia en 2010, el «Premio Alfonso Sánchez» ha recaído anteriormente en el programa de TVE «Versión española» y mi compañero Diego Galán (ex aequo), Antonio Gasset, Oti Rodríguez Marchante y Conxita Casanovas, a quienes sin duda unen con la **Turia** su interés por nuestro cine, su dedicación a él y una amplia tarea en beneficio de su conocimiento por parte del público, ya sea a través de la televisión, la prensa escrita o la radio. Lo que no significa un afán siempre encomiástico ni elogioso, ni mucho menos propagandístico. Todo lo contrario: el ejercicio de una crítica libre, unida a una información solvente y un llamar a las cosas por su nombre, incluso —o sobre todo— cuando no gustan o son mejorables. En concreto, la **Turia** se ha manifestado en sus cinco décadas de esa manera libre y desprejuiciada, con un estilo muy propio, lo que le ha causado a menudo disgustos y problemas, especialmente durante la época del franquismo y la censura. Pero con el objetivo bien preciso de la defensa del cine español en sus diversas modalidades y protagonistas, pesara a quien pesara.

Ha sido la **Turia,** además, «cuna» de diversos cineastas valencianos y también de novelistas y ensayistas, además de albergar en sus páginas a innumerables escritores y periodistas de muy distinto registro. Si su supervivencia casi resulta un milagro (quizá no por casualidad sus dependencias están situadas en la calle del mismo nombre) durante estos tiempos de desprecio y marginación de la cultura, la valía de su apuesta se ha ido acrecentado desde sus inicios. Y estoy seguro de que muchos otros premios como el de ahora de la Academia de Cine le seguirán llegando a lo largo de estos meses de cumpleaños. ●

(Mayo de 2014. Nº 2.624)

La confirmación de un autor

Había ido subiendo peldaño a peldaño en el palmarés del Festival de Cannes, quedándose en un par de ocasiones a las puertas del cielo. Pero, por fin, en esta 67 edición lo ha conseguido. Me refiero al cineasta turco Nuri Bilge Ceylan, cuyo *Winter Sleep* (o *Sueño de invierno*) ha logrado por fin la Palma de Oro. De las dieciocho películas en competición dentro de la Sección Oficial, era la que se acercaba más a las características de este premio, por su densidad conceptual, su propuesta estética y por esa trayectoria anterior del director. Desde que se vio en un único pase multitudinario con que la organización del certamen la «castigó» –quizá por su duración de tres horas y cuarto–, era para muchos la favorita para el galardón máximo. Así ha sido, y es justo porque se trata de una gran película que viene a confirmar la destacada personalidad de Nuri Bilge Ceylan.

Algunos críticos le consideran «el nuevo Angelopoulos», pero en el caso concreto de este film yo creo que está mucho más cerca de Bergman, con sus reposados e incisivos diálogos, su insistencia en el primer plano y una utilización del paisaje donde la Capadocia viene a ser el equivalente de la isla de Farö del maestro sueco. *Winter Sleep* obtuvo también el Premio de la Crítica Internacional (FIPRESCI), aunque en las votaciones de la revista «Screen» aparecía por debajo de *Mr. Turner,* de Mike Leigh (que ganó el Premio al Mejor Actor para Timothy Spall), y únicamente cuatro décimas por encima de *Deux jours, une nuit,* de los hermanos Dardenne, la preferida con diferencia por la crítica francesa. Aunque no suelo coincidir con ella, estoy de acuerdo, porque el film de la pareja belga es de una inteligencia y una conexión con la actual crisis política y laboral realmente excepcionales. Pero los Dardenne ya tenían dos Palmas de Oro y una tercera les habría convertido en los únicos cineastas de la historia de Cannes en poseerlas…

Por supuesto, cada uno tiene su palmarés. Pero llevar hasta el segundo premio a la solo estimable *Le meraviglie,* parece muy excesivo. Si Jane Campion, presidenta del Jurado, quería destacar la presencia de una de las dos únicas realizadoras de la Sección Oficial, mejor habría optado por la japonesa Naomi Kawase y su excelente *Aguas tranquilas.* Tampoco es merecido el Premio a la Mejor Actriz para la histriónica Julianne Moore de *Maps to the Stars,* de David Cronenberg. Pero, dando como válidos los galardones a la Mejor Dirección para Bennett Miller por *Foxcatcher* y al Mejor Guion para el de *Leviathan,* del ruso Andrei Zvyagintsev, donde el Jurado rizó el rizo fue igualando en un premio «ex aequo» al cineasta más veterano de la Competición, Godard, con el más joven, el canadiense Xavier Dolan. Eso sí que se llama poner una vela a Dios y otra al Diablo… Cuál es uno y cuál el otro lo dejo a su elección. ●

(Mayo de 2014. Nº 2.626)

Nace la Unión de Cineastas

Cineastas en un sentido muy amplio. Porque en esta nueva *«asociación cultural»* caben todos aquellos que tengan vinculación con el hecho cinematográfico: productores, directores, guionistas, actores, músicos, montadores, técnicos, responsables de festivales, periodistas, críticos…, e incluso en un próximo futuro estudiantes de último curso de las Facultades de Ciencias de la Comunicación. Por ello, se inclinan por la *«transversalidad»,* por convertirse en una especie de movimiento que reúna a cuantos están inmersos en el cine español, sea cual sea su actividad profesional.

Se venía gestando desde hace meses, pero no ha sido hasta el cercano 24 de mayo cuando han celebrado su Asamblea Constituyente. A partir de ese día la Unión de Cineastas es ya una realidad, con una dirección colegiada de tres componentes (el productor José Nolla, la directora Mar Coll y la actriz Ana Risueño), encabezando un Comité de Coordinación de once miembros. Ya cuentan con cerca de doscientos afiliados, que cotizarán tan solo cincuenta euros al año, con facilidades para quienes no puedan abonarlo de una vez o se encuentren en situación de paro.

Dicen, entre otras cosas, en su manifiesto fundacional: *«El cine como bien cultural y forma de vida se encuentra en una situación de gravedad extrema. Precisamente por ello, consideramos más necesario que nunca dar un paso adelante a la hora de involucrarnos en el devenir de nuestra profesión,* *de aquello que amamos, reclamando el lugar que nos corresponde como ciudadanos en el escenario social y político de nuestro país y dentro del ámbito europeo e internacional, pero también entre nosotros, promoviendo un nuevo espacio de encuentro en el que poder dialogar, proponer, construir y trabajar juntos».* De ahí que se planteen un ambicioso programa de actuación, donde confluyen desde aspectos legislativos y de contacto con la Administración hasta propuestas educativas, pasando por temas como los diversos accesos de las películas por parte del público.

Heredera en cierta manera de aquella oleada de oposición que se llamó «Cineastas contra la Orden» (referida a la tan nociva Orden Ministerial que se aprobó en octubre de 2009), pero también con claros ecos de recientes movimientos ciudadanos y sociales, la Unión de Cineastas está formada sobre todo por gente joven que quiere actuar con decisión en el presente y futuro de su actividad creativa y laboral. ¿Quedará todo en bellas palabras o se convertirá en un importante instrumento para mejorar la situación de nuestro cine, que atraviesa un momento especialmente difícil y delicado?

Solo el tiempo dará la respuesta en un sentido o en otro, y mucho va a depender del eco que sus propuestas despierten en el sector y de su capacidad para impulsarlas con inteligencia y determinación. Pero hacía falta, aquí y ahora, una plataforma así. ●

(Junio de 2014. Nº 2.628)

La enseñanza del cine

Un tema eterno, el de la enseñanza del cine en España, al que las diversas Administraciones –sean del color político que sean– no han querido ni sabido resolver. Los motivos que siempre se han esgrimido son de lo más variado: excesivas materias curriculares, falta de profesores preparados y carencia de medios económicos y personales para impartirla, imposibilidad de una acción global desde el Ministerio de Educación porque la mayoría de las competencias educativas están transferidas a las Comunidades Autónomas… Y así seguimos, sin que ni el cine ni el audiovisual en su conjunto aparezcan como tales en ninguno de los niveles de la enseñanza. Hay, sí, numerosas iniciativas en escuelas, institutos o colegios, sobre todo en Cataluña, Aragón, Galicia y Andalucía. Pero son casos aislados, plenos de buena voluntad y muy valiosos, pero que no modifican la situación en su conjunto. Al contrario de lo que sucede en diversos países de nuestro entorno europeo, sobre todo Francia (donde llevan décadas practicando una decidida política en este sentido), pero también Gran Bretaña o Dinamarca.

Viene a sumarse a la cuestión, a esta necesidad y exigencia, el libro que acaba de publicar Juan Antonio Pérez Millán en Ediciones Morata: «Cine, enseñanza y enseñanza del cine». Y más allá de su oportunidad, de su inserción en un debate que a todos afecta, las solo 128 páginas del texto, escritas en un estilo muy claro y legible, son capaces de aportar un enfoque original y nada ortodoxo ni convencional sobre el tema. Pérez Millán (que fue director de Filmoteca Española y, durante más de veinte años, de la de Castilla y León, en Salamanca, labor por la que acaba de ser distinguido con la Medalla de Oro de la ciudad, además de ser profesor en la Facultad de Bellas Artes) fija especialmente su atención en la necesidad del aprendizaje, conocimiento y «descodificación» del lenguaje audiovisual. Frente a la simple utilización del cine como pretexto para discernir sus contenidos o como vehículo para facilitar el abordaje a otras disciplinas, su libro propone que sea ese conocimiento en profundidad del lenguaje el que nos haga, y especialmente a niños y jóvenes, realmente «libres» en un terreno que ocupa buena parte de nuestra vida cotidiana.

Tras un recorrido por la evolución del hecho cinematográfico, Pérez Millán se adentra enseguida en los *rudimentos y códigos de un lenguaje*, para llegar –por pura lógica– a *un método para el análisis crítico*, que destaca por su sencillez y su carácter pedagógico. La parte final es la más polémica y combativa, cuando el autor aborda las *dificultades* con que choca en España la alfabetización audiovisual y una serie de consideraciones sobre el propio cine, la televisión y la publicidad, concluyendo con que nos hallamos ante *una situación de emergencia*… Un libro altamente recomendable. ●

(Junio de 2014. Nº 2.630)

Palabras para Ana

Cada vez, Ana, que te cortas en tus brazos o en tus piernas con una cuchilla o una tijera, lloras. Cada vez que te quemas con un cigarrillo, lloras. Lloras de rabia e impotencia. Lloras porque te sientes ajena a un mundo que no entiendes, perdida entre unas reacciones tuyas que no puedes ni sabes dominar y que castigas. Tu vida es un infierno cotidiano, una incesante crisis de ansiedad que te devora en cualquier instante del día, al menor contratiempo. Solo Jaime, tu compañero de ambulancia, te hace reír en ocasiones; solo te sientes relajada con tus enfermos, con ese Martín desfalleciente que bromea con que, si te casaras con él, *«te trataría como a una reina»;* o con Elena, que te cuenta a su manera su viaje a París. En la oscura soledad de tu habitación, sí te comunicas con Absurd Man 75, con quien «chateas» sobre vuestra mutua desesperación y un posible suicidio compartido. Pero eso no basta, no puede bastar, porque tu madre tiene una *«actitud cobarde»* que soportas mal, por mucho que le regales un pañuelo de cumpleaños y alguna vez te juntes en un abrazo a ella. Y, sobre todo, porque compruebas que Álex, tu novio, ya no puede más, ya es incapaz de superar tus desplantes y tus insultos, ha dado finalmente la batalla por perdida…

Te conocemos, Ana, gracias a la impresionante película de Fernando Franco, *La herida,* y a la magnética, inolvidable interpretación de Marian Álvarez. Te conocemos y te queremos, aunque tú probablemente nos rechazaras, como a Sandra, tu compañera de instituto, de la que no aguantas que te avise de que *«no empieces»* con actitudes que parecen venir de bastante atrás. O como a ese ligón del «party», con el que te diviertes haciéndote pasar por muda hasta que se hace eco de lo que dice Jaime, de que *«contigo nunca se sabe»,* frase que te perturba y enfurece, haciéndote golpear las paredes con rabia. O como a tu propio padre, pese a que has hecho el esfuerzo de ir hasta esa nueva boda suya en la que te sientes más extraña que nunca, y a quien acabas insultando, quizá como reflejo de duras brumas del pasado.

¿Te suenan, Ana, estas palabras, que José Agustín Goytisolo escribió para su hija Julia y que escuchamos con la música de Paco Ibáñez?: *«Te sentirás acorralada, te sentirás perdida o sola, tal vez querrás no haber nacido…».* Parecen dedicadas a ti, a tu angustia, a tus sensaciones al levantarte cada mañana. Pero también Goytisolo le señalaba a Julia que *«nunca te entregues ni te apartes, junto al camino nunca digas no puedo más y aquí me quedo».* Es lo que yo creo ver en tu último llanto, que me resulta liberador, tan distinto de los que te brotaban al infligirte las heridas. Acabas de comprarte un coche y estás en contacto con la naturaleza, con la nieve, no con esos paisajes mudos que, como en el tren camino hacia la boda, acompañaban tu silencio. Tu bloqueo se rompe libremente en sollozos por primera vez y percibo que ante ti se abre un cierto o incierto horizonte de esperanza. Al menos, así quiero entenderlo al revivir tu imagen final.

Aseguran, Ana, que tienes una enfermedad que llaman «trastorno limite de personalidad», y es muy posible que tengan razón. Pero, entre esos cigarrillos que fumas compulsivamente, yo te veo más enferma de soledad, de incomprensión de y ante un mundo que se te revela hostil. Siempre estás al borde de que las cosas vayan mejor, pero algo acaba quebrándolo una y otra vez. Como se quebraba aquel pequeño unicornio de «El zoo de cristal» en que una muchacha coja simbolizaba sus ilusiones, en el que veía reflejado su desvalimiento y necesidad de cariño. Pero es precisamente cuando la pequeña figura de vidrio cae y se rompe su cuerno mítico, cuando ella imagina que es un signo de que su futuro va a ser como el de los demás, sin que le condicione ya su minusvalía. Tú no tienes un unicornio, sino un acuario en cuyas paredes los peces se sienten tan presos como tú en el mundo cotidiano, e incluso tu signo distintivo en el «chat» es uno de esos pececitos. Deberías sentirte también así, como aquella Laura que Tennessee Williams creó y que ahora, tanto tiempo después, tan distante geográfica y socialmente, ojalá se repita en ti.

Resiste, Ana, resiste. Por mucho que te cueste, por ardua que sea la tarea. Solo quien resiste acaba venciendo. Y tú lo vas a conseguir. ●

(Julio de 2014. Nº 2.631.
Extra «XXIII Premis Turia»)

La dimisión

Ha sido una mala noticia la dimisión de Susana de la Sierra como directora general del ICAA. Tras dos años y medio de pelea con el Ministerio de Hacienda, y sin contar con el imprescindible apoyo del secretario de Estado y el ministro de su ramo, ha acabado por tirar la toalla. El decrecimiento continuo del presupuesto del Instituto de Cinematografía, que repercutía especialmente en el Fondo de Protección y en el retraso de los pagos a las productoras; el parto de los montes de las desgravaciones fiscales prometidas y nunca acordadas; el fracaso de la Comisión creada en diciembre de 2012; el aumento del IVA hasta el 21% y, en general, el incesante desprecio oficial hacia el cine español han motivado, sin duda, esta decisión. Por más que el Gobierno haya aducido *«cuestiones personales»*, es lógico pensar que tal cúmulo de circunstancias, y alguna más que sería largo reseñar, haya pesado decisivamente en la decisión de Susana de la Sierra.

Para un cargo público, si se es coherente y honesta como ella lo ha sido, llega un momento en que ya no se pueden ni se deben asumir más responsabilidades, sobre todo si quienes figuran por encima de ti no están dispuestos a secundarte en la tarea. Un director/a general tiene un ámbito de actuación limitado y de no recibir el respaldo decidido de sus «superiores» –sobre todo en una Administración tan jerarquizada como la española–, poco puede hacer en realidad. La Dirección General de Cine es, en principio, una más de las doscientas y pico que existen en nuestros Ministerios, pero su «visibilidad» es infinitamente mayor que, pongamos por caso, otra de Comercio o de Fomento. Si a ello se une que Cultura ni siquiera es un Ministerio desde que el PP decidió, siguiendo su línea, unirlo a Educación y Deporte, su margen de maniobra todavía resulta más escaso, en especial ante un «gigante» como Hacienda.

Tampoco el sector cinematográfico es nada fácil. Frente a quienes ya pedían su dimisión hace un año (varios de los cuales se han apresurado a deplorarla ahora), mantuve públicamente que había que *empoderar* a Susana de la Sierra contra la política sobre el cine, y la cultura en general, ejercida por Montoro. No se hizo así y estas son las consecuencias. Ella ha resistido nueve meses muy difíciles, esforzándose cuanto le era posible por revertir la situación. No lo ha podido lograr porque, salvo en la Biblia, David suele caer ante Goliat. Esperemos que la sucesora de Susana de la Sierra, Lorena González Olivares, que ocupaba desde febrero la secretaría general del ICAA y de quien no hay que dudar por ser algo tan noble y útil como «funcionaria», continúe su labor en favor del cine español. ●

(Julio de 2014. N° 2.634)

Protagonista, el público

Probablemente, de todos los Festivales que hay en el mundo, es el de San Sebastián el que cuenta con una mayor presencia del público. Resulta impresionante ver las interminables filas que, con mucha antelación respecto a la hora de proyección, se forman ante las numerosas salas que ocupa el certamen. Sea la sección que sea (aunque con lógica preferencia hacia la Oficial), sea el ciclo que se programe por minoritario que parezca, allí están centenares de espectadores dispuestos a compartir su pasión favorita: ver cine. Gentes de todas las edades, desde las señoras donostiarras de toda la vida hasta los jóvenes más «frikis», se dan cita para disfrutar de un espectáculo que les convoca durante nueve días al año en la segunda quincena de septiembre. Algo que llama poderosamente la atención, y más aún a quienes vienen desde otras latitudes.

En la pasada edición fueron 160.000 esos espectadores, y en la que acaba de terminar parece que ha habido un aumento de en torno al 10%, con un nivel de ocupación de los cines nada menos que del 95%. Piénsese que estamos hablando de una ciudad que no llega a los 200.000 habitantes, aunque es cierto que con este motivo muchas personas se desplazan especialmente hasta San Sebastián. También la Berlinale, por ejemplo, cuenta con una masiva asistencia de público, pero existen evidentes diferencias a la hora de comparar el volumen de población. Y el agobiante Cannes es otra cosa, porque allí son los profesionales del cine –en sus muy diversas facetas– los que llenan básicamente las salas.

Quienes siempre hemos defendido la existencia del cine como un arte eminentemente popular, quienes nos oponemos a los apocalípticos que decretan cada dos por tres su muerte, ir al Festival de San Sebastián supone un alivio y una confirmación de estos principios. Puede variar en cada edición el nivel de la programación; puede resultar más o menos atractiva la oferta planteada, pero ahí estará el público donostiarra dispuesto a conocerla y valorarla. Haga frío o calor, llueva o luzca el sol, siempre se puede contar con él.

Pero no solo cabe destacar esa fidelidad y entrega, sino también su respeto y cordialidad hacia las películas y cuantos las hacen. No me refiero ya a la «alfombra roja» y los «fans» que piden autógrafos o –ahora mucho más– «selfies» con los famosos, aspectos que también necesita San Sebastián, sino a la manera en que se «respira» cada proyección. Y en todo ello hay algo decisivo: la excelente organización de que dispone el Festival, con José Luis Rebordinos a la cabeza de un entusiasta y muy preparado equipo. ●

(Septiembre de 2014. Nº 2.644)

Uso y abuso de la música

Recibo el programa de una entidad musical para la temporada 2014-2015: de los diez conciertos sinfónicos previstos, tres están dedicados a la música de cine. Algo impensable hace tan solo unos años, cuando este género de composiciones era considerado como de segunda división. Puede fastidiar que una excesiva mayoría de las bandas sonoras seleccionadas correspondan en este caso –y en muchos otros– a películas norteamericanas, pero tampoco faltan iniciativas que incluyen títulos europeos y españoles. La música de cine ha tomado carta de naturaleza, ya no se le mira con desdén por parte de las instancias «cultas» y va siendo apreciada en su justo valor.

Bien es verdad que se trata de una música «al servicio de», de una historia, de unos personajes, del estilo marcado por el director. De ahí que estos conciertos resulten mucho más atractivos cuando son acompañados por las imágenes por y para las que nacieron. Porque si se ofrecen sin ellas, las notas quedan como huérfanas, algo perdidas, carentes de su verdadera potencia expresiva. Por eso, los programas suelen estar compuestos por films muy conocidos, para que el público complete con su imaginación lo que no se le está ofreciendo ante sus ojos.

Y es que la capacidad evocadora de la música de cine, como la de todas las músicas, resulta extraordinaria. Hagan un pequeño experimento: traten de recordar sus escenas cinematográficas de referencia, las que más les hayan gustado, impresionado o quedado en la memoria. Difícilmente no irán unidas a una determinada melodía, a un tema musical o a una canción, pegadas de manera indisoluble a las imágenes que están evocando. Esa es la adecuada, la perfecta fusión entre dos lenguajes que, en tales casos, se revelan como complementarios y se enriquecen mutuamente. No es cierto que la buena música de cine sea aquella que el espectador no percibe, como se ha dicho tantas veces desde la ortodoxia teórica, sino la que sabe ocupar su lugar dentro del desarrollo de un relato, incluso convirtiéndose en protagonista si este así lo requiere.

Por el contrario, en muchas de las películas y, sobre todo, de las series televisivas que se están haciendo en España lo que se da es un torpe abuso y saturación de la música, que suena y atruena sin pausa y sin mayor sentido que el de «tapar» presuntos tiempos muertos (que es para lo que tantas veces se han empleado las partituras). El récord lo detenta hoy la serie *Isabel,* elogiable por otros varios motivos pero cuya música, a menudo coral, resulta machacona, injustificada e insoportable. Hagan un nuevo experimento: vean alguno de sus capítulos justo después de otro de *Boardwalk Empire,* por ejemplo, y notarán claramente lo que quiero decir. ●

(Octubre de 2014. Nº 2.646)

Robert y Ariane

Robert Guédiguian y Ariane Ascaride han pasado por Madrid con motivo de la muestra «Tu cita con el cine francés», que organizaba Unifrance. El TAI (una conocida Escuela Universitaria de Artes y Espectáculos) aprovechó la ocasión para que el director y la actriz –que ha trabajado en dieciocho de sus diecinueve películas, además de ser su mujer– mantuvieran un amplio coloquio con los alumnos del centro, bien moderado por el crítico Carlos Reviriego. Y así, a lo largo de más de hora y media de intenso diálogo, tuvimos ocasión de escuchar a los creadores de películas como *Marius y Jeannette, La ciudad está tranquila* o *Las nieves del Kilimanjaro*.

Venían para presentar su penúltimo trabajo, *Au fil d'Ariane* (que en España llevará el título de *El cumpleaños de Ariane*), en una pausa del montaje del último, *Une histoire de fou*, situado en el contexto del genocidio armenio. Porque las raíces de Guédigian se hallan en ese país, al que ya dedicó en 2006 *Le voyage en Arménie*. Con lo que tras la «*fantasía sobre la realidad; una fantasía donde todo puede ocurrir*» que supone la citada *Au fil d'Ariane*, vuelve a la línea dramática –en este caso, sobre una masacre histórica– que ha caracterizado su filmografía, sin desdeñar por ello la comedia en varias ocasiones. Llevado de su formación sociológica y su vocación política, el realizador marsellés se ha erigido desde un principio en portavoz y defensor de la clase obrera, especialmente de la que mejor conoce desde su infancia: la que lucha, sufre y convive en la zona portuaria de L'Estaque en esa ciudad.

Empleando el doble sentido de la preposición «*pour*» en francés, Guédiguian afirma que hace cine «*para el público y en el lugar del público*», aunque reconoce una clara evolución en su obra, que ha pasado «*del grito a la voz*», donde «*cada personaje encarna una idea, para que haya debate, para que se establezca una dialéctica enriquecedora*». Él no ha cambiado, «*ha cambiado el mundo, la conciencia política ha desaparecido*», y han surgido múltiples contradicciones dentro de la propia clase obrera, que *Las nieves del Kilimanjaro,* por ejemplo, muestra nítidamente. «*Nos lo pueden quitar todo, pero nunca la posibilidad de soñar, porque esa es la condición necesaria para cambiar el mundo*», concluyó el cineasta.

Además de compartir estas opiniones, Ariane veía el germen de su labor de actriz en una sensación que tenía de niña: «*No entendía que solo tuviéramos una vida…*». Y defendió dos aspectos básicos en la interpretación. Por una parte, la decisiva importancia de trabajar sobre el propio cuerpo, ya que «*un actor ejecuta gamas musicales con él*»; de otra, que no existan «*relaciones de fuerza*» en un rodaje, porque el director «*nunca debe imponer la idea del personaje, sino explicarla y motivarla*». A su lado, Robert asentía complacido. ●

(Octubre de 2014. Nº 2.648)

Las matemáticas no engañan

De repente, parece haberse instalado la euforia en el cine español. Resulta que todo son éxitos de taquilla, todo son alegrías y alabanzas, todo son elogios y parabienes. Por una vez, los titulares de los medios de comunicación son positivos y exultantes. Se diría que estamos en el mejor de los mundos.

Y, sin embargo, si se miran los datos con un poco de atención, la diferencia con años anteriores solo se basa en el triunfo comercial de una película: *Ocho apellidos vascos,* que ha atraído a cerca de diez millones de espectadores, con una recaudación de 56 millones de euros. Lo que implica que, a primeros de diciembre, el cine español haya recaudado 123 millones de euros en 2014, procedentes de 21 millones de espectadores. Pero hagan una sencilla operación: resten de esas cantidades lo correspondiente a la película de Emilio Martínez Lázaro y se obtendrán las cifras de 67 millones de recaudación y 11 millones de espectadores; casi iguales a las de 2013 (70 y 11 millones, respectivamente) e inferiores a las de 2012, el año de *Lo imposible* (120 y 18), e incluso 2011 (99 y 15), según los datos oficiales del ICAA. Es decir, que ha sido el excepcional éxito de una película lo que lleva a una cuota de mercado del 25,5%, unido al menor rendimiento de las producciones extranjeras, particularmente norteamericanas.

No es por ponerse en plan «cenizo», pero tanto triunfalismo –similar al de *«la crisis ya es Historia»*– no conduce a ninguna parte. Claro que en todos los países hay «películas locomotoras» que arrastran a las demás. Claro que hay una serie de títulos que, como *El Niño, Torrente 5* o *La isla mínima,* se han portado bien en taquilla, superando la anhelada barrera del millón de espectadores (lo que, por sus características, me parece especialmente relevante en el caso del film de Alberto Rodríguez). Pero los estadísticos saben que lo que importa no son las subidas y bajadas puntuales de los porcentajes, sino si estos «marcan tendencia». Y no veo que tal tendencia haya variado en profundidad cara al cine español. De no consolidarse, los entusiasmos de hoy pueden convertirse en decepciones venideras.

Por el contrario, percibo factores más que preocupantes. No me refiero únicamente al mantenimiento del 21% de IVA sobre el sector cultural, a la escasísima desgravación fiscal, a la incidencia de la piratería o al raquítico presupuesto del Fondo de Protección a la Cinematografía (acaba de conocerse que se aplicará un prorrateo del 13% sobre las Ayudas a la Amortización para las películas de 2012), temas ya básicos de por sí. Incluso por encima de ellos, creo de especial gravedad la completa dependencia del cine español respecto a las televisiones, sobre todo las privadas.

De hecho, todos los film españoles más taquilleros de 2014 –salvo *Relatos salvajes,* argentino aunque con coproducción minoritaria de El Deseo– han sido coproducidos y promocionados al máximo por las televisiones. Si Tele 5, Antena 3 o, en menor medida, TVE no contribuyen decisivamente a la financiación de una película, resulta muy difícil que pueda llegarse a hacer. O se harán solo con presupuestos muy exiguos, nacidos tantas veces del voluntarismo de sus promotores, con fórmulas que incluyen hipotecas personales, dineros familiares o «crowdfunding», métodos valiosos pero que no conforman una mínima industria ni garantizan la supervivencia de sus profesionales. Resumiendo, y al menos en las películas que muestran «ojos y cara», hoy tenemos el cine español que quieren las televisiones.

Sin recursos propios suficientes, sin el respaldo público que necesitarían, ni la presencia imprescindible en las pantallas, la producción independiente pena en nuestro país. En eso sí que se ha ido a peor en 2014. ●

(Diciembre de 2014. Nº 2.655)

Los mundos de Paco Roca

Veo la exposición «Paco Roca, dibujante ambulante» en la Fundación Telefónica de Madrid. Gran éxito: mucha gente, familias con niños, catálogo agotado a los pocos días de la inauguración… Es la misma, actualizada, que exhibió en Valencia el MuVIM en septiembre y octubre de 2012, y desde entonces se ha publicado la –para mí y creo que para la mayoría– obra más importante de Roca, «Los surcos del azar». El comisario de la muestra es de nuevo MacDiego, quien, con la colaboración del propio autor y también amigo, ha sabido recrear el personal universo del dibujante, con espacios propios dedicados a sus principales libros: «El faro», «Arrugas», «Las calles de arena», «El invierno del dibujante» y el citado «Los surcos del azar». Además de carnets de viaje, una síntesis animada de su forma de trabajar, numerosos carteles y portadas o una vitrina en la que, por cierto, figura una ya famosa diseñada para la **Turia**.

Hay en Paco Roca un mundo específico, cercano, reconocible, cálido, pero no solo cuando él mismo o su mujer, Raquel, se convierten en personajes de sus viñetas, sino también cuando trata temas más lejanos. Es un mundo afectivo, al que traslada sus sentimientos y emociones, y logra que conecten con el lector.

Siempre nos sentimos concernidos, de una u otra manera, con lo que estamos viendo hasta llegar a la sonrisa o a esa emoción. De ahí nació la dimensión adquirida, dentro y fuera de nuestras fronteras, por «Arrugas» (potenciada por su versión cinematográfica) al abordar la cuestión del alzhéimer; de ahí, el gran acierto de «Los surcos del azar» de no limitarse a diferentes acciones bélicas, sino de interrelacionarlas con las conversaciones del presente que mantiene el dibujante con el superviviente de «la Nueve» republicana, que entró antes que nadie en el París ocupado por los nazis.

Hay asimismo en Paco Roca un mundo próximo a lo kafkiano, a lo intrincado e inexplicable, a lo laberíntico: quedó patente en «Las calles de arena» y no por azar, él ilustró una edición de «La metamorfosis». En esta dimensión alternativa, pero quizá complementaria, el sentido del humor se hace mucho menos directo, más alambicado. Porque, pensándolo bien, ¿no hay mucho de kafkiano en las andanzas cotidianas de su "hombre en pijama"?…Y creo también importante una tercera característica de Roca: su reconocimiento hacia la «generación Bruguera», hacia los creadores de *Tío Vivo,* a quienes dedicó «El invierno del dibujante» y con los que siente una clara filiación. ●

(Diciembre de 2014. Nº 2.656)

Manuel Gutiérrez Aragón abandonó la dirección tras la cámara para pasarse a la literatura. *(Véase artículo «Los cineastas-escritores»).*

2015

Polvo de estrellas

Bajo el bonito título de «Pantallas de plata», se ha publicado recientemente un libro póstumo de Carlos Fuentes, muy recomendable. En él, el gran novelista mexicano aborda sus relaciones con el cine, sobre todo con el clásico norteamericano de los años 30 y 40, centrándose en las «estrellas» que lo configuraron y los directores que las encumbraron. Con un estilo directo, de lectura fácil, Fuentes muestra bien a las claras su fascinación por el hecho cinematográfico, heredada de su padre, que aborda en los dos capítulos iniciales, para pasar luego a un recorrido por la labor de actrices, actores y realizadores, con especial preferencia hacia las primeras.

El autor de «La muerte de Artemio Cruz», guionista en diversas ocasiones y adaptado a la pantalla en otras varias, busca aquí una cierta complicidad con el lector, al que invoca a menudo como *mi semejante, mi hermano»*, como detentadores de una misma pasión cinéfila. Una pasión en la que, como no podía ser menos, existe un fuerte componente de erotismo: *«Sentado allí, con los ojos cerrados, tú puedes repasar todos esos ojos enormes que al mirar hacia la oscuridad de una sala te miran a ti. Ojos de incendio nocturno de Pola Negri. Ojos de laguna envenenada de Gloria Swanson. Ojos de orgasmo nómada de Greta Garbo. Todas esas cabelleras que al ser acariciadas por un galán cinematográfico son acariciadas vicariamente por ti… Todos esos labios que se acercan tentadores y húmedos no a una cámara, sino a tus labios: labios de todas las formas y tamaños, súbitamente disponibles en el mostrador de plata de una pantalla».*

Y así, en el recorrido mítico de Carlos Fuentes van apareciendo, mezclando los papeles que interpretaron y sus vidas personales, Garbo y Dietrich, Joan Crawford, Bette Davis y Barbara Stanwyck, Claudette Colbert, Irene Dunne y Carole Lombard, pero también Chaplin, Keaton y los Hermanos Marx, Edward G. Robinson y James Cagney, Clark Gable, Fred Astaire y Cary Grant, y tantos y tantos otros, junto a los textos dedicados a decisivos cineastas de la época como Vidor, Wellman, Mamoulian, Cukor, Capra, Lubitsch o Lang. Entrelazados todos ellos como en un jugoso racimo de uvas, donde cada una conduce a la siguiente y, aunque se van degustando aisladamente, solo adquieren su estupendo sabor global cuando se han consumido todas ellas. ●

(Enero de 2015. Nº 2.658)

El cine sí puede

El recientemente fallecido Francesco Rosi siempre defendió el compromiso social y ético del cine, su capacidad de influencia sobre la sociedad de su tiempo. No ha sido el único, por supuesto: otros muchos autores como Ken Loach, Costa-Gavras o los hermanos Dardenne han mantenido repetidas veces esta misma posición. Que, sin embargo, viene siendo «desprestigiada» por un posmodernismo que niega al trabajo artístico toda incidencia en el mundo en el que nace y le rodea. Es la vieja actitud de los formalistas que, desde el siglo XIX, creen en un universo autónomo para las obras creativas.

Dos películas acaban de replantear el tema de manera directa: la rusa *Leviathan,* de Andrei Zvyagintsev, y el documental catalán *Ciutat morta,* de Xavier Artigas y Xapo Ortega, sujetas a fuertes polémicas. No son casos aislados, se repiten cada vez que se incide en temas o problemáticas que están vivas entre los ciudadanos. Pese a cuantos se obstinan en ignorar o minusvalorar su influencia, el cine sí puede provocar conocimiento, alertar sobre problemas comunitarios, incidir en situaciones políticas y sociales que necesitan ser profundizadas. Claro que el cine no va a «cambiar el mundo», pero sus imágenes tienen la fuerza de iluminar ciertas parcelas de realidad que permanecían interesadamente ocultas o mostrar de manera ya sea directa, ya sea metafórica, procesos colectivos de forma que percutan en la sensibilidad y la conciencia del espectador.

Si, a partir de su emisión en la televisión pública catalana (no sin haber tenido que superar diversos escollos), *Ciutat morta* ha sido capaz de reabrir ante la opinión pública los sucesos de febrero de 2006 en Barcelona, planteándose incluso una nueva investigación y juicio, el caso de *Leviathan* es paradigmático. Pese a haber logrado el pasado año el Premio al Mejor Guion en el Festival de Cannes, el Globo de Oro a la Mejor Película extranjera y estar nominada a los Oscar, o precisamente por ello, ha logrado concitar la ira de todos los «poderes fácticos» de Rusia. Desde el ministro de Cultura, que la acusa de que *«no hay un solo héroe positivo»* y sus personajes no son *«verdaderos rusos»,* hasta la Iglesia Ortodoxa, que pide su prohibición, pasando por el Partido Comunista, que la tacha de *«antinacional»,* todos se han puesto de acuerdo en denostar el retrato del despotismo, la corrupción y la arbitrariedad que efectúa Zvyagintsev. Muy viejas y torpes palabras, que tanto nos recuerdan a las que durante el franquismo se pronunciaban contra los films de Saura/Querejeta o, en el Gobierno de Aznar, contra *La pelota vasca.* Señal inequívoca de cuando el cine golpea donde de verdad duele. ●

(Enero de 2015. N° 2.662)

Bajo el signo de la margarita

Nada menos que 120 años contemplan la trayectoria de Gaumont, la más antigua empresa cinematográfica del mundo y cuya existencia llega hasta hoy mismo. Fundada en 1895, al mismo tiempo que el nacimiento del nuevo arte, por Léon Gaumont, tuvo en él mismo, su secretaria Alice Guy (la primera mujer cineasta) y, sobre todo, el gran Louis Feuillade los soportes humanos de todo un imperio de imágenes. Desde un principio, la compañía adoptó el signo gráfico de la margarita, nombre de la madre del fundador, contrastando con el gallo popularizado por su rival Pathé, que también pervive después de más de un siglo y que acabó por unirse a Gaumont en el sector de la exhibición.

Como bien saben hacer los franceses con sus glorias patrias, el aniversario de ese siglo largo de existencia de Gaumont va a ser celebrado por todo lo alto, centrado en la recuperación de casi 300 películas, ediciones conmemorativas en vídeo y el montaje de una amplia exposición que se desarrollará en París entre los meses de abril y agosto de este año. Quedará ahí patente el doble camino que siempre transitó la productora: por un lado, films con vocación comercial, con fuerte inclinación hacia la comedia popular tipo Louis de Funès; y, de otro, películas de autor, como muchas de las que dieron carta de naturaleza a la «Nouvelle Vague», creadas por Malle, Chabrol o Godard.

Línea esta segunda que se incrementó notoriamente con la presencia durante diez años, entre 1975 y 1985, de Daniel Toscan du Plantier al frente de la compañía, cuando produjo a Bresson, Fellini, Losey o Pialat. Pasado dicho periodo, el mayor éxito de Gaumont ha sido el de *Intocable,* que «rompió» las taquillas de medio mundo en 2011 y 2012. El hecho de dominar los tres sectores de producción, distribución y exhibición facilita el buen resultado de sus títulos, pero asimismo le ha valido a Gaumont numerosas críticas por el *«dominio excesivo»* que ejerce sobre el cine francés.

También a España nos va a llegar un eco muy relevante de la historia y la dimensión de este gigante galo, a través de A Contracorriente, la distribuidora que ha comercializado sus últimos éxitos en nuestro país. De forma paralela a las iniciativas adoptadas al otro lado de la frontera, habrá proyección en salas de películas famosas de su catálogo, ediciones en DVD y Blu-Ray, presencia de actrices y actores de relieve que han trabajado en esos films, además de muestras de producciones de Gaumont en los Festivales de San Sebastián, Sitges y Valladolid, certamen donde tendrá lugar un extenso ciclo que recorrerá por décadas las distintas etapas de la compañía. Una excelente ocasión para conocer o «revisitar» títulos memorables que ya forman parte del patrimonio cinematográfico no solo francés, sino mundial. ●

(Febrero de 2015. Nº 2.664)

Un bigote para dos

Este es el peculiar título de una película no menos peculiar: la que hicieron en 1940 Tono y Mihura sobre un film austriaco de cinco años antes (*Unsterbliche melodien, Melodías inmortales,* de Heinz Paul), cambiando sus diálogos originales por otros inventados por ellos, aunque manteniendo casi siempre las imágenes. Así, lo que era una tragicomedia romántica sobre los amores de Johann Strauss hijo se convirtió en un disparate humorístico, donde sus entonces jóvenes autores llevaban al cine lo que previamente habían practicado sobre fotografías en *La Ametralladora* y posteriormente desarrollarían desde la fundación de *La Codorniz* en junio de 1941. Jardiel Poncela hizo algo similar con sus *Celuloides rancios* y *Mauricio o una víctima del vicio,* pero sobre cintas mudas. La novedad de *Un bigote para dos* es que «actúa» sobre una sonora, mostrando también la capacidad manipuladora del doblaje, que justo a partir de abril de ese mismo año 41 se instauraría «imperialmente» como obligatorio en aquella España de la posguerra.

El problema es que las diez copias que se tiraron de la película de Tono y Mihura se perdieron sin remedio, por lo que –salvo por los testimonios de quienes la habían visto en su día– no se habían podido contrastar después los resultados del «experimento». De hecho, cuando Eduardo Rodríguez Merchán y yo mismo escribimos «Miguel Mihura, en el infierno del cine» nos tuvimos que limitar a consultar la lista de diálogos que habíamos encontrado, aunque sin la posibilidad de verificarlos con las imágenes.

Pero ahora la situación ha cambiado, gracias a una paciente investigación de Santiago Aguilar y Felipe Cabrerizo, que han conseguido dar con una copia en vídeo doméstico de *Unsterbliche melodien* y, conservando el diálogo original, no doblarla pero sí subtitularla con los de Tono y Mihura. Quienes incluso añadieron frases al margen, sobre todo las extraordinarias de una *«voz de la conciencia»* de Don Enriqueto (trasunto hispano de Strauss), que quiere guiarle en sus relaciones con Manolita, *«la de la voz de barítono»*, y Lilí, *«la muchacha frívola»*. Todo un disparate para una hora de disfrute.

Pero no contentos con solo ese trabajo de recuperación fílmica, Aguilar y Cabrerizo han elaborado un estupendo libro, *«Un bigote para dos.* El eslabón perdido de la comedia cinematográfica española»*, publicado por la editorial andaluza Bandaàparte, que documenta la exhaustiva labor de investigación y profundiza en ese humor «codornicesco» en el que ellos son máximos expertos. ●

(Marzo de 2015. Nº 2.666)

La película que nunca existió

Corría el año 1960. Miguel Picazo acababa de graduarse en el Instituto de Investigaciones y Experiencias Cinematográficas (IIEC, precedente de la Escuela Oficial de Cine) y pensaba ya en su primer largometraje. Para producirlo, contaba con el apoyo de Marco Ferreri, entonces en España, que quedó muy bien impresionado con la práctica final de carrera de Picazo, *Habitación de alquiler.* El intento fue ofrecer la «otra cara» de cuanto mostraría *El Cid,* la película de Anthony Mann para Samuel Bronston, con Charlton Heston y Sophia Loren como protagonistas. Picazo recurrió a tres de sus excompañeros en el IIEC, Mario Camus, Joaquín Jordá y Francisco Regueiro, para que le ayudaran a escribir lo que habría de ser *Jimena,* centrada en la esposa de Rodrigo Díaz de Vivar y su relación amorosa con él, especialmente dramática porque este mató al padre de la joven después de haberse comprometido el casamiento.

Entre los cuatro coguionistas se empeñaron en un acercamiento totalmente antiheroico a tales hechos, ofreciendo una visión realista de la Castilla del siglo XI, opuesta a la mitificadora de la producción de Bronston. La vida de Jimena Lozano en su casa paterna y como sobrina del Rey Sancho, su fascinación hacia Rodrigo (ambos tenían 18 o 19 años), su enclaustramiento en un convento como «donada», el encuentro final de la pareja, conforman el guion, donde el futuro Cid no es sino un muchacho impulsivo y prepotente cuyo papel gravita sobre todo en función del personaje de Jimena. Todo ello era demasiado para una brutal censura que venía de sufrir el escarnio, para el Régimen, de *Viridiana:* prohibió radicalmente el guion, por lo que aquel intento de «opera prima» de Miguel Picazo jamás vio la luz, lugar que ocuparía nada menos que *La tía Tula.*

Dentro de su muy elogiable empeño de difundir la obra del cineasta de Cazorla, la Diputación de Jaén ha publicado el guion inédito de *Jimena,* como ya hizo con el de *La tía Tula* y el de *Los hijos de Alvargonzález* (otro proyecto fallido) y va a hacer con el de *Extramuros,* siempre en ediciones de Enrique Iznaola, que completan el texto original con aportaciones de otros cineastas, críticos o conocedores de la persona y la filmografía de Picazo. En este caso del guion de *Jimena,* se trata más bien de una pieza «literaria», todavía no apto –como señala José Luis García Sánchez– para rodar tal cual, lleno de acotaciones ambientales y detallistas que a la actriz Ana Fernández incluso le hacen *«recordar a Valle Inclán».*

El resultado es todo un documento creativo para comprobar cómo la censura franquista abortó películas que habrían podido ser decisivas en la trayectoria del cine español. Y es que, según sostenía Tomás Gutiérrez-Alea, más que por lo que han logrado filmar, a los cineastas debía juzgárseles por sus proyectos que no llegaron a existir… ●

(Marzo de 2015. Nº 2.668)

La religión de las salas

Qué hacía que se reunieran más de trescientas personas en uno de los (ya muy escasos) cines de la Gran Vía madrileña para asistir a una proyección de *Blade Runner,* en una versión remasterizada de la «Director's Cut» de 1992? La tarde era desapacible, fría y lluviosa, pero aún así varios centenares de «fieles» se congregaron para ver una excelente proyección digital y en V.O. del film sobre una gran pantalla. Comenzaban de esta manera las actividades del Club de la Prensa, una plausible iniciativa que se irá desarrollando cada semana en uno de los locales más veteranos de la ciudad, el Palacio de la Prensa, y que incluirá una programación compuesta por obras célebres como *Blade Runner,* del cine español «clásico» o de musicales, así como por preestrenos y presentaciones de libros y revistas. La primera sesión tuvo un espléndido resultado, con un público joven embebido por las imágenes «de culto» de Ridley Scott.

Lo destaco sobre todo porque ese público seguramente ya conocía, e incluso había visto varias veces en televisión o vídeo, esta historia de la persecución a muerte de un grupo de replicantes en el lluvioso, sucio y orientalizado Los Angeles de 2019 (pensar que en 1982, fecha de realización del film, se predecía que dentro de tan solo cuatro años estaríamos así, produce cierto escalofrío). Y hasta probablemente habían leído la novela de Philip K. Dick en que se inspira la película, libro que goza de uno de los títulos más sorprendentes e imaginativos que pueden darse, «¿Sueñan los androides con ovejas mecánicas?». Entonces, si a la inmensa mayoría aquello ya le resultaba familiar, cabe preguntarse por qué iban a esta sesión especial. La respuesta creo que es doble: por la necesidad de disfrutarla colectivamente, no de forma individual, ante una pantalla casera; y por el placer de hacerlo en una sala de amplias dimensiones, con todo lo que ello comporta de espectacularidad y recursos técnicos de orden audiovisual.

Lo expresaba Sigfrid Monleón con gran acierto hace unas semanas en estas mismas páginas de **Turia,** cuando tras referirse a *«la atención concentrada y colectiva del cine en la satisfacción imaginaria del espectador»,* llegaba a la conclusión de que *«el cine como arte, con una finalidad estética y un poder de pensamiento propios, necesita de la sala para la transmisión de su cultura específica».* Exacto. El tema va mucho más allá del manido eslogan de *«el cine en el cine».* Es una cuestión que afecta a la propia esencia del hecho cinematográfico, que necesita «respirarse» de forma colectiva: es una suerte de religión laica, donde la divinidad viene expresada por la ligazón con unas imágenes que se expresan y nos expresan hasta límites insospechados. ●

(Marzo de 2015. Nº 2.670)

Tras la cámara

El triunfo en Málaga de Daniel Guzmán con su «opera prima», *A cambio de nada,* pone de actualidad el tema de los actores que se pasan a directores. Sobre todo, porque en la misma edición del certamen andaluz otro tanto sucedía con Leticia Dolera y su *Requisitos para ser una persona normal,* y Zoe Berriatúa con *Los héroes del mal.* Nada nuevo, podría decirse, porque la Historia del cine está llena de casos de famosos intérpretes que se pasan al otro lado de la cámara, desde Chaplin, Charles Laughton, Vittorio De Sica o Laurence Olivier, pasando por Fernando Fernán-Gómez, Marlon Brando, Clint Eastwood, George Clooney o la mismísima Angelina Jolie. Tampoco se trata de un fenómeno que afecte solo al actual cine español: ahora mismo hay en cartelera dos películas, *El maestro del agua* y *Lost River,* que suponen el debut en la dirección de Russell Crowe y Ryan Goslin. Y en el próximo Festival de Cannes Natalie Portman presenta *Una historia de amor y de tinieblas,* y la francesa Maïwenn, *Mon Roi.*

Cabe preguntarse, entonces, por qué se da esta circunstancia, por qué un buen día un actor o una actriz deciden pasar a la realización, dirigiéndose a sí mismo o solo a otros. Cuando lo hace un guionista, también un caso bastante frecuente, se dice que es para superar la frustración de ver sus textos no bien llevados a la pantalla. ¿Sucede lo mismo? ¿Es para ofrecer en imágenes facetas o aspectos interpretativos que otros no han sabido dar? Puede darse, pero no cuando renuncian a autodirigirse. ¿Es que su fama les permite poner en pie proyectos con mayor facilidad que quienes parten sin detentar ese previo conocimiento público? También es posible, pero, por ejemplo, Daniel Guzmán ha declarado que, pese a su popularidad televisiva, ha tardado diez años en poder hacer su primer largometraje, incluso tras haber ganado en 2003 la Espiga de Oro de la Semana de Valladolid con su excelente corto *Sueños.* Diferentes, en profundidad, deben ser los motivos: creo que tienen que ver con el desarrollo de la creatividad, del deseo de expresarse más allá de la elaboración de un personaje ajeno, de controlar –como hace todo buen director– el proceso íntegro que conduce y preside la elaboración de una película. En definitiva, sentirse autor en el pleno sentido de la palabra y no solo un vehículo, por importante que sea, de cuanto alguien distinto idease.

Ya me he referido en varias ocasiones (y no solo yo, por supuesto) al «misterio del actor», a ese fascinante proceso por el que unas determinadas personas deciden, venciendo muchas veces su inseguridad y su timidez, a ponerse en la piel de los otros. No esta lejos de ello la tendencia a situarse tras la cámara, como la clara pero involuntaria confesión de que, así, rompen con su sentimiento de ser artistas de alguna manera incompletos. ●

(Abril de 2015. Nº 2.674)

Los cineastas-escritores

Hablábamos hace quince días del creciente número de actores y actrices que se pasan a la dirección. Hay, paralelamente, otro fenómeno que no deja de ser significativo: la cantidad de cineastas que desarrollan una labor como escritores, casi siempre en el terreno de la novela. Unos, porque consideran que su tiempo como realizadores ya ha caducado, prefiriendo la tranquilidad de su mesa de trabajo al vértigo de un rodaje. Otros, porque no consiguen poner en pie sus proyectos y se lanzan a explorar nuevas vías de expresión. Varios, porque han simultaneado desde siempre sus películas y sus libros, entendiéndolos como caminos complementarios. Igual que sucedía entre los intérpretes, tampoco es una circunstancia nueva y hemos tenido incluso autores «todo terreno», como Fernán-Gómez o Neville. Pero, sin duda, el hecho de los cineastas-escritores se ha acrecentado en los últimos años.

Desde que anunció su retirada de la dirección, es Manuel Gutiérrez Aragón quien está llevando una labor literaria más continuada, ya con tres novelas a sus espaldas: «La vida antes de marzo», Premio Herralde en 2009; «Gloria mía» y «Cuando el frío llegue al corazón», que, junto a sus trabajos de guion, le han alzado hasta la Real Academia Española. Un caso similar es el de Josefina Molina, que además de su autobiografía «Sentada en un rincón» (que publicase la Semana de Cine de Valladolid en 2000), se inclinó por la escritura con otros tres títulos: «Cuestión de azar», «Los papeles de Bécquer» y «En el umbral de la hoguera» (una excelente aproximación a Teresa de Jesús por quien la llevase a la televisión en una serie inolvidable), que acaba de reeditarse corregida y aumentada por su autora.

Distintos son los casos de Gonzalo Suárez o David Trueba, ya que desde el comienzo de sus trayectorias han alternado ambas facetas. Y ahora mismo tienen dos volúmenes en las librerías: el primero, «Con el cielo a cuestas», un muy sugerente relato medio surrealista medio autobiográfico situado en el París de la década de los 50; el segundo, «Blitz», que ya ha sido elogiado en estas mismas páginas por Alfons Cervera. Entre esos autores «bifrontes», cabe citar asimismo a Vicente Molina Foix y Ray Loriga, aunque en ellos ha acabado por dominar más el mundo de las letras que el de las imágenes.

Otros muchos nombres pueden añadirse a la lista de cineastas que han publicado en fechas recientes: José Luis Cuerda («Si amaestras una cabra, llevas mucho adelantado»), Agustín Díaz Yanes («Simpatía por el diablo»), Fernando León («Aquí yacen dragones»), Julio Medem («Aspasia, amante de Atenas»), Álex de la Iglesia («Recuérdame que te odie»), Ventura Pons («54 dies i escaig»), Jordi Grau («Confidencias de un director de cine descatalogado»)… ¿Necesidad de expresarse de forma diferente o consecuencia de la tan difícil situación que vive el cine español? De todo hay en la viña del Señor. ●

(Mayo de 2015. Nº 2.676)

Cannes o el triunfo del chovinismo

Me temo que, con las alegrías poselectorales, que yo les hable de Cannes, de las importantes películas vistas en él y de la justicia o injusticia de su Palmarés, les va a sonar más bien a chino. Pero para algo es el primer Festival del mundo, y muchos de los títulos que han protagonizado sus doce jornadas van a llegar hasta ustedes en los próximos meses. Hay varios que son de la máxima valía; otros que serán olvidados con rapidez, producto de un certamen con una primera mitad excelente y una segunda en claro declive. Precisamente, cuando el Jurado Internacional, presidido por los hermanos Coen y con alguna celebridad indiscutible como Rossy de Palma, ha encontrado buena parte de sus premios, empezando por la sorprendente ganadora, *Dheepan,* de Jacques Audiard.

Esta 68 edición de Cannes se había montado a mayor gloria del cine francés, con cinco películas a competición –sobre diecinueve– más otras tantas en otros apartados de la Selección Oficial, entre ellas las de inauguración y clausura, e innumerables en las secciones paralelas. El empeño, pese a ser muy criticado en todos los medios, le ha salido bien a los organizadores. Porque el Jurado ha querido ser agradecido y colaborador, situando a tres films galos en el Palmarés: la citada *Dheepan* y *La loi du marché* y *Mon roi* a través de Vincent Lindon, premio merecido al Mejor Actor, y Emmanuelle Bercot, premio inmerecido a la Mejor Actriz, «ex aequo» con Rooney Mara, con agravio hacia su compañera en *Carol,* la espléndida Cate Blanchett del no menos estupendo film de Todd Haynes.

Por el contrario, el gran perdedor de esta 68 edición es el cine italiano, que presentaba en la Sección Oficial a sus tres mayores «pesos pesados»: Nanni Moretti con *Mia madre,* Paolo Sorrentino con *Youth* y Matteo Garrone con *Il racconto dei racconti*. Se conoce que como no había en el Jurado ningún miembro de su país, nadie les valoró debidamente y se han ido con las manos vacías, mientras que los paneles de puntuaciones y los rumores apuntaban hacia los dos primeros como grandes favoritos.

Siempre cabe preguntarse qué es lo que quedará de una concreta edición. Aparte de los films de Moretti y Haynes o la continuidad en la obra de Hirokazu Kore-eda en *Nuestra hermana pequeña* y de Hou Hsiao-Hsien en *La asesina,* para mí la auténtica «revelación» de este Cannes ha sido *El hijo de Saúl,* de László Nemes, con una aproximación al tema del Holocausto como no habíamos visto antes. En este caso el Jurado sí ha acertado al otorgarle su Gran Premio, el segundo en orden de importancia, como también la crítica internacional reunida en la FIPRESCI. Quizá en nuestra memoria permanezcan, ante todo, las terribles imágenes del film húngaro dentro de un Festival que no ha colmado las muchas expectativas creadas. ●

(Mayo de 2015. Nº 2.678)

Las «campanas» de Avilés

Comencé mi trabajo periodístico en Avilés, como redactor-jefe del diario local, que se llamaba –y sigue llamándose– *La Voz de Avilés*. Desde un principio me interesó el tema de las «campanas», un sistema mediante el que se había cimentado Ensidesa y por el que murieron muchos obreros, nunca se supo bien cuántos. Pero era entonces un asunto totalmente «tabú», del que nadie quería hablar o se hacía en plan confidencial: se susurraba en voz muy baja que el subsuelo de la gran siderúrgica estaba poblado de cadáveres… Por ello, no logré publicar el reportaje que narrase aquella realidad laboral acaecida entre 1951 y 1959, en un Avilés que había pasado de ser una villa burguesa de 15.000 habitantes a una ciudad proletaria de cerca de 100.000. El enorme crecimiento procedía de la masiva llegada de emigrantes desde las zonas más desfavorecidas de España, y de la propia Asturias, a quienes los «avilesinos de toda la vida» llamaban *«coreanos»*, por la coincidencia entre su pésima situación social y la que se veía sufrir en el «No-Do» a las víctimas de la Guerra de Corea.

Ahora, un excelente documental refleja ese duro tiempo, y concretamente la terrible existencia de las «campanas», de ahí que se titule *Campaneros*. Lo ha realizado un avilesino nieto de emigrantes, Isaac Bazán Escobar, recogiendo los testimonios de cinco de aquellos trabajadores, además de la colaboración de una serie de expertos, entre los que destaca Javier Gancedo, Director del Archivo de Ensidesa. Con materiales de este centro y del Archivo Histórico de Asturias, junto a los mencionados testimonios y unas oportunas imágenes de animación, Bazán Escobar nos sitúa ante el escalofriante método de las «campanas» de aire comprimido o «cajones indios», llamados así porque los ingleses ya lo utilizaron con el fin de construir puertos en aquel país.

Para que ustedes se hagan una idea, se trataba de cilindros de acero ajustados a unos profundos cajones de hormigón por los que un grupo de obreros bajaba para cavar la tierra y llegar al suelo firme que permitiese la cimentación. Pero como la zona era de marismas, había que inyectar una fuerte presión que alejase el agua de dicho suelo; es decir, que los trabajadores tenían que soportar una presión muy superior a la del aire libre y, de no tomarse las medidas adecuadas para evitarlo, se producían muertes o –cuando menos- roturas de tímpano, hemorragias por distintos orificios o daños a los huesos, todo ello a causa de los cambios barométricos.

El visionado de *Campaneros* en Avilés ha sido un auténtico acontecimiento, con pases y pases repletos en la Casa de Cultura de la ciudad. Pero este documental merece un recorrido mucho mayor, que permita comprobar a los espectadores más jóvenes cómo fueron tantas veces las condiciones laborales sufridas durante el franquismo. ●

(Junio de 2015. Nº 2.680)

Todo empieza en el guion

Por una serie de circunstancias que no vienen al caso, he conocido en los últimos meses numerosos proyectos del cine español. Y algo me ha llamado la atención por encima de cualquier otra cosa: lo mal, lo rematadamente mal que se paga a los guionistas. Sean de mayor o menor presupuesto, más o menos ambiciosas, de carácter básicamente «industrial» o «cultural», todas las películas –salvo contadas excepciones– tienen una característica común: las cantidades ínfimas que se dedican al guion. Algunos productores ni siquiera lo pagan o, sobre todo si se trata de documentales, se atreven con la ridícula cifra de 1.000 o 2.000 euros, cuando no posponiendo el cobro a *«si hay beneficios»* (que nunca los hay, al menos oficialmente). Muchos lo sitúan en 15.000 euros, dinero todavía muy injusto e insuficiente para quien o quienes han «inventado» el film.

No es que los directores estén tampoco bien pagados, pero superan un poco esos números de sonrojo. ¿Cómo se quiere que salgan bien las películas si no se les da una remuneración adecuada a quienes las escriben? La solución no estriba en hacer más y más versiones del guion, lo que a tantos productores españoles les encanta y que no suele lograr otra cosa que «marear la perdiz». Eso lo han aprendido de sus colegas norteamericanos, que lo practican habitualmente, pero no imitándoles en los baremos económicos que aplican. Resulta muy fácil acudir al tópico de que *«en el cine español lo que fallan son los guiones»*. No, lo que falla es la miseria que se dedica a ellos y que impide que apenas nadie llegue a profesionalizarse en este oficio. Páguense adecuadamente y ya verán cómo surgen buenos «scripts».

Están en el horizonte diversas medidas que reforman el apoyo estatal a la producción cinematográfica de nuestro país, en especial las ayudas previas que van a sustituir a las de amortización. Dado que no se puede entrar desde la Administración en si el guion está bien o mal retribuido, porque se trata de un acuerdo entre particulares, debe exigirse que se haya abonado, al menos parcialmente, para poder acceder a dichas ayudas. Porque esa es otra: dicho con el refrán popular, *«además de cornudos, apaleados»*, porque tantas veces los guiones acaban pagados tarde, mal o nunca. Y no se puede seguir explotando a quienes crean, a quienes emplean su inventiva, su esfuerzo y su tiempo a que todo pueda ponerse en marcha. No hay una buena película sin un buen guion, y ejemplos de ello los encontramos a miles. La «regeneración» del cine español pasa, junto a otros muchos factores pero de manera principal, porque se les dé el justo trato económico a aquellos que lo imaginan. Es la única forma de construir la casa desde sus cimientos reales. ●

(Julio de 2015. Nº 2.686)

La familia que rueda unida…

El primero fue Paco León, al llevar a la pantalla a su madre, Carmina Barrios, en *Carmina o revienta* y *Carmina y amén.* Después, Daniel Guzmán recurrió a su abuela, Antonia Guzmán, para un importante papel de *A cambio de nada.* En el reciente Festival de San Sebastián se veía *Un dia perfecte per volar,* donde Marc Recha da el protagonismo a su hijo Roc. Y, rizando el rizo, Álvaro Ogalla se interpreta a sí mismo en *El apóstata.* O casi otro tanto Fernando Colomo en *Isla Bonita.* Parece que ha surgido la moda de que los directores utilicen a familiares suyos a la hora de encarnar a los personajes. Lo que se multiplica en el caso de documentalistas que, ya desde hace tiempo, nos cuentan historias de sus abuelos, padres, madres, hijos, tíos y demás parentela. Bien visto, puede ser una vía de salida para el actual cine español y, de seguir así las cosas, no sería nada raro que viéramos proliferar a núcleos familiares que, en lugar de reunirse a comer los sábados o los domingos, lo hicieran para rodar una película. Y es que, al margen del talento artístico de los convocados, viene muy bien ahorrarse unos cuantos euros a la hora de elaborar el «casting».

Era bastante habitual que un realizador metiese a su pareja en el reparto, o que su apellido o el del productor se viera repetido numerosas veces en los títulos de crédito. La novedad es que ahora se hace con no profesionales del entorno personal, a quienes se adjudica un lugar relevante como actores del film. A nadie conocemos mejor que a quien está a nuestro lado, y no hay que molestarse en saber si tal o cual intérprete nos dará el perfil exacto que buscamos. Pero, de seguir la tendencia, mal les va a ir a las actrices o actores que viven de esto, porque siempre habrá padres, hijos, sobrinos, cuñados o primos hermanos que nos vendrán de perlas para el papel.

Digo yo, ¿no tendrá algo que ver esta racha con el descenso de presupuestos en el cine español? Si la media de coste de un largometraje de nuestro país estaba hace diez años entre los dos millones y medio y los tres millones de euros, en estos momentos anda en torno al millón doscientos mil. Quiten las grandes producciones, casi siempre vinculadas a las televisiones privadas; quiten –por el otro lado– a los documentales, que suelen costar muy poco, y comprobarán que el grueso del cine español se maneja con una financiación realmente escasa. En ese aspecto, hemos ido hacia atrás como los cangrejos, mientras que en la mayoría de los países sucedía lo contrario.

Ante tal penuria económica, ¿cómo quieren que no se recurra a la familia, que siempre estará dispuesta a echar una mano? Si Pablo Trapero acaba de demostrar en *El clan* que «la familia que secuestra y mata unida, permanece unida», hacerlo para una película por lo menos no es delito… ●

(Octubre de 2015. Nº 2.697)

Recuperar a Kieslowski

La Filmoteca de la Generalitat Valenciana está desarrollando un importante ciclo dedicado al cineasta polaco Krzysztof Kieslowski, uno de los grandes autores contemporáneos y de cuyo prematuro fallecimiento en 1996 se van a cumplir pronto los veinte años. Y conviene insistir en la oportunidad que supone encontrarse o reencontrarse con la obra de Kieslowski, un maestro aclamado en su momento por películas como *La doble vida de Verónica* (1991, la primera que realizó fuera de Polonia), su trilogía *Tres colores: Azul, Blanco, Rojo* (1993-94) o su serie televisiva *Decálogo* (1988-89), de la que extraería dos largometrajes: *No matarás* y *No amarás*.

Se le consideró entonces como uno de los máximos ejemplos de «cine de autor», con un mundo propio y un estilo inconfundible donde se aunaban la sutileza, la ambigüedad y el carácter entre realista y poético de sus propuestas, siempre algo misteriosas. Sin embargo, y a consecuencia de las modas que tanto funcionan en el terreno cinematográfico, su estrella parece haber declinado de manera muy injusta, sustituido por otros «ídolos». Por ello, urge recuperar a Kieslowski, aprender de él, de su amplia etapa documental y de sus trece largometrajes, además del citado *Decálogo*. Murió todavía joven, con apenas 55 años, pero dejando tras de sí una obra tan personal como sugerente y fructífera.

Coincidiendo con este ciclo, que se proyectará asimismo en diversas cinematecas, se ha publicado el libro «La doble vida de Krzysztof Kieslowski», escrito por once críticos polacos y españoles y coordinado por Joanna Bardzinska, que han editado Donostia Kultura y Filmoteca Vasca. Sorprende al leerlo que, contrariamente a lo que sucede en muchos libros colectivos, todos los textos tienen similar interés y se unen de forma que se enriquecen unos a otros hasta formar un «corpus» coherente. Lo que habla muy bien del trabajo de quien los ha coordinado, ya provengan de publicaciones anteriores o especialmente escritos para la ocasión, caso de los firmados por César Ballester, Antonio Santamarina, Eduardo Rodríguez Merchán, Federico García Serrano y Julio Rodríguez Chico, por su orden de aparición en el volumen. Un instrumento desde ahora imprescindible para conocer la obra de Kieslowski y tener la satisfacción de profundizar en ella.

Solo falta que alguna editorial de nuestro país se decida a traducir y publicar «Kieslowski on Kieslowski», una especie de «Mi último suspiro» buñueliano aplicado al autor polaco. Lo elaboró Danuta Stok sobre las conversaciones mantenidas con él entre 1991 y 1993, y sería la manera perfecta de recuperar a un cineasta cuya memoria nunca debería haberse debilitado entre nosotros. ●

(Octubre de 2015. Nº 2.699)

Sorprendente cine islandés

Hasta hace no demasiados años, programar una película islandesa en un festival parecía toda una rareza. De tiempo en tiempo llegaba alguna del «clásico» Fridrik Thor Fridriksson, cuyo *Hijos de la naturaleza* llegó a estar nominada a los Oscar en 1991. Posteriormente, ha sido Baltasar Kormákur el director de referencia desde *101 Réykjavik* (2000), con una carrera posterior en Estados Unidos. Pero apenas nada más, salvo algún título aislado y colaboraciones con otros países escandinavos a la hora de una financiación conjunta. La escasa producción cinematográfica islandesa, de en torno a una decena de largometrajes, se corresponde con el limitado número de sus habitantes, que no llega a los 350.000 en un territorio como Portugal, pero deshabitado en buena parte por la cercanía polar y la afluencia de volcanes. Empleada con frecuencia por Hollywood como escenario de films de aventuras o de carácter épico, que logran una devolución de un 20% de lo invertido allí, Islandia tiene el porcentaje de asistencia a las salas mayor de toda Europa e incluso su cuota de mercado nacional suele ser, pese a esa citada escasa producción, algo superior al 10%.

Por todo lo cual, sorprende positivamente que los dos principales festivales españoles, San Sebastián y Valladolid, hayan coincidido en otorgar este año sus máximos galardones a dos películas islandesas: la Concha de Oro para *Sparrows,* de Rúnar Rúnarsson, y la Espiga de Oro para *Rams: El valle de los carneros,* «opera prima» de Grímur Hákonarson. E incluso en el certamen vallisoletano también un intérprete islandés, Gunnar Jónsson, ha logrado el Premio al Mejor Actor por su excelente trabajo en otro notable film, *Fúsi,* de Dagur Kári. Obras muy valiosas, dotadas de un fuerte hálito humanista, una presencia determinante de la naturaleza, unos personajes certeramente diseñados y, en definitiva, unas imágenes sencillas pero de gran poder de comunicación emocional.

¿Casualidad en estos triunfos? Quizá no tanta, sobre todo si se considera la importancia que el Estado islandés otorga a sus manifestaciones culturales. Tras el «crack» económico de 2008, del que Islandia salió con serie de medidas muy diferentes, e incluso opuestas, a las que se han aplicado en otros países europeos, se decidió no rebajar las aportaciones a las diversas artes, el cine entre ellas, al considerarse acertadamente que esos recortes irían contra el conjunto de la población, que no tenía por qué pagar los previos desmanes bancarios. Gracias a ello, todas las expresiones culturales han ido ganando terreno y se sienten apoyadas por los distintos Gobiernos de turno. Nada sucede por azar y si el cine islandés triunfa en los Festivales, además de por el talento de sus autores, también se debe a esa decidida actitud de los poderes públicos. Todo un ejemplo. ●

(Noviembre de 2015. Nº 2.701)

Guerin y las musas

Con su triunfo en el Festival de Cine Europeo de Sevilla, José Luis Guerin lograba algo inédito en las once ediciones anteriores del certamen: que una película española obtuviese el Giraldillo de Oro, máximo galardón de su Sección Oficial. Y lo ha conseguido con la excelente *La academia de las musas,* que supone una nueva muestra de su talento. Dentro de una línea muy reconocible en Guerin (recuérdese *En construcción*), ficción y realidad se confunden aquí, situando al espectador desde el comienzo en un cierto dilema: qué hay de documental y de invención en las imágenes que está contemplando, hasta que ya domina claramente el segundo concepto. Pero quizá mejor que nada convendría definir *La academia de las musas* como «un documental sobre una ficción», porque su trama nace de la imaginación de su autor pero está rodada conforme a un cierto estilo documentalista. Puro Guerin.

Antes de seguir, conviene aclarar que no se trata de una errata el no acentuar su apellido; él mismo pide que así se haga ya que es de origen francés, aunque resulte casi inevitable –a estas alturas- añadir la tilde en la «i» final, sobre todo cuando hablamos. Sea como sea, Guerin es un autor absolutamente peculiar dentro de nuestro cine, con Víctor Erice como único parangón, alguien a quien cada vez se asemeja más, incluso en su manera de expresarse, de razonar sobre el hecho fílmico, de argumentar en torno

a él. Realizador «guadiana», de largos periodos entre película y película (la anterior, *Guest,* que recogía su periplo por numerosos festivales con *En la ciudad de Silvia,* es de 2010), aunque en medio se haya «carteado» con Jonas Mekas y creado varios montajes audiovisuales, en *La academia de las musas* hallamos al mejor y más sugerente Guerin. Pero no solo por esa fusión, por esa capacidad de transgresión de las fronteras entre ficción y documental, lo que constituye una característica fundamental del cine contemporáneo, sino por la elegancia de su puesta en escena, dominada por los diálogos en primer plano y donde no hace mella la limitación de recursos.

Los debates sobre «La Divina Comedia» y otros textos clásicos que lleva a cabo un profesor universitario con varias de sus alumnas, las reflexiones dialécticas sobre la poesía o el amor, el mundo de relaciones que se crean en el grupo y que van modificándose a medida que avanza el film, constituyen su razón de ser. Que podría parecer demasiado teórica, pero que no lo es porque tras la cámara se sitúa un cineasta con sensibilidad y dominio narrativo. Vencedor, en definitiva, de un XII Festival de Sevilla donde más que nuevos nombres hemos reencontrado a autores ya veteranos como Ermanno Olmi, Marco Bellocchio, Amos Gitai, Sharunas Bartas, Philippe Garrel, Paul Vecchiali o el propio Guerin. Los viejos rockeros nunca mueren. ●

(Noviembre de 2015. Nº 2.703)

Unos pasteles exquisitos

No voy a referirme al esperable éxito comercial de *Ocho apellidos catalanes,* sino a otro menos visible, pero muy estimulante: el de *Una pastelería en Tokio (An),* que alcanza cifras récord en los circuitos independientes. Tras pasar con excelente acogida por la sección Un Certain Regard del Festival de Cannes y por la Semana de Valladolid, donde obtuvo el Premio a la Mejor Dirección, el film de Naomi Kawase ha prendido de manera especial en el público español. Si su camino sigue igual de favorable, logrará entre 120 y 140.000 espectadores, con una recaudación de unos 700 u 800.000 euros. Traerlo a nuestro país, antes que a ningún otro, ha sido un notable acierto de la joven distribuidora Caramel Films, que regenta Enrique González Kuhn.

¿Por qué este éxito? Cabría situarlo en la indudable maestría de la cineasta japonesa, pero no había sucedido con anteriores, y también estupendas, películas suyas como *Suzaku, El bosque del luto* o *Aguas tranquilas.* No, la razón creo que se halla en la positiva propuesta que *Una pastelería en Tokio* plantea al público a partir de una peculiar historia: la de la elaboración en una pequeña tienda de los «dorayakis», los bizcochos o tortitas de masa dulce que, en este caso, vienen hechos con pasta de judías, esa «an» a la que se refiere el título original.

Poca cosa, dirán ustedes, pero si a partir de ahí entramos en los terrenos más queridos por Kawase (el intercambio entre generaciones, la decisiva presencia de la naturaleza o la ineludible dialéctica entre vida y muerte), a los que se suma una exquisita sensibilidad, dicha propuesta ya adquiere otra dimensión. Y los espectadores salen de las salas imbuidos por una especie de «serenidad oriental», de haber vislumbrado a lo largo de dos horas un cierto sentido, feliz pese a todo, de la existencia diaria.

Son Naomi Kawase e Hirokazu Koreeda los dos grandes referentes del cine japonés actual, dignos herederos de maestros como Ozu, Mizoguchi o Naruse. Estaría bien que, al hilo del éxito de *Una pastelería en Tokio,* nos alejáramos de vez en cuando de nuestro «etnocentrismo», de la habitual mirada unívoca, para adentrarnos —aunque solo fuese por curiosidad— en otras expresiones más lejanas pero enormemente fascinantes. ●

(Diciembre de 2015. Nº 2.705)

La «modernidad cinematográfica»

Se ha hablado, se está hablando y se va a hablar en Valencia de la *modernidad cinematográfica*. Un amplio ciclo en la Filmoteca (que incluye películas como *Cronaca di un amore, Un verano con Monika, Viaggio in Italia, Tirez sur le pianiste* o *Artistas bajo la carpa del circo: perplejos*), la edición del libro colectivo «Crónica de un desencuentro: La recepción del cine moderno en España», coordinado por José Enrique Monterde y Marta Piñol, así como la celebración de un Seminario sobre este mismo tema, han centrado el debate sobre una cuestión nada fácil de concretar como la de la «modernidad» aplicada al terreno fílmico.

Ya lo advierte Juan José Caballero en el volumen recién citado: *«No se puede aspirar a proporcionar una definición precisa ni ajustada de un fenómeno tan multiforme, polémico y diverso como el de la modernidad cinematográfica»*. Pero, para entendernos, este término agruparía aquellos movimientos u obras individuales que surgieron tras la hecatombe de la II Guerra Mundial y que supusieron una ruptura o un cambio profundo en la evolución del cine, sobre todo en lo que se refiere a su lenguaje y a su relación con el espectador. Es decir, desde el neorrealismo hasta las diversas «Nuevas Olas» y el dominio del concepto del «cine de autor», en un periodo comprendido entre la segunda mitad de los años 40 y la década de los 70, pero sin desdeñar otras aportaciones posteriores. En otras palabras, y de manera paralela a lo experimentado por diversas expresiones artísticas, todo aquello que ha contribuido a configurar el mejor cine tal como hoy lo entendemos.

En ningún caso, debe confundirse la «modernidad» con lo más reciente o actual, ni con modas pasajeras. Corresponde a todo lo contrario, a unas corrientes de pensamiento y acción que subyacen en la profundidad de las obras, que desde su interior producen cambios cualitativos en ellas y dinamizan el panorama dentro del que nacen. No es, por tanto, un principio estático, sino que va generando sus propias respuestas. En los últimos años, por ejemplo, rompiendo las fronteras entre ficción y documental, destacando la labor de aquellos cineastas que se interrogan sobre el sentido de su trabajo y la forma en que lo desarrollan, dando voz a las mujeres que se sitúan al otro lado de la cámara o, como consecuencia, promoviendo la incesante modulación y transformación del lenguaje cinematográfico.

¿Cuánto de esa «modernidad», considerada en el plano histórico, nos llegó a España? A eso se refiere el «desencuentro» al que hace alusión el libro mencionado y que quedó patente en el Seminario que acompañó su edición. Por la barrera de la censura, en primer término, y por cuestiones de distribución que se enmarcaban en la carencia de información y formación del público potencial, en su momento nos llegó poco, mal y tarde. De lo que nuestro propio cine sería la principal víctima. ●

(Diciembre de 2015. Nº 2.707)

Ken Loach logró la Palma
de Oro del 69 Festival de Cannes
por *Yo, Daniel Blake.*
(Véase artículo
«Una edición que sabe a poco»).

2016

Los viejos realizadores

Lo confiesa José Luis García Sánchez a Diego Galán en *El País*: «*No nos necesitan, ¿no has visto que los mayores no hacemos ninguna película? Somos una generación jodida porque no nos dejaban hacer lo que queríamos, y cuando por fin podemos hacerlo ya está pasado de fecha*». Refleja el autor de *El vuelo de la paloma* una verdad incontestable, que a los realizadores de una cierta edad se les ha arrumbado en el cine español. La propia serie «Los clásicos» que Diego viene desarrollando así lo demuestra, porque salvo un par de excepciones –como Saura o Betriú– la mayoría de los veteranos ya son unos perfectos jubilados. Manuel Gutiérrez Aragón propuso en su día una drástica solución: que esos directores firmasen con seudónimo para que se les tomara por recién llegados….

Y es una lástima. Se está desaprovechando un caudal de conocimientos y experiencia que toda cinematografía necesita, marginando a profesionales que podrían dar todavía mucho juego. Lejos estamos de la concepción oriental que valora en grado sumo el caudal adquirido a lo largo de los años, que privilegia el cúmulo de sabiduría que proporcionan. Pero no sucede así entre nosotros, como tampoco sucedió en Hollywood. Sabido es que a todo un Billy Wilder le impidieron seguir adelante las compañías de seguros, que no se atrevían a garantizar su salud durante los rodajes, o que se instauró la humillante fórmula del «director suplente» por si al titular le daba un patatús. No sucede igual en el cine europeo, donde –como reflejaba en mi artículo sobre el pasado Festival de Sevilla– gentes como Ermanno Olmi, Marco Bellocchio o Philippe Garrel pueden seguir filmando.

Está muy bien lo del «relevo generacional» y lo de dar oportunidades a los que llegan, pero sin avasallar… Baste un dato: en la actual edición de los Goya, ha habido nada menos que 70 aspirantes a la categoría de Mejor Dirección Novel (que implica que hayan hecho solo un largometraje), casi tantos como a la de Mejor Dirección en su conjunto. Es cierto que muchos de los «noveles» lo son con documentales, que cuestan bastante menos y resultan más fáciles de llevar a cabo, pero aun así la cifra parece desorbitada. Ninguna industria es capaz de absorber a tanta gente nueva detrás de la cámara temporada tras temporada. Por eso, el verdadero desafío suele estar en la segunda película, cuando ya los ahorros, las herencias de tías millonarias o el «crowfunding» con amigos y conocidos no funcionan tanto.

Todas las legislaciones, también la española, favorecen a los «nuevos realizadores» con normas que facilitan su acceso a la profesión. Y es lógico que así sea. Pero, al tiempo, deberían crearse programas específicos para «viejos realizadores», esos que todavía tienen tanto que aportar. ●

(Enero de 2016. Nº 2.711)

En la Real Academia

Ingresaba Manuel Gutiérrez Aragón el pasado domingo en la Real Academia Española de la Lengua, y lo hacía con un excelente discurso titulado «En busca de la escritura fílmica». Venía a ocupar el sillón F mayúscula, que anteriormente ocupase el inolvidable José Luis Sampedro. Con un salón de actos a rebosar, el solemne ritual acostumbrado y numerosos compañeros de profesión escuchándole, Gutiérrez Aragón es la tercera persona vinculada al cine que entra en la RAE, tras Fernando Fernán-Gómez y José Luis Borau. Escasa representación, vive Dios, casi tan exigua como la de mujeres entre los académicos, y en la que asombra no encontrar a Rafael Azcona, Luis García Berlanga o Carlos Saura, entre muchos otros. Por tanto, muy bienvenido sea el nuevo «inmortal» a la docta casa.

Es Gutiérrez Aragón uno de los escasos cineastas españoles que teoriza sobre su trabajo, e incluso el último de sus libros está dedicado al mundo de los actores. Por ello, resulta lógico que su entrada en la Academia la haya hecho reflexionando sobre el lenguaje cinematográfico, *«un lenguaje no natural al que el espectador se ha acostumbrado»*, pero que nace de todo un complejo proceso de reconstrucción de la realidad. Así lo planteó Gutiérrez Aragón, como también que *«la profesión de director de cine consiste en so-brevivir al caos»*, dentro de un discurso elaborado con una estructura de «flash-backs»: la aproximación teórica a las relaciones entre el cine y la literatura se retrotraía con frecuencia a la etapa del hoy académico en la Escuela Oficial de Cinematografía de la madrileña calle Génova, con precisas descripciones de sus profesores y su sede o del ambiente en la cercana cafetería Bentaiga. Más atrás, retrocedía hasta la infancia y adolescencia cuando, en su Torrelavega natal, contaba a hermanos y primos *«historias aterradoras que iba cambiando según la cara que ponían»*, pero a quienes *«recompensaba del sufrimiento con un final feliz»*…

Fue describiendo Gutiérrez Aragón su aprendizaje del lenguaje fílmico, su labor con los actores, la decisiva elección de dónde situar la cámara como portadora de la mirada del cineasta (*«o se miraba desde uno mismo o no se veía nada»*) y la fundamental tarea del montaje (*«en la lectura, el ritmo lo marca el lector; en el cine, el ritmo lo marca el montaje»*). Él, Gutiérrez Aragón, que parecía destinado al ámbito literario, a quien costó hacerse con los recursos fílmicos y que finalizó su intervención con estas palabras: *«Hay algo que compartimos los narradores de toda clase de ficción. Para nosotros, los límites de lo posible son los límites de lo que puede ser contado»*. ●

(Enero de 2016. Nº 2.713)

El Pacto de los Goya

A la vista de los muchos políticos presentes, Dani Rovira propuso en la gala que esa misma noche se intentara llevar a cabo un Pacto que, como los de la Moncloa o el de Toledo, llevase el nombre de la ceremonia anual del cine español. Para ello, «aseguró» que la Academia había reservado una sala donde, además de los reunidos en persona, habría *«una pantalla de plasma»*, en alusión a la peculiar manera en que Rajoy ofreció –previamente al periodo electoral– algunas comparecencias ante la Prensa. Fue el momento más acertado del presentador, junto a aquel en que aseguró que *«si no rebajan el IVA de los yates, a mí no me importa: no tengo yate. Lo mismo le pasa a Montoro con el IVA de la cultura»....*

Siempre ha habido políticos en la gala de los Goya, incluso Reyes, Príncipes y Presidentes del Gobierno, aunque hace dos años el Ministro del ramo, Wert, se permitió el desprecio de ni siquiera acudir. Lo que sucede es que este año «se les notaba más», dada la situación que está viviendo el país. Viéndoles charlar animadamente en el «hall» del auditorio, o sentaditos uno al lado del otro, parecía que lo del pacto no era tan difícil. Pero, evidentemente, no hablaban de sus diferencias ideológicas o sus dificultades para llegar a acuerdos. Aunque sí deberían haber sentado las bases para un Pacto, si no de Gobierno, sí sobre la necesidad de defender, promover y potenciar la Cultura, ausente –como se les dijo desde el escenario– en sus propuestas.

Efectivamente, varias voces lo reclamaron, desde la de Antonio Resines a la de Ricardo Darín o la del propio Rovira. No parece tan difícil, como lo demuestran otras naciones cercanas, con Francia a la cabeza. Llegar así, por encima de vicisitudes partidistas, a un Pacto de Estado sobre la Cultura (incluido el Cine), que comprendiera hasta qué punto es decisivo como realce del patrimonio de un país, señal de identidad del mismo y capacidad de proyección en el exterior. Ojalá lo entendieran los dirigentes políticos que asistían el sábado pasado a la ceremonia de entrega de los premios. Pero no solo para citarlo con tan bellas como vacuas palabras, según acostumbran, sino para llevarlo a efecto más pronto que tarde.

Ese Pacto por la Cultura sería el mejor resultado de los Goya de este año, por encima de que unas películas hayan sido premiadas y otras no. Lo han sido quizá más que nunca, diez entre los largometrajes españoles de ficción, aunque la clara vencedora haya sido *Truman*. «Resistiré», se cantó en el inolvidable número de apertura de la edición anterior. Y el cine español ha resistido, pese a las múltiples piedras en el camino colocadas desde las instancias oficiales. Falta ahora un paso más, que esos políticos que tanto sonreían en la gala (no como la mujer del Ministro…) tienen ahora que dar. ●

(Febrero de 2016. Nº 2.715)

¿El cine español 'mola mucho'?

El compositor Lucas Vidal, doble ganador en los Goya por la música de *Nadie quiere la noche* y la canción de *Palmeras en la nieve,* aseguró en sus agradecimientos que desde Los Ángeles –donde reside– se veía que *«el cine español mola mucho».* Si él lo dice… No parece que sea lo que piensan los principales Festivales del mundo, Cannes, Venecia o Berlín, que llevan varios años «pasando» casi siempre de tener película española en sus Secciones Oficiales y hasta en las paralelas. Apenas nada había en la recién finalizada Berlinale: solo un documental, *Campo a través,* en Culinary Cinema, dedicada al cine sobre la gastronomía; y *En la azotea,* un corto fin de curso de la ESCAC en Generation, apartado que se centra en temas de infancia y adolescencia. En todo el resto de la enorme programación, el desierto.

Podemos llenarnos la boca diciendo lo contrario, pero la verdad es que el cine español cuenta hoy bastante poco en el plano internacional. Sí se valora a algunos de sus profesionales, desde Almodóvar y Alberto Iglesias a Javier Bardem, Penélope Cruz, Banderas o Aguirresarobe, pero como expresión propia está prácticamente reducido a las producciones de terror o de tipo «fantástico» para mercados subalternos. Muy pocos son los films de nuestro país que acceden a los circuitos de exhibición que realmente cuentan, ya sea por su poderío económico o por su especialización en el «arte y ensayo».

Nos falta presencia en el panorama internacional, determinado por esos certámenes de primera línea y por las redes comerciales. Salvo el Festival de San Sebastián, que viene a ser cada año el refugio seguro para nuestro cine, los restantes suelen prescindir de películas españolas sin ningún rubor. Ahora no somos ni una potencia cinematográfica, ni somos «exóticos», como lo fuimos durante la Transición e incluso el franquismo. Desde los tiempos de Bardem, Saura y Almodóvar, o algún año excepcional como 2009, Cannes nos resulta sumamente esquivo. Con Berlín vivimos tiempo atrás una «luna de miel» en la larga etapa de Moritz de Hadeln como director, cuando entre la Competición y la paralela Panorama no era raro contar con media docena de películas. Mientras que Venecia nunca nos ha mimado. Ni en muestras de carácter alternativo, como Rotterdam o Locarno, tenemos mayor fortuna. Tampoco los Oscar o los Premios de la Academia de Cine Europeo nos suelen resultar favorables. Incluso es escasísima la participación de españoles en los Jurados o Comités de fuera de nuestras fronteras.

La Ley del Cine de 2007 preveía la creación de un organismo mixto privado-público que, a la manera de Unifrance, promocionase el cine español en el exterior. Nada se ha hecho desde entonces, limitado el tema a lo que puede ofrecer un ICAA que también ha visto reducir mucho su presupuesto en este campo. Así, nos vamos quedando progresivamente confinados en un mundo local, doméstico, al contrario que otras varias cinematografías europeas. ●

(Marzo de 2016. Nº 2.717)

Recordando a Maya Deren

Pocos conocerán o recordarán el nombre de Maya Deren. Pero merece la pena hacerlo, ahora que se ha publicado un libro sobre su figura, el primero en España: «El universo dereniano. Textos fundamentales de la cineasta Maya Deren», a cargo de Carolina Martínez, profesora de la Universitat de Girona, y editado por otra Universidad, la de Castilla-La Mancha. El volumen tiene la gran virtud de ponernos en contacto directo con uno de los nombres básicos del llamado «cine experimental» o «de vanguardia» durante la década de los 40, antes de la irrupción de Jonas Mekas o Kenneth Anger. Alguien para quien *lo que particularmente me entusiasmó del cine, era su capacidad mágica para hacer que hasta los conceptos más imaginarios parecieran reales*. Alguien que, aceptando que sus películas *pueden ser llamadas poéticas, coreográficas o experimentales*, concluya que la única *verdad importante es la poética*.

Nacida en Kiev el año 1917, con el nombre de Eleanora Derenkowskaia, pronto se trasladó con su familia a Estados Unidos, donde desarrolló, hasta su muerte en Nueva York en 1961, una obra muy breve pero de fuerte significación. De hecho, además de trabajos inacabados, solo realizó seis cortometrajes: *Meshes of the Afternoon,* ganadora del Premio a la Mejor Película Experimental en Cannes, siendo la primera realizadora que figuró en su palmarés; *At Land; A Study in Choreography for Camera,* donde sentó las bases de su «Choreocinema», que buscaba fusionar el cine y la danza; *Ritual in Transfigured Time; Meditation on Violence* y *The Very Eye of Nigth,* filmados entre 1943 y 1955. Puede sorprender que una tan breve filmografía haya logrado tanta repercusión, pero –junto a su originalidad y el carácter transgresor de sus imágenes– ello también se debe a que Maya Deren efectuó una amplia labor teórica que se expandió por cátedras y publicaciones, lo que multiplicaba el efecto de sus films. Son los textos que, con excelente criterio, ha seleccionado, traducido y editado Carolina Martínez, precedidos por una introducción esclarecedora sobre la cineasta.

Reivindicando la personalidad del «amateur» (en el sentido de «amante de algo», no de aficionado) y alejada de cualquier estructura industrial, Maya Deren centró esa obra en alejar al cine de los parámetros de la narrativa y el teatro para conducirlos hacia los de la música y la danza, porque *lo importante en el cine es su composición en el tiempo más que en el espacio; estructuralmente, es mucho más parecido a las formas temporales, incluyendo la poesía*. Palabra que aparece de forma recurrente en sus textos, al lado de una cierta espiritualidad que se sintió crecientemente fascinada por los rituales religiosos haitianos, el auténtico «vudú». ●

(Marzo de 2016. Nº 2.719)

Hitchcock/Truffaut

No hay libro más influyente en la Historia del Cine que «El cine según Hitchcock», escrito por François Truffaut y que recoge la inmensa entrevista de cincuenta horas y quinientas preguntas que el crítico y realizador francés mantuvo con él en 1962. Cuatro años más tarde, una vez transcritas las cintas magnetofónicas, se publicó en Francia (en España, en 1974 por Alianza Editorial, con traducción de Ramón G. Redondo, Miguel Rubio y Jos Oliver), convirtiéndose a partir de entonces en libro de cabecera de numerosos cineastas o de simples aficionados. Por encima de cualquier otro volumen de teoría, estética o historia del medio, «El cine según Hitchcock» penetró en los «secretos» de la creación cinematográfica, multiplicó las vocaciones hacia ella y sirvió de modelo para otros importantes empeños similares –como «Ciudadano Welles», de Peter Bogdanovich–, además de lograr una atención especial y diferente hacia el autor de *Vértigo*, ninguneado hasta entonces por la mayoría de la crítica, sobre todo la norteamericana.

Un notable documental, *Hitchcock/Truffaut,* refleja ahora diversas interioridades de la elaboración del libro, reproduce en distintos capítulos sus aspectos fundamentales y, de manera específica, registra la influencia que ha ejercido sobre una decena de realizadores actuales. El trabajo de Kent Jones, director del Festival de Nueva York, ayudado en el guion por el crítico e historiador Serge Toubiana, resulta muy valioso a la hora de otorgarle toda su dimensión al libro, acompañado por fragmentos de varias de las obras maestras del director inglés, en un adecuado trabajo de montaje. El aspecto más discutible se refiere a la selección de los entrevistados –entre los que brilla Martin Scorsese, pero otros se limitan a banalidades–, donde el habitual eje USA-Francia se lleva la parte del león y sin participación alguna de cineastas mujeres (parece que Jane Campion rechazó la invitación a intervenir, pero hay muchas más por el mundo…). Por supuesto, no hay ningún director español que llevarse al micrófono, ni siquiera Almodóvar, tan reconocido internacionalmente.

Ese tributo de admiración y amistad que Truffaut rindió a Hitchcock queda, así, multiplicado desde la página impresa hasta las imágenes en la pantalla, lo que resulta un trayecto perfectamente coherente. Sigue siendo de manual periodístico el esquema que el primero trazó para sus preguntas, centradas en: *«a) Las circunstancias que rodearon el nacimiento de cada película; b) La elaboración y construcción del guion; c) Los problemas particulares de la puesta en escena de cada film; d) La estimación personal del resultado comercial y artístico en cada caso respecto a las esperanzas iniciales».* Algo tan sencillo, que *«Hitchcock aceptó»* y que llevó a un texto que, edición tras edición como la reciente de Alianza, siempre es un referente. Y que ahora ha originado un documental que, insólitamente, adapta un libro de entrevistas. ●

(Abril de 2016. Nº 2.723)

Cela y el cine

Dentro de tan solo unos días se conmemora el centenario del nacimiento de Camilo José Cela, que tuvo lugar en la gallega Iria Flavia el 11 de mayo de 1916. No voy a abordar aquí su obra novelística, en la que destacan con luz propia «La colmena» y «La familia de Pascual Duarte» (a las que su hermano Jorge siempre añade la muy desconocida «Mrs. Caldwell habla con su hijo»). Ni tampoco aspectos poco gratos de su biografía, como su etapa de censor debido a las penurias económicas de los primeros años cuarenta o una fastidiosa imagen pública, llena de «numeritos» con los que llamar la atención, sobre todo en la última parte de su vida. Lo que deseo es resaltar la estrecha vinculación de Cela con el cine a través de diversas películas.

De hecho, la Casa del Lector, en Madrid, acaba de programar un ciclo dedicado a esta faceta del escritor, coordinado por quien esto firma y que tendrá continuidad en ciudades como Palma de Mallorca y A Coruña, muy vinculadas al narrador. La muestra ha incluido el estreno del valioso documental *El recuerdo más cercano,* promovido por la Fundación Charo y Camilo José Cela; el casi «secreto» largometraje *El sótano,* realizado por Jaime de Mayora en 1949 (donde el Premio Nobel colaboró en el guion y los diálogos, además de interpretar uno de los papeles principales); la buena adaptación hecha en 1975 por Antonio Giménez-Rico de «Viaje a la Alcarria» para el programa televisivo «Los Libros», y que Tomás Cimadevilla ha renovado recientemente en su corto documental *Regreso a la Alcarria,* así como las versiones cinematográficas de Ricardo Franco sobre *Pascual Duarte* y de Mario Camus sobre *La colmena* (donde el propio Cela «era» Matías Martí, «inventor de palabras»), en el primer caso Premio al Mejor Actor para José Luis Gómez en el Festival de Cannes de 1976 y, en el segundo, Oso de Oro, «ex aequo», de la Berlinale de 1983.

No se acaba con estos títulos la relación de Cela con el cine, particularmente intensa en el tránsito de las décadas 40 a 50, como también demuestra su guion inédito titulado «Prometeo». Porque, aparte de su colaboración en *Consultaré a Mr. Brown,* de Pío Ballesteros, y *El cerco del diablo,* de cinco directores —películas parece que definitivamente perdidas, como tantas otras de nuestro cine—, hizo un pequeño papel en *Facultad de Letras,* lamentable film del citado Ballesteros que ensalzaba al estudiante vago y caradura; y una aparición de treinta segundos en el valioso *Manicomio,* de Luis María Delgado y Fernando Fernán-Gómez, donde encarnaba a un «loco» que daba coces ante el estupor de una vieja dama. En el volumen colectivo «Camilo José Cela en el cine español», con edición de José Luis Castro de Paz y Jaime Pena para el Festival de Ourense de 2001, ya quedó suficiente constancia de esta poderosa fascinación de Cela por el cine. ●

(Mayo de 2016. Nº 2.728)

Una edición que sabe a poco

Contra lo que se esperaba, no fueron especialmente buenas las tres últimas jornadas del 69 Festival de Cannes. Sobre todo, a causa de un «viernes maldito», en el que tuvimos que soportar las dos peores películas de la Competición oficial: *The Last Face,* de Sean Penn (una cursi historia de amor en medio de la guerra de Liberia, deshonesta al máximo, y a la que pertenece el texto más absurdo del certamen, cuando el personaje de Charlize Theron define al de Javier Bardem como *«un huérfano de la Transición política española»…),* y *The Neon Demon,* del sobrevalorado Nicolas Winding Refn, entregado a todo tipo de artificios estéticos a la hora de trazar una metáfora «caníbal» sobre el mundo de la moda en Los Angeles.

La compensación vino de la mano de otros tres films: *Bachillerato* (Premio ex-aequo a la Mejor Dirección), en la que Cristian Mungiu vuelve al tema preferido por el actual cine rumano, el de la corrupción de una sociedad ante la que resulta casi imposible escaparse; *El cliente,* del iraní Asghar Farhadi (recompensada por partida doble por su guion y la interpretación de Shahab Hosseini), relato de la crisis de una pareja a raíz de la agresión que sufre ella y que el marido se obstina en vengar; y, sobre todo, *Elle,* donde el veterano Paul Verhoeven, se aleja mucho de *Robocop* y algo menos de *Instinto básico* para narrar con cínico humor la existencia de una mujer dueña de sí misma, pero también autoritaria y despótica, víctima de una violación que se transforma en relación sadomasoquista. Por *Elle,* Isabelle Huppert era clara merecedora del Premio a la Mejor Actriz, que fue a parar a la filipina Jaclyn Jose, por su estimable y emotivo trabajo en *Ma'Rosa,* de Brillante Mendoza. En una edición marcada por las protagonistas femeninas, también Sonia Braga por *Aquarius* o Sandra Hüller por la alemana *Toni Erdmann* optaban con fuerza a ese galardón.

Pero el Jurado presidido por George Miller, el autor de *Mad Max,* dio luz a un Palmarés inesperado. Precisamente los cinco films mejor valorados por la crítica internacional (*Toni Erdmann,* que sí logró el Premio de la Fipresci, *Paterson, Aquarius, Sieranevada* y *Elle*) fueron ignorados en su totalidad por ese «tribunal» tan poco ecuánime, situando en su lugar a títulos de menor valía, como *Juste la fin du monde,* de Xavier Dolan, Gran Premio del Festival; *Personal Shopper,* de Oliver Assayas (que compartió con Mungiu el Premio a la Mejor Dirección), o *American Honey,* de Andrea Arnold, Premio del Jurado.

Otra cosa es la Palma de Oro para Ken Loach por su magnífica I, *Daniel Blake.* Dado que el máximo galardón no fue para *Paterson* –para mí, la de Jarmusch es la verdadera e inolvidable «película del Festival»–, me alegro de que haya ido a parar a manos del cineasta británico, y por una película como esta que hace honor a su tan coherente y combativa trayectoria.

Hablando de Palmas de Oro, hay que destacar la primera lograda por un cortometraje español gracias a *Timecode,* de Juanjo Giménez, que se une así al único ejemplo anterior con que a ese nivel contaba el cine español, *Viridiana,* de Luis Buñuel. Y destacar el Premio de la Semana de la Crítica obtenido por *Mimosas,* una especie de odisea entre el «western» y la mística esforzadamente llevada a cabo por Oliver Laxe. Por el contrario, ni la *Julieta* de Almodóvar ni *La mort de Louis XIV,* lo mejor que ha hecho hasta ahora Albert Serra, obtuvieron reconocimiento. ●

(Mayo de 2016. Nº 2.730)

La cultura no existe

Salvo una mención al IVA cultural dicha por Pedro Sánchez, dentro de la crítica a Mariano Rajoy por haber subido los impuestos, la palabra "cultura" no apareció nunca en las dos horas del debate del pasado lunes entre los cuatro candidatos a la Presidencia del Gobierno. Ya desde los diversos bloques que sus asesores habían pactado, se obviaba por completo el tema, aunque dentro de la situación social (la cultura es un derecho de los ciudadanos, no se olvide) podrían haberlo abordado, aunque fuese con brevedad dada la cantidad de cuestiones sobre el tapete. Pero ninguna de las cuatro formaciones políticas representadas en el panel pareció interesada, ni mínimamente, en abordar que la cultura debería ser un asunto digno de preocupación y soluciones en este país.

Pero ello ha sucedido no solo en ese debate televisivo, sino de la misma manera en cuantos mítines o actos celebran los candidatos. Excepto cuando se reúnen con los diversos sectores implicados y se llenan de bellas palabras para contentar a su audiencia, jamás se refieren a aspectos culturales. Y todo lo resumen en un par de ideas preconcebidas y que acaban significando poco: que hace falta un Pacto de Estado por la Cultura y que hay que empezar con la educación infantil para llegar a logros en el futuro. Ambas cosas son verdad, pero hay que definirlas, precisarlas y analizar los métodos para que puedan llevarse a cabo con unas ciertas garantías.

Tampoco busquen ustedes demasiado en los programas electorales, ya vengan en forma de tocho ilegible o de brillante catálogo. En esto, como en tantas otras cosas, la «vieja política» y la «nueva política» se dan la mano sin ningún pudor. ¿Significa que todo va sobre ruedas en este terreno o que no se cuenta con propuestas concretas para solventar nuestras evidentes carencias culturales? Me parece claro que lo segundo, pero se diría que a ningún político le afecta demasiado. Que el 40% de los españoles no lea ni un libro al año, que nuestro cine se halle en un momento especialmente difícil de supervivencia, que los museos se nutran sobre todo de jubilados (más bien, jubiladas) o de muestras «mediáticas» como la de El Bosco, que vayan desapareciendo locales teatrales de carácter alternativo u orquestas con pocos recursos, ¿y qué? ¿A quién le importa, lejos de un pequeño círculo que apenas procura votantes? Los artistas, que se las arreglen como puedan, que para eso son artistas, bohemios, arrogantes y zascandiles.

Y, sin embargo, se podría hacer tanto con bastante poco dinero, se notaría tan pronto un verdadero crecimiento cultural del país si se pusiera manos a la obra… Serían tan patentes los resultados que incluso traerían beneficios a quienes hoy ignoran la cultura. Esos mismos que pasaron olímpicamente de ella durante el debate sobre las elecciones del próximo día 26. ●

(Junio de 2016. Nº 2.733)

Mala racha

Les confieso que había pensado titular este artículo como «¡Felices terceras elecciones!», pero los resultados del domingo pasado no parece que las vayan a hacer necesarias. No por lo que usted y yo hubiéramos querido, sino por esos 14 escaños de más que ha logrado el PP, capaz incluso de imponerse en la Comunidad Valenciana, con 75.000 votos adicionales que le hacen subir 4 puntos en su porcentaje global (35'4%) y le otorgan 13 parlamentarios, 2 más de los que tenían. La corrupción, está visto, no se traduce en el castigo de los ciudadanos, afirmación que vale para el Partido Popular en toda España. Ahora le queda al PSOE la «papeleta» de abstenerse u oponerse en la sesión de investidura de Rajoy, lo que sin duda va a provocar serios desgarros entre los socialistas.

No ha sido una buena semana, entre la victoria del «Brexit», la ganancia del PP e incluso, poniéndose frívolos, la eliminación de España en la Eurocopa. Corren malos vientos por el mundo, de recelos, de miedos, de insolidaridad y nacionalismo obtuso, que nos pueden llevar por caminos muy lamentables. Más que nunca, urge una reactivación de la izquierda con la que mantener alguna esperanza.

Claro que, desde el Gobierno en funciones y elecciones aparte, ya se ha encontrado la solución mágica: la tapa. No es una broma, como muchos creyeron al conocer la noticia. Con todas las de la ley, el señor ministro de Educación, Cultura y Deporte, don Íñigo Méndez de Vigo, ha planteado oficialmente la consideración de la tapa como Patrimonio Cultural Inmaterial (?) Español como paso previo a solicitar a la Unesco su inclusión mundial como Patrimonio de la Humanidad. El argumento resulta contundente: «*Si algo nos une a los españoles, es la tortilla de patatas, las croquetas, la ensaladilla rusa y las patatas bravas*», ha proclamado el ministro (insisto en que no es una broma; pueden comprobarlo en la página «web» del Ministerio, mecd.gob.es). Déjense ustedes de Constitución, de identidad como país, de historia o de cultura; en esta tierra de sol, playa, vacaciones y chiringuito, lo que importa es la barra del bar donde pueden encontrarse tales placeres. Asegura también Méndez de Vigo que «*es necesario proteger la tapa para ponerla en valor*», como si fuera el medio ambiente o un espacio en peligro, utilizando además el galicismo «*poner en valor*», lo que resulta impropio de todo un responsable de la educación (y, por tanto, del lenguaje) de los ciudadanos.

Así estamos, a la espera de que lleguen tiempos mejores. Que nos hagan olvidar, al menos, días tan nefastos como estos últimos que hemos vivido, incluyendo el terrible atentado de Estambul. ●

(Julio de 2016. Nº 2.735)

Abbas Kiarostami

La Semana de Cine de Valladolid ya ha anunciado su propósito de ofrecer un homenaje en su próxima edición (22-29 de octubre) a Abbas Kiarostami. Es lo lógico. Porque fue el Festival que dio a conocer su nombre en España, cuando en 1993 le dedicó un amplio ciclo, contando con su presencia personal. Y al año siguiente la Espiga de Oro fue para *A través de los olivos,* lo mismo que sucedería en 2010 con *Copia certificada.* El nombre de Kiarostami está indisolublemente unido al de Valladolid y ahora que se ha producido su inesperado fallecimiento, no puede sino realzarlo mediante esa retrospectiva que se ha apresurado a organizar.

Con su dulzura, su timidez, su hablar bajito y sus sempiternas gafas oscuras, el cineasta iraní dejó una huella imborrable en cuantos le conocimos con motivo de aquel ciclo (fue el año en que, con *Azul,* también vino Kieslowski), relación que se mantuvo en momentos posteriores. Por ejemplo, al llevar a cabo en 2001 la muestra «Las cuatro estaciones», en la que reunimos numerosas fotos suyas, que, según comentó, *«no son el resultado de mi amor por la fotografía, sino del amor que siento hacia la naturaleza».* Una naturaleza de cerca del Mar Caspio o hacia el Kurdistán que, curiosamente, encontró muy similar a la de las tierras castellanas.

Pero volviendo al homenaje del 93, recuerdo que también hubo un momento tenso. Un mediodía me comunicaron que Kiarostami quería verme con urgencia, sin precisar el motivo. Cuando me senté a su lado, me dijo que la razón de tanta premura se refería a su película *Close-Up (Primer plano),* que precisamente tenía que presentar unas horas después. Había visto la duración que de ella poníamos en el catálogo, 100 minutos, y eso le había alarmado, hasta el punto de negarse a acudir a dicha presentación, lo que resultaba insólito en alguien tan amable como él. Ante mi estupor, me lo explicó: la Farabi Cinema Foundation, que nos había enviado las copias desde Irán, había incluido la de *Close-Up* con 17 minutos más que la de su montaje definitivo (sin nosotros saberlo), por lo que se negaba a que fuera proyectada. Aceptó tras una negociación muy larga y compleja, mientras el pase se echaba encima, y con el compromiso de que el Festival recibiera inmediatamente de la Fundación Farabi la promesa de que esa copia sería destruida en cuanto regresase a Teherán. Se hizo de la manera que él pedía y la situación se resolvió para satisfacción de todos.

Así de cuidadoso era Kiarostami con su obra. El autor de films tan importantes y definitorios como –además de los citados– *¿Dónde está la casa de mi amigo?, Y la vida continúa..., El sabor de las cerezas, El viento nos llevará* o *Ten,* siempre fue extremadamente meticuloso y preciso con su trabajo. En Valladolid, hace casi 23 años, tuvimos ocasión de comprobarlo. ●

(Julio de 2016. Nº 2.737)

¡Qué país, Miquelarena!

Esta famosa frase que al escritor y periodista Jacinto Miquelarena le dijo su colega Mourlane Michelena me vino a la cabeza en cuanto terminé de ver *Manda huevos*, el espléndido documental de montaje que ha realizado Diego Galán sobre la imagen del varón español que ha dado nuestro cine. Una imagen tremenda, impresionante, y que completa la que de la mujer había ofrecido el propio Galán en *Con la pata quebrada*. Un díptico que quedará como todo un reflejo sociológico de este país, de la realidad cotidiana de una población sometida a la presión política, religiosa y moral hasta límites inconcebibles. Como ya dije en otra ocasión, *«demasiado bien hemos salido»* para soportar y vencer –hasta donde ha sido posible– estos niveles de represión y de zafiedad, de consignas, falsas ideas y autoritarismo.

Señala Galán que su *Manda huevos* no es una película para reírse, aunque el espectador lo hace muy a menudo, sino que es *«realmente trágica»*. Y tiene razón porque nos pone ante el espejo de una sociedad que no puede ser más dramática a fuer de ser ridícula. Desde el paradigma oficial franquista del *«hombre mitad monje, mitad soldado»*, hasta los machos celtibéricos que persiguen turistas suecas por Benidorm o Marbella, se plasma en el film un arco de comportamientos que, afortunadamente, vemos hoy desde una cómoda y divertida distancia. Pero el «huevo de la serpiente» está ahí, metido muy dentro, y para generaciones y generaciones de españoles no ha resultado nada fácil desprenderse de él. Si una virtud tiene *Manda huevos* incluso por encima de *Con la pata quebrada,* es la de ampliar su radio de acción desde una síntesis de actitudes masculinas a la de la trayectoria de un país a través de sus diversas etapas contemporáneas. En el cine nada es casual, ni deja de responder a algo. El mérito de Galán es, con sentido del humor y de la ironía, hablarnos muy claramente de lo que, al menos de momento, se llama España.

Párrafo aparte merece el trabajo puramente cinematográfico del que nace *Manda huevos* gracias a una viva y afinada labor de montaje sobre un ingente material de películas, una sólida estructura que consigue ordenar adecuadamente ese enorme material, seleccionado con notorio acierto sobre películas muchas veces desconocidas o casi perdidas, y apoyándose, además, en la inteligente locución de Carmen Machi. En definitiva, todo lo que se le debe pedir a un potente documental de montaje como el de Diego Galán, donde las canciones también ocupan un lugar preeminente. ●

(Octubre de 2016. Nº 2.751)

Entre la belleza y la esperanza

No quiero «pisarle» el terreno a Laura Pérez, enviada especial de **Turia** a la Semana de Cine de Valladolid, en su valoración del Festival y de lo más interesante que haya encontrado en él. Pero sí deseo referirme a dos películas que me han llamado poderosamente la atención en el certamen: *Dev Bhoomi (Tierra de dioses),* de Goran Paskaljevic, y *Dancing Beethoven,* de Arantxa Aguirre. Una ficción y un documental, pero en ambos casos una apuesta decidida por la belleza y por la esperanza en un mundo mejor.

En el primero de ellos, Paskaljevic se traslada a la región del Himalaya para contarnos el reencuentro de un hombre que, tras cuarenta años en Inglaterra y ante una ceguera inminente, vuelve a su aldea de origen, de la que salió de forma traumática. El rechazo de su hermano, el recuerdo del imposible amor hacia una bailarina de casta inferior, la cálida acogida de su entonces mejor amigo, la hostilidad de los vecinos, se van sucediendo entre hermosos paisajes exteriores e interiores espléndidamente fotografiados por Milan Spasic, el operador habitual del cineasta serbio. En aquellas aldeas remotas perviven todavía las tradiciones de clasismo, intolerancia, machismo y matrimonios arreglados que van desapareciendo en otros lugares de la India, sobre todo en los núcleos urbanos. Pero su fuerza allí resulta determinante, y Paskaljevic se refiere a esas constantes de comportamiento con la misma decisión y sentido crítico que cuando se ha referido a su país, a Estados Unidos o a cualquier otra parte en que haya rodado. Es un gran director, ya ganador en tres ocasiones de la Espiga de Oro vallisoletana, y lo vuelve a demostrar en *Tierra de dioses,* apoyado por el protagonismo de Victor Banerjee, uno de los mejores actores indios. Pero también como en el resto de su filmografía y remitiéndose ahora a Tagore, Paskaljevic deja un margen a la esperanza en un futuro de tolerancia y comprensión, representado por esa maestra que decide quedarse en el lugar y reconstruir la incendiada escuela para seguir enseñando a los críos.

En un contexto totalmente distinto, el del Ballet de Lausanne que crease Maurice Béjart, Arantxa Aguirre apuesta por algo muy próximo en *Dancing Beethoven.* Aquí son los ensayos de la compañía suiza sobre la Novena Sinfonía los que ocupan el «corpus» del documental, que concluye con una impactante representación en Tokio. La belleza e inmediatez con la que Aguirre muestra todo este proceso de creación es magistral, aunque no debe extrañar conociendo anteriores trabajos de su directora, dotados siempre de un sentido estético y una sensibilidad muy especiales. Y las conclusiones resultan similares: entre la fraternidad, la multiculturalidad y el abierto diálogo de los solo aparentemente distintos, se halla la esperanza por ese «mundo nuevo» que Beethoven quiso exaltar en su «Himno a la Alegría». ●

(Octubre de 2016. Nº 2.753)

Los problemas de Filmoteca Española

Es una institución que a todos nos incumbe, porque es la depositaria del patrimonio cinematográfico de nuestro país. Y la Filmoteca Española está pasando por un mal momento, sin la dotación presupuestaria necesaria, sin los recursos humanos que precisa su decisiva labor, sin el apoyo imprescindible por parte de los poderes públicos y de la propia industria del cine. Parece que no importa demasiado que dicho patrimonio se conserve, se restaure y se difunda, finalidades –sobre todo, la primera de ellas– de dicho centro. Los problemas vienen de atrás, pero es ahora cuando han estallado de forma conjunta. Vale la pena repasarlos de manera sintética.

En primer lugar, su propia configuración administrativa. Filmoteca Española es una Subdirección General del ICAA, organismo autónomo vinculado en la actualidad a la Secretaría de Estado de Cultura. Es decir, no posee una estructura propia, como sí la detentan el Museo del Prado, el Reina Sofía o la Biblioteca Nacional, que cumplen similares funciones a la suya en otros ámbitos de nuestra cultura. Sería deseable que tal autonomía, al dotarla del rango preciso, fuese un hecho, aunque también es verdad que seguiría dependiendo de la voluntad del Ministerio de Hacienda a la hora de elaborar los Presupuestos Generales del Estado. Y el Gobierno del PP no ha sido ni es precisamente sensible a las necesidades del mundo del cine.

En segundo lugar, unido al anterior, está la cuestión económica. Filmoteca Española dispone de un presupuesto muy inferior al que debería y del que gozan otras entidades similares en el contexto europeo. Es la «cenicienta pobre» de los ya menguados dineros del ICAA, destinados básicamente al Fondo de Protección a la Cinematografía y, en concreto, a la producción. En mi etapa como director general del Instituto, aumentamos un 50% ese presupuesto: de 4 millones a 6 millones de euros anuales, cantidad que ha ido decreciendo con el paso del tiempo y que resultaba y resulta totalmente insuficiente para sus importantes objetivos.

En tercer lugar, por supuesto condicionado por los anteriores, la inexistencia del personal suficiente para atender las necesidades de la institución. Se han producido numerosas bajas por jubilación, que no han sido repuestas; se han extinguido contratos de servicios, que no se han renovado. En esas condiciones, el magnífico equipo profesional de la Filmoteca se ha visto disminuido y obligado a multiplicar su trabajo. Mientras que el Centro de Conservación y Restauración de Fondos Fílmicos de Filmoteca Española, situado en la madrileña Ciudad de la Imagen y en el que tanto esfuerzo y esperanzas pusimos todos, no puede desempeñar como debiera sus funciones por carencia de recursos humanos y económicos.

Así las cosas, todo mezclado, se ha llegado a la situación actual. Que hay que resolver urgentemente en bien del pasado y del presente del cine español. ●

(Noviembre de 2016. Nº 2.757)

Al enemigo, ni agua

Ojalá me equivoque, pero por ahora este Gobierno no va a bajar el IVA del 21% a las entradas de cine. Se lo reducirán, como han anunciado, a las publicaciones digitales; posiblemente a lo que ellos llaman *«espectáculos en directo»*, a los pañales, a los potitos, a lo que sea, pero al cine, no. Es tal la inquina del PP a sus gentes que, por más que declaren hipócritamente que *«se bajará cuando la situación económica lo permita»*, no lo van a hacer. La protesta contra la guerra de Irak en la gala de los Goya de hace ya más de una década (una guerra que acogieron con entusiasmo y entre risas todos los parlamentarios del Partido Popular, sin excepción), las manifestaciones públicas de cineastas y actores, ejerciendo un derecho cívico, o la resonancia que alcanzó el largometraje colectivo *¡Hay motivo!,* no lo perdonan ni lo van a perdonar nunca. Así de «guerracivilista» es la mentalidad de muchos de sus políticos. Así de intolerante y vengativa es la derecha de este país.

Participantes directos en las negociaciones entre el PP y Ciudadanos a propósito de la última investidura, me han confirmado la negación absoluta de los primeros a cualquier «rebaja» del IVA que grava las entradas a las salas cinematográficas. Sí lograron los representantes del partido de Albert Rivera que se pudiera aplicar en el futuro a otros sectores culturales, pero para el cine era innegociable. Quizá lo más chusco de la reunión fue el argumento esgrimido por los populares: que tal reducción (era al 10% lo que proponía Ciudadanos, mayor incluso que en buena parte de los países europeos) a quienes beneficiaría era a las multinacionales norteamericanas… ¡Lo nunca visto, el PP convertido en muralla frente al capital de Hollywood!

Si realmente ese fuera su pensamiento, aplicarían solo el 21% a las películas estadounidenses de esas multinacionales, reduciéndolo a las de producción europea, incluida la española. Por no hablar del imprescindible gravamen o tasa sobre los films doblados no comunitarios (les regalamos gratis el idioma), cuya recaudación estuviera destinada al Fondo de Protección a nuestra cinematografía, algo que no se pudo conseguir en la Ley de 2007, pese a haber entonces un Gobierno socialista. Lograrlo ahora es casi un sueño, como lo es el incremento sustancial de dicho Fondo, que en la Memoria Económica de la Ley se situaba en cien millones de euros para 2010 y que actualmente no llega ni a su mitad.

Puede argumentarse una y cien veces que el cine le da mucho más al Estado (y, por tanto, a la sociedad española) que lo que recibe de él. Es papel mojado cuando existe una cerrazón ideológica y política tan manifiesta. Ni le bajarán el IVA, ni aumentarán el Fondo, ni harán nada de nada que pueda favorecer mínimamente a nuestro cine. Ya se sabe que al enemigo, ni agua. ●

(Diciembre de 2016. Nº 2.759)

Federico Fellini protagonizó
una espléndida Exposición
en el Círculo de Bellas Artes.
*(Véase artículo «El profundo
universo de los sueños»).*

2017

Aumentan los espectadores

Las cifras de 2016 lo dicen: en los países occidentales, ha crecido la asistencia de espectadores a las salas cinematográficas. También en España, con más de 100 millones de entradas vendidas y una recaudación en torno a los 600 millones de euros en el pasado año, lo que significa un incremento de público del 6%. Otro tanto en Francia, con 213 millones de espectadores, o en Estados Unidos, con una recaudación cercana a los 10.800 millones de euros, que —asegura «Variety»— es la más alta de la historia, aunque para la justa estimación de esta cantidad haya que tener en cuenta el progresivo aumento del precio de las localidades.

¿Por qué la gente va ahora más al cine? Es una cuestión que precisaría de un análisis sociológico detallado, que no cabe en estas líneas. Me limitaré a apuntar algunas de sus causas: en primer término, una cierta superación de la crisis económica por parte de las capas de la sociedad con mayor poder adquisitivo. También, el dinamismo mostrado por el sector de la exhibición, que ha inventado fórmulas (mejoría de las salas, buena proyección digital, iniciativas como la Fiesta del Cine) para atraer de nuevo a los espectadores, situando la mayoría de esas salas en centros comerciales en el extrarradio de las grandes ciudades, y saliendo así de un núcleo urbano muy hostil por la presión inmobiliaria. Otro factor estribaría en las numerosas actividades cívicas destinadas a popularizar el cine, a través de festivales, muestras o exposiciones que, aunque sean pequeñas una a una, acaban por crear un clima favorable al hecho fílmico. Finalmente, y contra lo que suele decirse, que el cine es un espectáculo barato, incluso para ir en grupo, como lo demuestra que en España el precio medio de la entrada se sitúe en 6 euros.

De esta «resurrección» de las salas, nuestro cine no se aprovecha demasiado, con una cuota de mercado del 17%, lejos del «récord» del 25'5% de 2014, cuando el extraordinario éxito de *Ocho apellidos vascos*. Cuota que viene determinada por los 18 millones de espectadores que acudieron a ver películas españolas, 4'5 de los cuales corresponden a un solo título, *Un monstruo viene a verme*, «campeón» de toda la taquilla en su conjunto. Otros films nacionales que superaron el millón de asistentes fueron *Palmeras en la nieve, Villaviciosa de al lado, Cien años de perdón, Cuerpo de élite y Kiki*. Por comparación, en Francia han sido tres veces más, 18, las películas de su país que han superado tal barrera millonaria, lo que ha generado una cuota de mercado del 35%, tampoco tan brillante como la superior al 50% que alcanzaron hace no demasiados años. ●

(Enero de 2017. Nº 2.763)

Un necesario Pacto de Estado

Todo el mundo quiere un Pacto de Estado: para la educación, para la sanidad, para la energía, para la regulación laboral… También para el cine español sería necesario y deseable, con el fin de darle una estabilidad y una seguridad de funcionamiento con las que ahora no cuenta. Depender de la mejor o peor voluntad del Gobierno de turno, e incluso a veces de filias o fobias personales, no es la manera idónea de consolidar una cinematografía.

La idea de que nuestro cine sea entendido como una «cuestión de Estado» por su relevancia cultural, industrial, patrimonial y de presencia exterior, no es precisamente nueva. Yo mismo la he expresado en estas páginas de **Turia** en diversas ocasiones o en otros medios, como en el diario *El Mundo* de diciembre de 2009, todavía con el PSOE en el poder, o en la revista de la Academia en 2012, ya con el PP. Ni tampoco es una idea extemporánea o alejada del entorno europeo: aunque sin un texto escrito, en Francia –por ejemplo– viene practicándose desde después de la II Guerra Mundial, y no parece que les vaya nada mal esta continuidad de una política cinematográfica, y de toda la cultura, al margen de que el Gobierno sea detentado por partidos de uno u otro signo.

¿Tan difícil sería llegar a una docena de puntos que «protegieran» al cine español de las inclemencias políticas? En un país donde se han acordado Pactos fundamentales como los de La Moncloa o el de Ajuria Enea, ¿tan complicado resulta establecer unas bases sólidas que todos puedan aceptar y, a partir de las cuales, desarrollar una serie de disposiciones legislativas y no legislativas que sirvan para hacer el camino más fácil y continuado para nuestro cine? Quizá solo falte saber, diciéndolo en plan coloquial, quién «le pone el cascabel al gato», quién propone una iniciativa que debería tener una sencilla ejecución si es que existiera la imprescindible voluntad política.

También esa consideración de «cuestión de Estado» y el Pacto generado a partir de ella servirían para mejorar la imagen que los ciudadanos tienen de su cine, hoy sometida tantas veces a cuestiones ideológicas que parecen irreductibles, con un importante porcentaje de la población que lo detesta sin mayores argumentos. La cultura y la industria necesitan de un cierto consenso para poder desarrollarse en libertad creativa, con respaldo económico público y disponiendo de seguridad jurídica para sus empeños. Saber que se tiene detrás a todo el espectro político, que –con su lógica diversidad– los partidos pudieran ponerse de acuerdo en un documento claro, concreto y específico, solo habría de traer beneficios a nuestro cine, logrando algo que nunca antes se ha conseguido. Ahora puede ser el momento adecuado, precisamente por la necesidad de pactar a la que obliga la actual composición del Parlamento. ●

(Enero de 2017. Nº 2.765)

Se cumplieron los pronósticos

Tras la estela de los Premios Forqué, los Feroz y los del CEC, no supuso ninguna gran sorpresa que *Tarde para la ira* lograra el Goya a la Mejor Película. Su máxima rival era *Un monstruo viene a verme,* que le ganó en número de estatuillas (9 frente a 4), pero no en el galardón principal. Las otras tres películas del quinteto de nominadas, *El hombre de las mil caras, Julieta* y *Que Dios nos perdone,* quedaron claramente atrás, con tan solo dos o un Goya. Aunque no siempre ha pasado que, al menos, ese quinteto protagonista se lleve a casa algún premio, como ha sucedido en esta ocasión.

A lo largo de los 31 años de historia del palmarés de la Academia, únicamente tres «óperas primas» habían llegado antes a su cima: *Nadie hablará de nosotras cuando hayamos muerto, Tesis* y *El Bola.* Viene a sumarse ahora con toda justicia *Tarde para la ira,* donde Raúl Arévalo se sitúa por primera vez detrás de la cámara para narrar una fuerte historia de venganza, un potente drama sobre la necesidad de resolver a cualquier precio un pasado que continúa percutiendo en la memoria. Ha sido, sin duda, el «film revelación» del año en el cine español, y considero adecuado que así lo hayan reconocido los académicos. Se trataba de un proyecto arriesgado (que Telecinco rechazó y en el que TVE entró a última hora), con las características típicas de una producción independiente, tan difícil de poner en pie actualmente. El tiempo dirá si el lugar común de que lo realmente difícil es la segunda película se cumple o no en el caso de Arévalo.

La otra gran triunfadora en la noche del 4 de febrero fue Emma Suárez, doblemente galardonada con el Goya a la Mejor Actriz Protagonista y de Reparto por *Julieta* y *La propera pell,* respectivamente. Algo que solo había logrado Verónica Forqué en la ya muy lejana edición de 1988 por *La vida alegre* y *Moros y cristianos.* Se encuentra Emma Suárez en el momento más fructífero de su larga carrera, después de unos años de mayor dedicación al teatro ante la ausencia de buenos papeles para la pantalla. Ese doble reconocimiento le llegaba a la vez que otra importante actriz, Ana Belén, recibía el Goya de Honor como homenaje a su espléndida trayectoria.

En el transcurso de una Gala elegante, discreta y eficaz, no hubo quizá momentos especialmente memorables, aunque sí tres reivindicaciones básicas: en favor de una mayor presencia femenina en nuestro cine, de paliar la situación de actrices y actores, entre los que –según la encuesta realizada por AISGE, la entidad de gestión que cuida de sus derechos laborales– únicamente el 8% vive de su profesión, y en dejar bien claro ante la opinión pública el dato fundamental de que el cine aporta hoy económicamente al Estado bastante más que lo que este revierte en él. ●

(Febrero de 2017. Nº 2.767)

Las «tesis» de Amenábar

Lleno a rebosar en el auditorio de la Academia de Cine para asistir a un encuentro con Alejandro Amenábar con motivo del 20° Aniversario de los siete Goyas, entre ellos el de Mejor Película, logrados por *Tesis,* su «opera prima». Público sobre todo joven, procedente de la Facultad de Ciencias de la Información (donde precisamente él estudió) y de diversas escuelas de cine. Escaso número de académicos en un coloquio muy vivo, repleto de preguntas y que superó ampliamente la hora de duración.

Esa mayoritaria parte joven de los asistentes quería saber lo que les tocaba más de cerca: cómo con solo 24 años y un único bagaje de dos cortos, había conseguido realizar su primer largometraje. Algo suficientemente conocido y que se resume en el interés que en José Luis Cuerda había despertado el segundo de esos cortos, *Himenóptero,* hasta el punto de lanzarse a producir *Tesis.* Murmullos de admiración y «sana envidia» entre los actuales alumnos, que sueñan un día sí y otro también con encontrar un «padrino» similar. Mientras que el público menos joven planteaba a Amenábar qué diferencias encontraba entre el cine español de los 90, en que él se inició, y el de ahora mismo. *«No ha cambiado nada demasiado esencial* –fue su respuesta–, *sigue faltando industria y solidez económica. En el plano positivo, sí hay una mayor diversidad de géneros que entonces y un excelente plantel de profesionales».*

Tres son los ejes en que el autor de *Los Otros* cree que pivota la valía de una película: el interés de su historia, la determinación de lo que se quiere contar con ella y la labor con y de los intérpretes. Unido todo ello por *«una pasión»* que considera básica, donde la racionalidad personal sea puesta a prueba por la irracionalidad de, por ejemplo, los elementos oníricos («*me sorprenden los sueños; en varias ocasiones se me han ocurrido secuencias en estado de semivigilia»,* confesó). Preocupado por el hecho irreversible de la muerte, lo que es palpable en el conjunto de su filmografía, Amenábar situó como punto opuesto en cuanto a exaltación profesional el logro en 2005 del Oscar a la Mejor Película en habla no inglesa por *Mar adentro,* último largometraje español en conseguir no solo tal galardón sino incluso, hasta ahora, en llegar a las nominaciones.

Ya no un «niño prodigio» sino con 44 años, Amenábar está escribiendo un guion con Alejandro Hernández, *«aunque todavía no se ha producido ese 'click' que nos haga pensar que tenemos una buena historia, lo que, cuando surja, nos facilitará su desarrollo y la construcción de los diálogos».* Dos guiones más se hallan en los cajones de su mesa, uno *«casi irrealizable, porque se necesitarían 150 millones de dólares, y otro que tarde o temprano acabaré poniendo en pie».* Entre ellos se mueve un cineasta que se define, ante todo, como *«un apasionado contador de historias».* ●

(Febrero de 2017. N° 2.769)

«Revival» de Jardiel Poncela

Se multiplican las representaciones de obras de Jardiel Poncela por toda España. Estamos asistiendo a una especie de «revival» del comediógrafo madrileño (1901-1952). Piezas como «Eloísa está debajo de un almendro», «Angelina o el honor de un brigadier», «Un marido de ida y vuelta» o, en menor medida una de las más valiosas, «Cuatro corazones con freno y marcha atrás», suben con cierta regularidad a los escenarios. Lo que permite evaluar hasta qué punto permanecen vigentes, cómo quizá su humorismo inmediato ha perdido fuelle, pero siguen interesando sobre todo por su carácter insólito y por ser muy representativas de una etapa concreta de nuestro teatro, ligada a la llamada «Otra Generación del 27».

Es el momento idóneo para leer un libro como *«Mauricio o una víctima del vicio* y otros *Celuloides rancios* de Enrique Jardiel Poncela»* (Bandaàparte Editores), escrito por Santiago Aguilar y Felipe Cabrerizo, quienes ya hicieron una labor de investigación similar sobre *Un bigote para dos,* de Tono y Mihura, según reflejamos en su día en **Turia**. En esta ocasión, se centran en la película que Jardiel elaboró en 1940, manipulando una cinta muda de 1916, *La cortina verde,* realizada por Ricardo de Baños, a la que aportó diálogos y voz en «off» de cosecha propia, añadió secuencias y sumó todo tipo de recursos (repetición de movimientos en sentido contrario, ralentizaciones, cambios en la escala de planos) en busca de la risa del espectador. Dado que solo se conservan fragmentos de *Mauricio o una víctima del vicio,* Aguilar y Cabrerizo han tenido que basarse sobre todo en el guion original, que se halla en el Archivo General de la Administración. Y, a partir de él, elaborar su trabajo, tan efectivo y documentado como en el dedicado a *Un bigote para dos,* pero ampliándolo a otros aspectos de la trayectoria de Jardiel.

Así, seguimos su paso por Hollywood (cuando encontró *«dos opciones a elegir: o tumbarse en la arena a contemplar las estrellas, o tumbarse en las 'estrellas' a contemplar la arena»…*), la creación de los *Celuloides rancios* y los *Celuloides cómicos* a manera de lo que se estaba haciendo en Estados Unidos sonorizando viejas películas mudas, o su abierta y encendida hostilidad contra Mihura, al que consideraba un plagiario y un impostor. Todo ello acompañado de aquello que los autores del libro consideran *«la esencia de lo jardielesco: el 'irracionalismo', lo inverosímil propugnado como auténtica esencia del humor nuevo»,* donde existe *«saturación de personajes, de situaciones, de lances imprevistos, de recursos cómicos verbales y visuales que devienen humorísticos mediante el exceso».*

Y también un dato erudito que aportan Aguilar y Cabrerizo: *Mauricio o una víctima del vicio* se estrenó en los cines Metropol y Novedades de Valencia el 25 de noviembre de 1940, tan solo veintidós días después que en Madrid. ●

(Marzo de 2017. Nº 2.771)

Cine en español

Cambia este año de «fórmula» el Festival de Málaga: de «cine español» ha pasado a ser de «cine en español», coincidiendo con su 20º Aniversario. Así, las producciones que antes estaban agrupadas en el llamado «Territorio Latinoamericano» formarán parte de la Competición Oficial aplicando un estricto equilibrio, dado que –en esta edición– sobre un total de 18 títulos, 9 y 9 pertenecen a uno y otro lado del Atlántico. A la hora del palmarés que decida el Jurado presidido por Emilio Martínez-Lázaro, concurren en condiciones de igualdad, pero con una importante salvedad, ya que habrá dos Biznagas de Oro (máximo premio del certamen) en función de la procedencia de las películas, ya sean de aquí o de allende los mares.

El porqué de esta variación, que ha despertado y está despertando polémica en el propio Festival, lo explica su director, Juan Antonio Vigar: *«Hoy 'lo español' tenemos que entenderlo como un espacio de confluencia cultural, como un marco de encuentro y desarrollo para más de una veintena de países, con casi 560 millones de personas –en cifras recientes del Instituto Cervantes– unidos por una lengua y cultura comunes, por una identidad que nos acerca y dimensiona en el ámbito internacional. Cambiamos para crecer, afianzándonos, sin embargo –curiosa paradoja–, en el apoyo a 'nuestro' cine. Solo que entendiendo el posesivo de una manera más amplia, generosa y, sobre todo, realista».* Como contrapartida, la potenciación de los «Spanish Screenings» de Málaga busca una mayor presencia del cine español en los mercados de fuera, especialmente los latinoamericanos. Tarea ardua donde las haya, puesto que si hay un panorama de colonización por parte de las compañías multinacionales mayor que entre nosotros, es todavía el que se da en México, Argentina, Colombia y el resto de los países del área.

También se baraja como motivo del cambio que el Festival intenta así fortalecer su programación, ya que muchas películas españolas relevantes no han acudido tradicionalmente a la cita de Málaga por estar pendientes de las diversas selecciones de Cannes o incluso esperar al otoño con San Sebastián, además de desconfiar del reclamo promocional que supone el certamen andaluz. En tal sentido, y por poner un ejemplo de este mismo año, resulta lamentable que un film de la excelencia de *Incierta gloria*, de Agustí Villaronga, se haya estrenado el propio día en que el Festival comenzaba y no haya optado a participar en él. ●

(Marzo de 2017. Nº 2.773)

Nueve obras maestras

Llega a Valencia un importante ciclo que tendrá como escenario la Filmoteca: «Martín Scorsese presenta: Obras maestras del cine polaco», compuesto por títulos del máximo interés. Bajo la advocación del cineasta norteamericano, entregado a preservar el patrimonio audiovisual a través de su The Film Foundation, se ofrecen nueve películas representativas de la mejor producción polaca. Por orden de aparición en escena sobre la pantalla de la Filmo, *Eroica,* de Munk (1961); *El tren,* de Kawalerowicz (1959); *Cenizas y diamantes* (1958) y *La tierra prometida* (1975), de Wajda; *El sanatorio de la clepsidra,* de Has (1973); *Walkover,* de Skolimowski (1965); *Constans,* de Zanussi (1980), y *No matarás* (1987) y *El azar* (1981), de Kieslowski. Todas ellas en copias digitales, espléndidamente restauradas por DiFactory, de Varsovia, y bajo la organización de Ava Arts Foundation.

Lo dicho, una ocasión excepcional de disfrutar de gran cine. Pocas veces se consigue «armar» una muestra de tal categoría y en condiciones idóneas para su visionado. Polonia es el país de referencia en el Este europeo dentro del campo cinematográfico –y cultural en su conjunto–, con Hungría a continuación. La simple evocación de nombres como los que hemos citado ya sugiere una altísima calidad, que fue capaz de imponerse a un contexto político no precisamente favorable para la libertad de expresión. Con lenguaje más o menos directo, recurriendo a la metáfora o la parábola en muchas ocasiones, los autores polacos situaron a su cinematografía en un lugar de privilegio que, sin embargo, no se ha visto confirmado en la misma medida posteriormente.

Cuando en 2011 Scorsese fue a visitar la Escuela de Lódz para recibir de ella el Doctorado Honoris Causa, manifestó toda su admiración por esa «Edad de Oro»; y de ahí vino su apoyo a un proceso de restauración que ya se había iniciado años antes, además de ofrecer su nombre como tarjeta de presentación de un ciclo de veinticuatro películas que recorriera el mundo. Nueve de ellas han llegado ahora a España (no se descarta que, de forma conjunta o aislada, vengan las restantes), con paradas, además de Valencia, en Madrid, Córdoba, Barcelona y Oviedo.

La pregunta que surge es inevitable: ¿por qué, con la «franquicia» o no de Scorsese, no se hace algo similar con el cine español? Mediante la selección efectuada por historiadores independientes, se podría llegar a un «corpus» de unas veinticinco películas que, restauradas digitalmente, representasen lo mejor de nuestro cine y lo llevara por las más diversas latitudes. Incluyendo, lo que no estaría nada mal, las cuatro esquinas de este país, donde el cine español sigue siendo para muchos un gran desconocido. No es demasiado difícil ni demasiado caro; solo se necesita voluntad real para hacerlo. ●

(Abril de 2017. Nº 2.775)

Misoginia y feminismo

Parecen dos conceptos antagónicos, contradictorios, misoginia y feminismo, los que Josefina Molina ha aplicado al cine de Berlanga en su discurso de ingreso en la Academia de Bellas Artes de San Fernando. Y sin embargo no lo son, según su original y brillante exposición, con la que por primera vez una directora de cine entraba en esa institución. Hasta ahora eran solo hombres (el propio Berlanga, Borau, Gutiérrez Aragón, Gubern) los elegidos para ella dentro de su área audiovisual, por lo que –una vez más– la autora de *Función de noche* rompe moldes en este dominio.

Que Berlanga fuese misógino no resulta ninguna novedad, y ahí están la mayoría de sus películas para comprobarlo. La gran aportación del enfoque de Josefina Molina consiste en demostrar fehacientemente que ello se debía, en primer término, a que consideraba a la mujer como un ser con una especial capacidad de supervivencia, que la hacía casi «indestructible» frente a los hombres. Y, sobre todo, porque lo que reflejaba en sus imágenes era un tipo femenino nacido del nacional-catolicismo, de las tradiciones más regresivas de nuestra sociedad durante amplios periodos, y particularmente en el franquismo. Situarnos ante el espejo de esas mujeres, comprobar cómo se configuraban y actuaban, seguir su trayectoria vital, implica una suerte de acerada crítica sobre ellas, de cuanto suponía su comportamiento. Lo que conduce a una visión plenamente feminista de que otro opuesto «modelo de mujer» era imprescindible y, por tanto, de que las relaciones entre ambos sexos debían variar de forma radical a partir de ese surgimiento.

Contemplar *El verdugo, La boutique, ¡Vivan los novios!* o, de manera muy específica, *Tamaño natural* desde esa perspectiva es lo que propone Josefina Molina, y ello aporta un notable enriquecimiento en la comprensión de la obra berlanguiana. El reflejo de una injusta sociedad patriarcal se convierte así en parte fundamental de su cine, porque pone en evidencia el juego de roles dominante. De ahí que la nueva académica defienda que Berlanga *«parece haber querido señalar que el camino del pasado, de la imposición, de la ignorancia, de la sumisión y la anulación de la parte viva de las mujeres es un camino de perdición que no arreglará la soledad del ser-humano-hombre y aumentará la del ser-humano-mujer».*

No tiene desperdicio este «Misoginia y feminismo en el cine de Berlanga» que Josefina Molina ha elaborado con evidente acierto. Puede leerse en la página «web» de la Academia de Bellas Artes (rabasf.com), donde, dentro del apartado de Discursos de Ingreso, encontrarán el texto, aderezado con unos imaginativos dibujos de José Luis Cuerda. ●

(Abril de 2017. Nº 2.778)

A la hora del Ángelus

Detesto escribir necrológicas, y solo lo he hecho cuando me parecía de estricta justicia trazar un recuerdo de la persona desaparecida y yo podía aportar algo personal sobre ella. Hoy lo hago en homenaje a Juan Antonio Pérez Millán, que falleció el pasado viernes 5 de mayo con tan solo 68 años, cuando estaba disfrutando de los primeros tiempos de su jubilación, quebrados por una enfermedad que no creímos que fuera a acabar con él.

Su actividad de carácter cultural fue de primera magnitud: director de Filmoteca Española en la etapa de Pilar Miró, creador y responsable durante más de veinte años de la Filmoteca Regional de Salamanca, primer impulsor de la Capitalidad Europea de la Cultura cuando esta ciudad fue así designada en 2002, autor de libros sobre Nikita Mihalkov, Basilio Martín Patino, Jerzy Kawalerowicz, Pasqualino de Santis o la propia Pilar Miró, así como de innumerables artículos periodísticos, integrante del equipo de Dirección de la Semana de Cine de Valladolid desde 1989 a 2004, donde se encargaba especialmente de sus ediciones impresas y del diario *Seminci*…

El talento y la sabiduría de Pérez Millán se extendían por diversos ámbitos, aunque con el cine como columna vertebral de sus actividades, pasión a la que unía las de carácter literario y fotográfico (por iniciativa suya, la Filmoteca Regional conserva la mejor colección de imágenes de Castilla y León). Era un trabajador infatigable, volcado en cuanto emprendía y en su familia, su mujer, Lola, y su hijo, Ernesto, a quienes unía una amplísima nómina de amistades, entre las que quiero citar a Maite Conesa, su principal colaboradora en la cinemateca salmantina y su sucesora al frente de ella.

Me enorgullece haber formado parte muy directa, y durante muchísimo tiempo, de esas amistades. Fue un privilegio especial estar junto a él en esos quince años en el Festival de Valladolid, al que aplicaba sus periodos de vacaciones en la Filmoteca Regional, pero no ya solo por su impagable labor sino porque su ingenio y su sentido del humor le convirtieron en la persona imprescindible para la relación fluida que todo equipo precisa. Cuando las cosas venían mal dadas, siempre estaba Juan Antonio para dar salida a la situación con un análisis oportuno que la relativizaba y ofrecía la solución adecuada. Si el mundo acaba dividiéndose entre aquellos que facilitan la vida y quienes la dificultan, él pertenecía sin duda a los primeros.

Con Pérez Millán se va una parte fundamental de cuantos tuvimos la fortuna de sentirnos a su lado. Y yo ya no tendré a nadie que me llame cada sábado a las 12 del mediodía («*a la hora del Ángelus*», decía él, sin la menor connotación religiosa) para contarnos nuestras cosas… Sí, lo reconozco, esta es una necrológica que jamás habría querido escribir. ●

(Mayo de 2017. Nº 2.780)

Dos o tres cosas que yo sé de él

Más allá de la calidad concreta de las múltiples obras que en él se ofrecen, el Festival de Cannes sirve cada año para auscultar por dónde va el mundo del cine. En este sentido, hay un par de cosas o tres que merece la pena resaltar tras la 70 edición del certamen:

Ante todo, la lucha que se avecina –o que está ya– entre las diversas formas de mostrar y recibir las películas. La larga discusión sobre los dos títulos que presentaba Netflix en la Sección Oficial ha valido como punta de lanza de un debate fundamental. ¿Debe privilegiarse a las salas o el signo de los tiempos hace que las imágenes «se consuman» básicamente en soportes domésticos o individuales? Almodóvar y otros muchos profesionales se han pronunciado en público por lo primero, aludiendo a la inigualable sensación de verlas en pantalla grande, con la proyección y el sonido adecuados, además de la experiencia que supone participar en un acto comunitario. Otros, más pertenecientes al mundo de la industria, argumentan que esa postura no busca sino poner puertas al mar y que la revolución digital ha llegado para quedarse en los sectores de la producción, la distribución y la exhibición. Aunque también los hay más «equilibrados», que piensan que ambos caminos de difusión no resultan excluyentes y que pueden convivir las salas con las plataformas de internet sin antagonismos insuperables.

La polémica está servida y de cómo se resuelva va a depender en gran medida el futuro de la cinematografía mundial.

Otra constatación importante que nos ha dejado Cannes es que se está produciendo un cierto relevo generacional entre los cineastas. Frente a una edición como la del pasado año, en que uno de los realizadores más veteranos en ejercicio, Ken Loach, ganó la Palma de Oro con *Yo, Daniel Blake,* en esta ocasión los privilegiados por el Palmarés son en su mayoría directores nacidos en la década de los 70. De hecho, los de mayor edad como Michael Haneke (de 1942) o Jacques Doillon (de 1944) fueron ignorados a la hora del reparto de premios. Lo que ello suponga cara al desarrollo del «cine de autor» está por ver, aunque el panorama general recién mostrado por Cannes no invita precisamente al optimismo.

Quizá porque –tercera consideración– ese «cine de autor» cada vez está más sujeto a condicionamientos económicos que se han convertido en una auténtica superestructura. No resulta extraño ver una coproducción sueco-eslovena-franco-neozelandesa, por ejemplo, con lo que eso supone de control por parte de múltiples comisiones que tienen que aprobar el proyecto, ya sea con dinero público o de las televisiones. Hasta qué punto ello no les está coartando a los cineastas la posibilidad de expresarse en libertad, es otro asunto que merece la máxima atención. ●

(Junio de 2017. Nº 2.784)

Las señoras de 60 años

Tienen mala prensa, a menudo son ridiculizadas en las redes sociales, sufren bromas e ironías. Pero la verdad es que el tinglado cultural de este país no se sostendría sin ellas. Me refiero a las mujeres de 60 años, más o menos, que acuden masivamente a cines, teatros, museos, exposiciones, recitales, conferencias y cualquier actividad valiosa que se convoque. Suelen ir juntas, en grupo, con cita previa establecida por teléfono o internet para conocer y disfrutar de tal o cual cosa. Y da gusto verlas, interesadas por todo, participando en todo, pasándoselo en grande ante una película, una función, unos cuadros o unas actuaciones musicales. Han superado el llamado «síndrome del nido vacío» y ahora se sienten en libertad para ser ellas mismas, sin sujeción a un hogar, unos hijos o un marido, que habitualmente se queda apoltronado en el sofá de casa, consumiendo televisión sin parar.

Suponen un verdadero fenómeno sociológico, que podemos comprobar día a día, pero que no se limita a nuestro país. Recientemente, Aki Kaurismäki aseguraba que había hecho su última película, *El otro lado de la esperanza,* pensando en ellas, en las mujeres de 60 años que constituyen el nicho principal de su público. Muchos lo tomaron por una «boutade», muy propia del sentido del humor del gran cineasta finlandés. Pero nada de gracieta para llamar la atención: Kaurismäki estaba afirmando una realidad palpable, que ya no son los adolescentes quienes aseguran el éxito de una película, salvo que sea de «superhéroes» y no la puedan cazar en sus ordenadores o móviles, sino estas estupendas señoras de cierta edad. Ellas, practicantes de un feminismo que no se autodefine como tal, liberadas de ataduras domésticas, integran un auténtico ejército de «receptoras culturales» que ha llegado para quedarse.

No duden de que si —según sus organizadores— la Feria del Libro de Madrid acaba de tener un 66% de visitantes femeninos, frente al solo 34% de masculinos, buena parte de ese porcentaje corresponde a mujeres que ya han llegado a la sexta década de su vida. Una vida que ahora quieren completar con todo aquello que, probablemente, no pudieron hacer en su juventud, que respiran hoy con plenitud para gozar de cualquier iniciativa que les procure una satisfacción que antes les estaba vedada. Sucede lo mismo con los cursos de mayores, con universidades, centros y escuelas para personas que no alcanzaron a disponer de la formación que deseaban. Amistades inesperadas, confidencias largo tiempo reprimidas, el intenso sentimiento de pertenecer a un grupo, conforman también este universo femenino. Al que los creadores deberían tener muy en cuenta a la hora de imaginar y elaborar sus obras. ●

(Junio de 2017. Nº 2.787)

Sin tópicos ni retóricas

Con motivo de la entrega en Madrid de los Premios Platino, se han celebrado una serie de actividades con el cine iberoamericano como protagonista. Es importante referirse a él con datos concretos y, por ello, ha destacado entre estos actos la presentación del Anuario del Cine Iberoamericano, elaborado por Barlovento Comunicación y MRC bajo la dirección de Fernando Labrada y Ricardo Vaca. Un instrumento imprescindible para conocer la realidad del cine en español y portugués, para saber con certeza el terreno que pisamos y no el que suele esgrimirse a base de tópicos y retóricas.

Vayamos con algunos de esos datos, referidos al pasado año: en el conjunto de los 22 países que incluyen el área iberoamericana, se estrenaron en salas comerciales 900 películas «propias», entendiendo por tales las producidas en cada una de esas naciones. Donde la población mayoritaria se da en Brasil (209 millones de habitantes) y México (128), con Colombia y España en tercer y cuarto lugar, lo que no coincide con su PIB «per cápita», ya que Puerto Rico y España son los únicos en superar los 25.000 dólares. Por otra parte, sorprende que la República Dominicana encabece el «ranking» de las cuotas de mercado —es decir, de la relación entre espectadores de cine nacional y extranjero—, con un 26%, por delante de Brasil (18%), España (17%) y Argentina (14%). Sin embargo, los títulos más taquilleros han sido dos brasileños, *Os Dez Mandamentos* y *Minha Mãe é uma Peça,* con 11,3 y 8,1 millones de espectadores; otros tantos mexicanos *(¿Qué culpa tiene el niño?* y *No manches, Frida),* con 5,9 y 5,1; y el español *Un monstruo viene a verme,* con más de 4 y medio. También llama la atención que se hayan proyectado 234 «óperas primas», el 26% del total, una cantidad excesiva que proviene, sobre todo, de los documentales.

Pero estas cifras adquieren su verdadera relevancia al constatar que, frente a los 900 films de producción nacional ya citados, se han estrenado 4.515 extranjeros, la inmensa mayoría norteamericanos, y con la particularidad de que lo han sido en casi todos los países iberoamericanos. Lo que significa que nos hallamos en un mercado fortísimamente colonizado, afirmación que siempre suena a demagógica pero que se atiene a la realidad. Viene a corroborarlo otro dato: mientras la taquilla conjunta del cine en Iberoamérica representa el 8,89% del total mundial, lo logrado por las películas de esa área no llega siquiera al 1%. Casi siempre en sus países de origen, porque un problema básico de la producción iberoamericana es que «viaja mal», siendo muy difícil —por ejemplo— ver un film español en Colombia, uno mexicano en Argentina y no digamos uno peruano, boliviano o costarricense en cualquier lugar. ●

(Julio de 2017. Nº 2.791)

El descubrimiento de Colom

Al tiempo de una semana (y las que vendrán…) de extrema tensión en Cataluña, el cine español también ha tenido su maremoto particular. La Rueda de Prensa de Ramón Colom, el presidente de FAPAE –la patronal de los productores audiovisuales–, en el Festival de San Sebastián ha supuesto un cúmulo de acusaciones contra distintos compañeros de profesión, donde las palabras *«conspiración»*, *«chantaje»* y *«corrupción»* no han faltado. Sin dar nombres concretos, pero dejando bastante claro a quienes se refería, Colom ha descubierto públicamente una realidad muy inquietante.

Podrá discutirse si era el escenario, el momento o el guion adecuados para que el todavía responsable máximo de FAPAE lanzase sus dardos con tal acritud. En sus palabras, había mucho de desahogo personal, de explosión indignada, de no aguantar más después de casi cuatro años de mandato y ya cercanas las elecciones para el cargo, previstas para noviembre. Pero, conociendo un poco los entresijos del cine español, me parece perfectamente comprensible este arrebato de sinceridad. Supone una muestra de que el agua ha rebosado el vaso, de no poder soportar ya una situación tan deteriorada. Le habría sido mucho más cómodo a Colom hacer un resumen amable de su etapa (lo que detalló en la primera parte de la comparecencia) y marcharse por la puerta de atrás con una sonrisa de buena voluntad. Optó, en cambio, por dejar las cosas claras y no atenerse a la «corrección política». Considero adecuada su actitud.

Porque las cosas no pueden seguir así, con un grupo de productores «de toda la vida» que siguen manejando impunemente el cotarro. Ni siquiera de manera frontal, asumiendo responsabilidades visibles, sino –como el propio Colom denuncia– a base de citas conspirativas, cenas donde se toman acuerdos ventajistas o búsquedas de adecuar la legislación a sus intereses particulares. Llevan demasiado tiempo actuando de esta forma, sacando claros beneficios de tal conducta y arramblando con cuanto se les pone por delante, ya sean directores y directoras generales o numerosos productores que se ven impotentes para revertir la situación y no quedarse descolgados. Colom ha vivido en estos cuatro años, desde dentro de FAPAE, cuanto otras y otros también hemos sufrido. E incluso ha prevenido del peligro de que cierre o desaparezca la entidad en un próximo futuro, con lo que se perdería un interlocutor necesario para nuestro cine. ●

(Octubre de 2017. Nº 2.802)

El profundo universo de los sueños

Federico Fellini es una fuente inagotable de exposiciones. Hace unos años, hubo una –espléndida– que le dedicó CaixaForum. Tiempo atrás, también las salas de Filmoteca Española albergaron la figura del autor de *Ocho y medio.* Otras muestras más reducidas han surgido aquí y allá. Y las que se avecinan, porque en 2020 se celebra el Centenario del nacimiento de Fellini, y en Italia se está ya preparando un amplio conjunto de actividades, como corresponde a quien quizá sea su cineasta ilustre por excelencia.

De momento, tenemos ahora la exposición «Federico Fellini. Sueño y diseño» en el madrileño Círculo de Bellas Artes. Se trata de una muestra singular, porque no intenta tener un carácter enciclopédico, sino todo lo contrario: bucear en el *«onirismo visionario»* de su autor, lo que unido a su *«exuberancia»* y a su *«pasión por el psicoanálisis»* (versión Jung) tras su largo tratamiento con el doctor Ernst Bernhard, conformarían de manera decisiva la personalidad felliniana. Así al menos lo establece Gianfranco Angelucci, comisario de la exposición del Círculo y a quien pertenecen los términos que acabo de entrecomillar. Todo un experto en la vida y obra de alguien que, como en *Amarcord,* hizo de sus recuerdos y sus sueños un terreno fértil para el torrente de imágenes que crease.

No supone su único atractivo, porque hay también dibujos y fotos de notorio interés, pero el punto fuerte de la muestra es el visionado de los tres «spots» que Fellini realizó en 1992 para el Banco di Roma. Él, que era un enemigo declarado de la publicidad, sobre todo cuando cortaba las películas en televisión (*«Nunca se deben interrumpir las emociones»,* sostendría, en una famosa diatriba contra Berlusconi), se dejó ganar por la generosa oferta de esa entidad bancaria. Pero tampoco era la primera vez, ya había filmado antes anuncios para Campari y Pastas Barilla, en una labor más frecuente de lo que parece entre los grandes directores.

Sueño del túnel, Sueño del 'Déjeuner sur l'herbe' y *Sueño del león en el sótano* son los títulos de esos tres breves anuncios, aunque el proyecto incluía también otros, como «Sueño del huevo» y «La máquina de los sueños», que no llegó a rodar; al fin y al cabo, Fellini moriría poco tiempo después de este epílogo publicitario, en 1993. Tomados casi siempre de las páginas de su enciclopédico «Libro de los sueños» (incluido asimismo en la muestra), su esquema es muy sencillo: la pesadilla angustiosa de un ciudadano al que un psicoanalista recomienda que, por lo menos para que esté tranquilo económicamente, deposite su dinero en el Banco di Roma. Papel del psicoanalista que iba a interpretar el propio Fellini, pero que acabó confiando a nuestro Fernando Rey, de quien también estamos ya celebrando su Centenario. El tiempo pasa para todos de manera implacable. ●

(Octubre de 2017. Nº 2.804)

El maná de los buenos cinéfilos

Se reunían los distribuidores independientes en Valladolid, dentro del marco del Festival, para debatir públicamente sobre su problemática actual y los retos que se les presentan en el futuro. Y también lo hacían, ya de manera privada, con exhibidores y operadores televisivos. De estas Jornadas sobre la Distribución independiente (es decir, aquellas compañías que no son multinacionales norteamericanas ni pertenecen a un grupo de comunicación), nacieron unas Conclusiones que pueden resultar muy valiosas para el conocimiento y la comprensión del sector.

Ante la imposibilidad de reproducirlas en su integridad, sí vale la pena referirse a alguna de ellas. En especial, la que establece que *«el panorama que se ofrece a la distribución independiente se ve abocado a una situación paradójica: mientras a la tradicional exhibición en salas se han sumado nuevos canales de comunicación con el espectador, como las televisiones de pago y las plataformas digitales, cada vez resulta más dificultosa la amortización de los títulos adquiridos en los mercados internacionales, que demandan progresivamente precios más elevados»*.

Dicho en plata, que cada vez resulta más difícil la supervivencia para esa distribución independiente, que ocupa entre un 20 y un 25% del mercado y que aporta a la cartelera una diversidad y una riqueza culturales sin las que se reduciría a los muy repetitivos «blockbus-ters» de Hollywood. Con una asistencia a salas en descenso por la sensible pérdida del público de un par de generaciones, con un vídeo en horas bajas, con unas televisiones públicas que se resisten a adquirir las películas de sus catálogos y unas privadas que casi no lo hacen en absoluto porque consideran que sus títulos no atraen al tipo de espectadores que las siguen, con una difusión por internet que todavía no aporta lo que debiera a consecuencia sobre todo de la piratería (solo muy recientemente la plataforma Filmin, por ejemplo, ha dejado de tener números rojos), los motivos de esa *«situación paradójica»* de la distribución independiente quedan bastante claros. De hecho, sin las Ayudas europeas del Programa MEDIA y del ICAA en nuestro país, el mantenimiento de quienes suelen traer los films que triunfan en Cannes, Venecia o Berlín, que suministran el «maná» para los buenos cinéfilos, que aportan la grandeza de la versión original, sería literalmente imposible.

Como todo bien escaso, hay que proteger y apoyar a esta parcela decisiva de nuestro cine, sin la que —además— solo se distribuiría la quincena de películas españolas de mayor tirón comercial que suele quedar cada año en manos de las multinacionales. El resto, hasta el centenar de títulos que se están produciendo, aparte de los documentales, se vería al pairo más desolador. ¿Es eso lo que queremos? ●

(Noviembre de 2017. Nº 2.806)

Allende los mares

Al hilo del último número de su revista, la Academia de Cine ha organizado una Jornada sobre «La promoción exterior, clave para el éxito», compuesta por tres Mesas Redondas donde se analizaba el tema tanto desde un punto de vista comercial e industrial como cultural. Las conclusiones no han sido muy halagüeñas: pese a los esfuerzos de entidades públicas y privadas, nuestro cine tiene un éxito limitado en los mercados internacionales, casi siempre unido a películas de género, títulos de animación, films hablados en inglés o algún nombre especial, caso de Almodóvar. Queda mucho trabajo por hacer y, siempre pasa, aparece Francia como país de referencia.

Precisamente es Unifrance, el organismo que se dedica a la difusión de la producción gala en el exterior, el ejemplo que se suele poner a la hora de poner en pie algo similar entre nosotros. Marco legal existe para hacerlo: el artículo 37 de la vigente Ley del Cine, de diciembre de 2007, establece que el Instituto de la Cinematografía (ICAA) *«podrá colaborar con entidades públicas o privadas que promocionen el cine español fuera de nuestras fronteras, buscando una mejor y mayor comercialización de las películas españolas en el exterior».* Han transcurrido diez años y —como en otros aspectos de dicha Ley— nada se ha llevado a cabo en este sentido, porque para una iniciativa mixta como esta, ni la Administración ha contado con los recursos económicos imprescindibles ni los productores han demostrado mayor interés en un asunto que prefieren dejar a los poderes públicos.

Carentes de tan necesario organismo de promoción, cada cual hace la guerra a su manera, confiando casi siempre en unos vendedores internacionales que no suelen tener al «producto español» entre sus preferencias. De hecho, según datos oficiales que se citaron en la Jornada de la Academia, en 2016 nuestro cine solo ingresó 65 millones de euros por ventas al extranjero, un incremento del 5% respecto del año anterior, pero una cifra muy exigua para las dimensiones de la producción nacional. Europa, con un 50,7%, estando Italia y Francia a la cabeza, y Latinoamérica, con un 39,3%, fueron las áreas donde mayores recaudaciones en salas han obtenido las películas españolas, mientras que Asia (5,2%), Estados Unidos (3,9%) y Oceanía (0,9%) completan de manera muy secundaria el panorama mundial. Situación que ya se está modificando radicalmente por el auge de las plataformas digitales, alguna de las cuales (léase Netflix) impide el estreno en salas fuera del país de origen del film, así como por la fuerte alza del mercado chino, con todos los condicionamientos censores y de cuotas restrictivas que ello implica.

Siendo optimistas, entre un 25 y un 40% del presupuesto de una producción española puede proceder de sus ventas al extranjero. Pero siempre que se ajuste a unos parámetros lo más cercanos posible al cine de Hollywood. A eso se llama, lisa y llanamente, colonización industrial y cultural. ●

(Noviembre de 2017. Nº 2.808)

La ley del más fuerte

Hasta cuándo soportarán los exhibidores las condiciones a las que les someten las multinacionales norteamericanas? Ha trascendido que, para proyectar *Los últimos Jedi,* se ha impuesto a los cines españoles cobrar un porcentaje del 60% sobre la recaudación de taquilla, el máximo que suelen exigir esas compañías. Mientras las distribuidoras independientes rondan el 40% en el mejor de los casos, las «Majors» de Hollywood marcan sus exigencias leoninas, que en su propio país todavía son mayores: el 65% y un mínimo de cuatro semanas de programación. Pese a estas condiciones despóticas, nuestros circuitos de exhibición han bajado la cerviz y, ante el atractivo comercial del film vinculado a la saga *Star Wars,* lo han incluido en nada menos que 1.049 pantallas… Una renuncia en toda regla, que incide además en el hecho de que, de cada entrada, un 21% se va para el IVA y un 3% se deriva hasta las entidades de gestión. Con lo que a las salas les queda un magro beneficio para cubrir electricidad, personal, mantenimiento y demás gastos. No parece extraño que se refugien en las palomitas y demás fastidiosos complementos culinarios para mantenerlas.

Es lo que se conoce, administrativamente, como *«abuso de posición dominante»;* es decir, como la ley del más fuerte aplicada por las bravas. En otros países europeos se ha regulado mediante acuerdos intersectoriales, que evitan hasta cierto punto los porcentajes abusivos. Aquí se intentó establecer unos máximos en la Ley del Cine de 2007, pero un informe vinculante de la Comisión de la Competencia lo impidió taxativamente. El argumento es que estábamos en un *«libre mercado»,* donde lo que cuenta es la oferta y la demanda; los exhibidores eran muy libres –según ese criterio– de poner o no aquellas películas que los distribuidores les ofrecían y que se trataba, en definitiva, de *«relaciones comerciales entre particulares»,* sin que el Estado o cualquier poder público tuviese margen para intervenir en tal relación privada. O sea, las «delicias del liberalismo económico», donde se contempla la realidad como si todos gozasen del mismo volumen para poder desarrollar su actividad. Desde aquel ya lejano 2007, nada se ha hecho por modificar una situación tan claramente desproporcionada.

Lo que puede agravarse con la consolidación de Disney como supergigante dentro de los gigantes, tras su adquisición de todos los *«activos de entretenimiento»* de la Fox por la nada despreciable suma de 66.100 millones de dólares. Aunque esa compra se halla pendiente de aprobación por parte de los organismos norteamericanos que regulan la competencia, en círculos económicos se da ya por segura. Con lo que Disney podrá imponer al mundo cuanto deseen sus dirigentes y accionistas. En nombre de los «Jedis», los «Cocos» y reclamos navideños varios, ¡viva el capitalismo salvaje! ●

(Diciembre de 2017. Nº 2.812)

Ingmar Bergman, sobre cuya obra
coincidieron en 2018
dos interesantes documentales.
(Véase artículo
«Las dos caras de Bergman»).

2018

¿Fascista el cine?

Lo aseguraba Sergio Blanco, dramaturgo uruguayo residente en París, al final de una reciente entrevista: *«El siglo XX fue el siglo del cine, que es un arte fascista; fue el siglo de los totalitarismos, del nazismo, el fascismo, el comunismo y el capitalismo. No hay nada peor que el cine y por eso los dictadores adoraban el cine. El siglo XXI ya no es el siglo de la imagen, entramos en el siglo de la mirada, en el siglo del teatro, ese lugar donde uno se mira».* Más allá de la provocación, de la «boutade», de querer lograr titulares de Prensa (como así ha conseguido), asombra que un hombre de la cultura pueda decir semejante barbaridad. Sin ningún argumento que lo razone, sin mayor soporte teórico, solo con la vaguedad de que a los dictadores les gustaba. Como tantas otras cosas, que no por ello son sospechosas ni mucho menos de «fascistas». Pero ya se sabe que llamárselo a quienes no se manifiestan de acuerdo con uno, está a la orden del día…

Por el contrario, la Historia del Cine se halla repleta de ejemplos que demuestran lo absurdo de esa idea. Cabría llenar folios y folios con títulos que lo dejaran patente, pero creo que no hace falta: en la memoria de cada uno figuran cientos de películas que nos enseñaron a conocer el mundo tal como era y es, a denunciar situaciones insostenibles, a valorar actitudes positivas, a –en definitiva– hacernos mejores personas. ¡Cuántos cineastas perseguidos y represaliados por sus obras críticas con el poder! ¡Cuántos films prohibidos, censurados, masacrados precisamente por su voluntad de mostrar la realidad, de su deseo de hacer partícipes a los espectadores de ser más conscientes de aquello que les rodeaba!

Nada de esto vale para Sergio Blanco, quien en su citada consideración de que *«no hay nada peor que el cine»* me recuerda a aquellos curas ultramontanos que empleaban una frase idéntica para asegurarnos que, de entrar en las salas del pecado, nos ganaríamos la condenación eterna… Tampoco es de recibo la contraposición que el autor de «Tebas Land» u «Ostia» (obra que precisamente hace referencia al asesinato de Pasolini en esa playa romana) establece entre teatro y cine, entre *«el siglo de la imagen»* y *«el siglo de la mirada»*, como si fueran expresiones antagónicas, que no se conciliaran e incluso complementaran ante los ojos de un público convocado para asistir y disfrutar de ambas artes. Y la mirada es la misma, porque es la del ser humano que las contempla.

Dejémonos de falsas hostilidades entre cine y teatro, porque bastantes enemigos tienen ambos en tantos centros del poder como para generar conflicto donde no existe, según demuestra el continuo y feliz trasvase entre creaciones y profesionales de uno y otro medio, que ha generado auténticas obras maestras. ¡Ah, y de fascista el cine, pero nada de nada, que conste! ●

(Enero de 2018. Nº 2.816)

Firmado, Jano

Hace unas semanas, con motivo de la exposición dedicada a los 30 años de la Filmoteca Valenciana, Abelardo Muñoz escribía en la **Turia** sobre la excelente tradición de cartelistas cinematográficos valencianos, encabezados por el gran Josep Renau. Pues bien, ahora en Madrid puede contemplarse una amplia muestra de la obra de otro magnífico cartelista: Jano (Francisco Fernández-Zarza Pérez), cuya vida transcurrió entre 1922 y 1992, dedicada la mayor parte de ella a hacernos atractivas las películas, ya fuera desde las paredes y las páginas de los periódicos o en los prometedores programas de mano que se entregaban en las taquillas.

Salvo para las generaciones de espectadores más jóvenes, los carteles de Jano están inscritos en la retina y la memoria de quienes no lo somos tanto. E incluso se revalorizan y adquieren una nueva dimensión al contemplarlos conjuntamente en esta muestra organizada por Filmoteca Española en su sala de exposiciones, felizmente abierta después de una larga etapa en la que ha permanecido inactiva y que, en 2006, ya había desarrollado una iniciativa similar con otro estupendo autor, Mac.

Es justo que así sea. Porque, volviendo a Jano, buena parte de sus carteles suponen un ejemplo de inspiración y fuerza creativa para llevar al público hasta las salas. Aunque muchas veces tenía el pie forzado del «poster» original cuando se trataba de films extranjeros, o debía reproducir con fidelidad las fotos que le mandaban las distribuidoras, casi siempre supo dar a sus imágenes un plus de originalidad. Como señala Víctor Zarza (hijo del artista, su principal estudioso y comisario de la exposición junto a Elena Cervera), Jano destacó sobre todo por *«sus grandes dotes para el retrato y la caricatura»*, de precisa fidelidad en el primer caso y de sentido del humor en el segundo. Pero aportando siempre unas dosis personales de penetración en lo que la película narraba y de ironía en lo caricaturesco.

Al tiempo que iba aprovechando al máximo los avances técnicos en la impresión –no era lo mismo trabajar por litografía que por «offset»–, se iba acoplando a los estilos dominantes en las diversas épocas, desde la década de los 40 a la de los 70, por las que transcurrió su fértil trayectoria. Carteles sutiles como el de *La quimera del oro*, con la figura de Charlot en cuerpo entero; o el de *La verbena de La Paloma*, estilizando al máximo su trama con signos típicos del «chulapismo» madrileño, denotan, por ejemplo, la enorme versatilidad de un autor que destacaba habitualmente por el impacto y expresividad en primer grado de sus creaciones. ●

(Enero de 2018. Nº 2.818)

La moda de los «remakes»

Siempre se han hecho «remakes» o nuevas versiones de películas a la largo de la historia del cine. También dentro de la producción española: *La vida en un hilo, Botón de ancla, La hermana San Sulpicio, Nobleza baturra, A tiro limpio* y tantos ejemplos más. La novedad surge al comprobar que ahora unas cuantas películas nuestras se basan en grandes éxitos de otros países. Es el caso de la muy taquillera *Perfectos desconocidos*, de Álex de la Iglesia, «remake» de *Perfetti sconosciuti*, realizada por Paolo Genovese un año antes y, al parecer, impedida por contrato de ser vista en España. O de *Sin rodeos,* de Santiago Segura, retomando el film chileno *Sin filtro,* con el que Nicolás López logró convocar a más de un millón de compatriotas. O, un par de temporadas atrás, *Kiki, el amor se hace,* de Paco León, que «versionaba» la australiana *The Little Death,* de Josh Lawson. E incluso *Ocho apellidos vascos* y *Ocho apellidos catalanes* no podían negar su filiación con la francesa *Bienvenidos al Norte* y la italiana *Bienvenidos al Sur.*

Hollywood lo ha practicado habitualmente, no hay por qué extrañarse. El curioso fenómeno se reproduce hoy día entre nosotros y habría que preguntarse sus causas. ¿Es una cuestión de jugar en la producción sobre seguro, de experimentar positivamente en cabeza ajena? ¿De buscar la cercanía a los espectadores locales que pueden proporcionarles nuestros guionistas y directores? ¿De disponer de «caras populares» entre los actores que hagan a las tramas más reconocibles para el público? Sin duda, todo ello se une en busca de lograr el éxito en taquilla, tan difícil de obtener.

Pero también, si se abusa de él, puede llegar a ser un camino peligroso por lo convencional y de miedo al fracaso que supone. Refugiarse en lo que ha funcionado bien fuera tiene una parte de conservadurismo, de imitación de lo que otros han logrado con su originalidad y sus recursos. No quisiera yo que el cine español se convirtiera en un mero «repetidor» de lo que ha triunfado comercialmente allende nuestras fronteras, como si no hubiera aquí y ahora suficientes creadores con capacidad de llevar a cabo películas nuevas desde cero. No me refiero a adaptaciones literarias o teatrales, que siempre han existido y siempre deberán existir, sino a la mera copia, «mutatis mutandis», de lo que viene del extranjero con marchamo de éxito.

Particularmente, prefiero un cine que se arriesgue, que no se limite a ser un simple calco y se atreva a imaginar o juegue con los referentes culturales que tiene a su alrededor. Por supuesto, ha habido muchas ocasiones en que los «remakes» han sido mejores que los films originales, pero no siempre sucede así. Mi temor es que entre precuelas, secuelas y nuevas versiones perdamos ese plus de originalidad y de frescura que el cine necesita como el comer. ●

(Febrero de 2018. Nº 2.820)

Lo que piensa un cineasta

Es muy de agradecer que los cineastas españoles reflexionen sobre su propio trabajo. Lo hizo recientemente Manuel Gutiérrez Aragón en «A los actores». Lo hace ahora Jaime Rosales en «El lápiz y la cámara», editado por La Huerta Grande. Más allá de declaraciones periodísticas o de textos para los «press-books», se trata de poner en papel los pensamientos de un autor cinematográfico en torno a su labor, sus características y desafíos, pero también sobre otras cuestiones llamémoslas periféricas. De una manera muy coherente con su media docena de largometrajes, Rosales va desgranando sus ideas, a la manera en que lo llevaron a cabo Bresson en «Notas sobre el cinematógrafo» y Tarkovski en «Esculpir en el tiempo» o, más lejanos, Eisenstein en «Reflexiones de un cineasta» y Dreyer en «Sobre el cine». Nombres ilustres todos ellos, cuyos escritos nos han ayudado a comprender mejor su obra y, por extensión, el cine en general.

Fue durante el proceso de elaboración de su película *Petra,* cuando Rosales anotó en unos cuadernos lo que ha acabado siendo «El lápiz y la cámara», una sucesión de cortos párrafos organizados en siete apartados: además de cuatro *Bloques de Notas,* los titulados *Cuestiones de puesta en escena y de puesta en cuadro* (dos conceptos que él diferencia, siendo *«la puesta en escena la que determina qué se va a filmar»,* mientras *«la puesta en cuadro, cómo se va a filmar»); Del hombre anestesiado al hombre emancipado,* con una serie de consideraciones sobre la actual sociedad, muy marcada por el mundo digital, y *El artista y el artesano,* definiendo al primero como aquel que desafía las reglas establecidas, se cuestiona su oficio e intenta arrojar luz sobre lo oculto de nuestra existencia.

Se trata de un libro breve, 160 páginas, pero revelador. No hay párrafo escrito por Rosales que no nos lleve a pensar en su contenido, para estar o no de acuerdo, pero siempre con gran capacidad de motivar al lector y al espectador. Comienza con fuerza y determinación: *«El único tema de una película es la vida, lo que viene a ser lo mismo que decir que el único tema de una película es el cine»,* porque, afirmará después, *«cuanto más se parezca una película a la vida, cuanto mejor revele sus verdades, sus misterios y sus contradicciones, mejor película será».* Ello significa una búsqueda en profundidad sobre el verdadero sentido de cuanto nos rodea, que la película expresará básicamente a través de la forma mediante el método estilístico que el cineasta haya elegido en cada ocasión.

La dirección de actores, la importancia de las localizaciones, su defensa del celuloide frente a la grabación digital o la relación con el público conforman también —entre otros muchos temas— «El lápiz y la cámara», un auténtico semillero de ideas del autor de *La soledad* o *Hermosa juventud.* ●

(Marzo de 2018. Nº 2.824)

Vanguardia y Cine

Mi anterior artículo en esta sección era sobre un importante libro: «El lápiz y la cámara», de Jaime Rosales. Ahora les voy a hablar de otro muy diferente, pero igualmente recomendable: «Cine y renovación estética en la vanguardia española», del profesor de la Universidad Complutense Alfonso Puyal, publicado por la editorial sevillana Renacimiento. Se trata de una Antología crítica que, a través de 236 documentos de toda una pléyade de autores, recoge la influencia que los movimientos de vanguardia surgidos entre 1920 y 1936 ejercieron sobre el cine en nuestro país. Y viceversa, hasta qué punto la existencia del nuevo arte gravitó sobre todas las demás, en una etapa especialmente fructífera para ellas en España, conocida como la Edad de Plata y que vino marcada por el nacimiento y auge de la Generación del 27.

Estamos ante una recopilación del máximo interés, siendo la primera que con carácter metódico y ordenado se realiza entre nosotros. Gracias a ella, podemos seguir –en palabras de su autor– *«la transformación sufrida por la vanguardia en su vinculación con el cine, desde el ejercicio lúdico y experimental hasta la implicación de sus integrantes en los movimientos sociales»*. En definitiva, el volumen logra *«responder a la pregunta de en qué modo la vanguardia española contribuyó a la cultura del cine»* y entender cómo *«el medio formó parte de la renovación intelectual y artística de este período tan fecundo»*. Una vanguardia nacional, todo hay que decirlo, que en buena parte fue a remolque de lo que germinaba fuera de nuestras fronteras, especialmente en Francia.

Así, asistimos desde la hostilidad de un Antonio Machado contra el cine, hasta el entusiasmo que despertó en poetas y dramaturgos como Lorca (quien, en 1929 y desde Nueva York, confiesa estarse pensando *«hacer cine hablado»*) o Alberti, que en su «La arboleda perdida» realza que *«el cine, entre otros inventos de la vida moderna, era lo que más me arrebataba, sintiendo que con él había nacido algo que traía una nueva visión»*, entre otros muchísimos ejemplos. Y donde no falta la exaltación sin límites de la poetisa y pedagoga Carmen Conde, expresada en un artículo de 1931 publicado en Valencia por *Cuadernos de Cultura*, para la que *«el cine es la conquista de más importancia realizada por el hombre. Nada tan hermoso, tan plástico, tan vivo, tan modelador»*…

Dividido en quince apartados a lo largo de trescientas páginas, cada uno de ellos cuenta con una sintética y pertinente presentación de Alfonso Puyal, lo que hace de «Cine y renovación estética en la vanguardia española» un libro no solo de consulta para lectores previamente interesados, sino también de introducción a una etapa fundamental de la cultura española. ●

(Abril de 2018. Nº 2.828)

Memoria de luz

Con este nombre se ha «rebautizado» la exposición que en La Nau, de Valencia, se llamó «Material de somnis. 30 anys de Filmoteca valenciana», dedicada a hacer visibles sus fondos, y que presenta en Madrid el Instituto Cervantes. No se trata exactamente de la misma exposición debido a las diferentes características de las salas, pero en lo esencial ha permanecido idéntica, comisariada en ambos casos por Nieves López-Menchero.

Y lo esencial es un recorrido por parte de los numerosos «tesoros» que conserva la cinemateca autonómica y que ha llevado a subtitular la muestra como «Historia del cine español en la Filmoteca valenciana»: espléndidos carteles de distintas épocas, especialmente brillantes los pertenecientes al periodo mudo y republicano, varios de ellos firmados por Josep Renau, que luego prolongó su labor en México; preciosos bocetos de decorados, debidos a Francisco Canet y Gori Muñoz; revistas especializadas, donde el *Nuestro Cinema* de Juan Piqueras ocupa, lógicamente, lugar de honor; programas de mano, en ocasiones muy imaginativos; material publicitario diverso; tres grandes proyectores de épocas sucesivas… Y un apartado que considero de valía especial, el que recoge documentos tan importantes como el contrato de *Bienvenido, Mister Marshall* o cartas autógrafas de Buñuel, Max Aub, Bardem, Juan Goytisolo o Román Gubern, con Ricardo Muñoz Suay («factótum» inicial de esta Filmoteca) como habitual remitente o destinatario. Así, por ejemplo, nos enteramos de avatares de *Viridiana* y de la productora UNINCI o de que la primera película que Fidel Castro quería que se hiciera en la Cuba revolucionaria, deseaba que la realizase Bardem.

Pasear por esta «Memoria de luz» posee también un interés suplementario para los cinéfilos madrileños o que residan en la capital: percibir que, contra lo que suele citarse, no han sido solo Madrid o Barcelona los centros neurálgicos del cine español, entender que ha existido y existe una importante industria en Valencia que comprende desde productoras relevantes –baste citar el caso de Cifesa– hasta personalidades no tan conocidas por estos pagos (como Maximiliano Thous o el citado Gori Muñoz, a quienes se les dedican espacios propios), pasando por unas antaño florecientes artes gráficas.

Mientras que, de nuevo, nos queda la pregunta que se repite cada vez que contemplamos una muestra histórica de estas características: ¿qué y cómo habría sido el cine español sin nuestra maldita Guerra Civil? Una ucronía que ya no tiene, lamentablemente, respuesta. ●

(Abril de 2018. Nº 2.831)

Un Espejo entre montañas

Boltaña es un pequeño pueblo de mil habitantes, situado en la comarca de Sobrarbe, dentro del Pirineo Aragonés y a la sombra del Monte Perdido. La localidad cercana más relevante es Aínsa, con un conjunto medieval de valía histórico-artística y donde confluyen los ríos Ara y Cinca.

Pues bien, no se han equivocado ustedes y se han ido a una sección de Geografía. No, están dentro del terreno cinematográfico que recorre casi siempre «El Tema de Lara». Porque en ese reducido núcleo de Boltaña se celebra desde 2002 el Festival Internacional de Documental Etnográfico, que, por lo tanto, ha llegado a la friolera de dieciséis ediciones bajo el título de Espiello (Espejo, en lengua vernácula) y que ofrece una variada muestra dentro del género, entendido de forma bastante flexible. Aparte de la Competición Oficial, a la que concurrían este año 16 producciones de diferentes países, entre las que resultó vencedora *Atrápala y corre,* de la catalana residente en Berlín Roser Corella, sobre el secuestro de mujeres en Kirguistán con fines matrimoniales, hay numerosas secciones –quizá demasiadas– que completan la programación. Que también incluía un Homenaje a la cineasta Patricia Ferreira por su destacada labor documental y un reconocimiento a la Academia de Cine por su proyecto «Cine y Educación», actualmente ya terminado.

Traigo a colación Espiello porque me parece un certamen ejemplar por varios motivos. Hace falta mucho arrojo para celebrar un Festival con este enfoque y en una población tan pequeña, como se precisa para llevarlo a cabo con un presupuesto de tan solo 35.000 euros, excelentemente aprovechados por el equipo dirigido por Patricia Español y formado en su mayor parte por voluntarias y voluntarios que se desviven por su trabajo y por atender a los profesionales invitados. Y lo llevan a cabo con una atención y eficacia que para sí querrían certámenes que disponen de mayores medios, más oropeles y se sitúan en grandes centros urbanos. Aquí, en Boltaña, todo el pueblo se vuelca con su Festival, al que consideran como algo propio y muy querido, ya sea trabajando para él o llenando sus diferentes sesiones, a las que también acuden espectadores de otras localidades vecinas para disfrutar de algo tan específico como los documentales etnográficos.

No es tampoco Espiello un caso aparte dentro de la geografía española. Por fortuna, en numerosos lugares existen iniciativas que demuestran la pasión por el cine más allá de barreras que cabría considerar como infranqueables. Frente a un pesimismo tantas veces inmovilista, sigue habiendo gentes que creen en la fascinación de las imágenes sobre una gran pantalla. Boltaña lo demuestra con un acento especial, quizá el que le otorga la Historia, bajo la mirada de ese su castillo del siglo XI al que se accede tras ardua subida… ●

(Mayo de 2018. N° 2.833)

Hay que ayudar a los cines

Según un reciente informe de la AIMC (Asociación para la Investigación de Medios de Comunicación), más de un tercio de los ciudadanos españoles no disponen de salas de cine en su localidad. La inmensa mayoría, en núcleos poblacionales inferiores a los 50.000 habitantes, pero también en la periferia de grandes ciudades –las llamadas «ciudades dormitorio»– como Móstoles, Parla o Santa Coloma de Gramanet, que superan ampliamente esa cifra, o en municipios del relieve de Avilés o Algeciras. Son, en definitiva, 17 millones y medio de españoles los que no cuentan con un cine a su alrededor.

El declive queda patente en la proporción entre pantallas y habitantes: si en 2004 había algo más de cien por cada millón, ahora la cifra se reduce a 75'5, con unos trece mil vecinos por pantalla. Debe resaltarse que la Comunidad Valenciana se halla por encima de esa media, con 88'6 pantallas por millón de habitantes, únicamente superada por La Rioja y Navarra y por encima de Cataluña o Madrid. En todos los lugares, la mayoría de ellas pertenecen a las multisalas de los centros comerciales, puesto que con una pantalla solo quedan 303 de los 697 locales de exhibición existentes. Teniendo en cuenta lo que los cines significan, no ya de ocio y diversión, sino de cultura y convivencia, estos datos todavía son más preocupantes si se considera que la versión original subtitulada apenas reúne al 1% de espectadores, que residen en las principales capitales, con el 99% adicto al doblaje y, en notoria mayoría, consumidor de las superproducciones de Hollywood, repetidas sin cesar en una y otra cartelera de aquellos centros.

Así las cosas, se me ocurren dos reflexiones: la primera y fundamental, que hay que ayudar urgentemente a las salas, protagonistas además, con la distribución, de una costosa renovación tecnológica desde la llegada del digital. Una ayuda que ha de provenir de las Comunidades Autónomas, porque –aunque tantas veces se ignore– las competencias sobre el sector de la exhibición están transferidas a ellas, no pertenecen al Estado. Y un apoyo que debería concentrarse de forma muy especial en los cines de V.O., lo que en otros países se conoce como la red de Arte y Ensayo. Su supervivencia en medio de tal situación resulta heroica y los poderes públicos deberían reconocerlo y ayudarlos mediante un generoso sistema de subvenciones.

La segunda reflexión tiene que ver con la rápida expansión de las plataformas digitales en nuestro país, con Netflix triplicando en un año su número de abonados, que llega a 1'46 millones en un corto periodo de tiempo, mientras Movistar continúa detentando por ahora el liderazgo con 2'16 millones de suscriptores. Parece inevitable que si el ciudadano no dispone de una sala en su entorno, saciará su sed de cine contemplándolo en el sofá de su casa. Ya es el único recurso para casi 18 millones de españoles. ●

(Junio de 2018. Nº 2.835)

Lo posible y lo necesario

El 18 de noviembre de 1982, poco después del triunfo socialista en las elecciones, Marcelino Camacho escribía un artículo en *El País* titulado «El cambio posible y el cambio necesario». Cuya idea central se resume en este párrafo: *«Si nos plegáramos ante las dificultades y la oposición de los poderes fácticos, tendríamos el 'cambio posible', insuficiente, y el nuevo desencanto. Si unimos a todos los partidarios del progreso en torno a un plan o programa de solidaridad nacional y de clase, tendremos el 'cambio necesario' para consolidar la democracia, frente a golpistas y terroristas, y para dar una salida progresiva a la crisis».*

Sobre esta idea de «lo posible y lo necesario» gira un excelente documental dirigido por Adolfo Dufour Andía y que recoge en su título tal confrontación, demostrando cómo el líder de Comisiones Obreras se decantó siempre por la segunda opción. Su postura de introducirse en los sindicatos franquistas para «dinamitarlos» desde dentro, para ir transformando su sentido ideológico y práctico, queda patente en la película. Frente a quienes veían en tal estrategia un peligro de «blanquear» al Régimen, Marcelino Camacho supo convencer de la oportunidad de cambio real que ello suponía.

Pero *Lo posible y lo necesario* es mucho más que un debate político-sindical; es, sobre todo, la biografía en dos horas de un incansable luchador y de su entorno. En un año en que se cumple el Centenario de su nacimiento, resulta idóneo, especialmente para los más jóvenes, repasar una vida marcada por la clandestinidad, el exilio hasta 1957 y dilatados periodos de cárcel a causa de su compromiso antifranquista, siempre compartido con su mujer, Josefina Samper. Mediante amplios fragmentos de entrevistas con ellos, testimonios de personas cercanas, documentos de época e incluso la participación de dos intérpretes, Carlos Olalla y Gloria Vega, realzados por la acertada música de Pablo Miyar, el film supone el reflejo de toda una existencia, afrontando incluso con valentía la etapa más conflictiva, la final, cuando Marcelino Camacho acabó siendo apartado de la presidencia de Comisiones Obreras.

Puesta en pie mediante una cooperativa que comenzó a trabajar en el proyecto hace tres años, *Lo posible y lo necesario* denota la cuidada estética y buen sentido narrativo que Adolfo Dufour (también coautor del guion, junto a Marcel Camacho y Pablo Mínguez) ya demostró en sus largos años como realizador de TVE y en largometrajes como *La mayor locura, Nosotros* y *Septiembre del 75,* premiados en Valladolid o Documenta Madrid. ●

(Julio de 2018. Nº 2.839)

Retrato de un confidente

Escribo este artículo a las pocas horas de haber sido entregados los Premios Turia. Pero ya me lanzo a proponer un nuevo premio para el año que viene: el dedicado a las series de ficción españolas que contengan una narración por capítulos y sean conclusivas. Al fin y al cabo, la **Turia** fue pionera en este tipo de galardones, cuando distinguió con un Halcón especial al equipo de *Amar en tiempos revueltos,* que emitía entonces Televisión Española.

Y tengo un candidato cualificado para ese Premio: *El día de mañana,* la magnífica serie de Mariano Barroso sobre lo no menos buena novela homónima que Ignacio Martínez de Pisón publicase en 2011. Producida por Movistar, supone todo un modelo de lo que puede dar de sí el formato televisivo cuando se utiliza con inteligencia y creatividad. La historia de Justo Gil, un oportunista cuya degradación le lleva a pasar de «coquetear» con los grupos de la izquierda antifranquista en la Barcelona de la última etapa del Régimen, a convertirse en confidente de la Brigada Político-Social, conlleva un auténtico retrato de cómo ha sido nuestro país durante ese periodo. Contado, a lo largo de seis episodios de cincuenta minutos, con maestría narrativa por parte de Barroso, que empieza por el difícil guion que ha escrito con Alejandro Hernández, continúa con una notable ambientación y destaca en una dirección de actores donde nadie desentona, aunque brillen de manera especial Oriol Pla, Aura Garrido, Jesús Carroza y Karra Elejalde.

No es el momento ni el espacio, que sería muy fructífero, de lanzarse a la tarea de comparar novela y serie. Pero ya el propio Martínez de Pisón lo ha dejado muy claro: «*La adaptación retrata bien lo que se cuenta en el libro, ahí está el espíritu de aquella Barcelona. Mariano Barroso y su equipo han deshecho la novela, como si hubieran cogido las piezas de un mueble de Ikea, las hubieran separado y, con ellas, construido un mueble diferente. Y han adoptado una buena decisión, la de tomar como eje narrativo las relaciones de Justo y Carme, los protagonistas, con el policía Mateo, algo que en el libro se narra fragmentariamente. Gracias a ello se ha conseguido darle al relato una consistencia que hace que la serie avance, con un ritmo que logra que nunca te canses de verla*».

A estas palabras de un autor que entiende con tanta lucidez las relaciones entre literatura y cine (en dos ocasiones se adaptó su «Carreteras secundarias»), habría que añadir que *El día de mañana*/serie aporta también tramas importantes, como la del secuestro del líder sindicalista, o diversos aspectos ligados al siniestro comisario Landa. Muy recomendable. ●

(Julio de 2018. Nº 2.841)

¿Cuál es la mejor?

En la Expo de Bruselas de 1958, un Jurado internacional de 117 expertos decidió que *El acorazado Potemkin* era la mejor película realizada hasta ese momento. Después, otras iniciativas similares de entidades o revistas especializadas han dado como resultado la elección de *Ciudadano Kane, Vértigo* o *El Padrino* en cabeza de la lista… Han pasado ahora 60 años desde aquella consulta de la Expo y, aprovechando el aniversario, el diario *La Vanguardia* ha elaborado una encuesta entre casi una veintena de críticos españoles sobre su film preferido de las últimas seis décadas. Partiendo de la base de que el resultado de este tipo de listados es siempre gratuito y aleatorio, el resultado, recogido en un artículo de Astrid Meseguer, muestra una gran diversidad de títulos, como no podía ser de otra manera.

De hecho, entre los 19 que ofrecen sus respuestas, solo hay coincidencia en tres de ellos, que optan por *2001,* mientras que uno más se inclina por otro título de Kubrick, *La naranja mecánica.* También se repite el nombre de Truffaut, pero con dos películas diferentes: *Los 400 golpes* y *Las dos inglesas y el amor.* Junto a ellas, el cine francés se halla muy citado, mediante *À bout de souffle,* de Godard; *La maman et la putain,* de Eustache, y *Céline et Julie vont en bateau,* de Rivette, con dominio de la «Nouvelle Vague», además del documental *Le fond de l'air est rouge,* de Marker. En su conjunto, la producción norteamericana es la preferida, con *El hombre que mató a Liberty Valance,* de Ford; *Matar a un ruiseñor,* de Mulligan; *Con la muerte en los talones,* de Hitchcock; *El Padrino II,* de Coppola; *Chinatown,* de Polanski; *Blade Runner,* de Scott, e incluso la tercera temporada de *Twin Peaks,* de Lynch. Mientras que Italia cuenta con dos títulos, *Muerte en Venecia,* de Visconti, y *El bueno, el feo y el malo,* de Leone. Nada de cine español, ni siquiera del maestro Buñuel.

¿Por qué película votarían ustedes en esto que, ante todo, es un juego, un pasatiempo para cinéfilos? Se me ocurre que estaría bien que la **Turia** hiciese una encuesta similar y veríamos, seguro, la multiplicidad de preferencias de nuestros lectores. Para abrir boca, les voy a comunicar mi voto: yo soy quien ha optado por *Muerte en Venecia…* Lo hice ya en los lejanos tiempos de *Triunfo,* cuando el film de Visconti llegó a las pantallas, y lo renuevo ahora. El motivo de mi elección lo he sintetizado así en *La Vanguardia*: «*Por fusionar diversas expresiones artísticas en busca de la máxima ambición del cine: conseguir el arte total. Y por abordar que la auténtica creación artística existe cuando se intenta ir 'más allá', aunque posiblemente ese 'más allá' sea siempre inalcanzable*». Es una autocita, lo aclaro, no sea que me vayan a acusar de plagio… ●

(Septiembre de 2018. Nº 2.852)

«Roma» y «Cold War»

Tiene razón Carlos Boyero cuando afirma que *Roma* y *Cold War* son las dos películas del año. Y quizá de varios años… De hecho, la segunda fue para mí la más destacada de la competición del pasado Cannes, donde obtuvo el Premio a la Mejor Dirección. Escribí entonces del film del polaco Pawel Pawlikowski que *«rodado en un espléndido blanco y negro y con formato cuadrado, esta preciosa historia de amor conmueve por su sobriedad y apasionamiento, términos que en este caso no son antitéticos».* Opinión muy elogiosa que repito ahora en que se estrena en nuestros cines.

En cuanto a *Roma,* acabo de verla en el Festival de San Sebastián, dentro de su sección Perlas, que recoge films destacados en otros certámenes previos, y estoy entusiasmado. Debo reconocer que hasta ahora no era demasiado «fan» de Alfonso Cuarón, pero su último trabajo me ha convencido plenamente. Llegaba a Donostia con la aureola de haber ganado el León de Oro en Venecia y ha justificado sin duda ese galardón. Sobre todo, porque logra algo que quizá solo el cine pueda ofrecernos: la creíble y convincente reconstrucción de un mundo que ya no existe. En este caso, el del México capital de la década de los 70, donde vive una familia de clase media adinerada que cuenta entre su servicio con una muchacha de origen indígena que lleva todo el manejo de la casa, y en especial el trato con los hijos. Confesadamente autobiográfica, *Roma* (nombre de la zona capitalina donde se desarrolla la película) es un prodigio cinematográfico de dos horas y cuarto, también en blanco y negro. Cálida, emotiva, preciosa estéticamente con un estilo donde dominan los planos-secuencia y los «travellings» laterales, posee ese algo casi indefinible que caracteriza las grandes películas, las que siempre quedan en el recuerdo.

Pero *Roma* está financiada por la plataforma digital Netflix, y de ahí viene el «problema»… Por el momento, su política comercial es estrenar solo en «streaming» sus producciones, salvo en el país de origen, y no autorizar su exhibición en salas de cine del resto del mundo. Algo que cabe entender desde el punto de vista empresarial, al contar con una cobertura de 190 millones de abonados en 130 países, a los que debe proporcionar «manjares» exclusivos, pero que resulta lamentable para el buen espectador. Supone un sacrilegio ver el film de Cuarón en un ordenador o un televisor, no digamos en un móvil. Necesita imperiosamente de la gran pantalla, con la imagen y sonido adecuados para disfrutar a fondo de él, como lo hicimos en San Sebastián. Allí se supo que la distribuidora A Contracorriente está intentado llegar a un acuerdo para que, al menos durante una temporada limitada, *Roma* pueda verse en nuestras salas antes o después de su paso por Netflix. Si lo consigue, corran a los cines donde se proyecte. ●

(Octubre de 2018. Nº 2.854)

El misterio del público

Por qué se agolpa el público en los cines de los Festivales para ver incluso películas en principio poco atractivas y a horarios inusuales? Acaba de pasar en San Sebastián y en Sitges y en Valladolid; volverá a suceder, sin duda, en Sevilla o Gijón. Pero, ¿por qué cuando esas mismas películas, o solo las de mayor reclamo, llegan a las salas comerciales, atraen a un número escaso de espectadores? ¿Es la lógica del acontecimiento, tan presente en nuestros días, lo que motiva este comportamiento radicalmente distinto del público? ¿O hay otras razones que necesitan ser analizadas con detenimiento?

Me lo pregunto yo y se lo preguntan todos los sectores de la distribución y la exhibición cinematográficas en nuestro país. Quizá lo primero que haya que dilucidar es que no existe un solo público, que bajo la abstracción de ese nombre tan genérico se esconden muchos y diferentes públicos, cada uno de ellos con distintas preferencias y respuestas. De alguna manera, los múltiples espectadores de un Festival le otorgan su «voto de confianza» sobre todo aquello que les propone en su programación. Si la experiencia sobrevenida de años anteriores ha resultado positiva, especialmente en el caso de certámenes de larga trayectoria como los citados, esa confianza se renueva en cada ocasión y se incrementa, a no ser que se haya visto defraudada, como también ha ocurrido. Si «mi» Festival (es importante aquí el sentido de pertenencia) ha seleccionado algo para que yo lo vea, es que merece la pena conocerlo. Y me ofrece, además, precios habitualmente inferiores a los que luego me voy a encontrar en la cartelera.

Mientras que la exhibición comercial es una jungla competitiva a donde tratan de atraerme a base de reclamos publicitarios o de promoción. Muy debilitado el papel de la crítica, que podría y debería servir al público de orientación y guía, solo nos queda el «instinto», el «olfato», para pagar unos euros por tal o cual película y no por otra. Según estadísticas recientes, es la sinopsis de un film lo que más lleva al público a las salas, seguida por el nombre de actores y actrices, y –dentro de los núcleos más cinéfilos– el del director. Por supuesto, también cuenta entre nosotros el bombardeo incesante que efectúe una cadena de televisión que haya financiado la película, pero tal machaconería no funciona cada vez de la misma manera.

Siempre se ha dicho que el público es un misterio, que el que elija un título u otro responde a motivaciones bastante secretas del espectador. Pero esta enorme diferencia entre su comportamiento en los Festivales y el resto del año supone un fenómeno básicamente nuevo y del que tenemos que aprender. Ya se sabe que nadie posee la fórmula del éxito; si la hubiera en cine, como dijo aquel, serían los Bancos los primeros en producirlo… ●

(Octubre de 2018. Nº 2.856)

Las dos caras de Bergman

En la muy reciente Semana de Cine de Valladolid (dentro de cuya Sección Oficial mis películas preferidas fueron las excelentes *The Guilty,* de Gustav Möller, y *Utoya, 22 de julio,* de Erik Poppe), se proyectaron dos documentales sobre la figura de Ingmar Bergman realizados con motivo del Centenario de su nacimiento: *Bergman, su gran año,* de Jane Magnusson, y *Entendiendo a Ingmar Bergman,* de Margarethe von Trotta. Ambos, recomendables por su distinto acercamiento al gran maestro sueco, pero, pese al mayor relieve de la directora alemana, bastante más convincente en el primer caso. Von Trotta comete el típico error de los cineastas famosos cuando buscan plasmar su admiración por un colega, que es acabar hablando más de sí mismos que del objeto de su atención. Mientras que Magnusson efectúa un humilde trabajo de investigación que, arrancando en 1957, año del triunfo internacional de *El séptimo sello* y del resonante montaje teatral de «Peer Gynt», de Ibsen, va describiendo el resto de la trayectoria bergmaniana. Y también analizando su personalidad humana, terriblemente difícil, egocéntrica y a menudo despótica que desplegaba como reflejo de su inseguridad psicológica y su exigencia creativa.

Fueron, durante toda su vida, las dos caras del autor de *Persona,* que justo en esta película perfilaba el doble rostro de dos mujeres confrontadas y cuya identidad acaba confundiéndose. Hombre odioso en muchas ocasiones y cineasta genial, Jane Magnusson lo muestra así y profundiza en esta ¿inevitable? contradicción, con una mirada nada hagiográfica que no oculta la fascinación inicial de Bergman por el nazismo, los problemas fiscales en su país que le hicieron emigrar a Alemania (aspecto tratado, lógicamente, con mayor detenimiento por Von Trotta) o la manera de trasladar a su cine, que siempre contenía altas dosis autobiográficas, conflictos familiares que más pertenecían a su hermano, a quien censuró en un programa televisivo cuando este lo señalaba.

Pero todo se olvida al volver a ver –por poner un solo ejemplo– la declaración de supremo desamor que Gunnar Björnstrand lanza sobre Ingrid Thulin en *Los comulgantes,* una escena que sigue poniendo los pelos de punta al comprobar hasta qué punto llega la máxima humillación que un ser humano puede ejercer sobre otro a través de la palabra y del gesto. ●

(Noviembre de 2018. Nº 2.858)

Tres horas

Cuatro de las principales películas de la Sección Oficial del 15 Festival de Cine Europeo de Sevilla duraban más de tres horas, o casi: *El peral salvaje,* de Nuri Bilge Ceylan (188 minutos), *Obra sin autor,* de Florian Henckel von Donnersmarck (también 188 minutos), *Mektoub, My Love: Canto Uno,* de Abdellatif Kechiche (175 minutos) y *Atardecer,* de László Nemes (142 minutos). Es decir, las últimas obras de dos ganadores de la Palma de Oro de Cannes (Bilge Ceylan con *Sueño de invierno* y Kechiche con *La vida de Adèle*) y de dos Oscar a la Mejor Película de Habla no Inglesa (Von Donnersmarck con *La vida de los otros* y Nemes con *El hijo de Saúl*). Tras tales éxitos, cabe preguntarse por qué se lanzan a esas duraciones tan largas de sus relatos, que suponen un cierto desafío a los hábitos del espectador.

Una primera respuesta sería simplemente porque lo necesitan para desarrollar a fondo sus historias. Pero, vistos los films, la mayoría no precisaría de tanto tiempo para contarlas si hicieran uso de un recomendable sentido de la elipsis y la síntesis narrativa. También puede influir un cierto «endiosamiento» autoral, un saberse poseedor de un «status» privilegiado para no tener que someterse a los condicionamientos de otros colegas menos afamados. O que, dadas las múltiples aportaciones de organismos y entidades de diversos países a los que recurren para poner en pie sus películas, cubran mejor las expectativas con un producto fuera de norma que responda a ese «algo especial» que se ha financiado.

Motivos varios capaces de influir en duraciones por encima de la estándar, que no es «per se» la mejor, pero es la que domina en un mercado que, aunque se le considere cultural, también tiene que cubrir unos objetivos mínimamente comerciales y competitivos. Por buenos que sean estos films, los distribuidores dudan mucho en adquirirlos por la sencilla causa de que los exhibidores se resisten a programarlos, al poder dar de ellos únicamente dos pases al día en vez de los cuatro, o al menos tres, habituales. ¿Qué esta es una razón espuria que no debería influir sobre un medio artístico como el cine? Posiblemente, pero así es la realidad, por áspera que parezca.

En Sevilla, el primer premio de su Palmarés no ha sido para ninguno de los títulos citados, sino para otro, ya visto en Cannes, de «solo» 110 minutos: *Donbass,* de Sergei Loznitsa, muy notable reconstrucción semidocumental de episodios reales sobre la situación en Ucrania. El mismo Loznitsa que estremece al recuperar en *El Proceso* la filmación de un típico juicio stalinista de 1930, mediante el que los principales dirigentes del llamado «Partido Industrial» fueron ejecutados o condenados a duras penas. Pero la cuestión es que ese presunto partido contrarrevolucionario ni siquiera existió, fue un invento de la KGB para llevar a cabo una de sus «purgas ejemplares». ●

(Noviembre de 2018. Nº 2.860)

El final de una época

La muerte de Bertolucci no significa solo su desaparición física, esperada desde hace tiempo por su maltrecha salud, sino el final de toda una época cultural, la de los años 70. Fue el momento de los grandes debates en torno a un cine que, desde la izquierda, fuese capaz de llegar a amplios núcleos de espectadores. Las polémicas sobre *El último tango en París, Novecento* o *La Luna* eran continuas y arriscadas, había sectores enfrentados al máximo ante la obra del realizador italiano. Y no solo la suya, sino también la de otros autores, sobre todo de ese país y franceses e incluso españoles, frente a quienes había posiciones absolutamente opuestas. El cine estaba vivo y se discutía hasta la madrugada por un plano o una secuencia de Bertolucci o de Godard, de Pasolini o de Truffaut, sin dejar de lado a Saura o a Patino. Parecía que nos iba la vida en ello, que estábamos decidiendo nuestra posición en el mundo a base de las imágenes que estos directores habían ideado y nos proponían desde la pantalla. Todo eso ahora ha terminado.

Recuerdo, por ejemplo, cómo se denostaba la capacidad de Bertolucci para narrar un conflicto campesino en *Novecento,* dado que su origen en la burguesía acomodada lo *«impedía»* de manera radical… O de hasta qué punto subían las acusaciones de haberse vendido al *«oro de Hollywood»* por emplear a actores norteamericanos y ser producido o distribuido por compañías de Los Angeles… Contra tales «argumentos» nos levantábamos los defensores a ultranza de sus películas, que éramos sistemáticamente calificados de *«posibilistas»* y de mantenedores de la considerada tan sospechosa *«ficción de izquierdas»,* que englobaba para ellos un cúmulo de falsedades ideológicas y políticas, porque –estaba claro– nosotros no éramos suficientemente *«revolucionarios».* Lo que, en cierta ocasión y escribiendo en concreto sobre el autor de *El conformista,* bajo el título de *«Tragicomedia del traidor y del héroe»* inspirado en *La estrategia de la araña,* resumí como el triple concepto que definía a los hostiles a Bertolucci: *«El mecanicismo», «El infantilismo»* y *«La contradicción»,* aplicados a su obra.

Otros tiempos, otras inquietudes, otras preocupaciones, probablemente a causa del anhelo de libertad y de un pluralismo que no se limitara solo al cine. Nada que ver con el hoy de un siglo XXI que anda por muy distintos derroteros y donde el cine ha dejado de ocupar ese papel protagonista que tuvo durante nuestra generación. Pero tales debates, tales discrepancias, tales arrebatos fueron una herramienta bastante adecuada para lo que nos esperaba. Que ya no era Bertolucci o Pasolini versus Godard o Truffaut, ni *«el cine de poesía»* frente al *«de prosa»,* sino la Vida misma con mayúsculas. ●

(Diciembre de 2018. Nº 2.862)

Poner puertas al mar

Siempre he sido un convencido defensor de las salas de cine y sigo creyendo que es en ellas donde hay que ver las películas. Una buena imagen, un buen sonido, un buen silencio entre los que contemplan la pantalla…, es algo incomparable lo que provoca esta ceremonia laica en la oscuridad. Me horroriza cuando alguien dice que se puede ver cine sin problemas en un «smartphone» o en una «tablet». Pero eso no es ver cine; es puramente consumirlo de forma apresurada, como quien se toma una hamburguesa industrial para salir del paso. La auténtica contemplación de un film requiere de una sala preparada específicamente para ello, ni siquiera vale de verdad el televisor doméstico por amplias que sean sus dimensiones.

Lo aclaro para que no haya equívocos sobre mi actitud ante el tema que hoy tiene dividida a la comunidad audiovisual. Me refiero, a propósito de la exhibición de *Roma,* la obra maestra de Alfonso Cuarón, al enfrentamiento producido entre las grandes cadenas de salas y una plataforma digital como Netflix, que ha financiado la película. La polémica viene de atrás y estalló de manera relevante en el Festival de Cannes de este año, cuando, con una reforma en su reglamento, rechazó que pudieran integrarse en la Sección Oficial films que no fueran a proyectarse en los cines. La todopoderosa Asociación francesa de exhibidores así lo impuso en el Consejo de Administración del certamen. Y por eso precisamente *Roma* –como otras producciones de Netflix– no estuvo en Cannes y se fue a Venecia, donde obtuvo el León de Oro.

Antes de que se pudiera acceder a la película en la plataforma, e incluso ya en ella, *Roma* se está viendo en algunos cines (cinco en España: en Madrid, Barcelona y Málaga), pero no de los grandes circuitos, como Cinesa, Yelmo, Kinépolis o CineSur, por cierto todos ellos con capital extranjero, agrupados en FECE, la Federación que los reúne a escala nacional. Su postura es que ha de pasar un mínimo de 112 días desde su estreno en salas para que una película acceda a otras «ventanas» y que romper este acuerdo de mercado, no amparado –quede claro– en ninguna disposición legal, significa quebrar la «cadena de valor» imperante hasta ahora. Y acusan a Netflix de aceptar algunas proyecciones públicas solo para lograr premios y distinciones que aporten prestigio a sus productos.

Creo que negarse a llegar a un pacto por parte de los exhibidores significa «poner puertas al mar» y cerrar los ojos a una realidad que se ha transformado radicalmente en pocos años. El criterio proteccionista de los 112 días no debe ser una barrera infranqueable, sino que hay que buscar una flexibilización de las «ventanas» que no trate a todas las películas por igual y permita una convivencia pacífica entre las diversas ofertas al espectador. ●

(Diciembre de 2018. Nº 2.864)

BONG JOON-HO, autor de
Parásitos, un éxito mundial
iniciado en Cannes.
*(Véase artículo «Una feroz
metáfora sobre
la lucha de clases»).*

2019

Ni frío ni calor

Siempre me hizo gracia el conocido chiste en el que una persona pregunta a otra por qué temperatura hace. *«0 grados»*, le responde. *«Ah, está muy bien, ni frío ni calor»*, comenta muy convencido… Bueno, pues el cine español en 2018 ni frío ni calor, repitiendo casi las mismas cifras que el año anterior: 17.625.480 espectadores, con una recaudación que vuelve a superar los cien millones de euros, 103.808.053 euros exactamente. Lo que determina una cuota de mercado del 17,5%, una décima más que en 2017, a distancia sideral del cine norteamericano, que supera el 67% de cuota. En su conjunto, el cine ha atraído en España a 97,7 millones de espectadores, con una recaudación global de 585,7 millones de euros, un 2% menos respecto al año precedente, con *Jurassic World: El reino caído,* realizada por J.A. Bayona, en primer lugar de la tabla, gracias a haber recaudado cerca de 25 millones.

Por supuesto, la valía y la dimensión cultural de una película no se miden por su éxito comercial, pero en un arte popular como el cine sí es un dato a tener en cuenta. Volviendo a la producción española, hay que subrayar que casi la quinta parte de su taquilla (19 millones sobre 103) corresponde a una única película, *Campeones,* con sus 3.288.420 espectadores, y solo cuatro títulos además de ella superan el millón de espectadores: *Superlópez, El mejor verano de mi vida, Perfectos desconocidos* y *La tribu.* En realidad, sumando sus resultados de 2017 y 2018 –se estrenó el 1 de diciembre del primer año–, es el film de Álex de la Iglesia el que merecería la aureola de ganador, con tres millones y medio de espectadores y una recaudación de 22,3 millones de euros, por encima de las grandes cifras del de Javier Fesser.

Pero no les voy a marear más con datos. Digamos, de forma resumida, que 2018 no ha generado grandes cambios en nuestro cine, continuando el claro predominio de las comedias apoyadas por las televisiones privadas, aunque rechazaran *Campeones* y haya sido TVE la que adquiriese sus derechos de antena. Distribuidas por compañías multinacionales en ocho de los diez primeros títulos del «cuadro comercial de honor», con A Contracorriente como única distribuidora independiente dentro de él, en el puesto 3 para *El mejor verano de mi vida* y en el 8 para *Sin rodeos.* Curiosamente dos «remakes» (también lo es *Perfectos desconocidos*), en el primer caso de un film italiano y en el segundo de uno chileno, ambos de fuerte éxito en su país, lo que, según dijimos en un «Tema de Lara» de hace ya tiempo, viene a ser como apostar sobre seguro. Ahora llegan los premios, los Forqué, los Feroz, los Goya, los Fotogramas y tantos otros, previos a los Turia, para celebrar los fastos del éxito y la decepción de quedarse en su camino…

Como ven, nada demasiado nuevo bajo el sol. Ni frío ni calor. ●

(Enero de 2019. Nº 2.867)

Conchita Montes

Está un tanto olvidada la figura de Conchita Montes, la actriz que desde la década de los 40 y hasta casi su fallecimiento en 1994 alcanzó una gran popularidad. Por eso es muy oportuno el libro que le acaban de dedicar Santiago Aguilar y Felipe Cabrerizo, con el título del nombre de la intérprete y el subtítulo «Una mujer ante el espejo» (Bala Perdida Editorial). De hecho, por extraño que parezca, es la primera biografía a ella dedicada, y 165 apretadas páginas –divididas en 12 capítulos– sirven a los autores para abordar una personalidad polifacética, que englobaba también la escritura de artículos y relatos, la traducción y adaptación de obras teatrales, la formación de una compañía escénica propia y hasta la elaboración del famoso Damero Maldito incluido en *La Codorniz*.

Como acreditados estudiosos de esta revista (que cubrió el largo periodo 1941-1978) y de algunas de las figuras vinculadas a su estilo de humor, como Mihura, Jardiel Poncela o Tono, demuestran Aguilar y Cabrerizo su admiración por Conchita Montes, apellido artístico desde el original Carro. También lo hace la prologuista del volumen, Marina Díaz, para quien el libro «expresa y demuestra la labor de *una mujer que no puede pasar desapercibida en la necesaria misión de hacer historia de los vericuetos de la cultura española*». Y es que, ahora escriben los autores, «*Conchita Montes rompe todas las reglas. Su relación con Edgar Neville, su intelectualismo a ultranza, su independencia, un círculo de amistades formado por Ortega y Gasset, Marañón, Juan Belmonte y Paulette Goddard o su pertenencia a la Academia Breve de Crítica de Arte son rasgos de carácter poco frecuentes en una sociedad como la de aquella España en la que la inmensa mayoría de mujeres solo aspiraba a ser «señora de*».

Aunque vinculada sentimentalmente a Edgar Neville, en una relación extramatrimonial que escandalizaba entonces, es la palabra independencia la que mejor caracteriza a Conchita Montes, conocida con frecuencia como «la Katherine Hepburn española», incluso por un físico nada ajustado a los parámetros hispánicos de la época y más cercano a los anglosajones. Por lo que Aguilar y Cabrerizo la sitúan, no sin algunas sombras, «*ante ese espejo que nos devuelve el tiempo que pasa. En sus primeras películas, cuando era solo un elemento más de lo que de comedia 'de teléfonos blancos' pudieran tener las películas de propaganda que rueda en Italia. Más adelante, como símbolo de la bifurcación que el destino ofrece a su personaje en* **La vida en un hilo**. *Como atributo narcisista del comportamiento burgués y como su reverso, la constatación del ridículo de las apariencias, en* **Mi adorado Juan**».

Y, por encima de todas ellas, en teatro y luego en cine, aquel *El baile* que Edgar Neville escribiera para ella y Conchita Montes inmortalizase. ●

(Enero de 2019. Nº 2.869)

Una cierta paradoja

Si una película cuenta con la Mejor Dirección, el Mejor Guión Original, los Mejores Actores protagonista y de reparto, el Mejor Montaje, la Mejor Música y el Mejor Sonido de cuantas han sido seleccionadas, será también lógicamente la Mejor Película. Pues no, el sanedrín que decide los Goya ha decidido que ese galardón vaya a un film que solo cuenta además con los Premios al Mejor Actor Revelación y a la Mejor Canción Original… Curioso, ¿no?, y un tanto paradójico que *Campeones* haya superado a *El reino* en el lugar de honor de la edición de 2019, pese a haber vencido esta segunda en la mayoría de los principales apartados de las recompensas de la Academia.

No digo yo que sea injusto, ni mis preferencias personales se inclinan por el film de Rodrigo Sorogoyen, contrariamente a los críticos de **Turia**, que lo han considerado el más valioso del pasado año, con una puntuación de 3,5 sobre 5. Cabe deducir, entonces, que algo fundamental de *El reino* ha fallado para que, después de ensalzar tanto sus ingredientes, no lo haya sido el plato final. Pero no parece que haya sido así al analizar las sucesivas votaciones, sino que se debe a otros motivos.

Primero, que en este tipo de dictámenes «asamblearios» se funciona de manera distinta a como lo hace un Jurado que va sopesando su Palmarés y puede autoplantearse esa paradoja de destacar las partes y no el todo que

resulta de ellas (aunque ha sucedido en más de un Festival). Y segundo, y quizá principal, que se ha introducido un factor extracinematográfico en medio de la contienda entre *El reino* y *Campeones,* como son los singulares personajes de la segunda, que han provocado un alud de simpatía y solidaridad por parte del público, lo que, junto al «tirón» y enorme capacidad de Javier Fesser para conectar con los espectadores, la han convertido en el film español de mayor éxito de 2018, duplicando con creces en entradas a su rival. El hecho de que siempre se acusara a los académicos de despreciar el cine comercial en favor de propuestas más minoritarias, y probablemente el deseo de terminar esta vez con tal disociación respecto a la taquilla, ha cerrado el círculo que ha llevado a *Campeones* hasta el Goya más relevante.

Lo logró en una buena ceremonia sevillana, de la que quedarán para el recuerdo las muy emocionantes palabras de Jesús Vidal al recoger su premio como Revelación, el «gag» del semidesnudo de Silvia Abril y Andreu Buenafuente, la mezcla de tunos, fanfarria y batucada para «dar realce» a los cortometrajes, la maravillosa interpretación que Rosalía hizo de «Me quedo contigo» y la justa reivindicación feminista que recorrió toda la Gala a partir de la exigencia de ni una víctima más de violencia de género y de una real igualdad para las mujeres, ya sean cineastas o de cualquier otra profesión. ●

(Febrero de 2019. N° 2.871)

Esa mirada tan especial

Tenía Orson Welles unos ojos que penetraban, una mirada profunda que llegaba hasta lo más hondo de su interlocutor. Nadie podía quedar indiferente ante un escrutinio que en ocasiones era amenazador, displicente en otras, burlón muchas veces. Poseía el genial cineasta esa capacidad de deslumbrar, de interrogar, de desnudar al personaje que tenía delante. Vuelve a comprobarse en el documental *La mirada de Orson Welles (The Eyes of Orson Welles),* donde otro autor que ha hecho de la mirada su santo y seña, el irlandés Mark Cousins, profundiza en la muy especial del autor de *Ciudadano Kane,* tan especial que transformó la historia de todo un arte.

Sostiene Cousins, a quien se debe aquella monumental *Historia del Cine: Una odisea* (2011), compuesta de 15 capítulos de una hora emitidos por televisión, que *«es mirar lo que hace que valga la pena estar vivo»,* principio que desarrollaría ampliamente en su libro «Historia y arte de la mirada». Era lógico, por tanto, que se sintiera atraído por Welles desde que, de adolescente, le fascinase *Sed de mal,* porque en pocos casos como el suyo esa mirada creativa ha sido tan poderosa y significativa. Creatividad de la que, además de en el cine, la radio, el teatro o la televisión, también quedaría constancia en dibujos, bocetos y pinturas, muchas veces inspiradores de imágenes concretas de sus películas.

Y esta es la principal aportación de *La mirada de Orson Welles:* plantear y demostrar al espectador la novedosa idea de hasta qué punto esas obras gráficas se hallan «detrás», respecto a planificación, escenografía o vestuario, de cuanto vemos en la pantalla. Beatrice, una de las hijas del cineasta, dio a conocer a Cousins un centenar de esas obras que ella guardaba y, a partir de ese tesoro, compuso su documental, complementado por la larga carta que él le dirige al maestro o, en una de sus partes, como si fuera el propio Welles quien se expresase en voz alta. De lo que se deduce que no es tanto un recorrido por su vida, ni tampoco una profundización en sus temas predilectos (aunque ambos aspectos también quedan reflejados, con especial énfasis en su pasión por Shakespeare y Don Quijote), sino que *The Eyes of Orson Welles* constituye una especie de ensayo fílmico cuyo objetivo fundamental es el ya mencionado de «descubrir» una faceta suya prácticamente ignorada.

Pese a un tono demasiado personalista y retórico por parte de Mark Cousins y de ciertas repeticiones evitables a lo largo de sus 115 minutos, bien merece la pena conocer este trabajo. *La mirada de Orson Welles* se presentó en la sección Cannes Classics del pasado año y ha recorrido diversos Festivales antes de que, distribuido por A Contracorriente, se estrene comercialmente en España. Apúntenlo en su agenda. ●

(Febrero de 2019. Nº 2.873)

Se reúnen las Filmotecas

Ha sido la Filmoteca de la Región de Murcia la que, con motivo de su decimoquinto aniversario, se responsabilizase de la organización del III Encuentro de Filmotecas, donde se reunían los quince centros de este carácter existentes en España. Una iniciativa excelente y, sobre todo, útil porque pone en contacto cuanto se está haciendo en ellos y a quienes lo llevan a cabo, dentro del objetivo común de preservar, recuperar y difundir el patrimonio cinematográfico de nuestro país. Una tarea quizá todavía no suficientemente conocida ni estimada por el conjunto de la sociedad, pero de la máxima importancia cultural.

Por ello, hay que subrayar la relevancia de que, durante las dos intensas jornadas del 25 y 26 de febrero, se hablara en Murcia de variados e importantes temas: la adecuación de los archivos fílmicos a los tiempos de la digitalización, los métodos idóneos de catalogación, la conservación de productos alternativos como el cine familiar y de pequeño formato, la manera en que la legislación podría apoyar eficazmente al patrimonio audiovisual, el incremento de las actuales relaciones entre las Filmotecas y las distribuidoras…, además de incidir en posibles nuevos terrenos de colaboración entre cinematecas y diversas muestras de recuperaciones y restauraciones efectuadas por ellas en los últimos meses. Un programa amplio, bien estructurado y que desarrollaron con precisión (hasta donde el tiempo lo permitía) los numerosos representantes de los quince centros antes mencionados, comenzando por Filmoteca Española y con una también amplia presencia de la Valenciana.

Podría pensarse que se trata de asuntos muy especializados que solo afectan a los técnicos que se encargan de ellos. Sería un grave error, igual que si se refiriera a la literatura, la pintura o la música. La sociedad, en su conjunto, debe implicarse en que aquello que se ha creado en imágenes desde que el cine llegara a España en 1896 se conserve, se estudie y se muestre lo máximo posible, partiendo de la base de que ya mucho ha desaparecido por el camino, sobre todo de nuestro cine mudo. Hay que esforzarse entre todos para respaldar la labor de unos profesionales que, más allá de desempeñar un puesto de trabajo, siempre me han parecido –y también en Murcia– auténticos vocacionales de su labor, luchando habitualmente con escasos recursos económicos para intentar llevarla a cabo de manera idónea. Y que hoy se plantean con seriedad y eficacia cómo abordar los actuales desafíos en dominios tecnológicos, de derechos de autor, normativas comunitarias o relaciones con los espectadores.

Lógicamente, el III Encuentro de Filmotecas no ha dado respuesta a todo ello. Pero ha servido para ponerlo encima de la mesa, para saber cómo abordar una serie de cuestiones que en Murcia han vislumbrado su cauce. ●

(Marzo de 2019. Nº 2.875)

Aquel mítico Festival

Dentro de las actividades de su 22 Festival de Cine en Español, Málaga ha rendido homenaje a un certamen que le precedió, no en la misma capital sino en una localidad cercana: Benalmádena. Porque fue allí donde hace 50 años, en 1969, se creó un Festival que alcanzó una dimensión mítica entre los jóvenes cinéfilos del momento. Y lo logró gracias a la dirección de Julio Diamante, que estuvo al frente de él durante 18 años y que le dotó de una personalidad específica y muy relevante en el ámbito de una cultura de oposición antifranquista. Por ello, con toda justicia, la celebración de ese medio siglo se ha convertido también en un amplio reconocimiento a la labor que, contra viento y marea, Diamante desplegó durante aquellos años.

Hay que subrayar que la Semana de Cine de Autor de Benalmádena fue, en tiempos de penurias de todo tipo, el certamen más influyente de cuantos se organizaban en España. De hecho, constituía una especie de alternativa "de izquierdas" al Festival de San Sebastián de entonces, marcado por el oficialismo y la propaganda del Régimen en el campo del cine. Esa distinta y positiva significación la lograría, muy esforzadamente y con escaso presupuesto, tanto por su arriesgado esquema de programación como por la espléndida pléyade de cineastas y películas que aportó a nuestro país, y, sobre todo, por la valentía de afrontar los múltiples y casi insuperables obstáculos que se le ponían desde las instancias gubernativas y censoras.

De la experiencia de Benalmádena aprendimos mucho los que asistimos a él y, temprano o tarde, nos dedicamos a un trabajo similar, en mi caso en Valladolid. Quizá pueda quedar como símbolo de su victoria cultural que la muerte de Franco se produjo durante el Festival de 1975, con la estricta obligación de parar todas las actividades durante los tres días de luto oficial. Como si un sinfín de imágenes reprimidas por el poder actuara sobre la Historia, el fin del dictador fue algo así como la insólita «sesión especial» de un certamen que Julio Diamante definiese, con pleno acierto, como *«una plataforma para la libertad de expresión»*.

Y ya que, sin que sirva de precedente, hablamos de Franco, sabemos ahora que entre 1946 y 1975 le proyectaron en el Palacio del Pardo casi dos mil películas (465 españolas y 1514 extranjeras, norteamericanas en su mayoría, además de los No-Dos de turno), en sesiones a las que invitaba a menudo a familiares y jerarcas del Régimen. Así lo revela el reciente libro «Las películas que vio Franco», de José María Caparrós y Magí Crusells (Ediciones Cátedra), quienes aportan como novedad documental los programitas que se editaban para la ocasión, conservados en el Archivo General del Palacio Real. También Hitler, Mussolini o Stalin fueron grandes aficionados, y es que el ser cinéfilo no acredita «per se» nada necesariamente bueno… ●

(Marzo de 2019. Nº 2.877)

«Cine y Educación»

La Academia acaba de presentar el libro «Cine y Educación», un Documento Marco para el proyecto pedagógico que ha impulsado en los últimos años. Recoge el volumen la labor de un Grupo de Trabajo compuesto por una quincena de personas de los ámbitos cinematográficos, pedagógicos y administrativos, coordinadas por Marta Tarín, Mercedes Ruiz y quien esto suscribe, que hemos venido elaborándolo desde junio de 2017. Su finalidad, ser un semillero de ideas que sirvan para que, de una vez por todas, las autoridades educativas (estatales y autonómicas) implanten la educación audiovisual en la enseñanza no universitaria de nuestro país. Un propósito que ya tiene un largo recorrido a lo largo de infructuosas décadas y que la Academia ha incorporado a su programa de actuación, no para gestionarlo pero sí para incidir con este libro en su imperiosa necesidad.

Se compone este Documento Marco de una exposición en diez puntos de los objetivos buscados y posibles itinerarios para alcanzarlos, y de cinco Anexos fundamentales que los complementan y enriquecen. El primero de ellos, elaborado por el Gabinete de Comunicación y Educación de la Universitat Autònoma de Barcelona, es un análisis pormenorizado de la legislación y las prácticas hoy existentes en materia de enseñanza audiovisual y de formación del profesorado en todas y cada una de las Comunidades Autónomas, a las que en buena parte se hallan transferidas –como se sabe– las competencias educativas. El segundo Anexo lo constituye una reseña de cuantas iniciativas particulares existen actualmente dentro de este campo y que superan el centenar. El tercero supone una amplia recomendación de películas, de largo y cortometraje, en función de las edades y los tramos educativos a los que podrían ir destinados, como guía práctica para educadores. El cuarto Anexo ofrece un listado de cien películas de referencia del cine español entre 1930 y 2000, intentando que sirva como sugerencia para crear videotecas en institutos y colegios de la misma manera que existen en ellos bibliotecas. Y el quinto y último recoge media docena de actividades complementarias, que cabría realizar de forma paralela al resto. En total, 253 páginas de lo que significa casi un Libro Blanco sobre la materia, en una iniciativa no llevada a cabo hasta ahora y que más bien correspondería a los poderes públicos.

La edición de «Cine y Educación» es no venal ni se distribuye en librerías, existe una versión en PDF que se halla en la página «web» de la Academia. Ya no va a haber excusa para que el lenguaje del cine, su estética e historia entren en las aulas españolas. ●

(Abril de 2019. Nº 2.879)

Diego

Le debía este artículo a Diego, a Diego Galán. Se lo debía también, en cierta forma, a los lectores de la **Turia**. No lo pude escribir el pasado día 15, cuando me lo pidió José Manuel Rambla (que acabaría redactando una semblanza suya muy acertada). La noticia me sorprendió a varios miles de kilómetros de España y no me sentía capacitado para elaborarlo entonces. Pero ahora, ya de vuelta, sí creo que puedo y debo hacerlo como recuerdo y homenaje hacia con quien compartí tantas cosas, incluso dentro de estas mismas páginas, uno con «Galán de noche» y otro con «El Tema de Lara».

Realmente, Diego y yo llevamos vidas bastante paralelas y coincidentes en muchos momentos. Nos conocimos en la etapa de *Nuestro Cine* y de los cine-clubs, para pasar juntos a *Triunfo,* donde sustituimos a la gran pareja de críticos formada por César Santos Fontenla y Jesús García de Dueñas. Al principio, y dado que no se nos conocía demasiado y que en la revista abundaban los seudónimos, no fueron pocos los que aseguraron que era José Monleón quien se ocultaba bajo tales nombres… Sin embargo, por paradojas del destino, fuimos nosotros dos los que sí utilizamos un seudónimo común, Ramón Valle, para escribir de teatro cuando Monleón estuvo una temporada en el extranjero… En *Triunfo,* Diego y yo pasamos ocho inolvidables años, no solo como críticos sino como entrevistadores, reporteros, de todo un poco y no únicamente del mundo del cine. De ahí nacieron incluso libros conjuntos como «18 españoles de posguerra», «España, primera página» o «7 trabajos de base sobre el cine español», publicado por un importante y querido editor valenciano, Fernando Torres.

Luego, cada uno se iría a un Festival. Yo, a Valladolid, en 1984; él, a San Sebastián, al año siguiente. Y la verdad es que ese camino dual respondía bien a nuestras diferentes maneras de ser y de entender el cine. Diego reflotó el certamen donostiarra, que hasta había perdido la categoría A, en tiempos muy difíciles, además, en el terreno político y social. Su labor fue magnífica, fundamental para poner los cimientos de un Festival que, en buena parte, siguen siendo los mismos de entonces y a cuya historia dedicó toda una serie televisiva. Dentro de un dominio, el documental, donde dejó excelentes ejemplos, como *Memorias del cine español, Queridos cómicos* o los recientes *¿Quién fue Pilar Miró?, Con la pata quebrada* y *Manda huevos.*

Se ha muerto Diego, después de unos últimos años con serios problemas de corazón, y eso es incontestable. Pero no me acostumbro a la desaparición de un amigo y compañero tan especial. Con él se va buena parte de la memoria de nuestro cine pero, además, alguien que sintió con pasión su trabajo, una pasión que disimulaba a menudo con un humor donde convivían la ironía y la crítica cáustica hacia sí mismo y hacia los demás. Será imposible olvidarlo. ●

(Mayo de 2019. Nº 2.883)

Una feroz metáfora sobre la lucha de clases

Tres películas sobresalieron, en un sentido u otro, dentro de los últimos días de la Competición Oficial de Cannes: *Parásitos,* de Bong Joon-ho; *El traidor,* de Marco Bellocchio, y *Mektoub, My Love: Intermezzo,* de Abdellatif Kechiche. La primera obtuvo la Palma de Oro que muchos creían destinada a Pedro Almodóvar y su *Dolor y gloria,* finalmente representada en el Palmarés tan solo por el trabajo de Antonio Banderas. La segunda es un impresionante alegato contra la Mafia en la que Marco Bellocchio continúa la tradición del mejor cine político italiano. Y la tercera se erigió en el «film escándalo» del Festival por su sexo explícito y por sus tres horas y media centradas en un grupo de jóvenes bailando y charlando en una discoteca.

El coreano Bong Joon-ho, con títulos como *Memories of Murder, The Host* y *Okja,* ya venía siendo apoyado por la crítica especializada, que apreciaban en él una inteligente y peculiar mezcla de elementos realistas y fantásticos. Son también los que integran *Parásitos,* que parte de las vicisitudes de una familia pobre para ir reflejando su forma de introducirse paso a paso en otra muy rica y los inesperados conflictos que ello genera. Metáfora sobre la lucha de clases (que recuerda a *Los fieles sirvientes,* de Paco Betriú), con un humor negro y hasta cruel, la película supone un ejercicio en el alambre del que sale triunfadora por su valía para hallar caminos originales en la trama.

Pasar de *Parásitos* a *El traidor* señala la variedad de obras que ha ofrecido la 72 edición de Cannes. Porque en el caso del film de Bellocchio (que muestra una admirable vitalidad y dominio narrativo a su elevada edad) de lo que se trata es de poner en pie una profunda requisitoria sobre la Mafia siciliana a partir de las confesiones aportadas al juez Giovanni Falcone por parte del «arrepentido» Tommaso Buscetta. De forma opuesta a esa manera estilizada con que Hollywood ha enfocado habitualmente la Cosa Nostra, y optando por una vía realista y muy cercana a los hechos, Bellocchio reconstruye tres macroprocesos iniciados a raíz de las revelaciones de Buscetta, dos contra sus antiguos compañeros y otro contra el ex presidente Giulio Andreotti, a quien se acusaba de colaboración con la Mafia. Acierta *El traidor* a no tratar a su protagonista como un «héroe»; el único verdadero héroe cívico que muestra el film es el citado juez Falcone, cuyo asesinato llega al espectador mediante impresionantes imágenes.

Desmesura es la palabra idónea para *Mektoub, My Love: Intermezzo,* segunda parte de una trilogía comenzada por el film de igual nombre pero con el subtítulo *Canto uno,* de bastante mejor recuerdo. Obsesionado por retratar culos femeninos en primer plano (la «bloguera» Anaïs Bordages contó 178...) mientras las chicas bailan *«twerk»,* que consiste en mover el trasero a ritmo *«techno»* como una lavadora cuando centrifuga, el enfoque sexual dado por Kechiche no proviene tanto de esas infinitas secuencias como de la quincena de minutos que recoge el «cunnilingus» no simulado, y tampoco justificado dramáticamente, que experimenta la protagonista del relato en un sórdido lavabo de discoteca.

Muy lejos de la espléndida *La vida de Adèle,* que consiguiera en 2013 la Palma de Oro, el film ha jugado al escándalo en Cannes, igual que lo ha hecho *Liberté,* donde Albert Serra recoge una noche de *«cruising»,* o sexo practicado en espacios públicos (aquí, un oscuro bosque) por parte de un grupo de aristócratas libertinos en la Francia de finales del siglo XVIII. Película que le ha valido al director catalán el Premio del Jurado de la sección paralela Un Certain Regard, que también ha recompensado con un galardón similar la para mí más valiosa *O que arde,* del gallego Óliver Laxe. Quien lo agradeció aludiendo al *«cine esencial»* que entendía que

ambos films representan y que echa de menos en el conjunto del actual cine español.

Ha sido esta de 2019 una sobresaliente edición de Cannes, con un alto nivel de calidad dentro de la Sección Oficial. Lo único que me parece imperdonable es que se hayan quedado totalmente fuera del Palmarés obras de la importancia y significación de *Una vida oculta, Sorry We Missed You* y *El traidor.* Aunque haya acertado en los casos de *Parásitos,* los hermanos Dardenne en el Premio a la Dirección por *Le jeune Ahmed* o *Les Misérables,* de Ladj Ly, con el del Jurado (no por recompensar a la senegalesa *Atlantique* o a la brasileña *Bacurau*), este Jurado del primer Festival del mundo no puede despreciar así a autores tan fundamentales del cine contemporáneo como Malick, Loach o Bellocchio. ●

(Mayo de 2019. Nº 2.887)

Vidas de ficción

Un Festival de cine es una reunión aleatoria de películas que coinciden en un determinado espacio y un determinado momento. Nada más las agrupa, a no ser que se trate de un certamen especializado en un género narrativo, por ejemplo, o en una zona geográfica. Pero si hablamos de una muestra abierta, generalista, solo se debe a la coincidencia el que esas películas se hallen al lado unas de otras. Razones de producción, fechas en que se terminan, confianza en un Festival u otro, criterios de sus seleccionadores…, nada hay en principio que las amalgame mínimamente. Y, sin embargo, se puede llegar a ciertas conclusiones sobre lo que vemos en tan solo unos días, como sucede con lo que acabamos de contemplar en Cannes.

No voy a abordar cuestiones industriales, de financiación o de todo aquello que el cine posee de estructura económica. Sino a lo que «se respira» bajo las imágenes, a aquellos pensamientos y sensaciones que cabe extraer de cuanto nos muestran, a un cierto panorama de la sociedad contemporánea. En este sentido, las películas –incluso las más anodinas en apariencia– son siempre enormemente reveladoras, porque sacan a la luz preocupaciones y anhelos que «circulan» por nuestro mundo. De manera consciente o inconsciente, esos films resultan ser testimonios fidedignos de lo que nos inquieta, agrede u obsesiona.

Quizá la principal fuente de tal malestar sea, en estos momentos, el conflicto entre la vida real y la ficción que se asume para evitar la presión ejercida por aquella. No se puede vivir impunemente una ficción, sería la frase que resumiera tal problemática; y numerosas películas de Cannes así lo han señalado, lo que revela una perturbación íntima que se extiende a diversas capas de la sociedad. El patente desequilibrio e insatisfacción de muchos de los habitantes del mundo desarrollado no encuentra tampoco su solución en las ficciones que inventa para evitarlos, y ya se sabe que el cine reúne y resume bastantes de ellas a lo largo de su larga existencia.

La proliferación de zombies, fantasmas o seres irreales que nos ha traído el certamen francés prolonga, asimismo, tal diagnóstico. La mirada sobre nuestra realidad cotidiana ya no nos sirve para interpretarla y entenderla; necesitamos un nivel subconsciente de comprensión, de donde surgen criaturas terroríficas que se convierten en una clara prolongación de nuestros miedos e incertidumbres. Porque no sabemos cómo resolverlos de forma consciente, hay que pasar «al otro lado del espejo» para intentar reflejar el difícil mundo que nos ha tocado en suerte.

Aunque, para seres lúcidos y comprometidos, siempre queda el principio básico –recordado este año por Cannes– de que resulta mejor sufrir la injusticia que cometerla… Es entonces cuando el cine cumple de verdad con su finalidad de conciliar nuestra mirada con nuestros más profundos deseos. ●

(Junio de 2019. Nº 2.888)

Anatomía de un productor

No es habitual que un productor proceda del campo de la crítica, el ensayo o el cineclubismo. Directores sí, hay muchos casos, pero no de quienes parecen que están más cercanos al campo económico o de gestión. Eduardo Ducay fue una excepción: fundó el importante Cineclub de Zaragoza en 1945, antes de matricularse en el IIEC (precedente de la Escuela Oficial de Cine) y desarrollar una significativa labor crítica en publicaciones como *Índice, Ínsula* u *Objetivo*. A partir de ahí pasó a la producción, creando Época Films, tras la que se hallan títulos de la valía de *Los chicos,* de Ferreri; *Tiempo de amor,* de Diamante, y nada menos que *Tristana.* Con otra firma, Classic Films, llevó a cabo *Padre nuestro,* de Regueiro; *El bosque animado,* de Cuerda, y, sobre todo, la excelente serie que sobre «La Regenta» escribiera y realizara Fernando Méndez-Leite para TVE.

Un libro en dos voluminosos tomos, con el común título de «La pasión de ver» junto al nombre de Ducay y editado por Prensas de la Universidad de Zaragoza, le devuelve a la actualidad al recoger su vida, obra y escritos, aportando además ocho análisis y testimonios ajenos sobre sus principales trabajos. Lo ha elaborado quien fue su segunda mujer, Alicia Salvador Marañón, que ya publicase otro encomiable volumen sobre la productora Uninci, la que impulsó en su día *Viridiana.* No resulta, por tanto, extraño que el nombre de Buñuel se halle también muy presente en este caso como paradigma de un autor oculto para los españoles en aquellos años, pero cuya presencia física en esos dos films rodados en nuestro país sería un acicate para los jóvenes autores que planteaban una actitud crítica y combativa ante la penuria cultural del franquismo. Ducay, afiliado al Partido Comunista desde 1953 y que seguiría en él hasta el 77, fue uno de ellos y trató de llevar su compromiso hasta las imágenes que él tanto contribuyó a poner en pie.

Pero más que una biografía al uso, lo que propone Alicia Salvador Marañón con su libro es un homenaje por escrito al hombre con el que compartió la vida desde 2002 hasta su fallecimiento en 2016, etapa en la que él ya estaba retirado de una profesión a la que se dedicó por entero. Porque como señalaría Alonso Ibarrola con motivo de la concesión en Aragón de la Medalla al Mérito Cultural, *«decir Ducay es decir Cine con mayúscula»*… Un ejemplo de vocación de quien, con un carácter reservado, no precisamente fácil en apariencia, luchó siempre por un mejor cine español, lo que lograría en diversas ocasiones. ●

(Junio de 2019. Nº 2.890)

«Turia» nace entre obras maestras

Era el 27 de enero de 1964 cuando la **Cartelera Turia** se asomaba por primera vez a los kioscos. ¿Haría frío ese día? ¿Llovería? ¿Se venderían muchos ejemplares? No lo sabemos, pero lo que sí es cierto es que eran tiempos duros, sin libertad de expresión, en una dictadura franquista que se aprestaba a celebrar sus «25 Años de Paz». Con agotadoras celebraciones, orquestadas por Fraga, entre las que se incluía el estreno de la película de propaganda *Franco, ese hombre.*

Sacar una revista entonces, aunque fuera la tan modesta **Turia** inicial, podría parecer una locura. Sobre todo, porque pronto adquiriría unos aires críticos y contestatarios que no gustaron nada al Régimen. Pero es que el país estaba ya en ebullición, concretamente en el terreno cinematográfico, con la proliferación de cine-clubs, publicaciones e incluso un Nuevo Cine Español que iba tomando carta de naturaleza. 1964 es el año de estreno de *Llanto por un bandido; Tiempo de amor; La niña de luto; Llegar a más; El espontáneo…* Pero especialmente memorable por llegar a las pantallas dos obras maestras de nuestro cine, como *El verdugo* y *La tía Tula,* mientras sufríamos la vergüenza de que se le retirase a *Viridiana* su nacionalidad española.

Sí, el 64 fue un año muy goloso para el espectador, como si el cine quisiera darle una bienvenida gozosa a esa pequeña cartelera que nacía en Valencia. Era acogida en una especie de Olimpo habitado por dioses entre los que se hallaban Donen con *Charada,* Mulligan con *Matar a un ruiseñor,* Hitchcock con *Marnie, la ladrona,* Huston con *La noche de la iguana,* Risi con *La escapada* o Antonioni con *La noche;* y los entonces jóvenes Demy y *Los paraguas de Cherburgo* (que triunfase en Cannes), Varda *y Cleo de 5 a 7* o Lester y *¡Qué noche la de aquel día!* Nombres y títulos que nos hacen salivar en el recuerdo, como con el del gran Jerry Lewis que nos llegaba por partida doble mediante *El profesor chiflado* y *Lío en los grandes almacenes,* el mismo año en que decíamos adiós a Harpo Marx.

También por partida doble estaba en las carteleras otro grande como Billy Wilder con *Traidor en el infierno* y *La tentación vive arriba,* con la particularidad de que eran películas ya con años a sus espaldas, de 1953 y 1955. Lo mismo sucedería con *Rebelde sin causa,* de Nicholas Ray, que veíamos también tras nueve años de prohibición. Un Ray que había colaborado con el «imperio Bronston», que ofrecía sus últimas muestras con *La caída del imperio romano* y *El fabuloso mundo del circo.*

En este 1964 cuando, según un estudio de la Unesco, había en el mundo 212.000 salas de cine y 54 millones de personas iban cada día a ellas, se estaba viviendo un momento de eclosión cinematográfica por todas partes. Nos llegaron también, más o menos recortados, enormes éxitos populares aquí y allá, como *La pantera rosa, Desde Rusia con amor, El mundo está loco, loco, loco, Topkapi, Tom Jones* o *Becket,* films que se hicieron longevos en las carteleras, aunque no tanto como *West Side Story* y *Cleopatra,* que, estrenados la temporada anterior, se eternizaban en unas salas repletas.

Ah! También vivimos en el 64 un hecho absolutamente excepcional: por primera vez desde el final de la Guerra Civil, el Régimen autorizaba que una película no religiosa, *Alegre juventud,* se proyectase durante la Semana Santa… ●

(Julio de 2019. Nº 2.892. Extra 55 Aniversario)

La taquilla del Reino de Dios

Al repasar el excelente informe de la consultora MRC sobre los resultados del cine iberoamericano el pasado año, llama poderosamente la atención la taquilla obtenida por un film brasileño, *Nada a perder.* Sus 13 millones y medio de espectadores en 19 países triplican los resultados de la segunda película en el «ranking», la mexicana *Ya veremos,* y cuadruplican los de la española *Campeones.* ¿Cómo se explica tan desmesurado éxito? Porque es una cinta de propaganda de la Iglesia Universal del Reino de Dios, extendida en 172 países y que cuenta solo en Brasil con unos 8 millones de feligreses.

Dirigida por Alexandre Avancini, realizador de populares culebrones y que en cine ya llevase a la pantalla grande la triunfante serie sobre *Moisés y los Diez Mandamientos,* este *Nada a perder* narra la vida de Edir Macedo entre las décadas de los 60 y los 90, en medio de las cuales fundase en 1977 la citada Iglesia, que sigue las doctrinas de los llamados «pentecostales», aunque con matices propios derivados de la tradiciones brasileiras. Macedo es un personaje enormemente confuso y controvertido, que ya ha pasado por la cárcel, y entre las múltiples acusaciones que pesan contra él figuran la del blanqueo de dinero, los acuerdos con narcotraficantes y un desmesurado enriquecimiento personal. El programa televisivo «Pare de sufrir» supuso la plataforma de lanzamiento para una comunidad que muchos no dudan en calificar como secta con todos sus atributos.

No es un documental *Nada a perder,* sino una ficción con actores, aunque en su tramo final aparezca el propio Macedo adoctrinando a los espectadores. Un público «cautivo» porque, según las crónicas periodísticas, la Iglesia Universal del Reino de Dios se dedicó a comprar aforos completos de las salas de cine para luego regalar las entradas y lograr así ese éxito de taquilla que citábamos. Ya está en marcha la secuela del film, para la que se esperan similares resultados a los del original (multiplicados al haber sido adquirido por Netflix), dado que la expansión de la tal Iglesia no para de crecer.

¿Será este un buen método para superar el descenso de espectadores en las salas? Ojalá que no y que no empiecen a proliferar películas de las mil y una confesiones que pululan por el mundo. Entre nosotros ya se intentó con la figura de Escrivá de Balaguer, fundador del Opus Dei, pero no dio resultado. Quizá porque el público español ya se siente «vacunado» por aquellos films del nacional-catolicismo que nos dejaron secuelas tan indelebles. ●

(Julio de 2019. Nº 2.893)

La cara oculta del poder

No eran las únicas, pero en el reciente Festival de San Sebastián hubo tres películas que intentaban desentrañar los mecanismos del poder, ya fuera político o económico, aquellos que habitualmente quedan ocultos para los ciudadanos: *Adults in the Room,* de Costa-Gavras; *The Laundromat,* de Steven Soderbergh, y *Alice et le Maire,* de Nicolas Pariser. Ya estrenadas o a punto de estrenarse en España bajo los respectivos títulos de *Comportarse como adultos, Dinero sucio* y *Los consejos de Alice,* coinciden en ese deseo de esclarecer ante el espectador los entresijos de una realidad que tantas veces permanece en la sombra.

No puede ser casual tal coincidencia, sino que responde a una necesidad del público bien captada por estos cineastas. Pese a la avalancha de información que recibimos todos los días, tenemos continuamente la sensación de que no sabemos de verdad lo que está pasando, de que tras la apariencia de lo que se nos cuenta se esconde una trama de intereses y personajes que nunca llegamos a conocer a fondo. Nos sentimos en inferioridad, como niños pequeños que no aciertan a explicarse cuanto los mayores hacen y buscan frenéticamente la explicación de sus porqués. De ahí que, llevándolo a un extremo casi patológico, surjan las teorías «conspiranoicas», de lamentable actualidad. Pero sin que haya que recurrir a ellas, sí es verdad que necesitamos rebelarnos con frecuencia ante tanto oscurantismo y ocultación como practican los detentadores de uno u otro de los muchos poderes.

Nos hace falta conocer cómo funcionan en sus diversas vertientes, y la pantalla siempre ha sido una buena fuente para desentrañarlos, como hizo en su día el mejor cine norteamericano de los 70. Basándose en las Memorias de Yanis Varoufakis, aquel fugaz ministro de Economía griego enfrentado a la «Troika» que determinó una feroz austeridad a su país, Costa-Gavras nos conduce hasta las interioridades y prácticas financieras de la Unión Europea. Mientras que Soderbergh trata de esclarecer los mecanismos de los llamados «Papeles de Panamá», aunque lo que logra con su muy confusa narración es embrollarlos todavía más. Por su parte, Pariser se circunscribe a un ámbito municipal no menos oscuro y sometido a todo tipo de presiones y enjuagues, ante los sorprendidos ojos de una joven asesora del alcalde de Lyon convertida en trasunto del espectador.

Y es que ya lo decía el poeta romano-cordobés Lucano, *«poder y virtud no suelen ir de la mano»*... Tampoco ni la claridad ni la transparencia. ●

(Octubre de 2019. Nº 2.907)

27 minutos

Siempre he mantenido que un cortometraje es una película tan digna de consideración como un largo, solo que más breve. Me indigna cuando alguien dice *«vamos a ver un corto y luego la película»*, como si el primero fuese un objeto extraño y sin mayor relevancia. Es como si despreciáramos los cuentos de Chéjov, Maupassant o Clarín porque ocupan pocas páginas, aunque en tantísimas ocasiones sean más valiosos que un tomazo de novela. La frase hecha para otros menesteres de que «el tamaño no importa» viene como anillo al dedo para establecer tal principio.

Saco a colación este tema porque en la Semana de Cine de Valladolid acabamos de ver un corto de animación de 27 minutos que es una auténtica obra maestra, y que lógicamente ha logrado la Espiga de Oro en su categoría: *The Physics of Sorrow* (traducido como *Física de la tristeza*), del búlgaro residente en Canadá Theodore Ushev, basándose en un libro de su compatriota Gueorgui Gospodínov. Ocho años de su vida y quince mil diseños ha tenido que emplear Ushev para lograr esta media hora escasa, que asombra tanto por la fuerza y originalidad de sus imágenes como por la capacidad de sugerencia de su texto, donde la memoria individual y colectiva (*«Yo somos nosotros»* viene a ser el leitmotiv del film) ocupa un lugar de privilegio e incide de forma decisiva en el espectador. Párrafo aparte merece el empleo de la música, terreno en el que Ushev ha demostrado siempre su dominio, mezclando pasajes de Liszt, Schubert o Mendelssohn con temas como aquel «Tous les garçons et les filles» que cantase Françoise Hardy.

«En el cine de animación, lo más importante es el movimiento», ha declarado el autor de este admirable *The Physics of Sorrow,* y lo deja visible en él fehacientemente. Con la técnica de la pintura encáustica, que consiste en utilizar una cera especial que amalgama los pigmentos empleados –algo que ya conocían y usaron los egipcios y los romanos, pero a lo que nunca se había recurrido así en la animación cinematográfica–, Ushev obtiene unos efectos plásticos realmente innovadores. Pero que corroboran la maestría que mostrase en trabajos previos, como *Gloria Victoria* (2013), donde rinde tributo al «Guernica» de Picasso, entre otras obras y pintores, al llevar a cabo un poderosísimo alegato contra la barbarie de las guerras; o el muy rítmico *Sonámbulo* (2015), inspirado por un romance de García Lorca.

Haría bien el Festival de Valladolid en organizar en 2020 un ciclo con la obra completa de Theodore Ushev, de quien ya programase anteriormente el citado *Gloria Victoria* y el también espléndido *Blind Vaysha*. Sería además una buena manera de subrayar en su 65 Aniversario el profundo interés que el certamen siempre ha demostrado por el cine de animación. ●

(Octubre de 2019. Nº 2.909)

Palabra de Scorsese

Además de ser un gran director de sus películas, Martin Scorsese se ha preocupado siempre del cine en su conjunto, con especial interés por la preservación y restauración del patrimonio fílmico de su país y hacia el de otros, como Italia y Polonia. Por ello, sus opiniones y sus palabras alcanzan una justa e indudable relevancia, como sucede con el eco logrado por un muy reciente artículo suyo en *The New York Times*. En el que aborda la situación del cine actual desde la perspectiva del éxito comercial logrado por los incesantes títulos sobre superhéroes basados en cómics de Marvel, que, según Scorsese, *«están más cerca de un parque de atracciones que de las películas que he conocido y amado toda mi vida»*.

Porque *«para mí, para mis cineastas adorados, para los amigos que empezaron a rodar películas al mismo tiempo que yo, el cine consistía en una revelación estética, emocional y espiritual. Consistía en unos personajes, en la complejidad de las personas, contradictorias y a veces paradójicas, en su capacidad de hacerse daño, pero también de amarse, y en la necesidad que sentían en un determinado momento de enfrentarse a sí mismas»*. Algo que se asemeja a una breve declaración de principios del autor de *Taxi Driver* o *La edad de la inocencia* y que evidentemente no encuentra en el cine de Marvel. Donde se ignora, porque ni siquiera se plantea, que la clave radica en la forma artística: *«Nosotros defendíamos que el cine estaba al mismo nivel que la literatura, la música y la danza. Aprendimos que el arte podía encontrarse en muchos sitios y tipos de películas, en el cine de Fuller y en el de Bergman, el de Kelly y Donen, el de Godard y el de Siegel. O en Hitchcock»*.

Reconoce Scorsese que tales discrepancias pueden deberse a una cuestión generacional, o a que *«en los últimos veinte años, la industria del cine ha cambiado en todos los frentes. Pero el cambio más nefasto se ha producido a escondidas y con nocturnidad: la eliminación gradual pero constante del riesgo»*. Algo inexistente en esas películas de Marvel, como tampoco hay *«revelación, misterio o auténtico peligro emocional (…) Las actuales franquicias cinematográficas nacen de estudios de mercado y están probadas y probadas y modificadas hasta dejarlas listas para el consumo»*. La consecuencia es que *«ahora hay dos campos: el entretenimiento audiovisual para todo el mundo y el cine que encierra la visión de un artista individual. Me temo que el poder económico de uno se está utilizando para marginar e incluso menospreciar la existencia del otro»*. De ahí que *«la situación resulte brutal y hostil al arte. Y el simple hecho de escribir estas palabras* –concluye Scorsese– *me llena de una infinita tristeza»*.

Realmente, no se puede decir mejor. ●

(Noviembre de 2019. N° 2.911)

El «padrecito Stalin»

Mostraba el pasado Festival de Cine Europeo de Sevilla un impactante documental de montaje: *State Funeral,* sobre los tres días que duró el sepelio de Josef Stalin, en marzo de 1953. Cámaras repartidas por diversas repúblicas de la entonces URSS, unidas a las numerosas que filmaron en Moscú, dieron origen a 35 horas de grabación, recogiendo sobre todo el desfile de las innumerables personas que acudieron a despedirle directamente o junto a los monumentos dispersos por las principales ciudades. Con este enorme material, cuatro directores (entre los que el más relevante era Sergei Gerasimov) fueron encargados de realizar un documental de propaganda que iba a denominarse *El gran adiós,* pero que nunca vio la luz y fue prohibido. Porque el informe secreto de Nikita Kruschev al XX Congreso del Partido Comunista en 1956, denunciando los crímenes del stalinismo y aboliendo oficialmente la política del «culto a la personalidad», motivaron su radical condena por aquellos mismos que le habían aupado al poder. Hasta el punto de que, cinco años después, los restos del dictador fueron sacados del mausoleo de la Plaza Roja de Moscú, donde descansaban junto a los de Lenin.

Un gran cineasta, el ucraniano Sergei Loznitsa, ha revisado todo ese material, que pudo emerger del fondo de los archivos en 1988, y ha elaborado con él un documental de dos horas y cuarto. *«No es una película sobre Stalin* –ha señalado el propio Loznitsa–, *sino sobre la gente que aparece en pantalla dándole su último adiós».* Entre ellos, los grandes jerifaltes del momento, como Malenkov, Molotov, el sanguinario Beria o el propio Kruschev, además de dirigentes de partidos comunistas de medio mundo, entre ellos Pasionaria o el alemán Walter Ulbricht. En un desfile incesante que supone la muestra más patente de ese *«culto a la personalidad»* que antes citábamos y que a los españoles no puede dejarnos de traer a la memoria las enormes filas de personas que se congregaron en torno al cadáver de Franco en el Palacio de Oriente.

Ya Loznitsa había mostrado su dominio del documental de montaje en otros títulos, sobre todo *The Trial,* que recogía uno de los terribles Procesos de Moscú de los años 30, presentado el pasado año también en el Festival de Sevilla y que comentamos en estas mismas páginas de **Turia**. Trabajos que suponen testimonios históricos irremplazables, merecedores de que todos los conozcamos y reflexionemos en profundidad sobre ellos. Curiosamente, parece que, frente a esa multiplicidad de imágenes soviéticas, el NO-DO franquista no ofreció ni una sola referencia a la muerte de quien en medios comunistas clandestinos de nuestro país se conocía como *«el Padrecito Stalin»...* ●

(Noviembre de 2019. Nº 2.913)

Algo pasa con el cine europeo

Apenas han encontrado repercusión en España los Premios del Cine Europeo, salvo por los concedidos a Antonio Banderas y a la excelente *Buñuel en el laberinto de las tortugas.* Algo más de relevancia alcanzaron entre nosotros el pasado año, el del triunfo absoluto de *Cold War,* pero porque se celebraron en Sevilla y se televisaron en abierto. Sucede otro tanto con la indiferencia con que son recibidos en los distintos países del continente, nadie les hace mayor caso. Sobre todo cuando, como ha sucedido en esta edición, se premia por doquier una película del año anterior, como *La favorita,* presentada en la Mostra de Venecia de 2018 y que acabó hace tiempo su difusión. De nada le sirve que le lleguen ahora estos galardones de una Academia que podrá tener 4.000 miembros, presididos por Wim Wenders, pero que no logra acertar con una fórmula de premiación de cierto relieve y que ejerza influencia entre los espectadores.

Sin embargo, el problema va bastante más allá de unos premios que nunca han llegado a conseguir su objetivo. Lo que inquieta de verdad es la desafección del público español hacia el cine europeo. No hablo en este caso de nuestro cine, sino del de nuestros vecinos, que no hay manera de que interese a una «minoría cualificada», como sí lo hacía antes. Salvo la excepción de la citada *Cold War,* que este año se repite con la coreana *Parásitos,* no es ya que las producciones europeas raramente accedan a los grandes circuitos de exhibición, es que ni siquiera en los de versión original o de «arte y ensayo» funcionan como debieran. Películas ahora o hasta hace muy poco en cartelera como las de Costa-Gavras, Guédiguian, Bellocchio, Loach o los Dardenne (nombres tan fundamentales del cine europeo) obtienen un número de espectadores que viene a ser la mitad del que lograban hace tan solo unos años, en unas cifras muy desmoralizantes para quienes se arriesgan a traerlas a España.

¿Por qué tan profundo declive? ¿Porque ha envejecido el sector del público que las sostenía y ya no acude a las salas, prefiriendo la comodidad del salón de casa y las plataformas digitales? ¿Porque no se ha producido ese relevo generacional que permitiría una continuidad? ¿Porque se ha impuesto definitivamente el «modelo Hollywood», con un tipo excluyente de narrativa, de lenguaje fílmico y de estrellato? ¿Porque el cine europeo le resulta a la mayoría lento, aburrido, con demasiados diálogos y preocupado por «fastidiosos» temas sociales? ¿Porque no se cuenta con los despliegues publicitarios de las multinacionales? Es una reflexión abierta, que preocupa mucho a quienes tanto han defendido la «diversidad cultural» y que merece un análisis que vaya más allá de frases tópicas. En eso debemos empeñarnos. ●

(Diciembre de 2019. Nº 2.915)

LUCHINO VISCONTI inspira
con *Muerte en Venecia*
una historia publicada
durante la pandemia.
(Véase relato «El último deseo»).

2020

El año Galdós

Lo dijo hace ya tiempo Arantxa Aguirre: *«Es hora de que España reconozca a Galdós su talla de gigante».* La celebración del Centenario de su fallecimiento el 4 de enero de 1920 puede ser una ocasión idónea para lograrlo y situar al escritor canario al nivel que le corresponde junto a un Balzac o un Dickens. Porque, argumenta Aguirre, es *«un autor que, a lo largo de decenas y decenas de espléndidas novelas, lleva a cabo un retrato de la sociedad de su tiempo, que nos describe y nos explica genialmente»,* gracias a la *«penetración de su mirada, capaz de captar tanto las grandes líneas de las pasiones como la riqueza de matices en las que se revela el alma humana».*

Si cito a Arantxa Aguirre es porque ella ha estudiado como nadie las relaciones entre Galdós y el cine en su libro «Buñuel, lector de Galdós», de 2006 pero que había obtenido tres años antes el Premio Internacional de Investigación sobre el novelista. Incluso lleva mucho tiempo pensando en un *«gran documental sobre Galdós»,* que realizará en cuanto tenga ocasión… En ese mismo año de 2003, Ramón Navarrete, otro estudioso sobre las adaptaciones a la pantalla de las obras de Galdós (a quien, por cierto, interesaba profundamente el cine, contra la opinión de la mayoría de intelectuales de su tiempo), publicó «Galdós en el cine español», analizando las versiones de sus novelas existentes en nuestro país, una docena que le convierten en uno de los autores españoles más adaptados, junto a Palacio Valdés, Fernández Flores o Delibes. Con especial predilección por parte de los cineastas hacia «El abuelo», desde el cine mudo a Garci, ya fuese con este mismo título o con el de *La duda.* Y, además de la espléndida serie televisiva de Mario Camus sobre «Fortunata y Jacinta», alguien por encima de todos: Don Luis Buñuel en *Nazarín* y *Tristana,* e impregnando Galdós otras varias películas fundamentales suyas, en especial *Viridiana.*

Lo más interesante es que, en mi opinión, Buñuel se apoyó en ambos relatos galdosianos para «traicionar» su sentido último, muy condicionado en el caso del escritor por su etapa de *«novelas del espiritualismo cristiano»,* durante finales del siglo XIX y comienzos del XX. Partiendo de la base de que *«encontré en las obras de Galdós elementos que podríamos incluso llamar 'surrealistas': amor loco, visiones delirantes, una realidad muy intensa con momentos de lirismo»,* Buñuel llevó a su terreno los textos originales, dotándoles de una orientación plenamente ajustada a su visión del mundo, de los conflictos personales y de las pautas sociales e ideológicas. Es el privilegio de los «grandes»: aproximarse a un autor admirado para aportar una visión creativa propia. Sin duda, Galdós y Buñuel se hallan en ese grupo. ●

(Enero de 2020. Nº 2.919)

Los guionistas de Fellini

Puede disfrutarse en La Filmoteca valenciana del magnífico ciclo dedicado a Federico Fellini con motivo del Centenario de su nacimiento, que se cumplió exactamente el lunes 20 de enero. También otras cinematecas de nuestro país, como la Española o la de Catalunya, le dedican retrospectivas similares, lo mismo que el conjunto de las europeas. La ocasión sin duda lo merece, porque nos hallamos ante uno de los autores más personales e irrepetibles de la historia del cine, con una estética propia, siempre entre el barroquismo y la representación de la realidad, que incluso ha propiciado el nacimiento de un concepto, «lo felliniano».

Pero precisamente en este momento, cuando se suceden artículos y ensayos sobre el gran director de Rímini, sobre su peculiarísima forma de crear imágenes, quiero resaltar la labor de los guionistas que trabajaron a su lado y que –pese al eminente subjetivismo del «regista»– contribuyeron de manera decisiva a la formación de ese mundo singular. Tullio Pinelli, Ennio Flaiano, Brunello Rondi, Bernardino Zapponi y Tonino Guerra fueron, sucesivamente o al tiempo (dada la habitual práctica italiana de elaborar los guiones entre varios), quienes más acompañaron a Fellini en su trayectoria profesional. Aparte de tal compañía, llegaron a ser literatos del máximo relieve en el panorama cultural europeo, dentro de la espléndida generación que surgió tras el fin de la II Guerra Mundial y que se movió entre el neorrealismo de los 40 y la inquietud existencial de las dos siguientes décadas.

Fue Rondi el menos destacado en ese conjunto literario, pues prefirió la realización cinematográfica a la escritura, lo que no impidió que Fellini le tuviese como «guionista de guardia» en películas fundamentales como *La dolce vita* u *Ocho y medio* para que diera forma a sus variaciones durante el rodaje, como se hace ahora en las series televisivas. A Flaiano se le deben muchos de los diálogos más inspirados de la filmografía felliniana, cualidad que también tuvo ocasión de comprobar Berlanga en *Calabuch* y *El verdugo*. Mientras Pinelli intervino nada menos que en trece títulos de «il maestro», entre *Luci del varietà* y *La voz de la Luna*, aunque se pelease con él a causa de *Giulietta de los espíritus;* Zapponi, compañero suyo desde la época de los semanarios satíricos, le aportó su sentido de la adaptación para abordar el «Satiricón» o la figura de Casanova, y Tonino Guerra le transfirió su dominio de la estructura a la hora de sistematizar recuerdos individuales y colectivos, por ejemplo en *Amarcord* o *Y la nave va.*

Me parece estupendo que se homenajee a Fellini cuanto se merece. Pero, al tiempo, que se valore a los guionistas que tanto influyeron en su cine. ●

(Enero de 2020. Nº 2.921)

Redescubramos a Louis Malle

Dicen que, cuando muere, todo autor pasa por un periodo «de luto». Poco a poco se van olvidando sus obras, incluso las que le dieron más fama, hasta quedar sometido a un profundo silencio. Suele pasar que, tiempo después, una nueva generación viene a «redescubrirlo», revalorizando su figura… Es lo que espero que suceda en los próximos años con una serie de cineastas cuyos trabajos adquirieron gran relevancia en el pasado, pero que hoy parecen envueltos en las brumas de la memoria. Entre ellos, y de manera muy destacada, Louis Malle, el excelente realizador francés a quien ahora muy pocos se refieren con el relieve que merecería en justicia.

Por una circunstancia concreta (la presentación de *Le souffle au coeur* en el Institut Français de Madrid), he revisado con detalle la filmografía de Malle, lo que me ha permitido renovar mi vieja admiración hacia ella. Creo que lo demostré suficientemente cuando, en el Festival de Valladolid de 1987, organizamos el primer y creo que único ciclo completo que se ha hecho en España sobre él, refrendado por un libro autobiográfico. Pero sin duda, viendo de nuevo sus películas, ratifico aquella atracción original. No podía ser de otra forma si incluyen títulos tan significativos como *Ascensor para el cadalso, Les amants, Zazie dans le Métro, Vida privada* y *Fuego fatuo* dentro de su primera etapa, entre 1957 y 1963; o la citada *Le souffle au coeur* y *Lacombe Lucien* en el periodo previo a su marcha a Estados Unidos durante casi una década, hasta 1986, donde realizaría films del gran nivel de *La pequeña* y *Atlantic City*. Para regresar a Europa y llevar a cabo dos obras fundamentales, *Au revoir les enfants* en 1987 y *Herida* en 1992, previas a la aguda reflexión sobre el cine y el teatro que recorría *Vania en la calle 42* y su muerte en 1995 a causa de un linfoma a la edad de tan solo 63 años.

Una filmografía en la que, dicho de manera muy sucinta, destacan cinco vectores: la elegancia del estilo de Malle, su dominio de la dirección de actores, la enorme diversidad que recorre su obra, la huida de cualquier esquematismo simplificador y su capacidad polémica. Voluntad esta nada gratuita que le llevó a abordar asuntos dispares y controvertidos como el suicidio, el incesto, la prostitución adolescente, la pasión amorosa sin límites o el colaboracionismo francés con la ocupación nazi. De carácter fuerte pero suave, tímido e introvertido, Louis Malle es uno de los mayores cineastas franceses contemporáneos, cuya obra –igual que la de su colega Truffaut– sigue viva, no pierde un ápice vista desde nuestros días. Les animo a comprobarlo en cuanto tengan ocasión de visionar esas magníficas películas. ●

(Febrero de 2020. Nº 2.923)

Ava, Rita, Grace y Liz

Los nombres del título corresponden a Ava Gardner, Rita Hayworth, Grace Kelly y Elizabeth Taylor, las actrices a las que Cristina Morató dedica su reciente libro «Diosas de Hollywood». Especializada en famosos personajes femeninos que ya abordó en dos volúmenes anteriores («Divas rebeldes» y «Reinas malditas») y en libros de viajes, la autora rastrea en este caso las más bien tormentosas vidas de estas «estrellas» que gozaban de popularidad mundial. Junto a su trayectoria profesional, asistimos a un despliegue de amores, bodas, divorcios, romances clandestinos, hijos e incluso nietos…

Pero lo que podría ser un simple ejercicio de «crónica rosa» retrospectiva, adquiere desde la perspectiva actual, la del movimiento #Me Too y las abundantes denuncias por abusos sexuales en la llamada Meca del Cine, un sentido muy distinto, de denuncia sobre un pasado «mitológico» pero que era en realidad de una sordidez inaceptable, de frecuente humillación a unas mujeres jóvenes que deseaban llegar a la cúspide de su profesión. Cristina Morató lo deja patente cuando sitúa al inicio de su bien escrito libro tres frases reveladoras: *«Alcanzar el estrellato en el mundo del cine requiere ir deprisa y perder la dignidad»* (Marlene Dietrich); *«Cualquier mujer puede ser glamurosa, lo único que tienes que hacer es quedarte quieta y parecer estúpida»* (Hedy Lamarr); *«En Hollywood te pagan mil dólares por un beso y cincuenta centavos por tu alma»* (Marilyn Monroe).

No se trata de repetir ahora el manido tópico de mujer-rica-y-famosa-pero-desgraciada-y-víctima que tanto han publicitado las revistas del corazón para consuelo de sufrientes amas de casa. Lo que se desprende de estas páginas es que, por ejemplo, Harvey Weinstein solo viene a ser el continuador de una saga de productores depredadores que en el «dorado Hollywood» sometían a las actrices, sobre todo en sus comienzos, a prácticas sexuales que a menudo ya habían soportado en su niñez y adolescencia por parte de padres o familiares. Y que mediante la labor de alcahuetas disfrazadas de «columnistas» y pagadas por los Estudios, como Louella Parsons o Elsa Maxvell, debían casarse en matrimonios de conveniencia con hombres que las despreciaban, las insultaban y las pegaban, cuando no tenían que servir de «tapaderas» para la oculta homosexualidad de sus maridos. Y que casi siempre acababan destrozadas por el alcoholismo, la drogadicción o la simple ruina física en hospitales de desintoxicación.

Leyendo «Diosas de Hollywood» no tengo una sensación de escándalo fácil. Sino de sentir una infinita rabia contra quienes jugaron así con unas mujeres que, además, tenían que aparentar ser felices y sonreír al mundo. ●

(Marzo de 2020. Nº 2.927)

Canto al Cine

Walt Whitman escribió un espléndido «Canto a mí mismo», que tradujo al español León Felipe. Pablo Neruda no dudó en elaborar un *«proyecto poético monumental»* con su «Canto General». Jorge Guillén nos hizo partícipes en «Cántico» del inmenso entusiasmo que sentía por la vida y el universo… Fueron explosiones de amor hacia lo que consideraban más suyo, más íntimo y personal, por lejano que estuviese. Por mi parte, desde esta humilde sección, deseo brindarles a ustedes un Canto al Cine, a los cines, a unas imágenes imperecederas que ya forman parte de nosotros mismos. Precisamente en unos momentos en que las salas están cerradas, que se teme por su futuro y se constata una supervivencia cada vez más difícil de sectores como la Distribución independiente y la Exhibición, sumergidos en horas muy oscuras. Precisamente cuando el cine ha de refugiarse en los televisores y los ordenadores, en plataformas digitales compuestas de películas y películas que, hoy por hoy, no pueden contemplarse en la gran pantalla, quebrando su deseo de obtener un goce colectivo y de mantener su vocación de pertenecer a un arte popular.

El cine nos ha conformado en buena parte, al menos a unas generaciones que encontramos en él una forma de entender el mundo y de entendernos a nosotros mismos. El cine era la referencia obligada ante unas vidas marcadas por la monotonía, el desasosiego o la carencia de horizontes. Nada de lo que nos contaba nos resultaba ajeno, todo lo contrario: nuestros patrones de comportamiento nacieron tantas veces de él, como nuestra forma de amar, de expresarnos, de ambicionar aquello que no estaba al alcance de la mano. Supimos, bastante más tarde, que el cine era mentira, que ni las historias de verdad se acababan en hora y media ni en la existencia de cada uno había planteamiento, nudo y desenlace y, sobre todo, que la realidad resultaba mucho más compleja de lo que la mayoría de las imágenes nos aseguraban. Aunque, eso sí, paralelamente aprendimos que aquellas películas eran la expresión de unos creadores que lograban hacernos más conscientes de cuanto nos rodeaba, que despertaban nuestros sentidos y nuestra inteligencia, que nos aportaban una manera adulta de mirar el mundo que ya no era ni podía ser la misma de antes de conocerlos.

Ahora, esas películas o sus herederas se han callado en las salas, privadas de su ser porque un haz de luz no se proyecta en sus pantallas ni nos sentimos juntos en la oscuridad para disfrutar con sus relatos. Las hemos abandonado, pero solo momentáneamente, porque volveremos sin duda a ellas y con mucho mayor deseo e intensidad. Porque nada se ama más que lo que parece haberse perdido y finalmente hallamos en un instante de plenitud. ●

(Marzo de 2020. Nº 2.929)

Un espacio para el humor

Decía Jardiel Poncela que *«intentar definir el humorismo es como pretender pinchar una mariposa con el palo de un telégrafo».* Pero, aparte de esta imposibilidad, lo cierto es que el humor resulta necesario en los momentos más difíciles, como el que ahora vivimos. Mucho más dura fue la posguerra española y, sin embargo, en ella surgió una revista como *La Codorniz,* cuyo primer número se publicó el 8 de junio de 1941 –tiempo de hambre, persecución y exilio– y se mantuvo viva, con algunas intermitencias casi siempre censoras, hasta el 29 de enero de 1978. Ideada, fundada y dirigida en sus tres primeros años por Miguel Mihura, a quien precisamente Jardiel convirtió en su enemigo acérrimo, la revista vivió su esplendor en la década de los 40 y los 50, cuando constituyó una especie de alternativa a la Prensa oficial del franquismo. Aunque, todo sea dicho, sus principales artífices habían apostado por el bando llamado «nacional» durante la Guerra Civil, refugiados muchos de ellos en un San Sebastián plácido donde conformaron *La Ametralladora,* precedente directo de *La Codorniz.*

Santiago Aguilar y Felipe Cabrerizo, los máximos expertos «codornicescos», varios de cuyos trabajos hemos ido reseñando en esta sección, han publicado «'La Codorniz'. De la revista a la pantalla (y viceversa)», editado por Cátedra y Filmoteca Española, un libro muy conveniente para días de confinamiento. Porque la inmensa documentación que manejan los autores, su asombrosa erudición, logran hacerlas compatibles con una escritura suelta y, como no podía ser menos, divertida en su búsqueda de las relaciones que el título indica: hasta qué punto el estilo de humor de la revista influyó en nuestro cine, y este en *La Codorniz* y en quienes la elaboraban. Con una conclusión, después de casi seiscientas páginas, un tanto decepcionada por parte de los autores: *«La comedia española de los años 40 y 50 no se entendería sin 'La Codorniz', la revista que creó un mundo tan irreal como perfectamente coherente. Un cometa insólito cuya cola rozó el cine español durante un tiempo que se nos antoja demasiado corto».*

Casi coincidente en el tiempo, y por parte de los propios Aguilar y Cabrerizo además de la aportación fundamental de Gema Fernández-Hoya (cuya tesis doctoral supone la base del volumen), Editorial Renacimiento ha publicado «Tono, un humorista de la vanguardia». Pseudónimo de Antonio de Lara, él sería la otra figura decisiva del mejor período de *La Codorniz,* además de contar con una valiosa obra propia, no suficientemente estudiada hasta este libro. Gracias al que conocemos, por ejemplo, que, al vivir Tono en Valencia desde los 4 a los 18 años, sus primeras colaboraciones fueron en dos revistas satíricas tan vinculadas a la ciudad como *La Traca* y *El Guante Blanco.* ●

(Abril de 2020. Nº 2.931)

Confinamiento político

Confinado, hay muchas maneras de estarlo, y en el mes largo, larguísimo que ya llevamos hemos visto ejemplos muy distintos de cómo vivir la reclusión. Pero cuando el virus se llama represión gubernamental y censura política, el tema ya adquiere otra dimensión. Es lo que le sucede a Mohammad Rasoulof, el gran cineasta iraní que ha ganado la Berlinale por su película *There is no Evil (No hay maldad)*. Según noticias de principios de este mes, se encuentra confinado en su casa de Teherán a la espera de que las autoridades decidan si le meten o no en una de las múltiples prisiones asediadas por la pandemia para cumplir el tiempo de cárcel al que se halla condenado. Paradójicamente, es el coronavirus el «culpable» de que no se le trasladase de inmediato…

Pero no ha sido por el rodaje de este su octavo largometraje por lo que Rasoulof recibió tal condena a instancias del Fiscal Especial para Delitos relacionados con los Medios de Comunicación y la Cultura, que le acusó de *propaganda antigubernamental»*. Se debió a estar rodando, junto con su colega Jafar Panahi, un documental sobre las manifestaciones masivas de 2010 en protesta por el fraude electoral. Incluso la condena inicial para ambos fue mayor, de seis años, rebajados a uno en el caso de Rasoulof tras su apelación, además de sufrir la prohibición de filmar y de salir al extranjero durante dos años.

De hecho, no pudo recibir el Oso de Oro, sino personas de su equipo, entre ellas la propia hija del realizador, Baran, actriz de la película.

Se compone *There is no Evil* de cuatro partes, en las que narra situaciones definitorias de la dictadura teocrática que rige en Irán. En el Festival de Berlín la película impresionó por su potencia expresiva y su sentido crítico, que venían a ratificar cuanto Rasoulof había mostrado en sus trabajos anteriores, al cambiar el sentido alegórico que dominaba su cine por un enfoque más directo de la problemática de su país. Así pudo constatarse en el espléndido ciclo que le dedicó en 2018 la Semana de Cine de Valladolid, complementado por un libro de referencia escrito por Jose Cabrera, Diego Morán y Andreea Patru que, bajo el nombre del director, lleva el subtítulo de «Un cineasta íntegro», remedando el nombre de su película más destacada previa a *No hay maldad,* cuya distribuidora española es BTeam.

Con motivo del confinamiento político de Mohammad Rasoulof, diversas entidades cinematográficas están lanzando una campaña en su apoyo. Para impulsarla, Wim Wenders, actual Presidente de la European Film Academy (EFA), radicada en Berlín, ha resaltado que *«necesitamos voces como la suya, que defiendan con tanta profundidad los derechos humanos, la libertad y la dignidad».* ●

(Abril de 2020. Nº 2.933)

La epidemia, según Von Trier

Siempre que estos días se hace recopilación de películas sobre epidemias, salen a colación *Contagio,* de Steven Soderbergh; *Estallido,* de Wolfgang Petersen; *28 días después,* de Danny Boyle, o *Tren a Busan,* de Yeon Sangho. Pero nadie parece acordarse de un título muy significativo, *Epidemic,* de Lars Von Trier, segundo largometraje del cineasta danés, realizado en 1987 como pieza central de su llamada «Trilogía europea», iniciada por *El elemento del crimen* tres años antes y concluida en el 91 precisamente con *Europa,* que supuso el reconocimiento internacional de su autor.

Nunca estrenada en España (quizá de ahí su no inclusión en esas listas), *Epidemic* es una película dentro de otra película, lo que hoy –poniéndonos bastante pedantes– llamaríamos un ejercicio de metalenguaje fílmico. Dos guionistas, el propio Von Trier y su colaborador habitual de entonces en ese terreno, Niels Vorsel, escriben a toda prisa para llegar al compromiso que tienen con su productor. Y se les ocurre hacerlo sobre una epidemia que se transmite básicamente por el agua, pero que desea ser ocultada por unos poderes médicos y políticos contra los que lucha el doctor Mesmer, interpretado también por Von Trier. Una historia que seguimos de forma paralela a la de la redacción del guion, filmadas ambas en blanco y negro, aunque la «real» en 16 milímetros con un grano fotográfico muy acusado, y en 35 milímetros la de «ficción». Ambos relatos acaban confluyendo de manera inevitable cuando la epidemia ya llega a contagiar a uno de los mismos guionistas que la estaban ideando.

Epidemic se presentó en su día, mayo de 1987, dentro de Un Certain Regard, la sección paralela del Festival de Cannes donde tuve ocasión de verla. No es precisamente una de las mejores obras del autor de *Rompiendo las olas, Bailar en la oscuridad* o *Melancolía,* pero sí contiene algunos de sus signos de identidad. Sobre todo, la búsqueda de imágenes fuertes o insólitas, como la de Von Trier colgado de un helicóptero portando una bandera de la Cruz Roja para divulgar la existencia de la epidemia, la de una mujer encerrada en un ataúd que pugna por salir de él o toda la larguísima secuencia final, donde un hipnotizador lleva a su «víctima» a un trance devastador que termina con un doble suicidio y la evidencia de la extensión del contagio.

Puro Von Trier, por tanto, aunque todavía un tanto anárquico y necesitado de controlar su propios recursos expresivos. Del estilo de la «boutade» de colocar sobre todas las imágenes de *Epidemic* el título de la película en caracteres grandes y con un sello a la manera de «copyright». Algo que, en aquel Cannes de finales de los 80, hizo correr ríos de tinta… ●

(Mayo de 2020. Nº 2.935)

María Forteza toma la palabra

Es, hasta ahora, la historia cinematográfica del confinamiento. Una bonita historia, que surgió al incluir Filmoteca Española en su oferta virtual «El Doré en casa» un cortometraje documental sonoro titulado *Mallorca,* que recoge imágenes de la isla al ritmo de la barcarola que Isaac Albéniz compuso en 1890 y con una voz en «off» encomiástica. Pero la dimensión de la película no viene dada por su convencional contenido a lo largo de casi ocho minutos, sino por estar firmada por una mujer, María Forteza, de la que poco o nada se sabía. Al estar rodada, según diversos indicios, al comienzo de la década de los 30, ella se convertía así en la primera directora del cine sonoro español, por delante de Rosario Pi, cuyo *El Gato Montés* data de 1935.

La noticia corrió como la pólvora, incluso «traspasando fronteras», pues medios tan relevantes como el británico *The Guardian* se hicieron eco. La presentación que de *Mallorca* hizo Cristina Andreu, Presidenta de CIMA (la Asociación de Mujeres Cineastas), en el citado espacio virtual, realzaba la significación del descubrimiento, que se produjo al digitalizar un depósito entregado a Filmoteca Española en 1982 y que no fue verificado en su momento. Con gran celeridad, la periodista Laura Jurado ha ido publicando en la web «Industrias del Cine» varios reportajes sobre la personalidad de María Forteza y su entorno, sobre todo su marido Ramón Úbeda.

Los títulos de crédito de *Mallorca* son inequívocos: la dirección le corresponde a ella, mientras que él aparece como responsable de la producción y el sonido, que era su especialidad hasta el punto de haber inventado un sistema de grabación sonora. Por tanto, no es María Forteza su ayudante, o quien solo efectuase la localización de los diversos escenarios del documental, como −con un cierto machismo histórico− se han apresurado a aventurar medios archivísticos mallorquines.

No, todo indica que fue la responsable máxima del corto, después de una amplia carrera ¡como cupletista! desde 1924 y que fue derivando hacia el cine. María, de origen judío, y Ramón fundaron también un pequeño estudio de doblaje en Barcelona antes de la Guerra Civil, que les fue incautado a su término, por lo que decidieron marchar a Lisboa, donde él se ganó la vida como sonidista antes de emigrar a Brasil y Argentina en 1951. Pero ya para entonces la pareja se había separado y María volvió a Mallorca con la hija de ambos. Después, Ramón regresaría a Barcelona, pero enfermo y arruinado, hasta el punto de que, menciona Jurado, su entierro a principios de los 70 tuvo que ser pagado por un amigo… Finalizaba así la historia de una singular pareja, de la que ella emerge ahora como pionera del cine sonoro español. ●

(Mayo de 2020. Nº 2.937)

La infinita estela de «Parásitos»

El pasado viernes llegaba *Parásitos* a una nueva ventana de exhibición, la plataforma Movistar+. Venía incluso acompañada por un breve documental, *Fenómeno 'Parásitos'*, que resumía hasta qué punto la trayectoria de la película de Bong Joon-ho ha significado algo realmente excepcional en la historia del cine. Porque nunca un mismo film había cosechado tan alta cantidad de galardones en festivales y ceremonias anuales, comenzando por la Palma de Oro de Cannes y terminando por cuatro Oscar, entre ellos el de Mejor Película, algo inédito con un film no hablado en inglés.

Y cabe recordar, al haber pasado un año desde que se proyectase en Cannes, que si bien *Parásitos* fue bien acogida, ese día, el 22 de mayo de 2019, la máxima atención en el certamen la concitó *Érase una vez... en Hollywood*, el film de Tarantino al que aguardaban masas de público, profesionales y periodistas, esas masas que, ay!, este año no han podido reunirse en La Croisette. Fue, por tanto, gracias a la acertada decisión del Jurado Internacional presidido por Alejandro González Iñárritu, y en el que figuraban otros cineastas de la relevancia de Pawel Pawlikowski y Yorgos Lanthimos, por lo que *Parásitos* encontró su rampa de lanzamiento mundial.

Que se traduciría, aparte de esos múltiples premios, en una trayectoria comercial impresionante, como revelan los más de 230 millones de euros logrados en su paso por las salas de exhibición. De ellos, 7.730.000 euros a lo largo de veinte semanas corresponden a España, dinero dejado en la taquilla por 1.270.000 espectadores, que se multiplicaron a raíz de los Oscar, a partir de los cuales se duplicó con creces la cantidad de público y de recaudación, lo que indica la influencia económica de este galardón. Incluso cuando llegó el estado de alarma, *Parásitos* ocupaba todavía el quinto puesto del «box office», al obtener 482.000 euros por 75.000 entradas en una semana. Todo un triunfo para la distribuidora española La Aventura, siempre dinámica y audaz, que ya había apostado por Bong Joon-ho en varios de sus títulos previos. Lo mismo que debe destacarse que la 59 Semana de Valladolid tuvo el precursor criterio, en 2014, de dedicar una retrospectiva al cineasta coreano, que contó con su presencia personal.

Muy difícilmente volverá a producirse un fenómeno similar, cuya dimensión me figuro que se verá confirmada en el trayecto digital que ahora se ha iniciado. Desde luego no este malhadado año, con las salas cerradas durante meses. Esperemos que, como se prevé, el 26 de junio, o el siguiente viernes 3 de julio, se iluminen de nuevo las pantallas, aunque con la mitad del aforo y fuertes medidas sanitarias. No podemos faltar a esa cita. ●

(Mayo de 2020. Nº 2.939)

¿Mascarilla o palomitas?

*S*oplar y sorber, no puede ser», asegura el tradicional refranero español. Que todavía es más preciso cuando afirma que *«teta y sopa no caben en la boca»*… Vienen estas sentencias como anillo al dedo porque en la tontamente llamada *«nueva normalidad»*, la exigencia de mascarillas en locales cerrados como los cines posiblemente impida que los espectadores consuman palomitas o similares dentro de ellos. Sí, cabe el ejercicio continuo de meter los «popcorn» por debajo de la protección, pero va a resultar demasiado incómodo. Y no saben hasta qué punto me alegro de la situación: locales no oliendo a grasa flotando en el ambiente, suelos limpios sin restos de comida, ausencia de continuos ruidos de cric crac durante las proyecciones. Las salas volverán a ser esos paraísos soñados por los cinéfilos.

Tal alegría no me impide reconocer que para los cines la pérdida en palomitas va a suponer una fuerte disminución de sus ingresos. Lo lamento, porque a menudo sacaban así más dinero que con la venta de entradas. Ya recuerdan el caso de aquella cadena de salas mexicana que programaba o mantenía las películas no por su atractivo para conseguir espectadores, sino por el volumen de palomitas que generaban: nivel alto, debido a la ansiedad que provocan las películas de terror; medio, las de acción, y bajo en el caso de los films románticos, que motivan que los manos e incluso la boca se dediquen a otros menesteres…, y así se iba componiendo la cartelera semanal. Pero las ventajas antes mencionadas son tan potentes que no puedo dejar de celebrar la crisis de los palomitones y artefactos parecidos.

Están volviendo los cines, aunque poco a poco. Tras algunos como el Almenara de Lorca, que fue el primero en abrir el 25 de mayo, los Kinépolis valencianos se lanzaron a la aventura el pasado viernes, 5 de junio. El lunes 8 lo hicieron tres complejos de la cadena Cinesa, entre ellos el Luxe Bonaire de Aldaia, y hoy mismo, 12 de junio, se les unen los madrileños Renoir Plaza de España y once multisalas de Yelmo en seis localidades. Hasta llegar a la apertura generalizada el día 26, como señalé en un anterior artículo, aunque con el problema de que, pese a haber finalizado ya para entonces el estado de alarma, lo más seguro es que Madrid y Barcelona todavía se hallen en fase 3, con aforos reducidos al 50%, lo que dificulta enormemente el estreno masivo de los títulos más relevantes.

Según una prospección de FECE, la Federación de Exhibidores, las tres primeras semanas desde la reapertura serán flojas de público, sobre todo por parte de familias que temen arriesgar a sus hijos al virus. Pero luego los empresarios centran sus esperanzas de recuperar el terreno perdido con la versión de *Mulan* en imagen real; *Tenet,* de Christopher Nolan, o *Padre no hay más que uno 2,* con la que Santiago Segura apuesta a repetir su éxito del pasado verano. Veremos. ●

(Junio de 2020. Nº 2.941)

Lo que vino para quedarse

Ha sido la frase favorita del estado de alarma, ya finalizado después de un centenar de días. Cada vez que se hablaba de algo, se repetía lo de que *«ha venido para quedarse»*, como apostando a que en el futuro iba a seguir teniendo un peso específico. Que ya fuese el teletrabajo, el máximo cuidado con la higiene, o una justa consideración –¡por fin!– de la sanidad pública y el cuidado de los mayores no habían sido algo pasajero durante este tiempo, sino que tenían fuerza y sentido para permanecer entre nosotros. Esperemos que no, por el contrario, esa cursilería de estilo que se ha impuesto en tantos comentarios, refritos de imágenes o reencuentros familiares. No, no es cierto el mantra de que vamos a salir «mejores» de la pandemia. Más bien lo contrario, porque habrá más paro, peores trabajos y, sobre todo, una situación de penuria económica que afectará especialmente a los jóvenes.

Pero ciertas «invenciones» sí deben salvarse. Entrando ya en el terreno cinematográfico, considero necesario conservar la iniciativa de algunas Filmotecas de nuestro país, proponiendo programas «on line» con tesoros de sus archivos que, en otras condiciones, pocos habrían conocido. Filmoteca Española, por ejemplo, se ha marcado un buen tanto en esta línea, ofreciendo novedades entre las que han destacado las valiosas prácticas de Mario Gómez, que en la década de los 60 fue alumno de la Escuela Oficial de Cinematografía y desarrolló después su carrera profesional en Televisión Española. Una de estas prácticas en particular, *Soy leyenda,* sobre la famosa novela de Richard Matheson, ha batido el récord de visionados, con más de 50.000. Pero también es destacable el «descubrimiento» de María Forteza y su corto documental *Mallorca,* que la ha convertido en la primera cineasta del periodo sonoro español, como ya reseñamos en esta misma sección.

Pero un similar relieve ha alcanzado la programación virtual de la Filmoteca valenciana (que reabrió sus puertas físicas en compañía de Fellini y su *Roma*), con sesiones tan importantes como la que albergó el documental *La obra del fascismo,* producido por el Socorro Rojo Internacional, con imágenes impresionantes y muy poco conocidas de los bombardeos sobre Madrid; o, en su última entrega, un melodrama rural, *Castigo de Dios,* de Hipólito Negre (1925), todo un clásico del género.

Esas joyas de los archivos permanecían ocultas para la mayoría de los mortales. Y no deben seguir estándolo por más tiempo, porque hay mucho cinéfilo de pro que, por vivir en ciudades distintas u otros motivos, no puede desplazarse a las salas de proyección de las Filmotecas. Que estos programas *«hayan venido para quedarse»* es lo que hace falta para conformar unas auténticas Cinematecas virtuales de nuestro tiempo. ●

(Junio de 2020. Nº 2.943)

El último deseo

—Es mejor que lo sepa. Ya no queda la más mínima esperanza.

Llevaban días temiéndose escuchar esta frase del médico. Y la hora había llegado. La hora de comunicárselo al enfermo, que dormitaba, medio sedado, al otro lado de la puerta de la UCI. La hora de decidir quién y cómo se lo decía. La hora de buscar la forma de hacer el menor daño posible a quien ya llevaba semanas de insostenible angustia. El coronavirus le había destrozado los pulmones.

Un improvisado consejo de familia se reunió en la sala de espera más cercana a la UCI. Les faltaba el valor suficiente para anunciar que se le acababa la vida a alguien que la había vivido con apasionamiento, casi con derroche. Perdidos demasiados minutos, ahora preciosos, en dudas, en dar vueltas y vueltas a la situación, fue Leyre, su nieta, la niña de sus ojos, quien se ofreció a hacer de mensajera.

—Abuelo, tengo que hablar contigo.

No fue fácil reclamar su atención. La enfermera le había pedido que no le forzara, que podía ser contraproducente. Prometió hacerlo con el máximo cuidado, elevándole muy suavemente la cabeza para estar más cerca de él. Mientras acariciaba su cara como a un niño pequeño, le susurró la terrible noticia. Apenas aquel rostro martirizado por el dolor y la falta de oxígeno, sumido en la negrura de tantas noches en vela, mostró signo alguno de sorpresa

o desesperación. Era patente que lo esperaba, por lo que una serena calma, una especie de tranquilidad íntima se asomó a sus ojos.

—Solo quiero pediros un deseo. Mi último deseo. Al fin y al cabo, soy un condenado a muerte…

Tuvieron que hablar con un amigo que llevaba una distribuidora, con un familiar que trabajaba como relaciones públicas en unas multisalas, ahora cerradas al público por el confinamiento, explicando que se trataba de un compromiso moral al que no podían sustraerse. La dirección del hospital se resistía a que se trasladara, aunque fuera por pocas horas, a un enfermo terminal y que podía motivar contagios. Su médica les ayudó a conseguir el permiso, del que tuvieron que asumir la «plena responsabilidad», como también a disponer de una ambulancia cuyos camilleros, muy protegidos contra el virus, le condujeron hasta una de las salas.

—¿Te apetece que empecemos ya?

Asintió con un leve movimiento de cabeza a la pregunta de Leyre. Pronto, se hizo la oscuridad. Sobre la gran pantalla amanecía en Venecia, con el humo del barco que llevaba a Gustav von Aschenbach mezclándose con los jirones del alba. Incorporado en la camilla por unos almohadones que le sujetaban la espalda, siguió la proyección con tranquilidad, en paz, sin que el dolor pareciera visitarle en ningún momento. Mientras otros familiares, a distancia, estaban repartidos por la sala, Leyre permanecía a su lado, con mascarilla y guantes y apretando suavemente la mano izquierda del enfermo, esa misma mano que, muchos años atrás, tantas veces la llevó por la ciudad, por los parques, por el frío y por el calor, por la risa y por el llanto.

Moría Von Aschenbach en la playa del Lido y, desde el mar, Tadzio señalaba una dirección en el infinito de los deseos irrealizados e irrealizables. Fue el instante en que también él, víctima de otra pandemia, eligió para morir. Leyre sintió cómo la mano del enfermo perdía su fuerza, cómo sus dedos dejaban poco a poco de apretarla. Con el reflejo del agua azul que brillaba en las imágenes, pudo ver cómo aquellos ojos, devoradores de tanto amor, se cerraban quedamente. Pero aun ya sin vida, sus párpados no pudieron contener dos lágrimas que se deslizaban por las mejillas en un silencio final. ●

(Junio de 2020.
Especial «90 días después»)

Poco a poco

No nos hagamos ilusiones: el público no va a volver masivamente a las salas de la noche a la mañana. Hay mucho temor a contagiarse y a contagiar a otras personas si te agarra el virus. Es cierto que no se ha detectado ningún caso proveniente de un cine, pero el miedo de la población a los espacios cerrados permanece. Aunque, poco a poco, se van dando signos crecientes de esperanza, como los éxitos comerciales de la continuación de *Padre no hay más que uno* o *Tenet,* pese a que su boca-oído ha sido muy negativo; o los notables recibimientos a *La boda de Rosa* y *Las niñas* tras su buen tránsito por el Festival de Málaga. El positivo funcionamiento de este certamen, como el que se prevé que alcance San Sebastián, con todas las medidas y más de precaución sanitaria, son también signos de esa luz al final del túnel. Pero siempre que se vaya paso a paso, sin acelerones perjudiciales.

El peligro es que, por el camino, queden muchas salas fuera de juego, que no puedan asumir la disminución de público, la reducción de aforo o la menor disponibilidad de títulos con tirón para la taquilla. Aspecto este último en que Disney ha jugado un lamentable papel, al negarse a estrenar en cines *Mulán* y lanzarla exclusivamente en su plataforma, al precio de 21,99 euros, para facilitar su expansión por todo el mundo. Es una forma de provocar el cierre de muchas salas, sobre todo de las que no pertenecen a grandes cadenas, capaces de proteger mucho mejor su cuenta conjunta de resultados. Pese a todos los reclamos de solidaridad lanzados a los cuatros vientos en el mundo audiovisual, las multinacionales norteamericanas se han comportado con un egoísmo a prueba de bombas. Quizá tampoco habría que extrañarse demasiado en el caso de estos templos del capitalismo…

Decía antes que el desarrollo del Festival de Málaga había supuesto un buen paso adelante. También, dentro de él, la presentación del libro de más de 300 páginas que se ha dedicado a Pilar Miró, subtitulado «La ternura y la máscara», con motivo de la elección de *El perro del hortelano* como «Película de Oro» de esta complicada 23 edición, una iniciativa que el certamen lleva celebrando desde hace varios años. Coordinado por Carlos F. Heredero, en el libro hemos participado diversos autores, que ofrecemos de la obra y la personalidad de Pilar una mirada complementaria, diversa y estimo que enriquecedora. Y esa presentación se efectuó de manera presencial, no virtual, con el máximo de espectadores en la sala que las normas sanitarias permitían. Otro signo de ese lento trayecto hacia la normalidad que estamos transitando y que algún día ha de culminar. Pero sabiendo avanzar «a poc a poc», esa frase tan sabiamente empleada a menudo por las personas catalanoparlantes. ●

(Septiembre de 2020. N° 2.954)

No tan extraño

Fue muy bueno el discurso de Isabel Coixet tras recoger el Premio Nacional de Cinematografía. Lejos de elaborar un texto protocolario o de suma de agradecimientos a mamá, papá, pareja y demás tópicos en esta serie de actos, resumió en doce puntos sus consejos a las y los jóvenes cineastas que se inician en la profesión. Que cabe resumir en esa frase de que *«a falta de certezas, abraza la niebla»,* una sugerente metáfora del trabajo que ha de realizarse para llegar hasta el otro lado de la cámara.

Tras la inauguración con la última película de Woody Allen, *Rifkin's Festival,* la entrega del Premio Nacional marcó el inicio de la 68 edición del Festival de San Sebastián, que muchos dudaron que pudiera llegar a celebrarse pero que finaliza mañana, sábado 26, con la entrega de premios. Como sucedió con el de Málaga y posteriormente con Venecia, lo fundamental este año es que haya tenido lugar, su propia existencia en medio de una pandemia impenitente. Más allá de películas e invitados, dejando a un lado esta vez brillanteces, excelsas alfombras rojas, cócteles y otros festejos, lo realmente importante es que las proyecciones se han ido efectuado conforme a lo previsto, con, eso sí, cuantas medidas de precaución y requisitos sanitarios que la ocasión precisaba. Y la ciudad ha respondido con entusiasmo a este empeño de mantener el certamen en pie, como lo demuestra que el mismo domingo en que las entradas se pusieron en venta por internet, el 90% de los aforos quedaron ya vendidos.

Hubo una palabra que corrió como la pólvora en los primeros días del Festival, a los que asistí, e incluso así lo reflejaban los telediarios: extrañeza. Quien más quien menos hablaba de lo extraño que le resultaba contemplar las salas con la mitad de las butacas clausuradas, tener que ver las películas con mascarilla, volver en cada proyección a los rótulos en tres idiomas que nos recordaban las medidas (e incluso nos agradecían haber ido al cine) y pasar por expendedores del gel que te indicaban amables azafatas y azafatos…

Claro que resultaba extraño, ¡cómo no iba a serlo!, pero con un poco de paciencia colaborativa tampoco era para tanto y, de hecho, se adecuaba a la situación que estamos viviendo desde marzo. No se nos pedía nada tan excepcional que no pudiera cumplirse, y la organización del Festival se volcó tanto en marcar las normas como en que los espectadores las siguieran al máximo. E incluso alguna se agradeció, y esperemos que permanezca, como el que todas las sesiones fuesen numeradas y se evitasen las larguísimas colas tradicionales para lograr los mejores sitios. San Sebastián 2020 ha podido celebrarse, y ahora recogen el testigo Sitges, Valladolid, Sevilla, Gijón, Huelva… El cine, no lo duden, está vivo. ●

(Septiembre de 2020. Nº 2.956)

Adiós, Goran

Envuelto en un cierto silencio, inducido por él mismo al no querer hablar de su enfermedad, con tan solo 73 años ha fallecido Goran Paskaljevic, uno de los principales cineastas europeos de las últimas décadas. Dirigió 18 películas, muchas de ellas en circunstancias difíciles, porque entre 1992 y 1998 tuvo que exiliarse de su país, Serbia, a causa del odio de un ultranacionalismo que le consideraba *«traidor a la patria»* o, cuando menos, *«altamente sospechoso»* (según la policía de Milosevic), por haber mantenido que esa extrema derecha era la culpable de la guerra que asoló los Balcanes.

Con su característico acercamiento tragicómico a la realidad, muy enraizado en su cultura, el cine de Paskaljevic se hizo más duro, incisivo y amargo a raíz de *El polvorín,* en 1998, inicio de su llamada «Trilogía serbia», continuada por *El sueño de una noche de invierno* y *Optimistas.* Precisamente con esta película obtendría en 2006 la segunda de sus tres Espigas de Oro en la Semana de Cine de Valladolid, precedida por la de *La otra América* en 1995 y seguida por la de *Lunas de miel* en 2009. De hecho, ha sido el único cineasta en obtener el premio máximo del certamen en una triple ocasión, además de recibir en Valladolid un homenaje que incluía toda su filmografía hasta ese momento, 1996, y un libro original del crítico norteamericano Ron Holloway.

Pero si Goran Paskaljevic era un gran cineasta, todavía mejor era como persona. Tuve una fuerte amistad con él en todos estos años, derivada, como puede deducirse, de mi trabajo al frente del Festival vallisoletano, e incrementada en tiempos posteriores. Encuentros, charlas y cenas en Bruselas y París, donde residió alternativamente con Belgrado cuando pudo volver a su país, en compañía de su mujer, Christine, fueron potenciando una relación de la que solo guardo buenos recuerdos.

Y que se multiplicaron al compartir el Jurado Internacional de la Semana en 2015, él como Presidente y yo como seguidor encantado con sus conversaciones, su bonhomía y su sentido del humor. Es cierto que, a lo largo de todo un Festival, los integrantes de un Jurado acaban intimando más que incluso con familiares. Así viví yo el de la 60 edición, cuando acabamos premiando a una película islandesa, *Rams (El valle de los carneros),* que a él le encantaba porque enlazaba con aquella *«tragicomedia humana»* que había sido su hábitat inicial. Hasta que, con las masacres de la ex Yugoslavia dentro de él y citando a Voltaire en *Optimistas,* llegase al terrible convencimiento de que *«optimismo es la locura de insistir en que somos todos buenos, cuando todos somos miserables».*

Inolvidable Goran, siempre con su eterno sombrero, siempre con su sonrisa cariñosa, siempre con su delicada apuesta por la amistad... ●

(Octubre de 2020. Nº 2.958)

El junco y el viento

Fue el eje central de mi breve intervención para agradecer el Premio Especial que la generosidad de la **Turia** tuvo a bien concederme el pasado 16 de octubre por, según aseguró al anunciar este Halcón Maltés, mi *«trayectoria de apoyo al cine español»*. Y lo dije porque lo creo sinceramente: el cine español es un colectivo que, salvo excepciones, merece mucho la pena, ya sea en sus tres sectores tradicionales de producción, distribución y exhibición, ya sea en la configuración de sus profesionales de todas las ramas. Como suele suceder cuando se trata de una labor donde el factor vocacional juega casi siempre un papel decisivo, el conjunto de nuestro cine se ha hecho acreedor a esta alta consideración. Pese a que tantos han intentado denigrarlo, con adjetivos que se querían insultantes, bien conocidos pero que no quiero repetir, buscando un rédito fácil y demagógico entre los suyos.

Dado que el ministro de Cultura se hallaba en el acto, quise subrayarlo ante él para que tenga siempre en cuenta esta valía de un colectivo donde el arte y la industria se funden de manera continua. Unos profesionales que si siempre han vivido en la cuerda floja del trabajo intermitente, el paro, el éxito o el fracaso, lo están pasando aún mucho peor en estos interminables meses de pandemia. Es un sector muy frágil, inseguro, que vive sujeto a que su oficio vaya en una dirección u otra, pero que siempre responde cuando se le necesita. Un amplio núcleo humano que se diría extremadamente quebradizo cuando las cosas vienen mal dadas, aunque resulta muy fuerte justo cuando parece vencido. Donde los «egos» resaltan muchas veces, llenando titulares y reportajes, por más que sea solidario hasta el máximo cuando se reclama su participación en un proyecto atractivo. La típica imagen del junco que se cimbrea cuando el viento le ataca, pero que no llega a romperse, es la que más conviene a un cine español merecedor de una mejor imagen que la que suele propagarse sobre él. Y necesitado de mayor respeto, consideración y apoyo de los que suele hallar en nuestro país.

Si traté de comunicar esta convicción al auditorio de los Premios Turia, en lo que coincidí con un crítico teatral tan valorado por mí como Nel Diago, acabé dedicando mi galardón –como él hizo con José Monleón– a dos personas más que merecedoras de tal mención: Francesc (Paco) Betriu, un estupendo cineasta, fallecido días atrás, a quien creo que no se le ha otorgado la suficiente atención; y Vicente Vergara, alma de la **Turia** durante tantos años y a la que sigue inspirando desde un silencio que transmite energía y deseos de vivir. Él fue el protagonista de una Gala cuyos asistentes acabaron puestos en pie para ovacionarle desde el cariño y la admiración. ●

(Octubre de 2020. Nº 2.960)

Festivales ejemplares

Valladolid ha conseguido celebrarse con solo el 30% de aforo en las salas y toque de queda a partir de las 10 de la noche. Sevilla tendrá que reducir los espectadores en un mismo local a 200 y al 40% de ocupación máxima, además de prescindir de la mayoría de sus invitados. Gijón y Huelva van a hacerse íntegramente «on line», sin, por tanto, asistencia presencial de público ni de profesionales. Los Festivales de cine españoles están viviendo un auténtico calvario, y sus responsables afrontan con firmeza e imaginación una serie de obstáculos crecientes, entre los que no son menores las lógicas medidas dictadas por prudencia sanitaria. Su determinación resulta ejemplar y, aunque en un momento en que tanta gente está sufriendo y combatiendo al virus, resultaría exagerado llamar «héroes culturales» a sus organizadores, al menos aplaudamos con fuerza cómo están afrontando la pandemia.

Si Málaga fue el primer certamen español que, a finales de agosto, se lanzó a su celebración entre múltiples reservas, le han seguido en nuestro país San Sebastián, Sitges y la recién finalizada Semana vallisoletana, en todos los casos con notables resultados pese a tantas restricciones. Mientras hay cierre de salas, confinamientos y limitaciones de todo tipo, cuando no se sabe si centenares de cines —sobre todo, no pertenecientes a grandes cadenas— van a sobrevivir, los Festivales están manteniendo el «fuego sagrado» con el espectador, como ya hicieran en la década de los 80, cuando la masiva irrupción del vídeo parecía que iba a arrasar con los cines. Fueron entonces los certámenes los que guardaron ese fuego de ver las películas en salas, y ahora está sucediendo tres cuartos de lo mismo. Sin recurrir a un pareado tan elemental y garbancero como el de que *la cultura es segura»*, lo cierto es que no se han detectado contagios procedentes de los cines, que se están esforzando por seguir vivos.

Aunque no fuese su objetivo específico, de ello también se habló en el Encuentro que, bajo el lema *«Por la diversidad cultural»*, Valladolid dedicó a las relaciones entre los Festivales y la Distribución independiente. Tras más de cuatro horas de fructífera reunión entre una treintena de responsables de ambos campos, que participaron físicamente o vía Zoom, se llegó a una docena de valiosas Conclusiones, de las que reproduzco la que las cierra y, en cierta manera, resume: *«Los participantes en este Encuentro consideran de forma unánime que las instituciones deberán reconocer el cine como un bien esencial de la cultura española. En función de ello, es preciso proteger y garantizar en el futuro la existencia de unas salas de cine que se ha demostrado que son especialmente seguras en el contexto sanitario actual».* El cine como *«un bien esencial de la cultura española»...* Ya era hora. ●

(Noviembre de 2020. Nº 2.962)

La Gran Dama del cine japonés

No es extraño que después de haber trabajado en catorce ocasiones con Kenji Mizoguchi y en diez con Yasujiro Ozu, su actriz fetiche, Kinuyo Tanaka, aprendiera muy bien el oficio de dirigir. Lo demostró en seis largometrajes que realizase entre 1953 y 1962, dentro de la llamada «Edad de Oro» del cine japonés. Casi todos ellos, cinco exactamente salvo el último, *Amor bajo el crucifijo,* son mostrados ahora en un ciclo excepcional de la Filmoteca valenciana, en colaboración con la Japan Foundation. Se trata de una ocasión única (hay un precedente en Filmoteca Española hace cuatro años, pero con solo tres films) que cualquier cinéfilo debe aprovechar.

Durante décadas, fue Kinuyo Tanaka la «Gran Dama» del cine nipón, con una carrera de más de 250 películas, casi siempre de protagonista, que se inicia en el periodo mudo y que dura hasta su fallecimiento en 1977. Pero su faceta de ser la segunda mujer que se ponía en su país detrás de la cámara, como se denomina la muestra de la Filmoteca, con el único precedente de la documentalista Tazuko Sakane, resulta mucho menos conocida, e ignorada plenamente entre nosotros. Una vez más, el hecho de ser mujer parece que ha invisibilizado su labor como realizadora, que engarza sin duda con la de sus maestros, aunque solo llegara a concretarse en media docena de títulos: *Carta de amor* (1953), *La Luna se levanta, Pechos eternos* (ambos de 1955), *La princesa errante* (1960), *Girls of Dark* (1961) y la citada *Amor bajo el crucifijo,* de 1962, centrada en la figura nada habitual de un samurái cristiano y sus tormentosos amores, quizá tan intensos, aunque nunca confesados, como los que la propia Tanaka vivió con Mizoguchi…

El cáncer de mama, el incremento de la prostitución tras la derrota en la Segunda Guerra Mundial y los matrimonios impuestos o de conveniencia fueron valientemente abordados en estas películas, donde también resultaba muy patente el tono de melodrama sentimental en el que, con su dulce acento del sur de Japón, Kinuyo Tanaka se sentía especialmente a gusto. Firme defensora de actitudes feministas en un mundo de hombres muy hostil a ellas, lo que se hizo patente de manera especial tras su viaje a Estados Unidos en 1949, que influiría asimismo en su decisión de convertirse en cineasta para mejor expresar sus ideas y su compromiso, el prestigio social y la popularidad que alcanzó en su país no palidecían en absoluto ante los logrados por las mayores «estrellas» de Hollywood. ●

(Noviembre de 2020. Nº 2.964)

La realidad vuelve al galope

Hay una famosa frase, atribuida al banquero y filántropo francés Edmond de Rothschild, *«Chassez le naturel, il revient au galop!»*, que viene a señalar que no puede anularse aquello que surge de forma natural. Pues lo mismo sucede con los documentales en el mundo del cine: por más que pasen por momentos de olvido y decadencia, siempre acaban por resurgir, porque forman parte intrínseca de su naturaleza. Al fin y al cabo, la primera pieza fílmica fue un documental de 46 segundos, *Salida de los obreros de la fábrica,* aunque investigaciones todavía recientes han descubierto que esas imágenes que se tenían por espontáneas habían sido ensayadas varias veces por los hermanos Lumière. Ofreciendo así una de las claves del documental, que casi nunca es solo situar una cámara ante algo real –como hace un reportaje–, sino que precisa una puesta en escena a menudo muy elaborada.

Viene esto a cuento con motivo del importante auge que está viviendo el documental en nuestro país. De las 156 películas inscritas para optar a los Premios Goya de este año, 72 son documentales (muchos de ellos, dirigidos por mujeres), 17 más que en 2019 y solo 12 por debajo de los 84 films de ficción, 7 menos que en la temporada precedente. Los hay para todos los gustos y con tendencias y estilos diversos, aunque con una calidad media muy estimable. De hecho, una de las características fundamentales del cine español de los últimos años ha sido el incremento de la valía estética de los documentales, con una elaboración mucho más exigente y sólida que en tiempos anteriores. Y, lo que es más importante, están atrayendo de forma creciente a un público joven, quizá saturado de la ficción por el consumo incesante de series o necesitado de conectar con realidades que no les llegan por otros medios. Todavía en circuitos de exhibición con pocas sesiones o alternativos, sí, pero que denotan un interés antes inexistente.

La verdad es que contamos con excelentes documentales sobre aspectos muy diferentes de la realidad. Los hay que abordan figuras históricas y de nuestra cultura como *Zurbarán y sus doce hijos, Antonio Machado. Los días azules, Palabras para un fin del mundo, Anatomía de un dandy* (sobre Unamuno y Umbral, respectivamente) o *El siglo de Galdós.* O se refieren a circunstancias duras y relevantes de la vida española, caso de *Bajo el silencio* (ETA) y *El año del Descubrimiento* (Cartagena). O se centran en temáticas transversales, las oleadas de emigrantes en *Cartas mojadas* y el feminismo en *Rol&Rol,* o poseen un cierto carácter experimental, que encontramos en *My Mexican Bretzel* y *Dear Werner;* sin olvidar las bellezas naturales en las que se adentra *Dehesa.* Un panorama ciertamente espléndido para disfrutar estas Navidades, que les deseo felices, dentro de lo que cabe, claro. ●

(Diciembre de 2020. N° 2.968)

CARLOS SAURA siempre
desplegó una energía creativa
muy merecedora de
un Homenaje nacional.
(Véase artículo «Carlos Saura»).

2021

¿Y el Espíritu Santo?

Al observar las cifras de taquilla, corría estos días una especie de chascarrillo (¡qué palabra tan antigua!) entre los distribuidores y exhibidores, en los escasos momentos en que sus ánimos estaban para bromas: *«Si El Padre es la primera y El Chico la segunda, ¿dónde está el Espíritu Santo?»*… Pues ese Espíritu Santo durante los días intermedios era *El profesor de persa* y, en los fines de semana, *Los Croods 2,* como corresponde a un público infantil al que, después de tanto confinamiento, ya no hay manera de aguantar en casa. Lo cierto es que entre esos cuatro títulos han conformado un Box Office sorprendente, sobre todo si a ellos se suma el éxito del «Universo Wong Kar-wai», propuesto por la distribuidora independiente Avalon.

Porque, ¿quién iba a decir que, veinte años después, la maravillosa *In the Mood for Love* –o *Deseando amar,* si lo prefieren– iba a significar un acontecimiento en las salas, con un público joven que no la conocía o maduro que ha querido disfrutar de nuevo con ella? Cuando escribo estas líneas, lleva contabilizados unos 36.000 espectadores, con una recaudación de 225.000 euros, muy considerable para los tiempos que corren, llegando a contar con 63 copias en los cines. Pero también otros films del director hongkonés están reclamando una fuerte atención en cuantas ciudades se proyectan, en especial *2046,* que con una treintena de copias ya atrajo a 5.000 espectadores en su semana inicial. Y, contra muchas previsiones, el *«Universo WKW»* sigue funcionando desde el 30 de diciembre pasado.

No dos décadas sino un siglo entero nos separa de *El chico,* el primer largometraje de Chaplin, sobre cuyas virtudes y maestría no me extenderé. Pero sí sobre su magnífico resultado entre nosotros, como lo demuestra que su copia restaurada en 4K, tan gozosa de ver, llegase a 89 cines, en los que logró durante tan solo siete días 10.573 espectadores y una recaudación de más de 50.000 euros, dado que, por su duración de 53 minutos, las salas han solido aplicar las tarifas del Día del Espectador. Una apuesta arriesgada de la también independiente distribuidora A Contracorriente que, como en el caso de las películas de WKW, ha recibido el entusiasta apoyo de la crítica.

Habría que sacar consecuencias de este doble éxito, la principal que al público le sigue gustando el buen cine de verdad, tenga la edad que tenga. Es cierto que no hay muchos estrenos donde elegir, pero si un clásico absoluto como Chaplin y un clásico contemporáneo como Wong Kar-wai siguen atrayendo tanto, hay que concluir, una vez más, que el cine es un arte vivo, tan apasionante y popular como esa historia de amor irrealizable o ese niño que un pobre vagabundo rescata de la orfandad. Ahí está el Espíritu Santo. ●

(Febrero de 2021. N° 2.977)

Don Luis

Un verdadero acontecimiento cultural está teniendo lugar en Valencia, concretamente en La Filmoteca, quizá sin el extraordinario eco que merece: el «*Integral Buñuel*», iniciado el pasado 15 de enero y que se desarrollará durante todo este año. Poder ver las 32 películas del maestro aragonés, además de *España leal en armas* (que supervisó) y *Buñuel en el laberinto de las tortugas* (que recrea en animación el rodaje de *Tierra sin pan*), supone un regalo impagable para cualquier aficionado. Una retrospectiva completa muy difícil de ensamblar, para el que la Filmoteca valenciana –que ya había mantenido con Buñuel dos citas en sus 33 años de vida– ha contado con la colaboración de varias entidades vascas integradas en el proyecto Nosferatu. Entre ellas Donostia Kultura, que edita el libro monográfico que, coordinado por Jesús Angulo y Joxean Fernández, completa este «*Integral Buñuel*».

Que hasta ahora, simplemente en sus primeras proyecciones, ya ha reunido a cerca de quinientos espectadores, con una media por sesión que es casi la mitad del aforo actual de la Sala Berlanga del Rialto. Cifra valiosa dados los tiempos que corren pero, ay!, con el déficit de que solo una cuarta parte de los espectadores corresponde a lo que cabría considerar un público joven. Algo que se repite sistemáticamente ante el cine de autor, dado que, según señalamos en un «Tema de Lara» anterior, ese sector de espectadores parece decantarse ahora hacia un cine documental o con cierto carácter de ruptura. Cuando, en realidad, la máxima ruptura sigue estando en las imágenes buñuelianas, que, pasado tanto tiempo, fluyen bajo muy distintas películas de numerosos realizadores de nuestros días. Por poner el ejemplo de un film reciente de gran éxito, en *Parásitos,* como su propio director, Bong Joon-ho, reconocería al presentarlo en el Festival de Cannes de 2019.

El cine de Luis Buñuel es inagotable, nadie como él ha llegado a ser tan perturbador, tan auténticamente radical, tan innovador bajo un aparente clasicismo, logrando llevar a la pantalla los principios surrealistas. Por eso, convendría que en institutos y colegios, en universidades, en todos los niveles de la enseñanza, sus alumnos acudieran en masa hasta La Filmoteca para imbuirse de sus obras, de su estilo, de su mirada única sobre unos personajes y la sociedad que los rodea en cada caso. De ahí que haya que subrayar la dimensión de una muestra ejemplar que avalaría el prestigio de cualquier Cinemateca mundial. ●

(Marzo de 2021. Nº 2.979)

La cultura, en el centro

Según una encuesta realizada por la Fundación AISGE (la entidad de gestión de derechos de artistas e intérpretes), el 97% de los actores y bailarines españoles no cuenta con ingresos para subsistir a consecuencia de los efectos de la pandemia. Si se considera un mínimo vital de 12.000 euros anuales, los intérpretes que actualmente pueden disponer de ellos han descendido del 33 al 4%, con un porcentaje de paro que es casi del 70%. Cifras escalofriantes que nos hablan de la situación de unos artistas que se hallan bajo el umbral de la pobreza, muy lejos de aquellos que nos muestran unos telediarios tan satisfechos de que los confinamientos hayan generado una serie de obras de creación, por lo general horrorosas. Se confirma así la idea de que el dolor no suele producir belleza, ni el sufrimiento sublima nada, sino que origina destrucción y desesperación de quienes los padecen.

Coincidente con esta encuesta de AISGE entre 3.150 socios, se ha divulgado el manifiesto de más de un centenar de asociaciones y entidades europeas, reclamando una decidida política en favor de la cultura a la que representan en sus diversos sectores. El documento solicita a los Estados que, dentro de los enormes recursos económicos que Bruselas va a poner en juego para paliar los efectos de la pandemia, el mundo cultural perciba al menos un 2% de ellos, lo que no parece en absoluto descabellado. Solo la aviación comercial –argumenta su texto– ha padecido efectos tan devastadores como la cultura, por encima del automóvil y de un turismo al que, sobre todo en países mediterráneos, se cita como paradigma de lo que hay que salvar. De ahí que este manifiesto finalice de manera concluyente: *«Pongamos la cultura en el centro de la recuperación de Europa»*. ¿Será verdad alguna vez?

También en estos días se ha conocido, incluso por boca del presidente del Gobierno (en una comparecencia insólita salvo en periodos electorales), que España va a dedicar 1.603 millones de euros a la industria audiovisual en el periodo 2021-2025, buena parte de ellos en concepto de desgravaciones fiscales, para que se incremente en un 30% su producción. Es una buena noticia, siempre que no solo se traduzca en que grandes plataformas de series y películas se animen así a venir a rodar a nuestro país, convertido en un plató bueno, bonito y barato. Sería entonces como una llamada a la colonización económica desde la propia pobreza de los colonizados. Ya lo vivimos a finales de los 50 y primeros 60 durante el imperio Bronston; reeditarlo ahora me resulta deprimente, por mucho discurso de modernidad que lo encubra. Prefiero, como asimismo quería el tristemente fallecido Bertrand Tavernier, que sea la cultura la que ocupe el centro de nuestra Europa. ●

(Abril de 2021. Nº 2.983)

Desprecian cuanto ignoran

No hay un arte que desprecie más a sus clásicos que el cine. Mientras que en la pintura, la escultura, la literatura o la música se celebra como un feliz acontecimiento el descubrir una obra que se creía perdida y la restauración de otras dañadas por el tiempo, el cine actúa de manera opuesta. Y eso que sus clásicos son todavía recientes al haber nacido hace poco más de 125 años, no arrastra siglos y siglos de antigüedad como sus compañeras artísticas. Pero la parte puramente industrial del cine acaba dominando siempre sobre la cultural y, por tanto, todo lo que no da dinero inmediato, mejor arrojarlo a los leones. Menos mal que existen filmotecas en muchos países, porque si no viviríamos solo de lo último en cartelera.

Con tan lamentable cortedad de miras, se ha perdido la inmensa mayoría del cine mudo realizado en el mundo. Y nunca hay que olvidar que más de uno y más de dos productores españoles decidieron que, una vez explotadas sus películas comercialmente, los negativos no servían para nada y mejor era venderlos para peines, broches u objetos de todo tipo en que el celuloide pudiera transformarse… La mentalidad de puros mercaderes de muchos individuos dedicados a la producción ha motivado este desdén, que tanto ha perjudicado el adecuado conocimiento de la historia del cine.

Pero no se crea que me refiero a hechos antiguos o sobrepasados. Este artículo surge al conocer que Star, la plataforma que Disney ha creado para básicamente albergar el catálogo de la Fox –adquirida hace poco por ella–, solo incluye películas de esta mítica productora realizadas después de 1975. Según informa Iván Vila en *El País,* tal decisión implica que auténticas obras maestras como *Las uvas de la ira, Pasión de los fuertes, Eva al desnudo* o *El buscavidas,* y otras películas básicas de Ford, Hitchcock, Lubitsch, Wilder, Kazan y tantos directores imprescindibles más, queden fuera de las posibilidades de visionado del suscriptor. Un atentado contra el disfrute de numerosos films que siguen perfectamente vivos, como se demuestra cada vez que el público puede acceder a ellos.

No es una práctica solo de Disney: la Warner ha hecho algo similar en Estados Unidos con HBO Max, que se limita a títulos suyos posteriores a la década de los 80. Nos extrañábamos de que, en los cuestionarios de ingreso a escuelas de cine españolas, muchos aspirantes a acceder a la profesión contestasen que el director más antiguo que conocían era Spielberg… Ya se ve que los ejecutivos de las grandes multinacionales de Hollywood no van más allá y que, como dice la frase clásica, desprecian cuanto ignoran. Lo peor es que, por el enorme incremento de las plataformas sobre todo por la pandemia, esa ignorancia se traslada forzosamente a sus espectadores. ●

(Abril de 2021. Nº 2.985)

Historia de un momento decisivo

Madrid, abril de 1963: en unos mismos días va a coincidir la condena a muerte y ejecución de Julián Grimau con el rodaje de *El verdugo,* la obra maestra de Luis García Berlanga y Rafael Azcona, precisamente sobre la pena máxima. Y a lo largo de seis jornadas, Pelayo Pelayo, cineasta incipiente y militante comunista cuyo primer guion «La estrategia del amor» se halla próximo a filmarse, asiste a ambos hechos, como testigo de un tiempo que se revelará decisivo para todo el país y para él mismo. Porque su historia personal también va a cambiar en esas fechas, tanto desde el lado afectivo como profesional, en un nítido paralelismo entre lo particular y lo colectivo.

Este es el planteamiento de «Rodaje», la espléndida quinta novela de Manuel Gutierrez Aragón, que supone una especie de crónica interiorizada de un momento particularmente significativo de la vida española. No es difícil encontrar en ella rastros autobiográficos de su autor, donde junto al protagonista conviven personajes reales como Bardem y el propio Berlanga o tan identificables como el actor Juan Luis Mañara, con los inconfundibles rasgos de Galiardo, o un ayudante de dirección que es Ricardo Muñoz Suay, todos ellos contemplados con un divertido humor no exento de crítica. Además, ese «rodaje» al que alude el título del libro se refiere no solo al de *El verdugo* en los Estudios CEA, sino al experimentado por Pelayo Pelayo en su iniciación a un mundo adulto duro, mísero y sometido a un franquismo represivo al máximo, donde ni las musas idealizadas, como su novia Laura, acaban jugando el papel imaginado desde un sentimentalismo adolescente.

Probablemente llevado por su fascinación hacia Cervantes y su Quijote, Gutiérrez Aragón estructura su novela como una serie de episodios que le van sucediendo a su personaje central durante los seis días y seis noches en que transcurre el relato. Por supuesto, con la necesaria hilazón entre esos episodios, pero que llegan al lector mediante una arquitectura narrativa que cabría calificar de «lagunar», a base de espacios autóctonos unidos por una corriente subterránea que hace que «Rodaje», supere el costumbrismo para adoptar en ocasiones una vertiente casi fantasmagórica sobre el Madrid en blanco y negro de la década de los 60.

Véase, en este sentido, el amplio y magnífico capítulo que sucede en el Cine Carretas, templo de la marginalidad, la masturbación y el sexo más turbio de la época. Es el punto álgido de una novela que destaca asimismo por el acierto de sus diálogos, dentro de un «Rodaje», marcado por la muerte, ya sea la real de Grimau o la ficticia del condenado a garrote vil en *El verdugo.* ●

(Abril de 2021. Nº 2.987)

Desde el púlpito

De repente, una cifra inesperada restalló ante miles de asombrados ojos: una película desconocida había logrado la cantidad de 5.582 euros por copia, siete veces más de lo obtenido por *Godzilla vs. Kong,* casi diez veces por encima de *Tom & Jerry* y más de cinco respecto al estreno de *Otra ronda* (que ocupaban los tres primeros lugares en las recaudaciones de ese fin de semana). Aunque solo se proyectaba en seis cines, tres en Madrid y uno en Barcelona, Sevilla y Toledo, eran números reservados a los «blockbusters» de Hollywood, todavía más insólitos en estos tiempos de pandemia. El título de la película era *Vivo,* pero no, no se trataba del film coreano de zombies con el mismo nombre, sino de ¡un documental español!

El tema de la película es el encuentro directo con Dios de cinco personajes reales, cuyas vidas –sumidas antes en la tristeza, el desarraigo o la más absoluta negrura– se vieron iluminadas y encauzadas por esta revelación divina. Jorge Pareja, su director, relata sus trayectorias hacia la verdad y la felicidad, en auténticas epifanías sin duda conmovedoras. Desde la pantalla se ofrecía así un rápido camino de redención en tan solo hora y media.

¿Esas cifras de *Vivo* serían el efecto de una única semana peculiar? Pues no, en los siguientes findes siguió recaudando 2.097, 1.889 y 1.067 euros por copia, al bajar la proporción por haber ido incrementando su número de pantallas hasta las 27, ya diseminadas por buena parte del territorio español. Todo un ejemplo de éxito para el largometraje distribuido por Bosco Films, nombre significativo, que sin duda había llegado a las conciencias de sus espectadores. Merecía la pena indagar un poco en datos tan sorprendentes.

La solución me la fueron dando conocidos y familiares de Misa dominical, que de todo tiene uno entre sus amistades. *Vivo* había sido recomendada calurosamente desde muchos púlpitos, motivando a los feligreses para que fuesen a verla por lo que contenía de mensaje esperanzador y muy convincente para la mayoría de ellos. Lo que surtió un efecto inmediato entre los fieles, ya que parece que muchos habían perdido el sentido de sus vidas y buscaban reencontrarlo gracias a aquellas imágenes benéficas.

A lo largo de las décadas, la Iglesia católica pasó de condenar el cine como un instrumento del diablo para la perdición de las almas, a tratar de controlarlo mediante su decisiva participación en comités de censura y establecer calificaciones morales de las que siempre quedarán en el recuerdo el 3R (Mayores con reparos) y el 4 (Gravemente peligrosa), buscar el «film ideal», financiar grandes producciones bíblicas y, ahora, convertirse en agentes de «marketing» desde los púlpitos. Toda una evolución digna de estudio. ●

(Mayo de 2021. Nº 2.989)

El beso francés

En toda reunión sobre cine español que se precie, siempre hay alguien que se hace el ingenioso y asegura que todo se resolvería si copiáramos el modelo francés. Incluso citará a Berlanga, a quien se atribuye (otras veces es a otros) la frase de que la mejor Ley de Cine para España sería la que escribiera una simple traductora de la Ley francesa… Lo primero a responder es que en Francia no existe Ley de Cine como tal, sino una serie de normas fragmentarias y dispersas, nacidas muchas de ellas en plena posguerra europea, cuando el proteccionismo hacia la cultura propia parecía obligado. Y numerosas disposiciones más que surgieron enraizadas en el principio de la «Excepción Cultural», acuñado durante la etapa presidencial de Miterrand y de Jack Lang al frente del Ministerio correspondiente.

Claro, todos estamos de acuerdo en que el llamado «beso francés» es el mejor, pero no siempre puede darse a la persona deseada ni las circunstancias lo permiten en cualquier momento. Pues algo así sucede con el cine francés comparado con el español. Ni las sociedades de las que nacen son las mismas, ni la cultura alcanza similar valoración en una y otra, siendo allí cuestión de Estado que todos respetan, ni siquiera sus industrias audiovisuales responden a esquemas parecidos. Los franceses inventaron el cine y siempre lo han cultivado como algo propio, a cuidar con delicadeza para no quedar asfixiados por la producción de Hollywood. Lo que en verdad han conseguido hasta ser la primera potencia europea en producción y la principal exportadora, como lo demuestra el que suframos un auténtico hartazgo de comedias galas en nuestras carteleras.

Era impresionante ver las imágenes del 19 de mayo en París, con largas colas de público ante las salas ¡desde las 8 de la mañana!, cuando abrieron con solo un 35% de su aforo tras siete meses de cierre total. Los reportajes hablaban de espectadores felices por ver *Otra ronda,* o por «descubrir» en ese primer día nada menos que *La Aventura* antonionesca… Mientras, en España, las cifras han ido descendiendo sin parar: se ha pasado de los 403.406 espectadores y 2.683.794 euros de taquilla en el primer fin de semana de abril, cuando la mayoría de las salas se puso en marcha, hasta menos de 200.000 espectadores y poco más de un millón de euros de recaudación en el último finde.

Explicaciones «a posteriori» siempre las hay, que si celebrar el cese del estado de alarma, que si el buen tiempo que invitaba a rebosar las terrazas o los partidos de fútbol decisivos para la Liga. Lo que se quiera, pero lo cierto es que el cine en salas no supone entre nosotros esa «religión» de más allá de la frontera. Por si alguien no se había dado cuenta de que todavía no practicamos demasiado el beso francés… ●

(Mayo de 2021. Nº 2.991)

Carlos Saura

Muy cerca ya de los 90 años, Carlos Saura es un prodigio de energía, de creatividad, de entrega a las más diversas tareas. Tiene una película musical de su estilo por estrenar, *El rey de todo el mundo,* sobre el folklore mexicano; acaba de realizar el cortometraje *Goya 3 de mayo;* quiere llevar adelante una serie sobre García Lorca; continúa en gira «La fiesta del Chivo», versión de la novela de Vargas Llosa, que ha dirigido; hace fotos, pinta... Realmente increíble en un hombre de su edad, que confesaba el otro día a Juan Cruz en *El País* seguir disfrutando de cada momento, aunque también manifestaba su *«terror de que haya otra guerra civil en España»*...

Saura es el más importante cineasta español vivo. Y ha llegado el momento de que, quizá contra su propia voluntad, se le tribute esa Homenaje nacional que está mereciendo desde hace mucho tiempo. Sí, se le han otorgado múltiples reconocimientos, tanto en nuestro país como fuera de él, pero creo que hay que subrayar a ojos de todos su enorme labor creativa. Y que se lleve a cabo mientras, felizmente, siga tan activo y vital como hasta ahora. No hagamos realidad la frase de que *«en España, para que hablen bien de ti hay que morirse»* y le reconozcamos cuanto ha aportado a la sociedad española. Pudiéndoselo decir en persona y con la seguridad de que estamos haciendo justicia. Es estupendo que homenajeemos a Berlanga y a Fernán-Gómez (en su caso, lamentablemente, bastante menos), como espero que el año próximo hagamos con Bardem. Pero estamos a tiempo de que Saura sienta nuestra admiración por toda una vida dedicada a hacernos más conscientes, más felices y mejores como individuos y como colectividad.

Lo percibía con intensidad viendo la exposición «Carlos Saura y la Danza» que acaba de celebrarse en Madrid para mostrar la larga y profunda relación del cineasta con el baile y el cante de distinto signo, especialmente el flamenco. Hablaba al comienzo de *«una película musical de su estilo»,* y conseguir eso, un estilo propio al abordar la fusión entre el cine y la música, son palabras mayores, al alcance de muy pocos. Saura lo ha ido desarrollando desde la trilogía compuesta por *Bodas de sangre, Carmen* y *El amor brujo* con una tenacidad, una coherencia y un dominio artístico dignos del mayor elogio. Se le negó durante demasiado tiempo, y ahí están las críticas cegatas de su tiempo para demostrarlo, pero ahora resplandece en toda su dimensión esa manera única de abordar la íntima fusión de dos lenguajes autónomos. No es solo Saura ese cine musical, pero forma parte decisiva de un autor que, en otros registros, nos ha dejado obras de la maestría de *La caza, El jardín de las delicias, La prima Angélica, Elisa, vida mía, Mamá cumple cien años, Deprisa, deprisa* o *El séptimo día,* entre tantas otras. Gran Carlos Saura. ●

(Junio de 2021. Nº 2.993)

Cineterapia

Saben que existe la cromoterapia, con una luz que entre otras posibilidades va cambiando a cada momento mientras uno se ducha? Está también la aromaterapia, que nos lleva al paraíso de los olores más reconfortantes. Y múltiples terapias alternativas más para relajar y motivar unos cuerpos y unas ánimas demasiado ajetreadas después de esa pandemia que todavía no ha terminado, pero que los gobiernos de medio mundo se han apresurado a dar por finalizada mediante decreto oficial.

Pues bien, yo les sugiero la cineterapia como método idóneo para esta deseable recta final del virus. Sentados en una cómoda butaca (no la del sofá, que aplana los sentidos), acompañados en el silencio y la oscuridad por seres anónimos pero partícipes de una común afición, vivir así a través del cine maravillosas aventuras, pasiones exacerbadas, situaciones divertidas, insólitos ambientes… No puede haber nada mejor con lo que serenar unos espíritus anhelantes de nuevas experiencias para superar los malos momentos pasados. Y con el aliciente de compartirlo con la persona que prefieras, cuya mano tienes entrelazada para recibir los impulsos de la pantalla a un mismo ritmo, o con el grupo de amigos con el que te sientes especialmente identificado. Ni un solo caso de coronavirus ha sido detectado procedente de una sala cinematográfica, y sí, en cambio, percibimos el cúmulo de alegrías y satisfacciones provocadas por películas, sobre todo en los meses en que las multinacionales adoptaron una cobarde retirada y las pantallas quedaron en manos de las distribuidoras independientes.

El Festival de Cannes va a ser la prueba de fuego de esta cineterapia. Su 74 edición, desplazada de mayo a julio, comienza el próximo día 6 con el musical de Leos Carax *Annette* y se extiende hasta el 17, con una programación donde se repiten nombres muy habituales en el certamen, como Nanni Moretti, Jacques Audiard, Wes Anderson o Asghar Farhadi. La acostumbrada semiausencia española se reduce a un film en la Semana de la Crítica (*Libertad,* opera prima de Clara Roquet) y dos cortos de Lois Patiño y Alberto Mielgo en la Quincena de Realizadores, así como una práctica de Gonzalo Quincoces para la ESCAC en Cinéfondation.

Mientras nosotros seguimos discutiendo si son galgos o son podencos, los grandes Festivales internacionales continúan ignorando el cine español, salvo que lleve la firma de Almodóvar y poco más. Dado su carácter de acontecimiento masivo, Cannes servirá como banco de ensayos sobre la nutrida presencia de público en las salas, imprescindible para un arte popular como es el cine. Les recomiendo que retornen a ellas para esa terapia que tan bien les vendría: verán qué mundos prodigiosos les esperan en el mayor espectáculo del siglo. ●

(Junio de 2021. Nº 2.995)

Los dobladores

Tema espinoso este del doblaje, con apasionados defensores y detractores. Aunque yo creo que se puede estar en contra de esta práctica y, al tiempo, respetar e incluso admirar a quienes la ejercen. Porque es cierto que nos privan de uno de los principales atributos de un actor, como es su voz, pero al tiempo tienen la humildad de ocultar su cuerpo en los rasgos de otro. El tema es diferente cuando hablamos de producciones extranjeras a cuyos intérpretes se les dobla; cuando a un director español no le ha convencido la dicción de un determinado intérprete y la sustituye por la de quien se ajusta más a sus pretensiones, o cuando son actrices y actores que no hablan nuestro idioma pero en la pantalla ha de parecer que sí. A eso vamos.

Porque en las ya innumerables conmemoraciones del Centenario de Berlanga, nadie parece haber reparado que en varias de sus películas las voces de los personajes no corresponden a las de quienes salen en imagen. Estamos realzando unos trabajos sin subrayar que en buena parte se deben a los actrices y actores españoles que les han dado su voz. Todos ensalzamos al Nino Manfredi de *El verdugo,* pero no he leído ni un mínimo elogio al gran José María Prada, cuya voz es la que escuchamos. Al intervenir muchas veces en coproducciones, Berlanga debió trabajar con intérpretes de fuera, encomendando luego a colegas españoles que se convirtieran en sus «yos» sonoros, lo

que, por otra parte, a él le encantaba porque detestaba el sonido directo. Aparte de Manfredi, está el caso de Michel Piccoli en la versión española de *Tamaño natural,* doblado por José Guardiola. Y el de Hardy Krüger en *La muerte y el leñador,* el episodio berlanguiano de *Las cuatro verdades,* donde a quien escuchamos en lugar del actor alemán es a Rafael de Penagos. Todavía más en el triple ejemplo de *Calabuch,* con Edmund Gween envuelto en los giros de Eduardo Calvo, mientras que Valentina Cortese y Franco Fabrizi fueron suplementados por la magistral Elsa Fábregas y por Fernando Nogueras. Incluso cuando a José Isbert se le puso la voz demasiado ronca y opaca, la imitó sin apenas diferencias Julio Alymán.

Me parece de justicia reconocer esta labor. Se lamentan con frecuencia los dobladores de que su profesión no está bien considerada, de que los puristas no la valoran, tratándoles como actores de segunda fila o que deben ponerse detrás de un micrófono porque no han logrado triunfar ante las cámaras. No es cierto, y los ilustres nombres que acabo de citar lo desmienten suficientemente. Parafraseando a Concepción Arenal, cabe decir que puedes detestar el doblaje pero respetar al máximo a los dobladores…

Y mientras la **Turia** llega con todos los honores nada menos que a su número 3.000, yo les deseo un feliz descanso a cuantos el virus deje disfrutarlo. ●

(Julio de 2021. Nº 3.000)

La Palma de Oro que nunca debió ser

Será una pompa de jabón, un efecto pasajero, o el cine del futuro va a ser como esa *Titane* que Cannes acaba de coronar? ¿Triunfará gracias al impulso del primer Festival del mundo un film que bebe de la violencia extrema de muchos videojuegos, del «gore» como atracción de públicos jóvenes y de referencias como la obra de Gaspar Noé o, más lejanamente, el *Crash* de David Cronenberg? Habrá que ver en los próximos años si todo ha respondido a un impresionante despliegue de marketing, culminado con la Palma de Oro, o crea una tendencia, como cuando *Pulp Fiction* marcó el inicio del «tarantinismo» y de decenas de sus acólitos y discípulos. En caso de que *Titane* determine una corriente tan poderosa, yo me bajo de este barco.

Porque mi opción, y la de muchos otros, sigue siendo la del espléndido Jacques Audiard de *Les Olympiades,* el «reencontrado» Asghar Farhadi de *Un héroe,* el Nanni Moretti de *Tre piani* o el Ryûsuke Hamaguchi de *Drive My Car,* películas todas ellas presentes en la Competición de Cannes, y solo reconocidas en el Palmarés en el caso de la iraní con el Gran Premio del Jurado y la japonesa con el de Mejor Guion. Es decir, un cine de autor, que nace de una elaborada propuesta estética y ética, de decidido hálito humanista y que respeta la libertad y el criterio del espectador. Justo lo que no es, ni hace ni pretende el film de Julia Ducournau, un verdadero sinsentido en todo

su desarrollo, empezando por una media hora inicial de violencia casi insoportable. Pero parece que a Spike Lee y sus colegas del Jurado les ha ido la marcha. No a la crítica internacional, que puntuó *Titane* con tan solo 1.6 puntos sobre 5 y premió *Drive My Car,* ni siquiera a la siempre chovinista Prensa francesa: en el colmo del absurdo, fue «L'Humanité», vinculada de siempre al Partido Comunista, la única publicación que le asignó una Palma de Oro.

No estoy apostando por una opción solo realista o que rechace cualquier adscripción a un marco genérico como el terror o lo fantástico. De hecho, pocos autores tan escasamente realistas como Apichatpong Veerasethakul, que vuelve a demostrarlo en su delicada *Memoria;* o tan apreciable en su modesta pero sensible apuesta por el conocimiento de los demás que ofrece la finlandesa *Compartimento nº 6.* Aunque se haya visto alzada en exceso dentro del Palmarés con el Gran Premio ex aequo con *Un héroe,* mientras el tailandés compartía otro galardón (lo que hasta ahora no se consentía), el ya secundario Premio del Jurado, con la autocomplaciente *La rodilla de Ahed,* del israelí Nadav Lapid. Claro que si ese Jurado consideró que el desmesurado Leos Carax era el mejor director de la Competición por su *Annette,* de ahí a ensalzar *Titane* hay solo un paso… Pese a alegrarme de que nada menos que casi tres décadas después de que Jane Campion fuese la primera mujer en lograr la Palma de Oro, «ex aequo», con *El piano,* ahora lo logre otra cineasta, ojalá hubiera sido con una película radicalmente distinta a la suya.

A base de multiplicar secciones que nacían de la selección establecida oficialmente, el Festival ha logrado dos paradójicos objetivos: confundir con su criterio de por qué un film estaba en un apartado u otro; y debilitar no ya las muestras paralelas como la Quincena de Realizadores o la Semana de la Crítica (en la que tuvo buena presencia, pero ningún galardón, el único largometraje español presente en el Festival, *Libertad,* opera prima de Clara Roquet), sino la propia Un Certain Regard que surge de la misma selección oficial, en un absurdo juego de tirar piedras contra el propio tejado.

Con una frase ya tópica desde que la pandemia nos azota, quizá lo decisivo de Cannes 2021 es que haya podido celebrarse de principio a fin tras el parón del pasado año. Una organización tan ensoberbecida como siempre y preocupada ante todo de salvaguardar el Festival se ha esforzado en esa continuidad, plagada de controles, avisos y decisiones sobre la marcha. Pero con ese carácter oportuno u oportunista que ha desplegado a lo largo de sus tres cuartas partes de siglo, Cannes se ha ganado los titulares de los medios de comunicación de buena parte del mundo premiando a la película más polémica del certamen (¡pobre *Benedetta,* que se quedó en el camino de ser considerada así!), la que entra en un terreno conflictivo de opciones sexuales y además está dirigida por una mujer y joven, de 37 años. ¿Hay quien dé más cara a celebrar en 2022 una edición tan conmemorativa como la 75? ●

(Julio de 2021.
Especial Festival de Cannes)

El cine es mujer

Si Marco Ferreri auguraba que *«el futuro es mujer»*, en el caso del cine ya es casi un presente. La francesa Audrey Diwan acaba de ganar el León de Oro de Venecia por *L'Événement,* sumándose a la Palma de Oro obtenida por su compatriota Julia Ducournau por *Titane,* con lo que los máximos galardones de los dos Festivales más importantes del mundo han ido a parar a manos femeninas. Completado en Venecia con el Premio a la Mejor Dirección para la neozelandesa Jane Campion por *The Power of the Dog,* allí donde en la anterior edición la china residente en Estados Unidos Chloé Zhao empezó su carrera triunfal con *Nomadland,* que culminaría con tres Oscar, entre ellos el de Mejor Película. Y el pasado año los dos principales certámenes españoles, San Sebastián y Valladolid, fueron ganados por films de mujeres cineastas: *Beginning,* de la georgiana Dea Kulumbegashvili, y *Preparativos para estar juntos un periodo de tiempo desconocido,* de la húngara Lili Horvát.

¿Hay quien dé más? Si he ido señalando las nacionalidades de estas directoras, es porque, aunque el cine sea un lenguaje universal, deseo subrayar que se trata de una situación que excede a un solo país o a un único continente. Es ya, felizmente, un movimiento imparable que solo rinde justicia a algo que debería haberse producido muchísimo antes. El objetivo del «50-50» de porcentaje entre películas realizadas por hombres y por mujeres ya no resulta una utopía inalcanzable, como antes lo parecía. Si se está en camino de lograrlo, pese a que quede todavía mucho por recorrer, no se debe a una evolución «natural», ni porque las cosas cambien con solo pretenderlo. Ha sido una provechosa confluencia entre activismo feminista, autoridades sensibles al tema y profesionales cada vez mejor formadas lo que lo ha hecho posible.

Fue Anna Serner quien, desde su llegada a la dirección del Swedish Film Institute en 2011, marcase el rumbo durante la última década, con una decidida política de igualdad seguida por otros muchos países. En España, básicamente gracias al impulso de CIMA, la Asociación de Mujeres Cineastas y de Medios Audiovisuales, creada cinco años antes y actualmente presidida por Cristina Andreu e integrada por más de 700 socias, cuya labor ha impregnado la tarea legislativa más reciente de la Dirección General de Cine (ICAA), con Beatriz Navas al frente. La llamada «discriminación positiva» o la existencia de cuotas favorecedoras, tan denostadas por algunos inmovilistas, se han demostrado imprescindibles, como siempre que se busca que una realidad mejore y existen poderes públicos que se comprometen a ello. Toda una lección de política cultural que, hoy más que nunca, debemos aprender a fondo. ●

(Septiembre de 2021. Nº 3.007)

Jugar, crear, tal vez soñar…

Se apoyaba José Sacristán en una frase de Nietzsche para iniciar su discurso de aceptación del Premio Nacional de Cinematografía, entregado en el marco del Festival de San Sebastián: *«No hay mayor seriedad que la del niño cuando juega»*… Y él confesaba haber jugado toda su vida ante una cámara o subido a un escenario, desde que, cuando era pequeño y se ponía unas plumas en la cabeza, su abuela fingía asustarse ante la presencia de un indio. *«Se lo ha creído»*, pensaba él, igual que ahora piensa que se lo han creído miles, millones de personas que le han visto actuar durante décadas, durante *«más de sesenta años sin dejar de jugar»*.

Fue un precioso y también preciso discurso el de Sacristán, poco más de cinco minutos, y dicho, no podía ser de otra forma, de manera ejemplar, como también hizo Aitana Sánchez-Gijón en su estupenda «Laudatio» previa. Remontándose hasta quien en Altamira pintara un mamut y buscase la aprobación de sus convecinos, imaginó Sacristán que ya entonces él o ella desearía que se creyeran que ahí estaba el animal. *«Que se lo crean, que se emocionen, que se diviertan, que se inquieten, que duden, que piensen, que sueñen…»*, en ello cifraba el gran actor los objetivos de su trabajo, que le llevaban a la creación como destino final. Una creación que puede adoptar muy diversas modalidades, según la práctica artística que se elija y se bus-que dominar. Pero siempre con las ideas de *«la profunda seriedad del juego»* y del *«entusiasmo personal»* como palancas para hacer partícipes a los demás del placer de *«vivir una ficción, una ilusión inventada»*.

No he visto que, en los días que han transcurrido desde la intervención de Sacristán, se haya glosado la valía de sus palabras de agradecimiento, muy lejanas e incluso opuestas a las convencionales que suelen emplearse en este tipo de actos. Me parece digna de subrayar su defensa de la creatividad como centro de una labor que precisa de ella para sobrevivir a lo largo de los siglos. Frente a las teorías economicistas vigentes, en un mundo donde se mide el precio en lugar del valor de las cosas, me resulta emocionante que un actor con toda la memoria a sus espaldas, aunque todavía con futuro ante él, se erija en paladín de una creatividad que necesitamos como el respirar.

Siempre me ha sorprendido que, por limitarme al terreno que mejor conozco, los cineastas hablen más a menudo de temas de presupuesto, de producción, de subvenciones, de dinero en definitiva, que de una creatividad que es en realidad su campo y donde se juega la entidad estética y cultural de su obra. José Sacristán, en cambio, ha marcado el verdadero terreno con motivo de un Premio que hace tantos años que debía haber recibido. ●

(Octubre de 2021. Nº 3.009)

¡Qué envidia!

A bombo y platillo se ha inaugurado en Los Ángeles el Museo del Cine de la Academia norteamericana. Sus entradas a 25 dólares se han agotado en pocos días, deseoso el público de conocer el contenido de un recinto que, mediante la restauración del famoso arquitecto italiano Renzo Piano, se aloja en un enorme inmueble modernista de finales de la década de los 30 del pasado siglo. Con dos amplias salas de proyección, nada menos que doce comisarios se han encargado de las primeras exposiciones temporales, dedicadas a Hayao Miyazaki, Pedro Almodóvar o Spike Lee. Completando así la oferta de la colección permanente, repleta de objetos icónicos, como el tiburón del film de Spielberg, el traje del astronauta de *2001,* el monstruo de *Alien* o el trineo y el guion de Orson Welles para *Ciudadano Kane.*

No sé si será sana o no, pero me corroe la envidia provocada por el nacimiento de este Museo de Hollywood. Porque, salvadas las distancias, también podríamos contar con uno formidable en España. Ya sé que existe el Museo Tomàs Mallol en Girona y muy estimables colecciones particulares. Pero nuestro país es de los escasísimos que no tiene un centro similar al de muchos otros de todo el mundo. Y base suficiente la hay de sobra: las más de veinte mil piezas que atesora la Filmoteca Española en unos almacenes que hasta ahora solo han servido para guardarlas a buen recaudo. Pero salvo sus cuidadores y algún historiador afortunado, nadie sabe de verdad lo que guarda tan preciado tesoro.

La situación estuvo a punto de salir a flote en 2008, durante el periodo de César Antonio Molina como ministro de Cultura, que lo consideró como un empeño personal, casi un desafío. El 13 de noviembre de ese año, el estudio Nieto-Sobejano ganó el concurso convocado para transformar el antiguo edificio madrileño de Tabacalera en el Centro Nacional de las Artes Visuales, en el que se integraría el Museo del Cine. Los 30.000 metros cuadrados disponibles estaban dispuestos para acoger un proyecto presupuestado en 30 millones de euros a abordar entre 2009 y 2012. Pero justo el año destinado a comenzar las obras, Molina fue relevado en su cargo por Ángeles González-Sinde, quien, sin explicar razones, se desentendió totalmente de él.

Lástima, porque era una preciosa iniciativa, que pareció resucitar en 2017 mediante un Convenio entre la Academia de Cine y el Ayuntamiento de Madrid. Pero tampoco se llegó a nada… Ahora que tanto se habla de descentralizar instituciones, quizá no tenga que ser necesariamente Madrid el marco geográfico de este Museo. ¿Por qué no una ciudad con tanta tradición cinéfila como Valencia, Valladolid o Sevilla; o un lugar simbólico de la «España vaciada» como Soria o Teruel, a las que un centro así vivificaría? ●

(Octubre de 2021. Nº 3.013)

Juguetes rotos

Me entrevistan para un «podcast» sobre Nadiuska, la musa erótica de la España de los 70. En principio, no entiendo bien por qué me llaman para hablar de ella, pero hay una razón básica: hace ya muchos años, en abril de 1975, publiqué en *Triunfo* un artículo titulado «La era Nadiuska», a raíz de que coincidiesen en cartelera ¡cuatro películas! que la tenían como protagonista. Se trataba de *Perversión, Un lujo a su alcance, Una abuelita de antes de la guerra* y *Polvo eres...,* un cuarteto decisivo –según puede deducirse– en la historia del cine español. Y escribí entonces, de manera pelín ampulosa, que *«Nadiuska es símbolo de un cine que quiere satisfacer el ansia de evasión de una burguesía triunfalista pero reprimida, satisfecha pero con miedo, anclada en una sociedad que querría inmóvil pero temerosa del cambio que se avecina y que, ante todo, quiere soñar con un país que no tiene y con una mujer o unos medios de placer que tampoco son los suyos».*

Piénsese que estábamos a pocos meses de la muerte de Franco, en plena etapa del «destape», del que Nadiuska era reina absoluta. Su estatura de 1,80 metros, sus ojos felinos, el porte europeo que había traído desde su Alemania natal, deslumbraron a unos espectadores sometidos a una represión erótica de décadas. Ella era *«una mujer diferente»* y así se le rendía culto en este tipo de cine, que venía a servir de espita de salida de la olla a presión en que se iba convirtiendo todo el país. Como aseguraba el título de una de las películas antes citadas, Nadiuska se transformaba durante hora y media en *«el lujo al alcance»* de un público ávido de estímulos sexuales que no encontraba precisamente en su entorno.

No solo fue ella, también Sandra Mozarowsky, Susana Estrada, Agata Lys, Bárbara Rey, Azucena Hernández y tantas otras, verdaderos juguetes rotos de una sociedad que se divertía con estas actrices «de usar y tirar». La mayoría intentó salir de ese cine de fácil consumo, pero sin llegar a lograrlo: Agata Lys trabajó en *Los santos inocentes,* Bárbara Rey en *La escopeta nacional,* la propia Nadiuska y Sandra Mozarowsky en *Beatriz,* adaptación de dos relatos de Valle-Inclán. Pero apenas pasaron de ahí. Y lo realmente impresionante es la forma en que la fatalidad actuó sobre sus vidas.

Todavía hoy Nadiuska, a la que en 1999 se le diagnosticó esquizofrenia, está recluida en un hospital de caridad; Bárbara Rey sufrió durante años maltrato por parte de su marido, Ángel Cristo; Azucena Hernández quedó tetrapléjica por un accidente de coche; y, en el caso más trágico, Sandra Mozarowsky murió a los 18 años tras caer desde una terraza, nunca se aclaró si por voluntad propia o si alguien le empujó a hacerlo cuando, incluso, parece que estaba embarazada de un regio personaje. Pocas veces se ha visto tanta crueldad como la que el destino deparó a estas «musas del destape». ●

(Noviembre de 2021. Nº 3.015)

Un Mercado del cine independiente

No existía en España hasta ahora un Mercado de cine independiente como tal. Es decir, un lugar donde exhibidores, responsables de programación de cadenas televisivas públicas y privadas y de plataformas digitales conociesen de primera mano las novedades que habían adquirido los distribuidores independientes. Romper con esa carencia ha sido el objetivo del MERCI Sevilla, en que la Asociación ADICINE y el Festival de Cine europeo de esa ciudad han aunado esfuerzos para reunir los títulos más prometedores del próximo semestre que están ya disponibles para su estreno comercial. Veinticinco películas de gran atractivo, además de una serie de «trailers» y «promos», han sido así mostradas ante más de un centenar de participantes que, en cincuenta proyecciones, pudieron hacerse una idea suficiente para elaborar sus respectivas carteleras. El éxito de la iniciativa ha sido rotundo.

Tres días ha durado el MERCI Sevilla (cuyo nombre no corresponde a dar las gracias a nadie, sino a las siglas Mercado de Cine Independiente), que se ha completado con la exposición de «prácticas positivas» en Alemania o Francia y una Mesa Redonda sobre la actual situación de ambos sectores. Una difícil realidad ya analizada quince días antes en el importante Encuentro sobre «El futuro de la distribución en salas de cine», celebrado en el marco de la Semana de Valladolid, y tras el que se llegó a unas Conclusiones de la máxima urgencia.

Precisamente porque la situación ha llegado a niveles tan preocupantes es por lo que este tipo de actividades resulta imprescindible.

Lo decía con meridiana claridad la convocatoria del MERCI sevillano: «*Con una lucha diaria muy desigual de fuerzas, la Distribución independiente necesita abrirse nuevos nichos de mercado, dado el descenso del público en las salas (algo que sigue sin remontarse tras la pandemia), las graves dificultades para que sus películas sean adquiridas por las televisiones, incluidas las públicas, y el descenso continuo de ventas de los DVD y los Blu-Ray. De ahí que la Distribución independiente esté viviendo una difícil supervivencia, aunque manteniendo siempre la mirada puesta en la diversidad de la oferta para el disfrute de los ciudadanos*». No hay más que ver las cifras de taquilla desde el pasado mes de septiembre hasta ahora para comprobar hasta qué punto se está sufriendo el vendaval de las multinacionales que, desde que sacaron sus films de los almacenes y volvieron a estrenar en salas, se han llevado por delante a la inmensa mayoría de los títulos independientes que salían a su paso. Entre ellos, muchos de cuantos habían destacado en Festivales internacionales de primera línea y sobre los que había altas expectativas.

Y entiéndase de una vez que no estamos hablando solo de la economía de una serie de empresas particulares, sino de la diversidad cultural que ellas procuran y que los ciudadanos merecen y necesitan. ●

(Noviembre de 2021. Nº 3.017)

Haberlas, haylas

Tradicionalmente, diciembre es el mes elegido para el estreno de las películas llamadas «familiares». No es extraño, porque en las vacaciones navideñas los críos se ponen insoportables metidos en casa y ya no basta con ir a ver las iluminaciones o a visitar a los Reyes Magos. Mejor sentarles, hasta donde puedan estar quietos, ante una gran pantalla y lograr que durante hora y media o dos dejen de dar la lata a progenitores y demás parientes.

Pero dentro de ese panorama tan limitado hay en estos momentos una serie de títulos que merecen muy mucho la pena. Me atrevo a recomendarles cuatro que forman una especie de póker por su calidad. Me refiero, ante todo, a *El poder del perro,* la excelente obra de Jane Campion, basada en la novela que Thomas Savage escribiese en 1967 y que, después de pasar entonces sin demasiada pena ni gloria, ha conocido un «revival» a partir del éxito de *Brokeback Mountain* en 2005. Producida por Netflix, la película simultanea su proyección en cines y su emisión por la plataforma, pero yo les recomiendo encarecidamente que la vean en una sala, por los motivos ya muy repetidos y, en este caso, por la presencia de unos impresionantes paisajes que fotografía con maestría Ari Wegner y cuya presencia va mucho más allá de una simple ambientación. Ganadora en Venecia del León de Plata a la Mejor Dirección, el po-

tente retorno de Jane Campion al cine después de doce años demuestra por qué, en su salmo 22:20, la Biblia solicitaba al Altísimo «*Libra mi alma de la espada y mi única vida del poder del perro*»…

También producida por Netflix, que se viene convirtiendo en el gran Estudio mundial, encontramos *Fue la mano de Dios,* donde Paolo Sorrentino se entrega a los placeres de la autobiografía. Aunque sea a base de homenajear al Maradona del Nápoles de su infancia, figura que no causa precisamente mi simpatía. Sí la despierta la Lady Di de *Spencer,* en la que Pablo Larraín vuelve a centrarse en la figura de una mujer del más alto nivel encerrada en un contexto asfixiante, como hizo con la viuda de Kennedy en *Jackie.* Y si no la vieron aún, cacen en algún lugar *Petite Maman,* de Céline Sciamma, un torrente de sensibilidad y poesía por la mejor realizadora francesa actual.

Aunque hay todavía más: ese estupendo *El amor en su lugar,* de Rodrigo Cortés, que ha quedado muy injustamente reducido en los Goya a dos nominaciones «menores». O *La casa Gucci,* para la que el octogenario pero infatigable Ridley Scott ha puesto en pie un mundo de sofisticación y desvarío social. Aparte de las inevitables infantiles y como decían de las «brujas galegas», buenas películas «*haberlas, haylas*». ●

(Diciembre de 2021. Nº 3.019)

El crepúsculo de las diosas

Pocas vidas tan inestables como la del actor. Siempre pendientes de que alguien los elija, de que un productor, un director o un agente se fije en ellos o ellas para llevar adelante su vocación. El paro en la profesión es inmenso, solo las primeras figuras tienen asegurada una cierta continuidad que tampoco sucede siempre. Cuando se escuchaba a todo un Fernán-Gómez confesar que en numerosas ocasiones estaba pendiente de que el teléfono sonara, cuando incluso los más grandes han sufrido profundo baches en sus carreras, no hay duda de que se trata de un oficio muy peculiar. Inestabilidad que viene a sumarse a la ya bastante paradójica labor de pasarse media vida haciendo de otro que no es uno mismo.

Dentro de esas características de su trabajo, me parece especialmente preocupante la subida al estrellato de las actrices jóvenes, las que se ven encumbradas en el principio de su carrera y creen que a partir de ahí se abre ante ellas un eterno camino de rosas. Y me refiero a las actrices más que a los actores porque ellas lo tendrán más difícil al pasar los años, en el momento de que dejen de ser «jóvenes» y sientan que los mejores papeles ya no les llegan, que no hay apenas personajes femeninos interesantes en los guiones recibidos, que la edad es una dura barrera que pocas consiguen franquear sin estrellarse. Lo peor es que, en aquellos días de éxito, nadie les preparó para su declive, nadie

les puso sobreaviso de lo que podría sucederles, o quizá han hecho oídos sordos a las advertencias. Surge entonces la depresión o el abandono personal y profesional.

Pensaba en ello con motivo del triste adiós a la vida de Verónica Forqué. Similar a la experiencia de muchas otras compañeras que, con una salida menos trágica, han ido constatando cómo su trayectoria declinaba sin cesar. Sucede también con los deportistas, pero los más inteligentes o mejor aconsejados suelen desarrollar una actividad paralela, ya sea mediante estudios, negocios o inversiones bien planteadas. Además de que resulte frecuente que su carrera siga ligada a la actividad que practicaron, como entrenador, directivo o responsable de algún área específica. Pero, ¿cuántas actrices que lograron pronto la fama han pasado a ser realizadoras, técnicas, representantes o similares? Pueden contarse con los dedos de las manos, y no siempre los resultados han sido los apetecidos.

Ya Billy Wilder lo reflejó genialmente en *El crepúsculo de los dioses* a través de su Norma Desmond, la célebre actriz del cine mudo que se resiste a aceptar que su estrellato ha terminado con el sonoro, porque —afirma— *«yo soy grande, pero las películas de hoy ya no tienen grandeza»*. Sumirse en pensamientos nocivos similares, obsesionarse con ellos frente a una dura realidad, solo conduce al agujero negro de la autodestrucción. ●

(Diciembre de 2021. Nº 3.021)

JUAN ANTONIO BARDEM,
cuyo Centenario en 2022
sirvió para hacer justicia
a lo fundamental de su obra.
(Véase artículo «Bardem,
más allá del tópico»).

2022

Amor a raudales

Aunque su récord de veinte nominaciones se tradujo solo en seis Goyas, no hay duda de que la gran triunfadora de los premios de este año ha sido *El buen patrón.* Lograr los galardones de Mejor Película, Mejor Director, Mejor Guion Original y Mejor Actor, además de los correspondientes a Montaje y Música, denotan la clara superioridad del film de Fernando León. Tampoco *Maixabel* vio cumplidas sus expectativas, pues de catorce candidaturas se quedó en tres victorias, todas ellas centradas en el capítulo interpretativo. Pero, sin duda, la máxima perdedora fue *Madres paralelas,* al no concretar ni un solo reconocimiento entre los ocho posibles, ni siquiera el que parecía más seguro, el de Penélope Cruz, aspirante, eso sí, al Oscar de Hollywood.

Fue una ceremonia sin apenas garra ni imaginación la del Palau de les Arts valenciano durante sus tres horas y cuarto de duración. De hecho, los momentos más estelares no procedieron –en mi opinión– de los premiados por sus trabajos en 2021, sino que tuvieron otro origen: la extraordinaria interpretación que Luz Casal hizo de «Negra sombra» mientras se rememoraba a los fallecidos durante el año; las palabras de la cineasta afgana Sahraa Karimi, pidiendo que no se reconociera a un régimen terrorista y represivo, especialmente con las mujeres, como el de los talibanes, y el discurso de agradecimiento de José Sacristán por su Goya de Honor, en el que mostró su dominio sobre qué y cómo ha de decirse desde un escenario. Ah! de Berlanga, pese a lo anunciado, muy poquito.

El imparable temblor corporal de la compositora Zeltia Montes al recibir su galardón por *El buen patrón,* el recurso de dar imagen a personas cercanas a cuantos aspiraban a ser considerados Actriz y Actor Revelación, así como el hábil discurso del Presidente de la Academia, Mariano Barroso, al introducir en él sucesivos recuerdos a Almudena Grandes, Mario Camus, Verónica Forqué y Pilar Bardem, merecieron quedar en la retina. Sin olvidar ese gesto semiclandestino de Pedro Almodóvar animando a que el auditorio se pusiera en pie y ovacionara a Cate Blanchett (que inauguraba la categoría de Goya Internacional), la protagonista de su prevista siguiente película, «Manual para mujeres de la limpieza», basada en el libro de relatos de Lucia Berlin.

En definitiva, un acto que, como sugirió Blanca Portillo en su inacabable retahíla de amores varios, pareció muy influenciado por la cercanía de San Valentín. Tantas declaraciones amorosas a tirios y troyanos, a madres, hijos, esposas y demás familia, integrantes de los equipos y compañeros de profesión acabaron por ser más bien insufribles. Ya sabemos que todo el mundo tiene su corazoncito, pero tampoco hay que ir enseñándolo por doquier en una ceremonia que tiende a ser endogámica, con sus asistentes demasiado encantados de haberse conocido. Al menos, en apariencia… ●

(Febrero de 2022. Nº 3.029)

Moscú no cree en las lagrimas

Era el título de una película soviética de 1979, gran éxito en su país y que trascendió las fronteras al recibir al año siguiente el entonces llamado Oscar a la Mejor Película de habla no inglesa. Gracias a este premio se estrenó en casi todo el mundo, también en España, con un cierto reconocimiento crítico, hoy ya olvidado. *Moscú no cree en las lágrimas* era un largo melodrama centrado en tres mujeres jóvenes que llegan a la capital en busca de realizar sus sueños, en gran parte incumplidos. El también actor Vladimir Menshov la dirigió con eficacia, basándose sobre todo en el encanto interpretativo de su esposa, Vera Alentova, en el papel protagonista. Una pareja rota al fallecer él a consecuencia del covid en julio del pasado año.

Pero, como cabe suponer, no me refiero a este film para hablar de él, sino por utilizar su título para abordar la criminal invasión de Ucrania por parte de Vladimir Putin. Y, dentro de las características de esta sección, deseo rendir un sincero homenaje a los cineastas ucranianos, que seguro que están filmando los sucesivos pasos de la barbarie emprendida desde el Kremlin. Un terreno, el del documental, donde las y los jóvenes profesionales han destacado sobremanera en los últimos años, especialmente a partir de la revuelta del Maidán, cuyo desarrollo testimoniaron de forma muy eficaz.

Tienen un maestro en el que fijarse, Sergei Loznitsa, cuyos trabajos le han ido convirtiendo en figura de referencia dentro de las cinematografías del Este de Europa. Sus documentales de montaje sobre uno de los más significativos Procesos de Moscú en los años 30 *(El proceso)*, los funerales por la muerte de Stalin *(Funeral de Estado)* o el exterminio de judíos por parte de los nazis en los alrededores de Kiev *(Babi Yar. Contexto)* se conjugan con títulos de ficción *(En la niebla)* o que fusionan uno y otro género, caso de *Donbás,* premiada por la sección paralela Una cierta mirada del Festival de Cannes de 2018 y que logró el máximo galardón del de Sevilla.

Pero Ucrania ya se relacionó históricamente con nombres ilustres, como los de Dziga Vertov o Aleksandr Dovjenko, adscritos a la etapa más fértil del cine soviético. Porque hasta la caída de la URSS, las producciones de sus distintas repúblicas se confundían con las creadas y, sobre todo, financiadas desde Moscú. Así fue hasta que el conflicto de las zonas separatistas del Donbás, que Rusia apoyó decisivamente, interrumpiese el grifo financiero de esta producción y el cine ucraniano quedara a expensas de sus propios recursos, que no eran muchos y circunscritos casi siempre –como queda dicho– al documental. También se secaron entonces los ingresos y puestos de trabajo generados por películas y series cuya trama tenía lugar en Moscú, pero que se rodaban en Kiev para abaratar costes, a la manera en que los norteamericanos hacen con Nueva York y Toronto.

Todo puede quedar arrasado en muy breve tiempo por la furia nacionalista de Putin. Realmente, Moscú no cree en las lágrimas. ●

(Marzo de 2022. Nº 3.031)

Una bofetada a los Oscar

Que se premie a una «feel good movie» (traducible por «película de buenos sentimientos») no debería extrañarnos tanto en estos atribulados tiempos. Entre la pandemia y la invasión de Ucrania, además de tantos otros hechos negativos, que se opte por un film reconfortante pertenece a la dinámica social de una dura realidad. *CODA,* acrónimo en inglés de «Hijos de Adultos Sordos» y subtitulada en España como *Los sonidos del silencio,* se llevó el Oscar a la Mejor Película no por su valía cinematográfica, sino porque actúa como sencilla compensación a tantos momentos de angustia.

Ya funcionaba así la película francesa en que se basa, *La familia Bélier,* de gran éxito dentro y fuera de su país. A veces desestimamos el papel «consolador» que siempre ha tenido el cine, sobre todo si se refiere a una comunidad como la sorda, ante la que asumimos una quizá fácil, pero no menos intensa, «buena conciencia». Esta ha sido la baza del segundo largometraje de la realizadora Siân Heder desde que se presentó y fue premiado en el Festival de Sundance del pasado año; también ocupa ya el escaso segundo lugar de «remakes» en lograr el Oscar principal.

Que debería haber sido para *El poder del perro* o *Drive my Car,* las dos obras fundamentales del pasado año, encierra pocas dudas. De las doce nominaciones de la primera, que tan solo haya quedado el galardón para la dirección de Jane Campion resulta absurdo porque se supone que no ha dirigido en el vacío, sino con un guion, unos actores y un equipo que también habrían merecido similar reconocimiento. En cuanto al film de Ryûsuke Hamaguchi, ha recibido la estatuilla a la Mejor Película Internacional, pero sin triunfar en el resto de las cuatro categorías en que estaba nominado.

Aunque, lamentablemente, lo que quedará de esta edición de los Oscar es la injustificable bofetada o puñetazo de Will Smith al cómico Chris Rock a consecuencia de un torpe chiste de este sobre la mujer del actor y su dolencia alopécica. Tampoco debería extrañarnos demasiado que un actor que ha hecho de la «violencia simpática» su seña de identidad tenga una reacción acorde con ella, pese a su intento de variar de trayectoria con la inane *El método Williams,* hecha para su lucimiento más que el de las dos hermanas tenistas y cuya única curiosidad para nosotros es el reconstruido duelo final de Venus Williams con Arantxa Sánchez Vicario.

Párrafo aparte merece el Oscar al Mejor Corto de Animación obtenido por Alberto Mielgo, español residente en Los Ángeles, por *The Windshield Wiper,* dado a conocer en la Quincena de Realizadores de Cannes y, aquí, por el Festival de Valladolid. Compuesto de breves e intensos momentos, *El limpiaparabrisas* se pregunta nada menos *«qué es el amor»*… Una *«sociedad secreta»*, concluye este muy valioso cortometraje, mientras suena la voz de Soko, tan sugerente como lo son todas sus imágenes. ●

(Abril de 2022. Nº 3.035)

Eterno Chaplin

La Filmoteca de València está programando un ciclo sobre Charles Chaplin realmente antológico en toda la extensión de la palabra. Bajo el acertado título de *«La vigencia de un genio»*, se podrán admirar sus obras fundamentales, entre ellas los 11 largometrajes que dirigió. Parece que lo sabemos todo del icono más representativo de la historia del cine y sobre el que más se ha escrito en todo el mundo, pero cada visionado de sus films nos ofrece cosas nuevas, elementos enriquecedores e inagotables. Intentaré acercarme a ellos, por orden cronológico, en tan solo unas líneas:

El chico (1921).- Tierno melodrama que acumula los hallazgos de Chaplin en sus anteriores cortometrajes, solo queda lastrado por unas oníricas e ingenuas secuencias finales a base de angelitos voladores.

Una mujer de París (1923).- Película adelantada a su tiempo en el tratamiento de las relaciones eróticas, le trajo no pocos problemas a su autor, que no aparece en ella salvo como figurante.

La quimera del oro (1925).- Una oda a la supervivencia, contiene las celebérrimas secuencias de la danza de los panecillos o la comida de una desvencijada bota para calmar el hambre.

El circo (1928).- El largometraje más desconocido de Chaplin supone un cálido homenaje al universo circense, al que se enorgullece en pertenecer. Por ello, doblemente recomendable.

Luces de la ciudad (1931).- Como Eisenstein o Murnau, se resistía Chaplin al cine sonoro que se imponía por doquier. Aceptó que a esta historia de amor le acompañase la música, con la inmortal «La violetera», pero sin diálogos.

Tiempos modernos (1936).- ¿Quién no se acuerda de su protagonista metido en el engranaje de una máquina o poniéndose involuntariamente al frente de una manifestación obrera? De nuevo, Chaplin se adelantaba a su tiempo.

El gran dictador (1940).- En plena Guerra Mundial cuando el nazismo iba triunfando, Chaplin se atreve con una valiente parodia de Hitler, para llegar a un discurso final que ha quedado como manifiesto del pacifismo.

Monsieur Verdoux (1947).- Quizá la obra más desesperanzada y patética de Chaplin, en su retrato de un asesino en serie de ancianas, con la memoria reciente de millones de vidas sacrificadas por las armas.

Candilejas (1952).- Parábola sobre la transferencia vital entre generaciones, las del «clown» Calvero y la bailarina Terry, reunió en una secuencia mítica a Chaplin con Buster Keaton, a quienes muchos se esforzaron en enfrentar.

Un rey en Nueva York (1957).- Impedido por el maccarthysmo de regresar a Estados Unidos, Chaplin concibió esta meditada venganza en la que pone en solfa varios de los pilares básicos del capitalismo norteamericano.

La condesa de Hong Kong (1967).- Única película de Chaplin en color, revela un imposible deseo de aferrarse al pasado, seducido por la belleza de Sophia Loren y despidiéndose con su creación de un camarero más que titubeante. ●

(Abril de 2022. Nº 3.037)

Hacer fácil lo difícil

Se estrena en toda España la película que obtuvo el Oso de Oro en el pasado Festival de Berlín: *Alcarràs,* segundo largometraje de Carla Simón después de que el primero, *Estiu 1993,* lograse el éxito tanto dentro como fuera de nuestras fronteras. Sin querer inmiscuirme en las tareas críticas de mis compañeros de la **Turia,** me gustaría aportar mis opiniones sobre un film que considero de la máxima relevancia.

Para mí, *Alcarràs* posee una de las características fundamentales del gran cine, que es hacer aparentemente fácil lo que en verdad es muy complicado. Es decir, que la película fluya de manera natural, armónica, sin que el espectador perciba todo el enorme esfuerzo que subyace a esa sencillez expresiva. Y no me refiero, o no solo, a la dificultad de proponer una obra que fluctúa entre el estilo de ficción y el documental, aunque todo en ella esté inventado, con actores no profesionales y una temática que no es precisamente la que reclamaba Cecil B. DeMille, cuando sostenía que una película *«debe comenzar con un terremoto y de ahí para arriba»…*

No, a lo que me refiero es a algo más profundo que tiene su raíz en el propio lenguaje fílmico y que se sustenta en la mirada del (en este caso, de la) cineasta. Una mirada que se ejerce desde la planificación, porque la contiene y la potencia, y que se extiende hasta un montaje donde esa mirada se reconstruye para conformar un determinado punto de vista sobre la realidad, aquí una familia de melocotoneros que se enfrenta al desafío de conservar las tierras que cultivan desde ochenta años atrás. Igual que los pescadores sicilianos de Aci Trezza tenían que luchar por su supervivencia en *La terra trema* de Visconti, una cita que hago con toda la intención.

La forma en que Carla Simón dirige a sus intérpretes constituye otro factor básico para la verosimilitud, la verdad, que respira toda la película. Su sensibilidad para trabajar con niños ya había quedado patente en *Verano 1993,* pero en *Alcarràs,* si bien comienza el relato con los pequeños y adquieren un peso específico en él, se extiende de manera coral hasta un conjunto de once personajes. Entre ellos, un abuelo que viene a ser el paradigma de la dignidad (preciosas las escenas de su paseo bajo la luna), un padre de familia cuyo intérprete parece un trasunto de Sergi López y unas mujeres que soportan el peso de una doble vida, en la casa y en el campo.

Hablando de mujeres, debe destacarse que en *Alcarràs* la mayoría de jefaturas de equipo son femeninas, desde una productora tan valiente y creativa como María Zamora, o ejerciendo labores muy destacadas como la de la directora de fotografía Daniela Cajías y la montadora Ana Pfaff, con Carla Simón como inspirada maestra de orquesta.

Simplemente, corran a ver *Alcarràs.* ●

(Abril de 2022. Nº 3.039)

La madre del señor Wilder

Todo el mundo le ha considerado y le considera El Rey de la Comedia, junto a su maestro Ernst Lubitsch. Todo el mundo ha celebrado sus ingeniosas frases, que son citadas sin cesar, sus brillantes diálogos, su mirada irónica y divertida sobre los personajes. Todo el mundo le pone como referencia máxima a la hora de valorar un nuevo título del género, un planteamiento donde lo cómico acabe por sobreponerse a lo trágico, donde el placer de vivir supere las angustias de cada uno de los días. Y sin embargo…

Sin embargo, Billy Wilder vivió en íntimo silencio su desgarro por la muerte de su madre en el campo de concentración nazi de Auschwitz, a donde fue conducida con su segundo marido, mientras sus hijos ya se encontraban en Estados Unidos. Desde entonces, y muy especialmente cuando el Ejército norteamericano encargó a Wilder una película de montaje *(Death Mills)* con el ingente material de filmaciones que sus operadores habían rodado al liberarse los campos, miraba obsesivamente las imágenes por si descubría a su madre entre los prisioneros o los cadáveres. No lo consiguió. E incluso, para subrayar esa obsesión, se ha llegado a decir que observó con detalle los planos colectivos de *La lista de Schindler* (que él intentó llevar a la pantalla, pero fue Spielberg quien lograse los derechos de adaptación sobre el libro original) por si encontraba en ellos a su madre, aun sabiendo que eran figurantes los que aparecían como cautivos.

Lo comentaba el escritor británico Jonathan Coe al presentar su novela «El señor Wilder y yo», editada en España por Anagrama. En ella se refleja la filmación de *Fedora,* su penúltima película, a ojos de una ficticia muchacha griega que participa en ella como intérprete al inglés en Corfú y después como asistente personal de I.A.L. Diamond, Izzy, el guionista de cabecera del autor de *El apartamento.* Las relaciones vividas con este motivo por la joven y posterior compositora con el cineasta y el escritor, sobre todo en cenas y entre copas, conforman una novela nada excepcional pero curiosa, que se lee prácticamente de un tirón. Y donde, en un supuesto guion de Wilder sobre su vida, inventado por Coe, también surge la intensa memoria de su madre, Eugenia Dittler.

No es «El señor Wilder y yo» la primera ocasión en que se aborda ese trauma maternal del realizador austriaco. Él lo había hecho en 1977, precisamente durante una entrevista en Múnich ya que *Fedora* era una coproducción mayoritaria alemana, cuyos interiores se rodaron en los Bavaria Studios. Y también le contó a Cameron Crowe en el fundamental libro «Conversaciones con Billy Wilder» que solo pudo enterarse de la muerte de su madre a través de una carta de la Cruz Roja y de otras que le enviaron personas que estuvieron con ella en Auschwitz. *«Pero nunca recibí una carta suya…»,* dijo con la amargura de quien jamás superó aquel inolvidable dolor. ●

(Mayo de 2022. Nº 3.041)

Cuando nada de lo humano es ajeno

La diferencia entre los grandes cineastas y los que no lo son radica, además de la pertenencia de un estilo propio, en la calidad de su mirada sobre aquella parcela de realidad que pretenden hacer llegar al espectador. Ya sea desde los ámbitos de la ficción imaginada o de la que se basa en datos auténticos, tanto da, lo que importa es la valía humana de su creación. Así lo han demostrado en la 75 edición del Festival de Cannes varios de los autores que llegaron durante la recta final del certamen. Me refiero a Jean-Pierre y Luc Dardenne con *Tori et Lokita*, a Hirokazu Kore-eda con *Broker* y, junto a estos reconocidos maestros, un joven realizador que mostraba su segundo largometraje: Lukas Dhont con *Close*.

Frente a lo que tantas veces se afirma, no es de la entidad de un tema de lo que nace una película importante. Sí, respectivamente, los Dardenne nos hablan del drama de los inmigrantes sin papeles en un país europeo como Bélgica. Y el japonés Kore-eda se traslada hasta Corea para referirse al comercio de niños abandonados por sus madres y susceptibles de ser adoptados mediante una fuerte cantidad de dinero. Y el también belga Dhont, que con *Girl* ya destacase fuertemente hace cuatro años en la sección paralela Un Certain Regard, se centra en la amistad de dos adolescentes sometidos a una terrible situación. Asuntos importantes, sin duda, pero de lo que deriva la calidad de estas obras es de cómo las comunican sus autores, de la actitud humanista que adoptan ante sus historias, de la emoción y el noble sentimiento que destilan sus imágenes.

Creo que esto es lo que constituye su potencia creativa y lo que llevó al Jurado internacional presidido por el actor francés Vincent Lindon a incluirlas de manera destacada en su palmarés: *Tori et Lokita* con el Premio Especial 75 Aniversario, equivalente al que se otorgó a *Muerte en Venecia* con motivo del Aniversario de medio siglo antes; *Broker,* eligiendo a su protagonista, Song Kang-ho, a quien conocimos sobre todo en *Parásitos,* como Mejor Actor; y *Close* mediante un muy justo Gran Premio del Jurado que, lástima, tuvo que compartir con la penosa *Stars at Noon,* de Claire Denis, en una decisión inexplicable.

Pero a la hora de discernir la Palma de Oro de 2022 los nueve jurados se encaminaron, por una vez, hacia la comedia al otorgársela a la muy divertida (al menos, en sus dos primeros tercios) y fuertemente crítica *Triangle of Sadness,* de Ruben Östlund, quien conseguía así por segunda vez el máximo galardón, tras obtenerlo cinco años atrás con *The Square.* Podrá negársele al cineasta sueco algunas virtudes o reprocharle un humor en ocasiones demasiado grueso, pero nadie podrá discutirle su dominio a la hora de mostrar la estupidez de unos seres y de una época donde crece sin cesar la superficialidad y la apariencia. La forma en que los asistentes al Festival, que no son unos cualquieras, recibieron entre carcajadas y aplausos este *Triangle of Sadness* indica que el objetivo de Östlund al retratar la estulticia humana había llegado a su objetivo.

Ha sido este 75 Cannes, donde recuperaba sus fechas y sus circunstancias más reconocibles, una edición que ha contado con una Sección Oficial de buen tono medio, mientras que las muestras paralelas palidecían ante el ánimo invasor de su hermana mayor. No ha habido descubrimientos extraordinarios, sino confirmación de unos autores que ya contaban con crédito suficiente o habían ido destacando en esas secciones paralelas, como el propio Albert Serra de la muy típicamente suya *Pacifiction*. Igual que todo en la vida, también el primer Festival del mundo precisa de una cierta renovación que abra nuevos horizontes, distintas perspectivas.

Porque la amenaza está ahí, como se abordó a diversos niveles teóricos y estadísticos en el propio certamen: la inquietud ante el fuerte descenso de espectadores en las salas tras la pandemia. Esa imagen de *El show de Truman* que figuraba en el sugestivo cartel de la 75 edición, la de Jim Carrey subiendo esforzadamente por la escalera celeste junto a un muro de nubes quizá infranqueable, parece simbolizar el potente desafío al que hoy se enfrenta el cine tal como lo conocemos. ●

(Junio de 2022. Nº 3.044)

Bardem, más allá del tópico

Se van sucediendo diversos actos que nos recuerdan a Juan Antonio Bardem en el Centenario de su nacimiento el 2 de junio de 1922. Precisamente en ese día de un siglo después se presentaba en Filmoteca Española la ficción sonora «Regreso a la Calle Mayor», realizada por Radio Nacional sobre un guion que él no pudo llevar a la pantalla por falta de financiación y que abría una completa retrospectiva que durará hasta agosto. Al mismo tiempo, en la Academia de Cine y junto a la proyección de *Muerte de un ciclista,* Diego Sabanés y Jorge Castillejo analizaban la media docena de represivos informes de Censura que la película tuvo que sufrir. Y la Cineteca madrileña ofrecía el preestreno de *Juan Antonio Bardem. Vitalista militante,* un buen documental de Alberto Bermejo y Daniel Herranz que, sobre todo, tiene la virtud de estar «conducido» por el propio Bardem a través de las entrevistas con él que conserva el archivo de TVE. Formando parte del espacio «Imprescindibles», la 2 lo emitió el pasado domingo 5, dos días después del programa doble televisivo con la citada *Muerte de un ciclista* y la imperecedera *Calle Mayor* en «Historia de nuestro cine».

Todas estas celebraciones están muy bien, son justas y necesarias, y todavía vendrán algunas otras como la anunciada por el Festival de Valladolid. Pero me temo que no poseen la dimensión mucho más amplia que adquirieron, por ejemplo, las dedicadas el pasado año a Berlanga. El desdén hacia el cineasta madrileño por parte de las autoridades de su ciudad, tanto en el ámbito autonómico como en el municipal, ambos regidos por el PP, impiden ese mayor alcance, sin duda por la pertenencia de Bardem al Partido Comunista, algo que parece ya superado por el conjunto de la sociedad española pero no por ciertos políticos.

Militancia personal en el PCE que se repite una y otra vez en estos actos conmemorativos. No veo yo tanta insistencia cuando se habla de otros autores y su hipotética filiación a cualquier partido, pero el comunismo sigue teniendo un peso especial entre nosotros. De ahí que, por encima de cualquier otro ingrediente, deseo que el Centenario de Bardem sirva para alejarle de los tópicos que siempre han rodeado su obra y que se le analice como a cualquier otro cineasta. Que seamos, en definitiva, capaces de abordar su decisiva aportación a nuestro cine, la valentía de su temática y el estilo que se empeñó en desarrollar en sus títulos más personales, filmados con maestría técnica y expresiva.

A cambio de ello, se repite incesantemente su pentagrama en las Conversaciones de Salamanca, se someten sus imágenes a un filtro partidista y se le quiere convertir casi en propagandista de unas determinadas ideas. Un profundo error, porque es cierto que Bardem anhelaba ese *«cine social, crítico y comprometido con su tiempo»* por el que siempre luchó, pero no desde el panfleto, sino desde la gran capacidad creativa de quien –en plena ceremonia de los Goya de 2002– acabó rogando que alguien quisiera producirle una película… Se nos debería haber caído la cara de vergüenza. ●

(Junio de 2022. Nº 3.046)

Los mil y un Rohmer

Hubo un Director General del ICAA, a finales de los 80, que mantuvo públicamente que la solución del cine español consistía en hacer películas como las de Rohmer, de quien era entusiasta partidario. Su intención era sugerir que dadas las dificultades económicas que, como siempre, sufría entonces nuestro cine, lo adecuado era emprender films pequeños, de escaso presupuesto y equipo reducido, algo que el autor de *Ma nuit chez Maud* solía llevar a la práctica en la cita casi anual con sus seguidores. Pero los productores españoles se lo tomaron muy a mal, como si desde el Ministerio de Cultura se pretendiera interferir en su labor de hacer películas de mayor ambición económica y se les marcase un camino concreto para recibir las ayudas estatales. Lo que no era en absoluto cierto.

Me viene a la mente esta situación mientras leo «Cuentos de los mil y un Rohmer», en el que Françoise Etchegaray recoge su relación de cerca de tres décadas con el cineasta, tiempo en el que participó en trece largometrajes y una decena de cortos suyos, básicamente como directora de producción pero sobre todo como «mano derecha» de Rohmer. Experiencia que trasladó a una serie de cuadernos personales, pensados en principio para legarlos a sus dos hijos como un *«diario inconexo en forma de ejercicio de admiración por un creador»*. Aunque finalmente se animó a sacarlo a la luz hace un par de años en Francia y ahora en España, dentro de la colección «Imprenta dinámica» que han emprendido la ECAM y la entidad de gestión de derechos audiovisuales DAMA y que ya llega a su tercera entrega.

Texto por definición anecdótico e informal en su desarrollo, «Cuentos de los mil y un Rohmer» tiene el valor de ponernos en estrecho contacto con un cineasta peculiar, muy austero y de difícil carácter, nada proclive a los actos mundanos, cuyo *«único objetivo en la vida»* era crear: *«Crear. Cada segundo debe consagrarse únicamente a la creación. Tomar el té. Hablar. Coger el autobús, el tren. Caminar a grandes pasos por los decorados de la vida. Soñar. Solo tomar la realidad para ponerla en imágenes, en voces, en sonidos, en escena. La realidad está ahí para ponerla en escena»*, en palabras de Françoise Etchegaray que ha traducido muy bien al español Natalia Ruiz. Ojalá este libro sirva para que el nombre de Éric Rohmer renazca ante los jóvenes cinéfilos, para quienes está un tanto olvidado.

De mayor enjundia teórica y elaboración profesional son los dos títulos precedentes de esta recomendable iniciativa, que auspicia editorialmente la revista especializada *Caimán*. Me refiero a «En el momento del parpadeo. Una perspectiva sobre el montaje cinematográfico», un texto ya clásico e imprescindible de Walter Murch que aquí estaba agotado; y «La caja de madera. Estudios sobre puesta en escena cinematográfica», de Carlos Gómez y Enrique Urbizu, donde el autor de *La caja 507*, *La vida mancha* o *No habrá paz para los malvados* se une a la escasa nómina de cineastas de nuestro país que reflexionan en alto sobre su trabajo creativo. ●

(Julio de 2022. Nº 3.048)

Un verano de incertidumbres

En el paraíso cinéfilo por excelencia, Francia, nada menos que un 38% de espectadores confiesa que ha perdido el hábito de ir a las salas desde que en 2020 se inició la pandemia. Lo revela un estudio del CNC (Centre National du Cinéma, equivalente al ICAA español), alarmado al constatar la desafección del público adulto respecto a la gran pantalla, situación en la que resulta especialmente damnificado el llamado «cine de autor». Similar proporción de desertores de las salas reconoce haberse inclinado por ver las películas en las plataformas digitales, con un 29% que dice acudir menos a los cines desde que se abonaron a ellas y un 12% que ha decidido ya no ir más. Esas plataformas que, como Netflix, parecen poner ahora en cuarentena su política de prestigio, renunciando a producir obras como *Roma, El poder del perro* o *El irlandés,* que solo han visto del 10% al 3% de sus abonados.

¿Sobrevivirán las salas de exhibición a un verano que se presenta repleto de incertidumbres? Concretamente en el caso español, muchas están planteándose si cerrar de manera temporal o definitiva y, de hecho, ya hay multisalas que solo abren en su totalidad los fines de semana. La oferta es muy superior a la demanda y se centra cada siete días en la película con la que una de las cinco multinacionales norteamericanas que operan en nuestro país (Disney, Paramount, Sony, Universal y Warner) llena hasta un millar de pantallas anhelantes de esos títulos, ya sean secuelas, adaptaciones de Marvel basadas en efectos digitales o animación infantil; y, a menudo, todo ello combinado. Turnándose de manera evidente, van sacando sus producciones, que en su primera semana de exhibición alcanzan la mitad de la recaudación global y caen el 50 o 40% en la siguiente, cuando ya surge el film de otra multinacional que se pone en cabeza del «Box Office». La sed del público, sobre todo joven, por las novedades se ve saciada en pocos días.

Y así, a lo largo de las 52 o 53 semanas que componen el calendario, estrenando la decena de grandes títulos anuales de que suele disponer cada una de estas compañías, ya sean llegados de Hollywood o las producciones españolas de mayor tirón comercial, lo que genera una gravísima anomalía en nuestro «hábitat» cinematográfico. Si un viernes no lo estiman suficientemente favorable, las distribuidoras independientes pueden sacar su cabecita para colocar algún título postinero. Fueron ellas las que salvaron la continuidad de las salas cuando acabó el confinamiento y las multinacionales decidieron guardar en los cajones sus «blockbusters» hasta que pasara el chaparrón. Pero aunque todavía no se hayan alcanzado ni mucho menos las cifras de 2019, se ha vuelto a la «normalidad» de un país que se siente felizmente colonizado en cuanto a imágenes, con las «multis» detentando de nuevo un 80% del mercado español.

En este verano de enorme calor y preocupante sequía, estén atentos a las salas que conozcan, porque quizá no vuelvan a verlas… ¡Felices vacaciones! ●

(Julio de 2022. Nº 3.050)

ÍNDICE

Este libro terminó de imprimirse
el 10 de octubre de 2024, Día Mundial de la Salud Mental
en los talleres de Reprográficas Malpe